SCHUSSWAFFEN

Vom Revolver bis zur Vollautomatik –
Modelle aus aller Welt

SCHUSSWAFFEN

Vom Revolver bis zur Vollautomatik –
Modelle aus aller Welt

Bath · New York · Cologne · Melbourne · Delhi
Hong Kong · Shenzhen · Singapore · Amsterdam

Copyright © Parragon Books Ltd

Entwurf und Realisation: Amber Books Ltd
Projektmanagement: Sarah Uttridge
Layout: Richard Mason
Bildrecherche: Terry Forshaw

Alle Rechte vorbehalten. Die vollständige oder auszugsweise Speicherung, Vervielfältigung oder Übertragung dieses Werkes, ob elektronisch, mechanisch, durch Fotokopie oder Aufzeichnung, ist ohne vorherige Genehmigung des Rechteinhabers urheberrechtlich untersagt.

Copyright © für die deutsche Ausgabe
Parragon Books Ltd
Chartist House
15-17 Trim Street
Bath BA1 1HA, UK
www.parragon.com

Realisation der deutschen Ausgabe: trans texas publishing service GmbH, Köln
Übersetzung: Gernot F. Chalupetzky, Heroldsberg; Horst W. Laumanns, Bergheim; Martin Rometsch, Mengen
Lektorat: Ralf Burau, Mönchengladbach; Andreas Menkel, Köln
Satz und Projektmanagement: Nazire Ergün, Köln

ISBN 978-1-4748-1189-7

Printed in China

Alle Abbildungen mit freundlicher Genehmigung von Art-Tech außer: 4/5: Don Troiani, Military and Historical Image Bank; 6–8: Photos.com; 9: Mary Evans; 10: Corbis; 11: Mary Evans; 12: Cody; 13: Mary Evans; 14: Bridgeman/Johnny van Haeften Gallery; 15: Amber Books; 18: Corbis; 22(o): Photos.com; 22(u): Corbis; 23: Mary Evans; 26: Amber Books; 27: Mary Evans; 28: Getty; 29: Corbis; 30: Cody; 31: AKG; 32: Corbis; 33–34: Mary Evans; 35: Corbis; 36: Getty; 37: Corbis; 40: Cody; 42: Library of Congress; 44: Photoshot; 46: US DoD; 47: Rex; 48/49: Corbis; 50(o): TopFoto; 50(u): Getty; 51(alle) & 52(o): Board of Trustees of the Armouries; 52(u): TopFoto; 53(o): Board of Trustees of the Armouries; 53(u): TopFoto; 54(o): Board of Trustees of the Armouries; 54(u): TopFoto; 55(o): Board of Trustees of the Armouries; 55(u): Dorling Kindersley/Gettysburg National Military Park; 56(o): Dorling Kindersley/Board of Trustees of the Armouries; 56(u): Photos.com; 57(o): Board of Trustees of the Armouries; 57(u), 59(alle) & 62(o): Photos.com; 62(u): Dorling Kindersley/Board of Trustees of the Armouries; 63(o): Littlegun.be; 63(u) & 64(o): Photos.com; 65(o): Remington Society of America; 65(u): Board of Trustees of the Armouries; 66(o): Jim Supica/Armchairgunshow.com; 66(u): Photos.com; 68(u): Board of Trustees of the Armouries; 69(u) Photos.com; 71: Corbis; 73(o): Photos.com; 74(u): Ian Hogg; 76(u), 77(u), 79(o) & 80(alle): Photos.com; 81(o): Remington Society of America; 82(o): Littlegun.be; 82(u): Board of Trustees of the Armouries; 83(alle): Photos.com; 85: US DoD; 86(o) & 87(o): 87(u): Littlegun.be; 88(u): Photos.com; 88(o): Board of Trustees of the Armouries; 90(o): Colt; 92(o) & 93(o): Photos.com; 95(o): Board of Trustees of the Armouries; 99(u) & 100(o): Photos.com; 101(o): Board of Trustees of the Armouries; 102(o): Cody; 102(u) & 103(alle): Board of Trustees of the Armouries; 104(o): Smith & Wesson; 104(u): Corbis; 105(o): www.world.guns.ru; 105(u): Smith & Wesson; 106/107: Corbis; 108(o): Board of Trustees of the Armouries; 108(M & u): Dorling Kindersley/Board of Trustees of the Armouries; 110(o): Heritage/Board of Trustees of the Armouries; 110(u) & 112(o): Photos.com; 112(M): Dorling Kindersley/Board of Trustees of the Armouries; 112(u): Mary Evans; 114(o): Dorling Kindersley/Board of Trustees of the Armouries; 114(M & u): Board of Trustees of the Armouries; 116(u) & 117(o & u): US DoD; 118(o): Board of Trustees of the Armouries; 118(M): Photos.com; 118(u): Rarewinchesters.com; 120(o & M): Board of Trustees of the Armouries; 120(u): Keith Doyon/Militaryrifles.com; 122(o): Photos.com; 122(M): Dorling Kindersley/Board of Trustees of the Armouries; 122(u): Rarewinchesters.com; 126: Merkel; 127: Walther; 128: Vall Miller; 128(M): Photos.com; 132(u): Board of Trustees of the Armouries;134(o): Photos.com; 139(u): US DoD; 140(o): Board of Trustees of the Armouries; 142(M), 144(o) & 146(o & u): Photos.com; 148(u): H & K; 152(o): Marlin; 152(u) & 153(o): Board of Trustees of the Armouries; 154(M): Ruger; 154(u): Savage; 156(o): Ruger; 156(u): Board of Trustees of the Armouries; 157(o): FN Herstal; 159(o): Browning; 159(u): Cody; 162(o): Browning; 164(o): Weatherby; 164(u): Board of Trustees of the Armouries; 166(o): Photos.com; 168: Board of Trustees of the Armouries; 169(o): Ian Hogg; 169(u) & 171(o): Board of Trustees of the Armouries; 171(u): Cody; 176(u): Browning; 177(u) & 178(o): Board of Trustees of the Armouries; 178(u): MDW Supplies; 179(o): Ruger; 179(u): Board of Trustees of the Armouries; 180(o): Ian Hogg; 181(o): H & K; 182(o): Remington; 182(M): Brno; 184(u): Remington; 186(M): Sako; 187(u): Heym; 188(o): Accuracy International; 188(M): Savage; 188(u): Walther; 190(o): Tikka; 190(M): CZ; 190(u): Mauser; 192(o): SiG; 192(M & u): Winchester; 194(o): CZ; 195: Corbis; 196(o): Benelli; 196(M & u): Marlin; 198(o): Remington; 198(M): Sako; 198(u): Winchester; 201(u): Remington; 202(o): CZ; 202(u): Walther; 203: US DoD; 204/205: Corbis; 211(u): Board of Trustees of the Armouries; 214(o), 218(u), 225(o & u) & 229(u): Photos.com; 230(o): Board of Trustees of the Armouries; 231(u): Photos.com; 236/237: Corbis; 238(u): Dorling Kindersley/Board of Trustees of the Armouries; 240(o): Cody; 246(o): Dorling Kindersley/Board of Trustees of the Armouries; 247(o), 254(o), 255(u) & 258(o): Board of Trustees of the Armouries; 268(u): China-Defense.com; 269(o): Dorling Kindersley/Board of Trustees of the Armouries; 270(alle): Board of Trustees of the Armouries; 271(u): Metal Storm; 272/273: Corbis; 274(o & M): Dorling Kindersley/Board of Trustees of the Armouries; 274(u): Corbis; 276(M): Browning; 280(M): Baikal; 280(u): Winchester; 282(o): Ruger; 282(M): Photos.com; 282(u): Lanber; 284 & 286(o & M): Beretta; 288(u): Winchester; 290(o & M): Browning; 290(u): Armscor; 292(o): Krieghoff; 292(M): Perazzi; 292(u): Beretta; 294(o): Merkel; 294(u): Browning; 296(o): Mossberg; 296(M): Benelli; 296(u): Perazzi

INHALT

EINFÜHRUNG 6

FAUSTFEUERWAFFEN 48

MUSKETEN & GEWEHRE 106

MASCHINENPISTOLEN 204

MASCHINENGEWEHRE 236

FLINTEN 272

GLOSSAR 298

REGISTER 299

EINFÜHRUNG

Die Geschichte der Feuerwaffen ist eine Chronik der Beständigkeit und der fortwährenden Revolution zugleich. Einerseits haben sich Feuerwaffen, seit sie Ende des 14. Jahrhunderts erstmals aufkamen, im Prinzip kaum verändert. Eine Muskete mit Luntenschloss und ein modernes Sturmgewehr M16A2 mögen ganz unterschiedlich aussehen; aber sie besitzen beide Lauf, Abzug, Kolben sowie Vorderschaft und benutzen Treibmittel, um ein Metallgeschoss ins Ziel zu befördern. Diese Gemeinsamkeiten sind die beständige Seite der Geschichte. Andererseits haben sich Größe, Gewicht, Kadenz (Feuergeschwindigkeit) und die Treffsicherheit enorm verändert. Ein Musketier hatte Glück, wenn er bei einer Kadenz von drei Schuss pro Minute ein 150 m entferntes Ziel traf. Heute dagegen kann ein Infanterist mit einem automatischen M-249-MG einen Patronengurt mit 200 Schuss in weniger als einer Minute auf ein 600 m entferntes Ziel abfeuern. Diese Entwicklung ist eine faszinierende und oft schreckliche Geschichte der technischen Innovation sowie der taktischen Fantasie.

Pulver und Lauf

Feuerwaffen kamen nach der Erfindung des Schießpulvers auf. Unabhängig davon, welcher Wert ihm beigemessen wird, Schießpulver gehört zu den bedeutsamsten Entdeckungen in der Menschheitsgeschichte. Die Verbindung aus Schwefel, Salpeter und Holzkohle ergibt eine explosive Mischung. Als Entdecker gelten die Chinesen; doch einige Historiker halten hoch entwickelte arabische oder indische Kulturen für die Erfinder. Belege über Sub-

Dieser Kupferstich aus dem 16. Jahrhundert von Johannes Baptista della Porta zeigt den Abschuss von Feuerwerkskörpern. Er deutet die künftigen Möglichkeiten von Feuerwaffen an: das Abfeuern von Projektilen aus einem Lauf mithilfe von Schießpulver.

stanzen, die dem Schießpulver ähneln, reichen bis ins 1. Jahrhundert n. Chr. zurück; aber seine moderne, endgültige Form nahm das Pulver wohl erst im 9. Jahrhundert an. Das frühe Schießpulver wurde allerdings nicht für Gewehre benutzt, sondern nur für Feuerwerkskörper und andere zivile oder militärische pyrotechnische Vorrichtungen, darunter auch Bomben. Doch wird der Ursprung des Schießpulvers nie genau bestimmt werden können. Sicher ist nur, dass es im 1. Jahrtausend in Asien auftauchte und langsam nach Westen gelangte, bis es im Mittelalter Europa erreichte. Damals begann die Geschichte der Feuerwaffe.

Schießpulver, Wissenschaft und Krieg

Das Potenzial des Schießpulvers für die Kriegsführung wurde erst erkannt, nachdem es nach Europa gelangt war. Der erste Europäer, der das Pulver erwähnte, war der Franziskanermönch Roger Bacon (um 1214–1292). Um 1242 schrieb Bacon das Buch *De Secretis Operibus Artis et Naturae et de Nullitate Magiae* über Naturwissenschaften. Es enthielt eine kuriose, nicht verständliche Passage, deren verschlüsselte Bedeutung lange verborgen blieb. Erst in den 1880er-Jahren erkannte H. W. L. Hime, ein britischer Artillerieoffizier, dass es sich um ein Anagramm handelte, das das vollständige Rezept für Schießpulver enthielt. Bacon hatte es wohl verschlüsselt, um nicht wegen Hexerei angeklagt zu werden. Unwissenheit und Angst vor teuflischen Tinkturen waren in jener Zeit weitverbreitet. Wie viele Menschen das Geheimnis des Schießpulvers damals kannten, ist nicht überliefert. Sicher ist jedoch, dass man es innerhalb eines Jahrhunderts für die ersten Feuerwaffen benutzte.

Schießpulver ist schwach explosiv; das heißt, es verbrennt sehr schnell – wie schnell, hängt unter anderem von seiner Qualität und Dichte ab –, wobei durch die Volumenausdehnung ein Gasdruck entsteht. Wichtig war, dass man das Pulver – wenn es im richtigen Verhältnis gemischt worden war – genau dosiert in einem Lauf zünden konnte. Dabei bildete sich ein Gas, das ein Projektil ausstieß.

Zum ersten Mal angewandt wurde das Schießpulver, um Kanonen abzufeuern. In einem englischen Manuskript von Walter de Millemete aus dem Jahr 1325/26 ist eine vasenförmige Kanone – wahrscheinlich aus Bronze – abgebildet, deren Leib als Kammer und deren schmale Öffnung als Mündung diente. Der Kanonier hält eine Lunte an ein Loch oben an der Kammer, um die Pulverladung zu zünden, während ein großer, mit Flügeln stabilisierter Bolzen aus dem Lauf ragt. Der Schaft des Bolzens wurde wahrscheinlich in Leder gewickelt, um ihn im Lauf zu stabilisieren. Eine Holzscheibe am hinteren Ende diente als provisorische Liderung (Abdichtung gegen die Treibgase).

Mitte des 14. Jahrhunderts galten Kanonen als zuverlässige Kriegswaffen, mit denen man vor allem Befestigungen zerstören konnte. Auch das Herstellungsverfahren wurde schnell besser. Die ersten vasenförmigen Kanonen wurden gegossen, allerdings war die Herstellung teuer und erforderte großes Geschick. Dennoch barsten diese Kanonen oft, wenn sie mit zu viel Schwarzpulver geladen waren. Im Laufe des Jahrhunderts wurde die Technik weiterentwickelt. Man schuf ein Rohr, indem man Metallstreifen um einen Former wickelte, erhitzte und festklopfte und die fertige Struktur mit Eisenbändern befestigte.

Der Franziskanermönch Roger Bacon hielt im 13. Jahrhundert die Formel für das Schießpulver fest. Sein kunstvolles Anagramm wurde erst im 19. Jahrhundert entschlüsselt.

So entstanden Anfang des 15. Jahrhunderts große Kanonenrohre, die anstelle von Bolzen schwere, zylinderförmige Stein- oder Eisengeschosse abfeuerten.

Aber wie stand es um die Handfeuerwaffen, das Thema dieses Buches? Nach Entwicklung der ersten großen Kanonen war es nur noch eine Frage der Zeit, bis eine stetige Verkleinerung zu tragbaren Waffen führte. Manche hielten sie allerdings für unnötig, denn im Mittelalter gab es bereits hochwirksame Handwaffen in Form von Bögen und Armbrüsten, die den Feuerwaffen viele Jahre lang überlegen waren, was Trefferquote und Kadenz anbelangte. Andererseits benötigten Bogenschützen eine jahre- oder sogar jahrzehntelange Ausbildung. (Englische Langbogenschützen begannen oft im Alter von zwölf Jahren mit dem Training, das im Laufe der Zeit zu körperlichen Missbildungen führte.) Gute Schützen waren nicht immer leicht zu finden. Die Lösung waren Feuerwaffen, die fast jeder nach kurzer Ausbildungszeit recht zuverlässig bedienen konnte. Zudem behielt das Geschoss einer Feuerwaffe seine kinetische Energie länger, so konnten auch Rüstungen besser durchschlagen werden.

Die Kanonen des frühen Mittelalters waren Vorläufer der Handfeuerwaffen. Man verkleinerte einfach die an Balken befestigte Kanone (links auf dem Bild) und schuf dadurch Handbüchsen mit Lunte.

Die Handbüchse

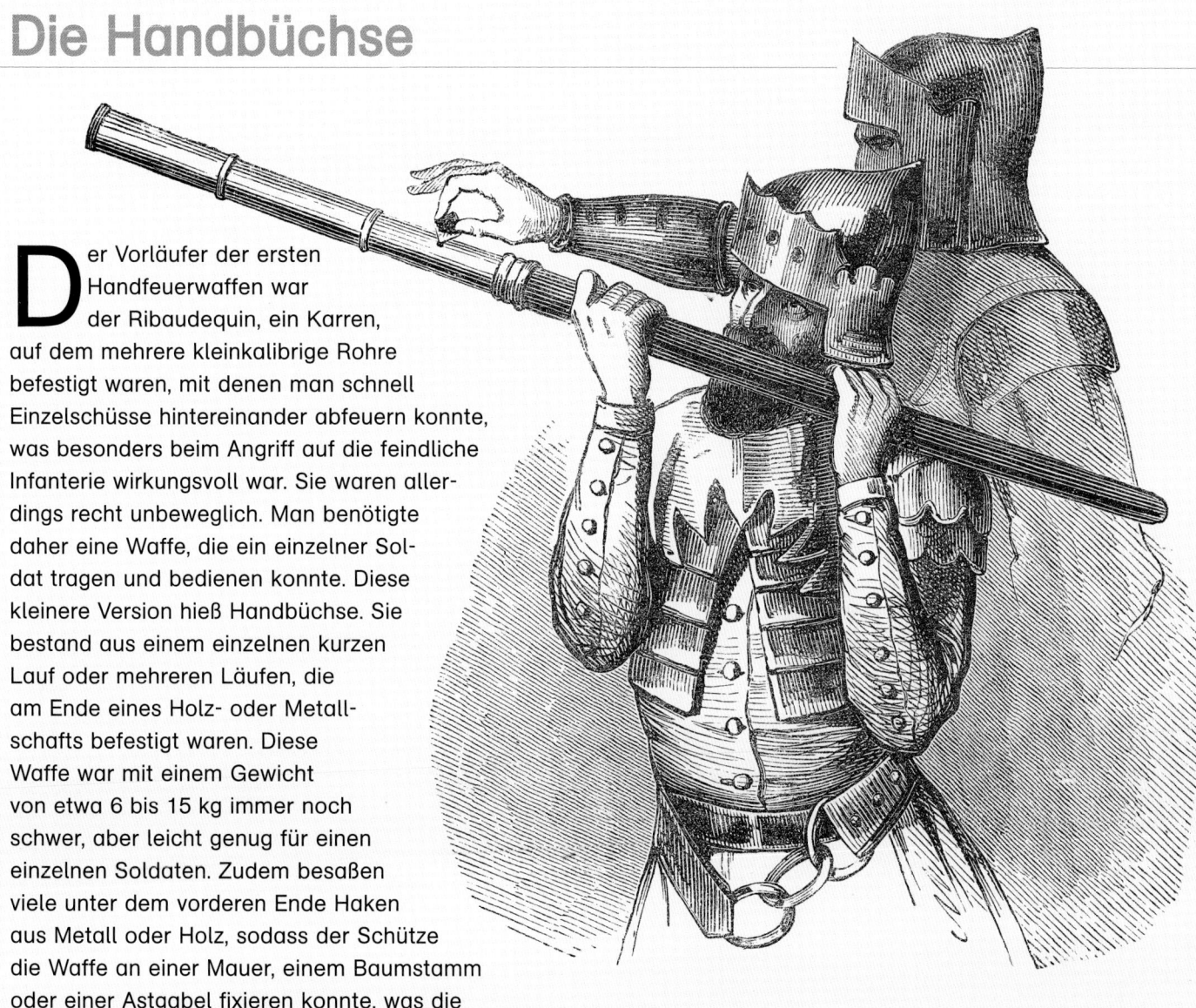

Oft mussten zwei Männer die frühe Handbüchse abfeuern, weil sie schwer und unhandlich war. Einer zielte, während der andere die Lunte ans Zündloch hielt.

Der Vorläufer der ersten Handfeuerwaffen war der Ribaudequin, ein Karren, auf dem mehrere kleinkalibrige Rohre befestigt waren, mit denen man schnell Einzelschüsse hintereinander abfeuern konnte, was besonders beim Angriff auf die feindliche Infanterie wirkungsvoll war. Sie waren allerdings recht unbeweglich. Man benötigte daher eine Waffe, die ein einzelner Soldat tragen und bedienen konnte. Diese kleinere Version hieß Handbüchse. Sie bestand aus einem einzelnen kurzen Lauf oder mehreren Läufen, die am Ende eines Holz- oder Metallschafts befestigt waren. Diese Waffe war mit einem Gewicht von etwa 6 bis 15 kg immer noch schwer, aber leicht genug für einen einzelnen Soldaten. Zudem besaßen viele unter dem vorderen Ende Haken aus Metall oder Holz, sodass der Schütze die Waffe an einer Mauer, einem Baumstamm oder einer Astgabel fixieren konnte, was die Treffsicherheit förderte. Das Ende des Griffs schob man einfach unter die Achselhöhle.

Das Kaliber der Handbüchse erreichte teilweise 38 mm, sodass sie sehr schwere Wunden zufügen konnte. Sie hatte jedoch zahlreiche Nachteile. Erstens war die Treffsicherheit sehr schlecht – wegen der ungenau gearbeiteten Läufe und der oft unpassenden Projektile brauchte man selbst nach der Einführung von Kimme und Korn viel Glück, um ein Ziel zu treffen, das weiter als 50 m entfernt war. Das Laden verringerte die Präzision zusätzlich. Man stopfte eine abgemessene Pulvermenge in den Lauf und rammte die Kugel hinein. Dann schüttete man ein wenig Pulver in eine Pfanne über dem Zündloch, die dann mit dem glühenden Ende einer Lunte berührt wurde. Die Lunte hielt man mit der Hand oder, wenn das Zündloch zu weit entfernt war, mit einem Zündeisen fest. Das Ganze war eine Zitterpartie, die der Genauigkeit nicht diente. Es nützte nur wenig, wenn ein Helfer die Lunte anlegte. Auch die Schussfolge war niedrig – zwei oder drei Schuss pro Minute. Dennoch leisteten die Waffen auf dem Schlachtfeld gute Dienste, wenn sie in Salven abgefeuert wurden.

Blitz in der Pfanne – Die Ära des Luntenschlosses

Im 15. und frühen 16. Jahrhundert gab es bei den noch jungen Feuerwaffen eine Reihe wichtiger Veränderungen. Der Lauf wurde länger, der Kolben kürzer. Dadurch verbesserten sich die Treffsicherheit sowie die Mündungsgeschwindigkeit und die Reichweite. Auch der Schaft wurde umgestaltet. Nun konnte der Schütze die Büchse auf die Schulter legen. So lag die Waffe stabiler, und das Ziel befand sich direkt vor Kimme und Korn. Das Kaliber der Feuerwaffen wurde ebenfalls kleiner – es betrug meist etwa 19 mm –, da man kleinere Projektile mit höherer Mündungsgeschwindigkeit gegenüber größeren, langsameren Geschossen bevorzugte.

Wichtiger als der Wandel der äußeren Form war die Erfindung des Gewehrschlosses, eines mechanischen Systems, mit dem man die Waffe abfeuerte. Eine Lunte an das Zündloch zu halten, war umständlich, und die Genauigkeit litt darunter. Eine Lösung dieses Problems war die Serpentine, ein drehbares s-förmiges Metallteil, das knapp vor der hinteren Greifhand des Schützen durch den Schaft verlief. Das obere Ende des Metalls hielt die glühende Lunte fest, das untere diente als Abzug – man zog an Letzterem, die Lunte fiel auf das Zündloch und entzündete das Pulver. Jetzt konnte der Schütze das Gewehr abfeuern und dabei das Ziel ständig im Auge behalten. So entstand das Luntenschlossgewehr, auch Hakenbüchse oder Arkebuse genannt.

Hakenbüchsen hatten nach wie vor einige Mängel. Der Zeitabstand zwischen dem Ziehen des Abzugs und dem Auslösen war immer noch zu groß. Die Treffgenauigkeit einer Handfeuerwaffe nimmt mit jeder Sekunde ab, die zwischen der Betätigung des Abzugs und der Zündung vergeht. Eine Verbesserung brachte um 1475 das Luntenschnappschloss. Hier wurde der obere Teil der Serpentine mit einer Feder in die Pfanne gedrückt. Spätere Versionen trennten die Serpentine ab, sodass das Schloss aus zwei Teilen bestand: einem Abzug und einem Schloss mit Feder. Dadurch wurde die Verzugszeit drastisch verkürzt und die Genauigkeit verbessert.

Eine weitere wichtige Veränderung im 14. Jahrhundert steigerte die Wirkung der Feuerwaffen gewaltig. Bis dahin

war das Schießpulver, wie sein Name sagt, ein Pulver. Es war als Treibladung nur bedingt geeignet. Die Pulverteilchen bildeten eine dichte Masse, was die Verbrennung verlangsamte, weil zwischen den Partikeln wenig Luft war. Wie das frühe Schießpulver abbrannte, war daher nicht berechenbar. Manchmal wurde das Projektil abgefeuert, wenn erst ein Teil der Ladung gezündet hatte. Die Folge war, dass Mündungsgeschwindigkeit und Reichweite abnahmen. Aber es gab noch ein Problem. Wenn die Bestandteile des Pulvers nach den primitiven mittelalterlichen Methoden gelagert und transportiert wurden, trennten sie sich bisweilen wegen ihrer unterschiedlichen Masse, und man musste sie auf dem Schlachtfeld erneut mischen.

Womöglich schon 1429 begannen die Hersteller, das Schießpulver zu körnen. Sie vermischten das Pulver mit Wasser (andere Flüssigkeiten erwiesen sich als weniger tauglich) und ließen es zu Blöcken trocknen. Diese Blöcke wurden dann in kleine Teilchen zerkrümelt, von denen jedes eine einheitliche und stabile Mischung der Bestandteile enthielt. Die Form der Körner vergrößerte

Ein Arkebusier im Gespräch mit einem Kavalleristen. Seine Muskete ist stets griffbereit, ebenso seine Taschen voller Pulver und Munition, die an seinem Gürtel hängen.

Ein Samurai bricht 1575 aus der belagerten Burg Nagashino aus. In der folgenden Schlacht massakrierten die Arkebusiere des Entsatzheeres die Reiter der Belagerer, die mit Schwertern kämpften.

die Luftbläschen im Pulver, sodass die Detonation erheblich schneller erfolgte. Das gekörnte Pulver war bis zu 30 Prozent wirksamer als das „Serpentinenpulver". Vorteilhaft war auch, dass die Bestandteile sich beim Transport nicht voneinander lösten und dass sie viel weniger empfindlich gegen Feuchtigkeit waren. Letzteres wurde erreicht, indem man die Körner in einer Holztrommel polierte und härtete. Manchmal wurde Grafit hinzugefügt, um die Körner noch feuchtigkeitsbeständiger zu machen.

Mit wirksamem Pulver und funktionierenden Schlössern begann die Hakenbüchse das Schlachtfeld zu beherrschen. Es gibt wohl kein besseres Beispiel dafür als die Schlacht von Nagashino (Japan) im Jahr 1575. Dort vertrieben die vereinigten Armeen von Oda Nobunaga und Tokugawa Ieyasu die Armee von Takeda Katsuyori, die die Burg Nagashino belagerte, und konfrontierte sie mit den geballten Reihen von 3000 Arkebusieren, die sich hinter Barrikaden verschanzt hatten und von dort aus schossen. Obwohl der Sieg nicht nur auf die Waffen zurückzuführen war, hatten sie doch einen großen Anteil daran, dass in der achtstündigen Schlacht 10 000 Feinde fielen. Viele Tote waren Elite-Samurai der Kavallerie – sie wurden das Opfer von Männern, die viel weniger Kampferfahrung hatten.

Vom Radschloss zum Steinschloss

Mehr als 100 Jahre lang war die Muskete die wichtigste Feuerwaffe. In manchen Ländern hielt sie sich sogar länger – afghanische Stammeskrieger benutzten Jezail-Musketen noch in der viktorianischen Zeit, und die japanische Armee wurde bis in die 1850er-Jahre mit Musketen ausgestattet, weil das Land seit 1633 international isoliert war. Selbst bei ausgefeilten Luntenschlössern war jedoch die schwelende Lunte ein Problem. Eine exponierte Lunte erlosch bei feuchter Witterung häufig. Man musste sie vor dem Schuss anzünden und korrekt ausrichten. Darum war sie eine schlechte Jagdwaffe, wenn ein Ziel nur kurz zu sehen war. (Zudem warnte die glühende Lunte die Beute während der Dämmerung, der besten Jagdzeit.) Außerdem konnte man das Gewehr nicht mehr ablegen, sobald die Lunte brannte. Die glühende Spitze war für ein gefülltes Pulverhorn eine ständige Gefahr. Der Schütze brauchte überdies einen ausreichenden Luntenvorrat, um seine Waffe in einem mehrstündigen Kampf benutzen zu können.

Das größte Problem dieser Waffe lag somit in der Art, wie das Treibmittel immer sicher und zuverlässig gezündet werden konnte. Für einen Soldaten im Gefecht konnte das Funktionieren oder Versagen der Zündung eine Frage des Überlebens bedeuten. Man benötigte eine mechanische Zündvorrichtung ohne offene Flamme. Zwischen 1500 und 1510 fand man eine Lösung: das Radschloss. Möglicherweise war Leonardo da Vinci der Erfinder, da er zwischen 1500 und 1508 in seinem *Codex Atlanticus* eine

Radschloss-Handfeuerwaffen im Gefecht

Bei der Kavallerie fand das Radschloss weite Verbreitung. Diese frühen Pistolen wogen meist 1,8 bis 2,3 kg, waren also nicht leicht. Ihr Lauf war rund 300 mm lang und hatte ein Kaliber von etwa 12,7 mm. Der Kavallerist ritt gewöhnlich mit bis zu vier Pistolen, die er am Sattel befestigte, in den Kampf. Durch die Pistolen entstand eine neue Kavallerie-Taktik. Deren Begründer waren die Franzosen; Spanier und Deutsche übernahmen sie später. Pistolenschützen pflegten die feindliche Infanterie anzugreifen, indem sie bis kurz vor deren Linien ritten, ihre Pistolen abfeuerten und dann in einem Bogen zurückritten, damit die nächste Reihe von Kavalleristen attackieren konnte. (Die ersten französischen Pistolenschützen stürmten nur in einer Reihe los.) Auf diese Weise griffen alle Reihen nacheinander an, bis ihre Waffen leer

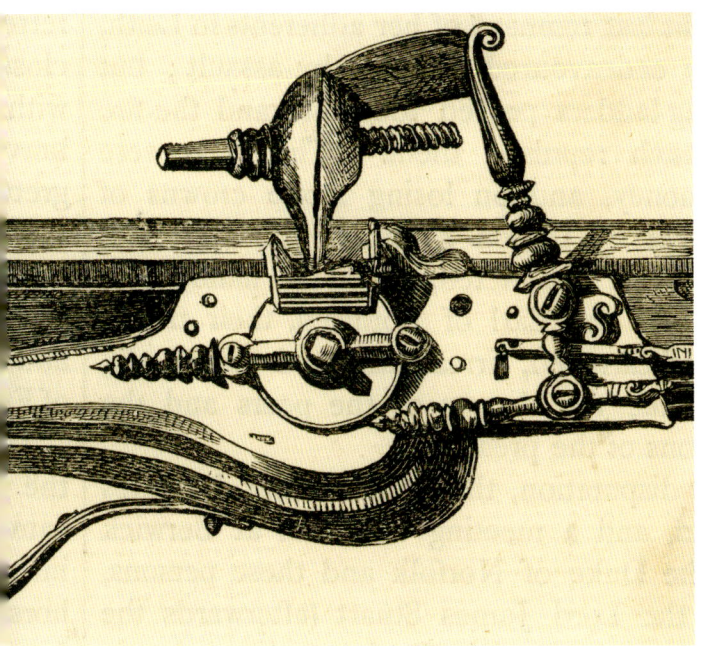

Das Radschloss eröffnete die Ära der Faustfeuerwaffen; aber es war nie so weitverbreitet wie das Luntenschloss.

solche Vorrichtung skizzierte. Doch ist nicht gesichert, dass Leonardo als Erster ein Radschloss entwarf, es wurde aber im zweiten Jahrzehnt des 16. Jahrhunderts auf jeden Fall benutzt.

Das Radschloss war im Prinzip einfach, aber mechanisch komplex. An der Seite des Gewehrs, neben der Pfanne, befand sich ein gezahntes Stahlrad. Man konnte es aufziehen und so sperren, dass es unter Federspannung stand. Die Serpentine mit Lunte wurde überflüssig; stattdessen hielt ein federgelagerter „Hahn" oder „Hund" mit seinen verschraubten „Kiefern" ein Stück Schwefelkies fest. Betätigte man den Abzug, wurden Rad und Hahn entriegelt, und der Schwefelkies fiel auf das rotierende Rad. Die Folge war ein Funkenschlag, der das Pulver in der Pfanne entzündete und den Schuss auslöste. Das Radschloss beseitigte viele Probleme. Man konnte es im Voraus laden und später benutzen. Es erzeugte bei fast jeder Witterung starke Funken. Und vor allem passte es auf Schusswaffen mit kurzem Lauf, die man mit einer Hand bedienen konnte, was für Kavallerie-

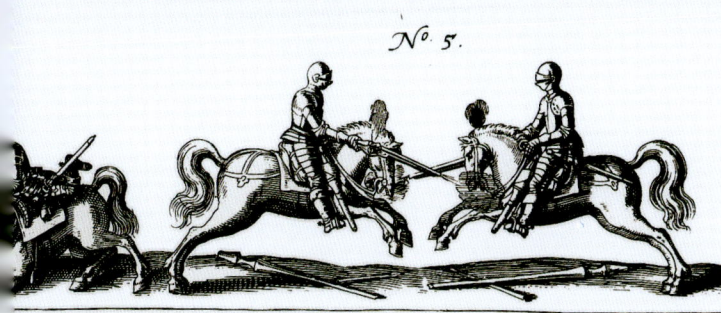

Diese Abhandlung aus der Renaissance zeigt, wie Kavalleristen ihre Radschlosspistolen im Gefecht benutzten.

waren. Diese Taktik nannte man „Karakole". Der Pistolengriff endete meist in einer soliden Kugel. Sobald die Waffe leer geschossen war, hielt man sie an der Mündung fest und benutzte sie als improvisierte Keule.

Allerdings war die Karakole nicht sehr erfolgreich. Die Reichweite der Pistolen war so kurz, dass die Kavallerie sich dem Sperrfeuer der weiter reichenden und effektiveren Arkebusen und Kanonen aussetzte.

Zudem neigten die aufgeregten Reiter in den hinteren Reihen dazu, ihre Pistolen abzufeuern, bevor die vorderste Reihe das Feld ganz geräumt hatte. Die Folge war, dass sie die eigenen Kameraden trafen. Die Radschlosspistolen waren keine idealen Kriegswaffen. Der Mechanismus war sehr komplex (viele Pistolen wurden von Uhrmachern hergestellt, weil das Schloss höchste Präzision verlangte). Man musste behutsam mit diesen Pistolen umgehen, und das Schloss vertrug keinen Schmutz. Grobes Schießpulver verstopfte den Mechanismus. Obwohl man die neuen Waffen schon vor dem Kampf laden konnte, war es nicht ratsam, dies zu früh zu tun, weil das Schloss sonst klemmte. So erging es dem Reitergeneral Edmund Ludlow, einem Mitglied des britischen Parlaments, als er im englischen Bürgerkrieg im Jahr 1645 nach seinen beiden geladenen Radschlosspistolen griff, um auf einen Angriff am frühen Morgen zu reagieren, doch er konnte nicht schießen, da die Schlösser klemmten. Radschlösser waren zudem sehr teuer und blieben daher Elitetruppen vorbehalten, während der gemeine Soldat sich mit seinem einfachen Luntenschloss begnügte.

Dieses Gemälde von Palamedes Palamedesz (1607–1638) entstand 1632. Es zeigt, wie Kavalleristen Faustfeuerwaffen im Nahkampf anwenden. Die vorgeladenen Pistolen steckten in Halftern.

waffen wichtig war (siehe vorige Seite unten). Zudem konnte man die geladene Radschlosspistole in ein Halfter stecken (was mit einem Luntenschloss unmöglich war) und jederzeit ziehen sowie abfeuern. Kurz gesagt, das Radschloss ermöglichte die Pistole.

Die Verkleinerung der Baugröße war neben ihrer Zuverlässigkeit der größte Vorteil dieser Waffen, sodass sie sich trotz ihres hohen Preises wegen der aufwendigen Mechanik weit verbreiteten. Radschlosspistolen wurden nicht nur von Kavalleristen, sondern auch von Zivilisten verwendet. Da man sie vorladen und dann verbergen konnte, waren sie ideale Waffen für Verbrecher. Mehrere besorgte europäische Monarchen verboten sogar den Besitz solcher Waffen an ihrem Hof oder im ganzen Land. (1517 verbot Kaiser Maximilian I. den Besitz von „Waffen, die sich selbst entzünden" – gemeint sind Radschlosspistolen.) Es gab einige aufsehenerregende Attentate. 1563 ermordete ein Attentäter den Herzog von Guise.

Radschlosswaffen waren sehr teuer. Im 16. Jahrhundert bemühten sich Büchsenmacher, ein neues Schloss zu entwerfen, das die Vorteile eines Radschlosses besaß und zugleich ähnlich preiswert wie ein Luntenschloss war. Die Lösung war der schlichte Feuerstein, den man seit jeher benutzte, um Funken zu erzeugen und Feuer zu entzünden. Bald verwendeten ihn erfinderische Büchsenmacher in Nordeuropa auch für Feuerwaffen. Das erste Gewehr mit dem sogenannten Schnapphahnauslöser entstand wahrscheinlich zwischen 1530 und 1540. Wie das Radschloss hatte es einen federgelagerten Hahn, der jedoch nicht Schwefelkies, sondern einen Feuerstein festhielt. Das Rad wurde durch eine gezahnte Metallklappe („Stahl" oder „Batterie" genannt) ersetzt, die der Pfanne so aufsaß, dass sie dem Feuerstein zugewandt war. Der Abzug entriegelte den Mechanismus, sodass der Hahn mit dem eingespannten Feuerstein auf die Batterie schlug und einen Funkenschlag erzeugte, der das Pulver entzündete und den Schuss auslöste.

Das Schnapphahnschloss setzte sich schnell durch. Ende des 16. Jahrhunderts hatte es bei Faustfeuerwaffen das Radschloss verdrängt. Da es ziemlich billig war, begann es, das Radschloss auch an langen Waffen zu ersetzen. In den 1570er-Jahren stellten spanische Büchsenmacher eine einfachere Variante des Schnapphahnschlosses her, die die Batterie mit dem Pfannenverschluss verband. Der Hahn schlug die Klappe nach hinten und öffnete die Pfanne. Dieses Miquelet-Schloss war der letzte Schritt zu einer der wichtigsten Entwicklungen in der Geschichte der Feuerwaffen: dem Steinschloss.

Das Steinschloss, das auch „französisches Schloss" genannt wurde, war vom 17. bis ins 19. Jahrhundert das gebräuchlichste Schloss für Feuerwaffen. Es wurde wahrscheinlich zwischen 1610 und 1615 von Marin le Bourgeoys (um 1550–1634) entwickelt, der am französischen Königshof unter Ludwig XIII. als Ingenieur und Erfinder tätig war. Die Zündvorrichtung, die er konstruierte, stellte eine Kombination aus dem innen gelegenen Mechanismus des Schnapphahnschlosses mit dem Pfannenverschluss des Miquelet-Schlosses dar. Marin le Bourgeoys verbesserte zudem das Zusammenspiel von Hahnraste und Abzugshahn. Das Steinschloss war ein robuster und zuverlässiger Auslösemechanismus. Zu Beginn des 18. Jahrhunderts hatte es sich in allen europäischen Armeen durchgesetzt und die Waffen mit älteren Zündungsmechanismen verdrängt. Es war nicht wetterabhängig wie das Luntenschloss und nicht so aufwendig in der Herstellung wie das Radschloss, das man auch „deutsches Schloss" nannte.

Muskete und Gewehr

Die Steinschlossmuskete blieb die Waffe des Infanteristen, bis im 19. Jahrhundert das Perkussionsschloss entwickelt wurde. Anfangs wurden Steinschlosswaffen maßgefertigt und auf den Benutzer abgestimmt. Es gab viele Kaliber. Um 1650 begann die französische Armee damit, einen Teil ihrer Truppen mit einer standardisierten Muskete auszurüsten, was die Logistik der Kriegsführung und die Ausbildung enorm verbesserte. Zudem verklei-

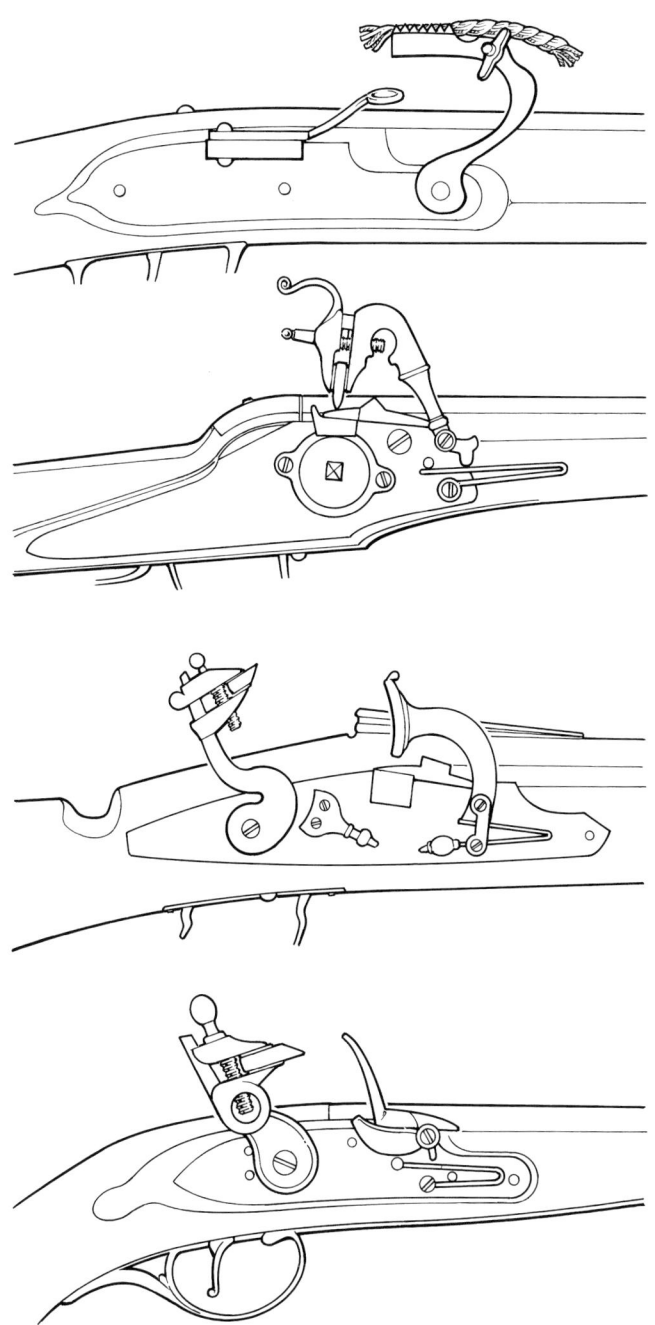

Diese vier Zeichnungen illustrieren die Entwicklung der ersten Feuerwaffen. Von oben: Luntenschloss, Radschloss, Schnapphahnschloss und Steinschloss. Das Steinschloss war mehr als 200 Jahre lang in Gebrauch.

nerten die Franzosen das Steinschloss und schufen die Steinschlossflinte, die viel leichter war als ihre Vorläufer (sie wog 3,6 bis 4 kg, etwa so viel wie ein modernes Gewehr) und sich daher im Kampf einfacher tragen ließ. Bald testeten viele andere Armeen die neue Waffe, welche die Grundlage für alle folgenden Typen bildete.

Im Laufe der Jahrzehnte wurde die Steinschloss-Technik verfeinert. Sie brachte Waffen wie die amerikanische Kentucky-Büchse (siehe S. 112–113), die französische Charleville-Pistole und die britische Brown-Bess-Muskete hervor (siehe S. 110–111). Aber ein Problem trieb die Hersteller immer noch um: Wie konnte man die Waffen wirklich zielsicher machen? Die beim Militär übliche Muskete war ziemlich ungenau. Der britische Offizier George Hanger fasste die begrenzte Zuverlässigkeit der zeitgenössischen Feuerwaffen in seinem Buch *Colonel George Hanger's Advice To All Sportsmen, and Particularly to Farmers and Gamekeepers* (1814) wie folgt zusammen:

Die Muskete eines Soldaten trifft einen 70 m entfernten Mann, es sei denn, sie ist zu schlecht gefertigt und sehr krumm, was bei vielen der Fall ist. Vielleicht trifft sie sogar auf 90 m, aber wer von einer gewöhnlichen Muskete aus 135 m Entfernung verwundet wird, muss ein großer Pechvogel sein, vorausgesetzt, der Feind zielt auf ihn. Wer mit einer gewöhnlichen Muskete einen Mann aus 180 m Entfernung treffen will, kann ebenso gut auf den Mond schießen und darf die gleiche Hoffnung haben, sein Ziel zu treffen. Ich behaupte und werde es wenn nötig beweisen, dass kein Mann jemals von der Muskete eines Soldaten, der auf ihn zielte, aus 180 m Entfernung getötet wurde.

Die mangelnde Zielgenauigkeit lag auch an der Bauweise der Waffen, doch wurde dies zunächst nicht erkannt. Die Lösung des Problems bestand darin, mehr Kugeln abzufeuern und so die Trefferquote zu erhöhen. Aber es gab auch eine technische Lösung, die man im 15. Jahrhundert entdeckte. Gaspard Kollner aus Wien erkannte, dass zwei gerade Rillen im Lauf die Genauigkeit erheblich steigerten, weil sich die Pulverreste in den Rillen ansammeln konnten. Dadurch konnte man den Unterschied zwischen dem Lauf- und dem Projektildurchmesser auf ein Minimum verringern. Kollners Erfindung wurde von Augustus Kutter in Nürnberg erheblich verbessert. Er wusste, dass Pfeile nach dem Abschuss schwingen und dennoch gerade fliegen. Also führte er Rillen ein, die sich innen um den Lauf wanden. Eine Kugel, die gerade noch in den Lauf passte, presste sich beim Abschuss in diese Züge und

Die Darstellung des amerikanischen Unabhängigkeitskriegs im 18. Jahrhundert zeigt, dass eine Muskete im Nahkampf hauptsächlich als Keule oder dank ihres extrem langen Bajonetts als Spieß verwendet wurde.

egann zu rotieren. Beim Flug wurde das rotierende Geschoss um seine eigene Achse herum stabilisiert und flog iel präziser. Bei fast allen modernen Feuerwaffen und uch Geschützen werden die Geschosse mittels dieses ralls im Flug stabilisiert.

Man muss diese höhere Genauigkeit würdigen, ehe han geringschätzig über die frühen Feuerwaffen urteilt.

Hangers Bemerkungen treffen zwar zu, aber sie gelten vor allem für standardisierte Militärwaffen mit glattem Lauf, nicht für präzise gefertigte Waffen, die bei der Jagd oder für spezielle militärische Anforderungen eingesetzt wurden. Eine hochwertige Muskete mit glatter Bohrung traf ein Ziel in Menschengröße aus 150 m Entfernung. In der Schweiz wurden Ende des 15. und Anfang des

16. Jahrhunderts mit Gewehren Reichweiten zwischen 230 und 280 Schritt erreicht. Das Ziel am Ende dieser Strecke hatte nur etwa 1 m Durchmesser. Bei Wettkämpfen versuchte man, das Zentrum dieses Zieles zu treffen. Während eines Wettbewerbs in Mainz im Jahr 1547 traf ein Scharfschütze bei 20 Versuchen 19-mal ins Zentrum eines Zieles aus fast 200 m Distanz – selbst nach heutigen Maßstäben eine gute Leistung. In der Hand eines Soldaten hatte das Gewehr andere Aufgaben.

Ihr militärisches Potenzial zeigten Büchsen, also Gewehre mit gezogenem Lauf, erstmals im 18. Jahrhundert während des amerikanischen Unabhängigkeitskriegs. Die Erfahrung mit den präzisen Feindwaffen beeindruckte die britische Armee sehr. Im letzten Viertel des Jahrhunderts führte auch sie Büchsen ein. Die erste war die Ferguson, ein raffiniertes Hinterladergewehr, das Patrick Ferguson, ein Offizier der Royal North British Dragoons, entwickelte. (Auf die Entwicklung der Hinterlader wird weiter unten genauer eingegangen.) Die Ferguson wurde ab 1776 in begrenzter Stückzahl produziert. Man rüstete mit ihr eine Infanterieabteilung aus, die in der Schlacht von Brandywine im darauffolgenden Jahr bewies, dass britische Scharfschützen ihren geschulten amerikanischen Gegnern in nichts nachstanden. Obwohl der Wert des Gewehrs offenkundig war, löste die britische Armee Fergusons Abteilung auf, nachdem der Offizier verwundet worden war.

Aber dies war nicht das Ende des britischen Gewehrs. Im Jahr 1800 brachte Ezekiel Baker seine Version des Jäger-Gewehrs heraus, das zum traditionellen Vorderlader zurückkehrte, nachdem Ferguson mit dem Hinterlader experimentiert hatte.

Die Baker hatte anfangs ein 19-mm-Kaliber, später nur noch 15,8 mm. Sie verfügte über ein Visier, das bis auf 183 m einstellbar war – ein klarer Hinweis auf die erwartete Reichweite. Manche Versionen wurden mit einem zusätzlichen Blattkorn für Reichweiten bis 275 m ausgestattet. Die Baker leistete in britischen Scharfschützeneinheiten gute Dienste und wurde erst 1837 durch die Brunswick (eine Perkussionswaffe) ersetzt. Die britischen Scharfschützen, die Riflemen genannt wurden

Scharfschützen bei einem Wettbewerb im 19. Jahrhundert. Die immer häufigere Nutzung von gezogenen Läufen führte dazu, dass Soldaten aus mehreren Hundert Metern Entfernung zuverlässig ihr Ziel trafen.

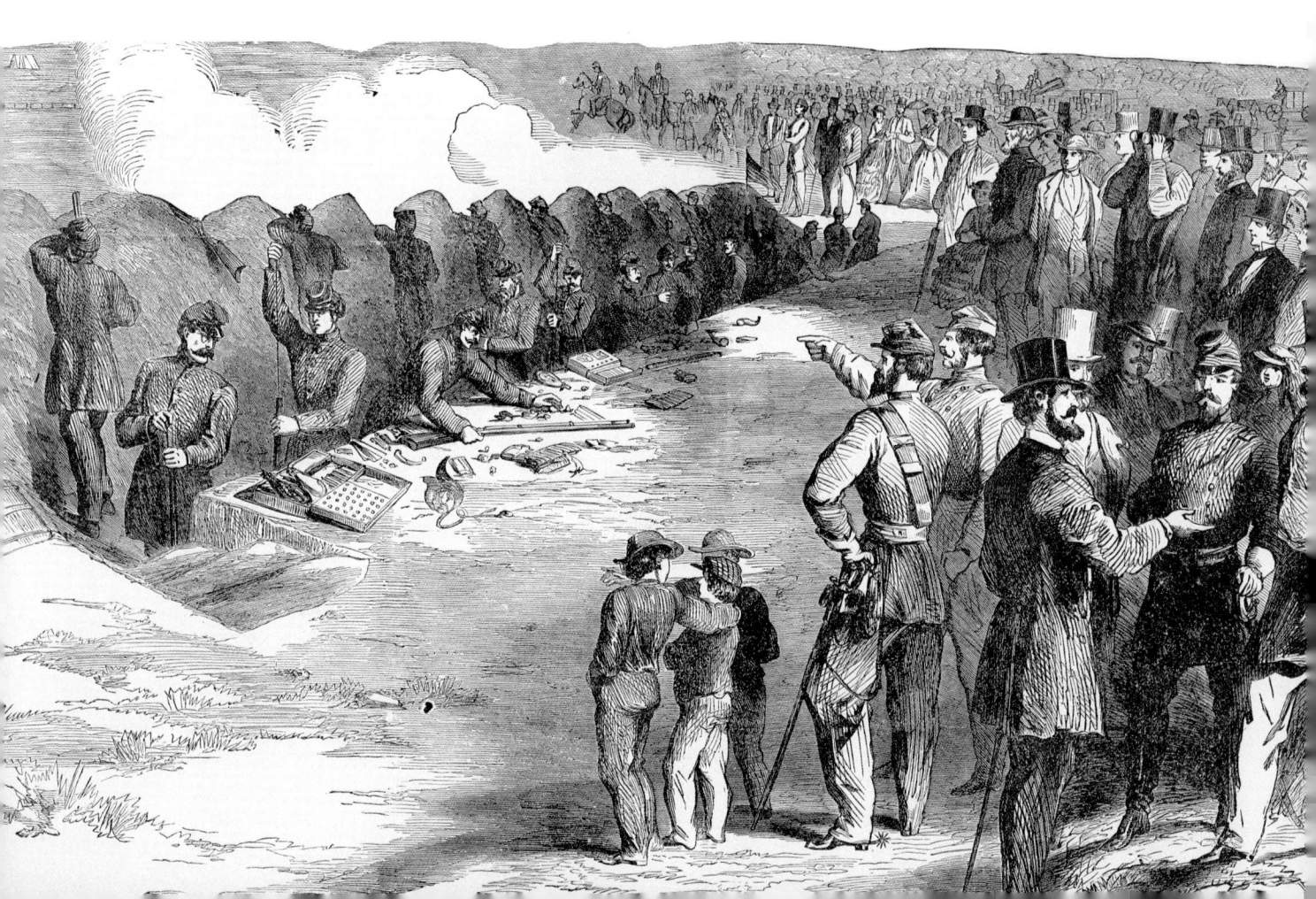

ritische leichte Infanterie schießt um 1810 mit dem Baker-Gewehr. Es urde nur von Spezialeinheiten benutzt und bewies, dass das gezogene ewehr der glattläufigen Muskete überlegen war.

aren besonders darauf trainiert, feindliche Offiziere zu ekämpfen, die an ihren häufig prunkvollen Uniformen eicht zu erkennen waren. Auch andere Armeen, so eispielsweise die deutschen, stellten Scharfschützen- inheiten auf, die Gewehre mit gezogenem Lauf als usrüstung erhielten.

erkussion

teinschlosswaffen mit gezogenem oder glattem Lauf aren zwei Jahrhunderte lang in Gebrauch. Aber sie hat- en mehrere Nachteile. Da man Zündkraut in die Pfanne egen musste, neigte die Waffe bei feuchtem Wetter zu unktionsstörungen, was für den Schützen ärgerlich war. äger hatten zudem das Problem, dass Funken vom Feu- rstein und das auflodernde Zündkraut die Beute warnten, odass sie kurz vor dem Zünden der eigentlichen Treibla- ung fliehen konnte. Ein großes Problem war auch das aden. Man brauchte immer noch sehr lange, um Stein- chlosswaffen abzufeuern. Ein ausgebildeter Soldat gab twa 3 bis 4 Schuss pro Minute ab; aber die Frequenz eß bei ständigem Feuern nach, weil sich Pulverreste im auf ansammelten, sodass es immer schwieriger wurde, as Geschoss in den Lauf zu stopfen.

Die Geschwindigkeit der Feuerrate war von großer Be- eutung. Auf dem Gefechtsfeld entschied sie zwischen eben und Tod. Man brauchte eine neue Methode der ulverzündung, um die Zündverzugszeit zu verringern und ie Zuverlässigkeit zu erhöhen. Im Jahr 1799 entdeckte er britische Wissenschaftler Edward Charles Howard ine hochexplosive Substanz namens Knallquecksilber, ie er herstellte, indem er Quecksilber in Salpetersäure öste und Ethanol hinzufügte. Er überlegte, wie man diese erbindung für Feuerwaffen nutzen konnte; doch sein ersuch, Pulver durch Knallquecksilber zu ersetzen, miss- ang – das Knallquecksilber war einfach zu stark. Andere chlugen einen neuen Weg ein. Bedeutend war die Ent- icklung von Pastor Alexander John Forsyth aus Aber- een in Schottland. Forsyth war sowohl Jäger (vor allem on Wildgeflügel) als auch Amateurwissenschaftler. Als äger ärgerte er sich bei der Steinschlossbüchse darüber, ass sie die Beute einen Sekundenbruchteil vor dem chuss warnte. Um eine schnellere Zündung zu erreichen, experimentierte er mit Knallquecksilber, vermischt mit Substanzen, die seine Wucht dämpften.

Forsyths Erfindung war das Flakonschloss (so genannt wegen seiner Form). Stein und Zündkraut verschwanden. Die Waffe besaß ein waagerecht drehbares Magazin mit schlagempfindlichem Knallquecksilber. Dieser „Flakon" rotierte um den Zündkanal (eine Röhre, die der rechten Seite der Hauptkammer entsprang). Wenn der Flakon sich zurückdrehte, fiel eine abgemessene Menge Knall- quecksilber in die Zündpfanne; wenn er sich wieder nach vorn drehte, stand der federgelagerte Schlagbolzen unter dem Hammer (einem Hahn ohne Zündstein mit gerader Aufschlagfläche). Wurde der Abzug betätigt, schlug der Hammer auf den Schlagbolzen, der seinerseits auf das Knallquecksilber in der Zündpfanne schlug, wodurch eine starke Stichflamme ausgelöst wurde, die fast sofort die Treibladung entzündete. Das Flakonschloss verkürzte zudem die Ladezeit, da es genügend Knallquecksilber für mehrere Schüsse enthielt. Das zeitraubende Nachfüllen des Zündkrautes entfiel dadurch.

Frühe Perkussionsschlösser

Das Flakonschloss war ein großer Fortschritt in der Weiterentwicklung der Schusswaffen, aber es konnte sich zunächst nicht durchsetzen. Das Militär hatte kein Vertrauen in Forsyth' Schloss, und aus politischen Gründen nutzte die Armee diese Erfindung nicht. Viele Jäger entdeckten hingegen die damit verbundenen Vorteile. Bald wetteiferten andere Versionen mit dem Steinschloss. Zuerst kam um 1807 das Kapselschloss. Ähnlich wie die heutigen Zündplättchen in Spielzeugpistolen enthielt es Knallpulver, das zwischen zwei Lagen aus imprägniertem Papier versiegelt war (das Papier schützte vor Feuchtigkeit). Die Kapsel befand sich über einem Hohlstift, der aus der Verschlusskammer der Waffe ragte. Sie entzündete sich durch den Schlag des Hammers, wodurch Forsyth' Zündnadel überflüssig wurde. Danach kam das Zündpillenschloss, entworfen von dem amerikanischen Chirurgen Dr. Samuel Guthrie in den 1820er-Jahren. Er mischte explosives Kaliumchlorid mit Gummiarabikum und formte daraus kleine Pillen oder Perlen, die in einer Pfanne über dem Stutzen befestigt wurden und ebenfalls nach einem Hammerschlag zündeten.

Das Problem mit diesen Perkussionsschlössern war, dass sie ziemlich empfindlich waren, vor allem nach Ansicht des Militärs. Zündpillen- und Kapselschlösser waren von Soldaten mit klobigen Händen schwer zu bedienen. Das änderte sich 1818, als der berühmte britische Büchsenmacher Joseph Manton das Zündröhrchenschloss entwickelte. Das Zündmittel befand sich in einer sehr dünnen, kurzen Kupferröhre, die auf einen Stutzen gelegt und vom Hammer zerquetscht wurde. Das Zündmittel war gut vor Witterungseinflüssen geschützt und daher viel haltbarer als papierne Zündplättchen oder vorgeformte Pillen. Aber das dünne Rohr war immer noch schwer zu bedienen. Die Lösung dieses Problems und die wohl wichtigste Erfindung in der Geschichte der Feuerwaffen war das Zündhütchen.

Die Erfindung des Zündhütchens wird mehreren Personen zugeschrieben, unter anderem Joshua Shaw, einem nach Amerika ausgewanderten Engländer, Peter Hawker, Joseph Egg, James Purdey und Joseph Manton aus Großbritannien sowie Prélat aus Frankreich. Wer immer auch der Erfinder war, in den 1820er-Jahren wurde das Zündmittel in eine kleine Kupfertrommel gestopft, die einem Zylinderhut ähnelte. Sie passte auf einen hohlen Stift (Piston) unter dem Hammer. Der Stift mündete in der Verschlusskammer. Wenn der Hammer auf das Hütchen schlug, entstand eine Flamme, welche die Treibladung zündete.

Überall erkannte man schnell, dass das Perkussionsschloss viel zuverlässiger und handlicher war als das Steinschloss. Steinschlösser blieben noch viele Jahre in Gebrauch, wurden aber allmählich durch Perkussionsschlösser ersetzt, entweder durch Einführung neuer Waffen oder indem die alten Luntenschlösser umgebaut wurden, was relativ einfach möglich war. Das Zündhütchen revolutionierte nicht nur die Gewehre – es ermöglichte hervorragende Waffen wie die Brunswick und die Pattern Enfield (1853) –, sondern auch die Konstruktion von Pistolen. Es führte außerdem zur Entwicklung der modernen Patrone, bei der Treibmittel, Projektil und Zündhütchen zusammengefasst sind.

Perkussionsrevolver

Das Problem bei Pistolen mit Luntenschloss war, wie bei den Gewehren, ihre niedrige Kadenz. Bei Faustfeuerwaffen war dieser Nachteil besonders gefährlich, weil sie oft im Nahkampf benutzt wurden, wo es um Leben oder Tod ging und der Schütze nahezu hilflos war, wenn sein erster Schuss misslang. Die Lösungen waren wenig ausgereift. Manche Büchsenmacher stellten Pistolen mit mehreren

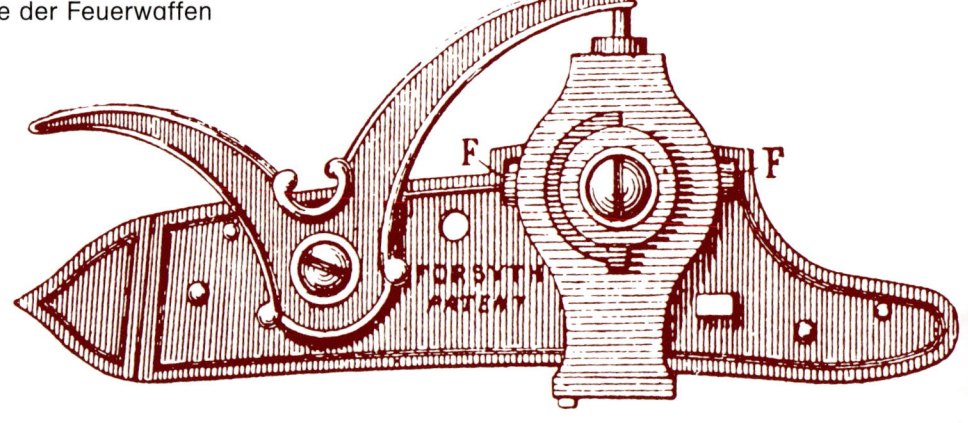

Das Perkussionsschloss von Forsyth leitete eine neue Ära der Feuerwaffentechnik ein. Knallpulver verbesserte die Zündgeschwindigkeit und die Zuverlässigkeit der Waffe erheblich.

Anfang des 19. Jahrhunderts entdeckten die amerikanischen Indianer schnell die vielen Vorteile der Feuerwaffen gegenüber traditionellen Waffen. Viele Stämme hatten Scharfschützen, die geschickt mit Musketen und Gewehren umgehen konnten.

…äufen her, bei denen die Läufe (meist vier) nebeneinander-…gen und von einem einzigen Abzug ausgelöst wurden. …ie Wirkung war enorm. Andere ordneten mehrere Läufe …ylindrisch auf einer Achse an, wobei die Läufe so rotier-…en, dass sie nacheinander unter dem Hahn lagen. Diese …ündelrevolver hießen auch „Pfefferbüchsen" und waren …begrenzter Stückzahl bis in die 1850er-Jahre in Ge-…rauch. Sie waren schwer und unhandlich und neigten …ur schlimmsten aller Störungen bei Handwaffen: dem …berschlag. Dabei springt die Zündflamme von einer …atrone auf andere in der Trommel über, und die mehrfa-…hen, unkontrollierten Detonationen führen zu schweren …andverletzungen.

1818 erhielt Artemus Wheeler, ein Büchsenmacher …Massachusetts, ein Patent für einen Luntenschloss-…evolver, der statt mehrerer Läufe eine Drehtrommel mit …ehreren Kammern hinter einem einzelnen Lauf besaß. …lisha Collier verfeinerte die Technik unter anderem mit einem Zündhütchen. Das Ergebnis war der erste moderne Revolver der Welt. Der Revolver von Wheeler und Collier war nicht ganz neu. Feuerwaffen mit rotierender Trommel gab es schon in der Anfangszeit der Feuerwaffen. Eine Zeichnung aus Deutschland (Anfang des 16. Jahrhunderts) zeigt sogar einen zehnschüssigen Revolver mit Luntenschloss, und es gibt mehrere Beispiele für britische und französische Radschlossrevolver. Wichtiger war der Schnapphahnrevolver mit mechanischer Trommelrotation, den John Dafte, ein britischer Büchsenmacher, 1680 konstruiert hatte. Colliers Revolver war keine wirksame und zuverlässige Handfeuerwaffe; aber er stellte ihre mecha-

Colt und der Colt Paterson

Samuel Colt machte aus einer ineffektiven Kuriosität eine wirksame Handfeuerwaffe. Bereits Anfang der 1830er-Jahre interessierte sich der junge Colt (geboren 1814) für Waffen. Man erzählte, er habe als Kabinenjunge auf dem Zweimaster Corlo ein Holzmodell eines Revolvers mit sechs Trommeln geschnitzt, das später die Grundlage seiner ersten Handfeuerwaffe geworden sei. Heute wissen wir, dass dies eine Legende für Werbezwecke war. Tatsache ist jedoch, dass Colt seine Ideen bald mit dem Büchsenmacher John Pearson in Baltimore teilte, der sie in brauchbare Modelle verwandelte. 1835 und 1836 erhielt Colt in England, Frankreich, Preußen und den USA Patente für sein neues Revolverdesign. Er gründete am 5. März 1836 in Paterson, New Jersey, die Patent Arms Manufacture Company.

Der Colt war nicht revolutionär, aber Colt verfeinerte die Mechanik so, dass die Waffe zuverlässig funktionierte und gut in der Hand lag. Zudem sorgte er für einen umfassenden gewerblichen Rechtsschutz. Das wichtigste Merkmal seiner ersten Waffe, des Colts Paterson (Kaliber .34), war, dass die zylinderförmige Trommel Einfräsungen besaß, in die der Trommelstopper einrastete und die Trommel bei gespanntem Hahn exakt vor dem Lauf ausrichtete und arretierte. Wenn man den Hahn spannte, gab der Stopper die Trommel frei, und sie drehte sich im Uhrzeigersinn weiter. Versenkte Kolben am hinteren Ende der Trommel verhinderten, dass der Funken auf die nächste Kammer übersprang.

Samuel Colt (1814–1862) war nicht nur ein erstklassiger Waffenkonstrukteur, sondern auch ein gewiefter Geschäftsmann. Dank seiner raffinierten Werbung verkauften sich seine Waffen millionenfach.

Der Colt Paterson war nicht sofort an den Schießereien im Wilden Westen beteiligt. Nach heutigen Maßstäben war er schwer zu laden. Erstens musste man die Trommel aus der Waffe nehmen und jede Kammer einzeln mit Pulver und Kugel laden (Pulverflaschen mit fünf Hälsen machten die Prozedur einfacher). Wenn die Zündhütchen auf den Kolben saßen, setzte man die Trommel wieder ein, schob den Laufteil zurück und befestigte ihn mit einem Keilschloss. Der ganze Prozess ließ sich beschleunigen, wenn der Schütze zusätzliche geladene Trommeln bei sich trug. Colt verbesserte das System 1839, indem er einen Ladestock unter dem Lauf anbrachte. Nun konnte man die Kammern laden, ohne die Trommel herauszunehmen. Samuel Colt war vielleicht kein genialer Erfinder, aber sein Beitrag zur Geschichte der Feuerwaffen ist unbestreitbar.

Die Fabrik der Colt Patent Firearms Manufacturing Company im Jahr 1866 in Hartford, Connecticut.

nische Grundform dar. Die Trommel wurde nach jedem Schuss mechanisch gedreht, indem man den Hammer zurückzog (ein Haken am Hammer zog an einem Zapfen im Zylinder). Um eine gasdichte Verbindung zwischen Zylinder und Lauf zu erreichen, bewegte sich die Trommel während der Drehung ein wenig vor und zurück, da jede Kammer vorn einen kegelförmigen Zapfen besaß, der sich im hinteren Teil des Laufs verhakte.

Colliers Revolver war nie ein kommerzieller Erfolg, aber er bereitete den Weg für verlässlichere Faustfeuerwaffen, entwickelt von der wohl bekanntesten Persönlichkeit im Pantheon der Büchsenmacher: Samuel Colt (siehe Kasten).

Colt schuf den ersten zuverlässigen Revolver, den Colt Paterson, und veränderte dadurch das Gesicht der Individualwaffen. Auf den kommerziellen Erfolg musste er lange warten; doch 1846 schaffte er den Durchbruch, als der mexikanisch-amerikanische Krieg die Waffenproduktion ankurbelte. Auf Anregung von Captain Sam Walker stellte Colt 1847 den 394 mm langen, großkalibrigen Colt Whitneyville Walker Dragoon (Kaliber .44) her. Der Ingenieur Eli Whitney rationalisierte dann zusammen mit geschickten Büchsenmachern das Produktionsverfahren. Schließlich hatte Colt genügend Aufträge, um 1848 seine berühmte Fabrik in Hartford, Connecticut, zu eröffnen, die Tausende von Colt-Revolvern für den aufnahmebereiten militärischen und zivilen Markt ausstoßen konnte. Die Waffen wurden von der US-Army in den Kämpfen gegen die Indianer eingesetzt, fanden aber auch bei den Siedlern, die sich in den Weiten des amerikanischen Westens niederließen, breite Verwendung. Die ersten von Colt entwickelten Revolver gingen Ende der 1840er-Jahre an Einheiten der US-Kavallerie.

Von da an bis zum Ablauf der amerikanischen Patentrechte im Jahr 1857 waren die Colts in den USA und in Europa überaus beliebt (1853 eröffnete Colt eine Fabrik in London). Die Modelle aus dieser Zeit sind legendär und Teil der amerikanischen Geschichte. Dazu gehörte

Texas Rangers im Gefecht. Sie verwenden alte und neue Waffen: Colts, Hinterladergewehre und lange Speere.

Die Feuerwaffe mit Zündhütchen machte Vorderlader viel zuverlässiger, weil kein loses Zündkraut mehr benötigt wurde. An der Hinterkante dieser Revolvertrommel sind die Hohlstifte, die das Zündhütchen aufnahmen, deutlich erkennbar.

auch der Respekt einflößende Colt 1851 Navy (ab 1850 produziert), ein sechsschüssiger Revolver Kaliber .36 mit einem 190 mm langen achteckigen Lauf, der für seine Präzision und Haltbarkeit bekannt war. Er leistete den Texas Rangers und anderen Militärs und Polizisten gute Dienste. Allein die britische Regierung kaufte 41 500 Waffen dieses Typs. Außerdem produzierte Colt viele kleinere Waffen, zum Beispiel den Little Dragoon und die Taschenpistole Modell 1849 mit Kaliber .31. Von Letzterer wurden von 1850 bis 1873 etwa 325 000 Stück hergestellt.

Colts Patent sorgte dafür, dass es in den USA vor 1857 nur wenige Wettbewerber gab. In Großbritannien lief das Patent schon 1849 aus. Zwei Jahre später führte der britische Büchsenmacher Robert Adams auf der Weltausstellung einen Revolver vor, der international großes Interesse erregte. Colts waren Waffen mit einfacher Hahnbewegung; das heißt, man konnte sie nur abfeuern, nachdem man den Hammer mit der Hand gespannt hatte, meist mit dem Daumen. Was Adams 1851 vorstellte, war ein Revolver mit Spannabzug, „Double Action" genannt. Der Hammer wurde allein durch Betätigen des Abzugs gezogen und losgelassen – es gab keinen Hahnsporn, der manuelles Spannen erlaubt hätte. Mit dem Durchziehen des Abzugs wurde auch die Trommel weitergedreht. Aber das war nicht der einzige Unterschied zum Colt: Der Rahmen des Adams wurde in einem Stück gefertigt und war daher sehr stabil.

Die Vor- und Nachteile beider Revolvertypen sind eindeutig. Revolver mit einfacher Hahnbewegung schießen meist präziser, weil man nach dem Spannen nur leicht und kurz ziehen muss, um den Abzug zu betätigen. Beim Revolver mit Spannabzug muss man in der Regel lange und kräftig ziehen. Dadurch ist die Waffe zwar weniger zielgenau, die Schüsse können aber in schnellerer Abfolge abgegeben werden. Da im Kampf meist schnelles Feuern auf kurze Distanz üblich war, stellte der Adams-Revolver eine ernsthafte Konkurrenz für den Colt dar und wurde vor allem von Offizieren gerne verwendet. Zudem war er dank seines Kalibers .44 effektiver als die Colts, von denen viele Kaliber .36 hatten. Allerdings merkte Adams bald, dass manche Nutzer das Fehlen der Hahnspannung beklagten. Daher führte er einige Verbesserungen ein, sodass man den Revolver entweder mit Hahnspannung oder Spannabzug benutzen konnte.

Adams-Revolver waren jedoch die kleinste Sorge, die Colt hatte, als 1857 seine amerikanischen Patente ausliefen. Sofort kamen zahlreiche Imitate und Innovationen auf den Markt, unter anderem von künftigen großen Firmen wie Remington und Smith & Wesson. Vor allem Letztere brachte Bewegung in den Markt, als sie die ersten Patronenrevolver anbot. Der amerikanische Bürgerkrieg, der von 1861 bis 1865 zwischen den Nordstaaten der USA und den aus der Union ausgetretenen Südstaaten geführt wurde, sorgte zudem für eine enorme Nachfrage nach Schusswaffen, sodass die jungen Firmen sich schnell etablieren konnten.

Frühe Patronen-Feuerwaffen

Mitte der 1850er-Jahre hatten Feuerwaffen große Entwicklungssprünge hinter sich. Die Zeit, als ein Arkebusier seine Luntenschlossmuskete schulterte, war längst vorbei. Dennoch hatten beide Waffentypen etwas gemeinsam: Zum Laden der Waffe wurde Pulver in den Lauf eines Vorderladers oder in die Kammern eines Revolvers gestopft. Man musste Pulver und Kugel fest hineindrücken. Das war selbst nach der Einführung des Zündhütchens aufwendig. Man brauchte ein Projektil, das Zündhütchen, Pulver und Kugel vereinigte und mit dem man die Waffe laden konnte. Man benötigte einheitliche Patronen und Hinterlader.

Hinterlader haben mehrere große Vorteile gegenüber den Vorderladern. Erstens spart man Zeit, wenn man eine Waffe am Verschluss lädt und keine Kugel durch den ganzen Lauf rammen muss. Außerdem passt das Projektil genauer in den Lauf und presst sich daher tiefer in die Züge. Allerdings hatten die Hersteller der Vorderladermunition immer bessere Geschosse entworfen. In den 1820er-Jahren stellten Briten und Franzosen beispielsweise zylinder- und kegelförmige Projektile mit Kerben im Boden her, die ziemlich locker im Lauf steckten, sodass man sie leicht hineinstopfen konnte. Feuerte man die Waffe ab, zwang das Treibgas den konvexen Geschoss-

In der zweiten Hälfte des 19. Jahrhunderts waren Hinterlader zunächst nur primitive umgebaute Vorderlader. Später entwickelten sich daraus Repetiersysteme, die so effizient waren, dass sie sich bis heute kaum verändert haben.

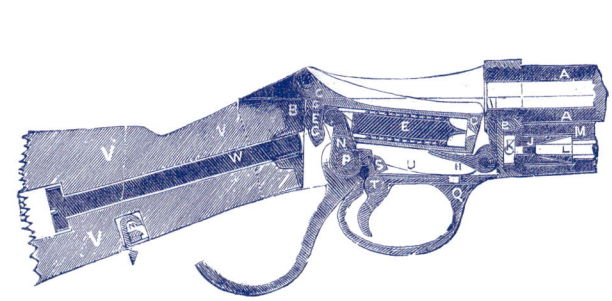

Das Repetiergewehr von Martini-Henry

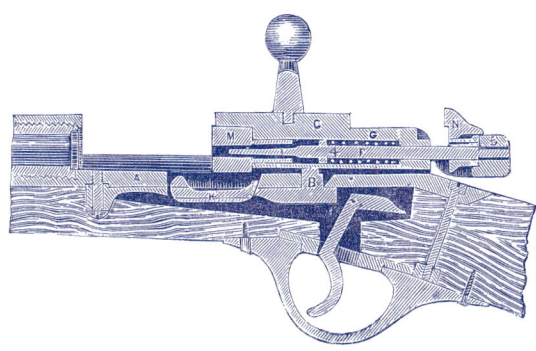

Das Mauser-Repetiergewehr

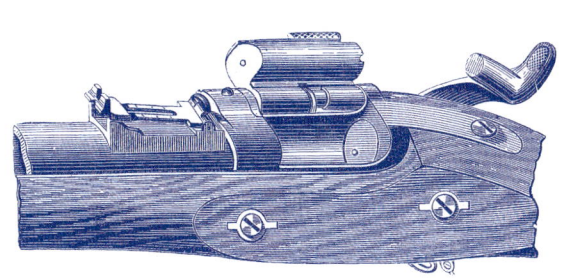

Das umgerüstete Snider-Gewehr

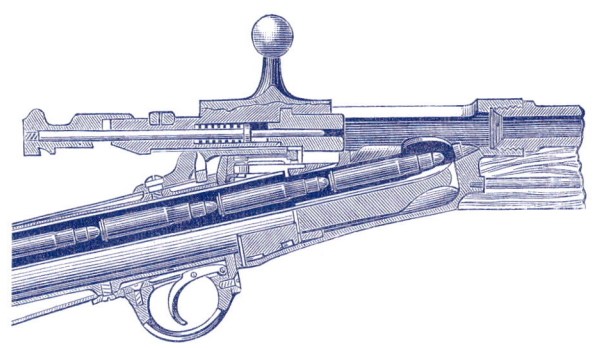

Das Mannlicher-Repetiergewehr

boden, sich auszudehnen und in die Züge zu pressen. Dieser Munitionstyp wurde Minié genannt – nach dem französischen Offizier Claude Minié, einem seiner erfolgreichsten Produzenten. Das Minié-Projektil ermöglichte eine hohe Mündungsgeschwindigkeit und eine gute Trefferquote bei hoher Reichweite. Minié-Patronen kosteten im amerikanischen Bürgerkrieg (1861–1865) Tausenden von Soldaten das Leben. Deshalb blieben Vorderlader fast das ganze 19. Jahrhundert lang in Gebrauch, während die Hinterlader zunächst wenig Beachtung fanden. Hinterlader hatten bereits eine jahrhundertelange Geschichte, denn Hinterlader-Kanonen gab es schon im Mittelalter. Das große Problem der Hinterlader war die Abdichtung des Verschlusses bei dem extrem hohen Druck nach dem Zünden. Wenn das nicht gelang, sank bestenfalls die Mündungsgeschwindigkeit, weil Treibgas austrat. Schlimmstenfalls wurde der Verschluss abgesprengt. Deshalb verzichteten die Hersteller von Klein-

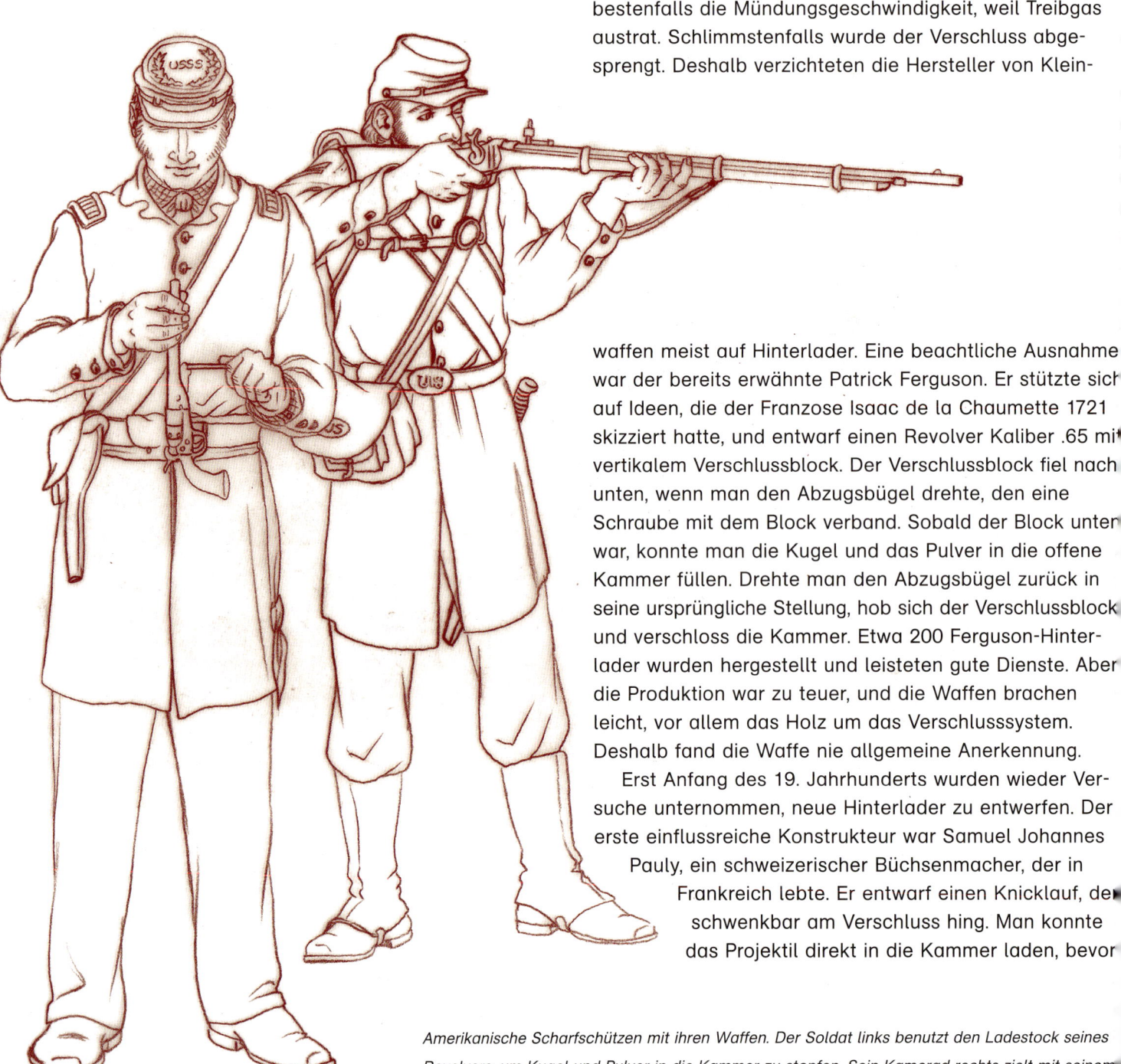

waffen meist auf Hinterlader. Eine beachtliche Ausnahme war der bereits erwähnte Patrick Ferguson. Er stützte sich auf Ideen, die der Franzose Isaac de la Chaumette 1721 skizziert hatte, und entwarf einen Revolver Kaliber .65 mit vertikalem Verschlussblock. Der Verschlussblock fiel nach unten, wenn man den Abzugsbügel drehte, den eine Schraube mit dem Block verband. Sobald der Block unter war, konnte man die Kugel und das Pulver in die offene Kammer füllen. Drehte man den Abzugsbügel zurück in seine ursprüngliche Stellung, hob sich der Verschlussblock und verschloss die Kammer. Etwa 200 Ferguson-Hinterlader wurden hergestellt und leisteten gute Dienste. Aber die Produktion war zu teuer, und die Waffen brachen leicht, vor allem das Holz um das Verschlusssystem. Deshalb fand die Waffe nie allgemeine Anerkennung.

Erst Anfang des 19. Jahrhunderts wurden wieder Versuche unternommen, neue Hinterlader zu entwerfen. Der erste einflussreiche Konstrukteur war Samuel Johannes Pauly, ein schweizerischer Büchsenmacher, der in Frankreich lebte. Er entwarf einen Knicklauf, der schwenkbar am Verschluss hing. Man konnte das Projektil direkt in die Kammer laden, bevor

Amerikanische Scharfschützen mit ihren Waffen. Der Soldat links benutzt den Ladestock seines Revolvers, um Kugel und Pulver in die Kammer zu stopfen. Sein Kamerad rechts zielt mit seinem Gewehr. Das Leitervisier, das die Treffsicherheit aus großer Distanz erhöhte, ist aufgeklappt.

man den Lauf wieder schloss und feuerte. Bemerkenswert war, dass Pauly eine Frühform der Patrone entwickelte. Sie bestand aus einem kurzen Messingkopf mit einer Zündpille im Hülsenboden, der beim Feuern für einen gasdichten Verschluss sorgte. Pulver und Kugel befanden sich in einer Metall- oder Papphülse. Das System funktionierte. Bei einer Vorführung feuerte Pauly in einer Minute 22 Schuss ab – damals ein Rekord. Aber nur Privatpersonen bestellten die Waffe, weil das Militär sie nicht für robust genug hielt.

Der Franzose Casimir Lefaucheux entwickelte den Hinterlader weiter. Er konzentrierte sich darauf, einen neuen Patronentyp zu entwerfen. 1826 wurde seine Stiftfeuerpatrone vorgestellt. Sie bestand aus einer Messinghülse, mit einem Zündhütchen am Boden und einer Kugel in der Mündung. Ein typisches Merkmal war ein Metallstift an der Seite, im rechten Winkel zum Boden. Er war ein fest eingebauter Schlagbolzen: Wenn die Patrone geladen wurde, schob sich der Stift durch einen Schlitz in der Kammer, und beim Feuern schlug der Hammer auf den Stift und trieb ihn in die Patronenhülse hinein, wo er das Zündhütchen traf. Der Nachteil dieser Patrone war, dass der Stift bei geladener Patrone schlagempfindlich war und die Treibladung bei einem Stoß zünden konnte. Dennoch funktionierte die Patrone gut und war in Kontinentaleuropa (weniger in Großbritannien und in den USA) von Ende der 1820er- bis in die 1850er-Jahre ein Erfolg. Man verwendete sie vor allem in Revolvern mit Kalibern zwischen 5 und 15 mm. 1856 wurde sie schließlich in der französischen Marine eingeführt.

Die Stiftfeuerpatrone war die erste effektive Messingpatrone der Welt. Während sie entworfen und verkauft wurde, arbeitete Johann Nikolaus von Dreyse, ein ehemaliger Schüler von Pauly, an einer neuen Methode, Gewehre zu laden und abzufeuern. 1836 erwarb er ein Patent für eine Waffe, die zur Vorläuferin aller Repetiergewehre werden sollte. Die Patrone dieses Gewehrs bestand aus einer Papppatrone und einer Kugel. Das Zündhütchen befand sich zwischen dem Projektil und der Treibladung. Das Gewehr funktionierte ähnlich wie ein gewöhnlicher Türriegel. Man drehte den Griff nach oben und zog ihn nach hinten, um den Verschluss zu öffnen und die Patrone einzuführen. Wenn man den Griff nach vorn und dann nach unten in eine Vertiefung im Rahmen schob, wurde der Verschluss geschlossen und verriegelt. Beim Betätigen des Abzugs durchbohrte ein langer, nadelähnlicher Schlagbolzen (der unter Federspannung stand) den Boden der Patrone und die Pulverladung und schlug dann auf das Zündhütchen, das die Treibladung zündete.

Antoine Alphonse Chassepot erfand eines der ersten Repetiergewehre der Welt, das 1866 von der französischen Armee eingeführt wurde und Rivalen wie Dreyses Zündnadelgewehr ausstach. Da es jedoch mit Papierpatronen geladen wurde, ersetzte man es später durch Waffen für Metallpatronen.

Moderne Schützen wundern sich über die Idee, die Treibladung von vorn anstatt von hinten zu zünden. Das war in der Tat das Hauptproblem mit dem sogenannten Zündnadelgewehr von Dreyse. Dennoch revolutionierte sein System die Feuerwaffenkonstruktion und war der Anfang vom Ende der Vorderlader. Man konnte das Zündnadelgewehr alle paar Sekunden laden und abfeuern. Es war aus einer Distanz von über 200 m treffsicher, und wenn man mit den Papppatronen korrekt umging, war die Waffe bei fast jeder Witterung funktionsfähig. Sie war so gut, dass die preußische Armee 1848 eine 13,6-mm-Version einführte. In den 1860er-Jahren zeigte sich in den Kriegen gegen Dänemark und Österreich, wie effektiv Repetierwaffen waren. Die Armeen der Welt

Daniel Wesson (1825–1906) war der eine Partner des Duos Smith & Wesson, das die Entwicklung des Hinterladerrevolvers einleitete. Viele heute hergestellte Revolver basieren auf Entwürfen von Smith & Wesson.

begannen, Hinterlader einzuführen. Das preußische Zündnadelgewehr bot neben der hohen Kadenz auch den Vorteil, dass der Schütze die Waffe liegend oder hinter einer Deckung stehend nachladen konnte. Mehrere dieser Waffen wurden während der Märzrevolution 1848 in Berlin entwendet und vermutlich ins Ausland geschmuggelt.

Als 1861 der amerikanische Bürgerkrieg ausbrach, war das Repetiergewehr nicht der einzige Hinterladertyp. Ein anderer berühmter Typ war der Sharps-Karabiner, den der amerikanische Büchsenmacher Christian Sharps ab 1848 herstellte. Sharps benutzte einen Verschlussblock, den man mit dem verlängerten Abzugsbügel vertikal heben und senken konnte. Bei abgesenktem Block war die Kammer offen, und man führte eine Patrone aus Pappe oder Leinen ein. Zog man den Hebel nach hinten, hob sich der Block und schnitt den hinteren Teil der Patrone ab, sodass das Pulver freilag. Ein Standardsystem mit Zündhütchen und Hohlstift wurde benutzt, um die Waffe abzufeuern.

Obwohl die Sharps-Karabiner schließlich von Repetiergewehren abgelöst wurden, waren sie sehr effektive, weitreichende Gewehre, die sowohl Soldaten als auch Jäger überzeugten. Man produzierte sie mit Kalibern wie .52 und .58, und sie gaben präzise Schüsse mit einer Reichweite von bis zu 900 m ab, was damals erstaunlich war. Berühmt wurden sie im Bürgerkrieg bei den Scharfschützen der Nordstaaten (zwei Einheiten, die Colonel Hiram Berdan gegründet hatte). In den 1860er-Jahren wurde ihre Lebensdauer erhöht, als man ihnen einheitliche Messingpatronen einführte. Sharps Gewehre waren derart effektiv bei der Büffeljagd, dass diese Tiere in den USA im 19. Jahrhundert ausgerottet wurden.

Hiram Berdan war auch an der Weiterentwicklung der Patronen beteiligt. Diese Entwicklung wurde keineswegs vernachlässigt, nachdem Dreyse sein Zündnadelgewehr erfunden hatte. Der Franzose Antoine Alphonse Chassepot konstruierte Mitte der 1860er-Jahre ebenfalls ein Zündnadelgewehr für die Armee. Sein Zündhütchen befand sich nicht hinten im Projektil, sondern im Patronenboden; dadurch war der Schlagbolzen vor den zerstörerischen Folgen der Pulverdetonation geschützt. Im Unterschied zu Dreyses Waffe besaß das 11-mm-Chassepot-Gewehr außerdem einen Kautschukring hinter dem Bolzenkopf, der eine bessere Abdichtung gegen das Treibgas gewährleistete.

Randzünder und Zentralzünder

Die Erfindung der Rand- und Zentralzünderpatronen im 19. Jahrhundert leitete die Ära der modernen Feuerwaffen ein. Abgesehen von den Fortschritten in der Metallurgie und bei den Treibmitteln sind heutige Patronen von ihrer Funktionsweise her unverändert, und das wird in den nächsten Jahrzehnten wohl so bleiben. Der Pionier der Randzünderpatrone war der Pariser Louis Flobert. Er entwickelte in den 1840er-Jahren eine winzige Patrone, die aus einem Zündhütchen mit einem in der Hülse fixierten Geschoss bestand, aber kein Treibpulver enthielt. (Das Projektil war nur für nahe Ziele oder das Abschießen von Schädlingen bestimmt.) In den 1860er-Jahren begannen zwei künftige Legenden aus der amerikanischen Geschichte der Feuerwaffen, Floberts Patrone zu verbessern. Horace Smith und Daniel Wesson stellten eine kleine Messingpatrone her, die am Boden

Das um 1885 für Smith & Wesson gedruckte Plakat erinnert an den Abenteuergeist der amerikanischen Pioniere. Das Motiv täuscht, denn im 19. Jahrhundert wurden die meisten Waffen von Städtern gekauft.

SMITH & WESSON

REVOLVERS

Soldaten im Burenkrieg mit Mauser-Gewehren am Ende des 19. Jahrhunderts. Repetiergewehre wie die Mauser ermöglichten sowohl eine hohe Schussfolge zur Verteidigung wie auch weitreichende präzise Einzelschüsse mit einer einzigen Waffe.

einen überstehenden Rand aufwies. Dieser war nicht nur nützlich beim Auswurf, sondern er enthielt auch die Zündladung. Der Hammer oder Schlagbolzen traf den Rand und zündete so die Patrone. Später konstruierten Smith & Wesson eine Serie von Revolvern für ihre neuen Randzünderpatronen. Außerdem sollten sie vom Ablaufen der Colt-Patente profitieren.

Im Jahr 1860 brachten Smith & Wesson das Model No. 1, Kaliber .22, auf den Markt, den ersten Randzünderrevolver einer legendären Serie. Die beiden Büchsenmacher schützten ihre Rechte und beherrschten bis 1869 den Markt für Randzünderrevolver. Ihr Model No. 1 hatte einen Lauf, den man nach oben kippen konnte, um die Trommel zu entnehmen. Diese hatte durchbohrte Kammern, die man von hinten lud, bevor man die Trommel wieder einsetzte und den Lauf nach unten kippte.

Nicht nur Handfeuerwaffen, sondern auch Gewehre profitierten von der Randpatronentechnik. Eine besonders interessante Entwicklung begann mit dem Volcanic Rifle, das Walter Hunt 1847 in Brooklyn, New York, entwickelte Es feuerte ein Projektil im Kaliber .38 ab, doch war die Treibladung mit nur 0,42 g Pulver im Hohlboden des Geschosses sehr schwach. Bemerkenswert war jedoch das Röhrenmagazin unter dem Lauf, das mehrere Patronen enthielt, die man ins Magazin beförderte, indem man einen Abzugsbügel nach vorn und hinten bewegte. Das Gewehr hatte aber vor allem wegen der geringen Durchschlagwirkung nicht den erhofften Erfolg. Nach einigem Hin und Her – es gelangte unter anderem in die Hände von Smith & Wesson – erwarb die Volcanic Repeating

Arms Company die Rechte. Einer der Inhaber dieses Konsortiums war Oliver F. Winchester, der einen begabten Büchsenmacher namens Tyler Henry für die Firma gewann. Henry baute die Waffe schließlich so um, dass sie eine einheitliche Randzünderpatrone im Kaliber .44 abfeuern konnte.

Mit dem Henry-Gewehr begann die Ära des Repetiergewehrs. Später wurde es Winchester genannt, da Oliver Winchester 1860 die Rechte am Unterhebelgewehr kaufte und es in seiner New Haven Arms Company herstellte. Es wurde mehrfach modifiziert, aber es war für Soldaten, Polizisten und Jäger ein zuverlässiges Gewehr mit schneller Schussfolge, das demonstrierte, wie nützlich Waffen mit Magazin waren. Unterhebelgewehre sind bis zum heutigen Tag in Gebrauch, obwohl bereits zu Beginn des 20. Jahrhunderts die ersten Magazinwaffen erhältlich waren.

Gemeinsam mit der Weiterentwicklung der Magazin- und Nachladetechnik der Gewehre schritt auch die Verbesserung der Munition voran. Obwohl Randzünderpatronen gut funktionierten, hatten sie Schwachstellen. Die größte war das Pulver. Der Patronenrand musste so dünn sein, dass der Hammer die Zündmasse zerquetschen konnte. Daher war ihre Wirkung begrenzt; denn eine zu starke Ladung hätte die Patronenhülse zerrissen. Im 19. Jahrhundert wurde eine neue einheitliche Patrone eingeführt, welche die Feuerkraft enorm verstärkte. Diese Zentralzünderpatrone besaß ein separates Zündhütchen in der Mitte des Patronenbodens. Eine frühe Version entwickelte der englische Büchsenmacher Charles Lancaster 1854, der das Zündhütchen allerdings im Patroneninneren einsetzte. Der Schlagbolzen musste den Boden durchbohren, um das Zündhütchen zu treffen. Effektive Zentralzünderpatronen aus Metall gab es erst in den 1860er-Jahren. Die wichtigsten Konstrukteure waren der britische Colonel Edward Mounier Boxer und der bereits erwähnte Hiram Berdan. Von da an wurden die Patrone und die Waffen ständig verbessert, bis sie zuverlässig funktionierten.

Sobald die Vorteile der einheitlichen metallenen Patrone erkannt worden waren, veränderte sich die Welt der Feuerwaffen gründlich. In der zweiten Hälfte des 19. Jahrhunderts verlief die Weiterentwicklung der Waffentechnik schneller als je zuvor. Bei den Revolvern gingen Colt, Smith & Wesson, Remington, Adams, Webley und Nagant zu Patronenmodellen über. Wichtige Beispiele dafür waren das Modell Nr. 3, Kaliber .44, von Smith & Wesson (allein für die russische Armee wurden über 20 000 Stück produziert) und der legendäre Colt Frontier/Peacemaker Single-Action Army, Kaliber .44. Dieser Revolver, den die amerikanische Armee 1873 einführte, wurde seitlich geladen. Man schob die Patronen durch eine aufklappbare Öffnung rechts an der Trommel, und ein Schlagfederausstoßer unter dem Lauf warf sie einzeln aus. Die Trommel brauchte man zum Nachladen nicht mehr herauszunehmen. Im Jahr 1889 produzierte Colt das Navy Model 1889 mit einer seitlichen Ausschwenktrommel. Andere Waffenhersteller folgten bald diesem Beispiel. Zusammen mit einem sternförmigen Ausstoßer (er warf alle leeren Hülsen gleichzeitig aus) beschleunigte die Ausschwenktrommel das Nachladen erheblich.

Ein Porträt der Brüder Mauser aus dem 19. Jahrhundert. Rechts sitzt Paul Mauser, ihm gegenüber Wilhelm Mauser. Ihr Zylinderverschluss mit Kammerstängel war einer der großen Meilensteine der Schusswaffentechnik.

Die Weiterentwicklung des Repetiergewehrs

Was die Gewehre betraf, ließ das Ladetempo zu wünschen übrig. In Großbritannien war das umgerüstete Snider-Gewehr (auf der Grundlage des Enfield-Vorderladers) ein Fortschritt. Es wurde im Mai 1866 eingeführt und besaß einen Verschlussblock, den man seitwärts herausklappen konnte, um dann die offene Kammer zu laden. Das Snider wurde 1871 durch das extrem schlagkräftige Martini-Henry-Gewehr ersetzt, dessen Verschlussblock man mit einem Hebel hinter dem Abzugsbügel gerade nach unten klappte, um die Kammer freizulegen. Für dieses Gewehr wurde eine effektive Zentralfeuerpatrone im Kaliber .45 benutzt. Das Martini-Henry war eines der ersten Gewehre mit Flaschenhalspatronen. Diese verjüngten sich bis zur Breite eines Geschosses, blieben aber dick genug, um eine starke Zündladung aufzunehmen, und kurz genug, damit sie leicht geladen werden konnten.

Bei den Repetiergewehren gab es ebenfalls Fortschritte. Daran beteiligt war einer der herausragendsten Büchsenmacher aller Zeiten: Peter Paul Mauser. Seine 11-mm-Mauser M/71 setzte neue Maßstäbe, was die Qualität und Sicherheit von Unterhebelwaffen betraf. Im Jahr 1884 stattete er ein Gewehr mit einem Röhrenmagazin unter dem Lauf aus. Jetzt konnte ein Soldat acht Schuss mit hoher Durchschlagwirkung abgeben und brauchte zum Nachladen nur den Verschluss mittels des Kammerstängels zu bewegen. Ein ähnliches System gab es im französischen 8-mm-Gewehr Lebel aus dem Jahr 1886. Es hatte einen nützlichen Zusatz: einen Hebel, mit dem der Soldat das Magazin schließen konnte, um die Schüsse einzeln zu laden, bis die Gefechtssituation ihn zwang, auf Schnellfeuer umzuschalten. Das Lebel war zudem das erste Gewehr für Patronen mit rauchlosem Pulver sowie Mantelgeschossen aus Kupfer und Nickel, was die Verschmutzung im Lauf verringerte. Das rauchlose Pulver bot den Vorteil, dass der Schütze für den Feind auch nach der Schussabgabe weniger leicht auszumachen war. Zudem hatte das neue Treibpulver mehr Energie als Schwarzpulver, sodass die Munition verkleinert werden konnte, wodurch sich wiederum die Ausstattung des Schützen erhöhen ließ.

Röhrenmagazine leisteten viele Jahrzehnte lang gute Dienste und sind heute noch in einigen nostalgischen Waffen oder Waffen mit Randfeuerzündung zu finden. Allerdings besteht die Gefahr, dass die Spitze eines Geschosses das Zündhütchen des vor ihm liegenden Projektils zündet, wenn die Waffe stark erschüttert wird. Bei großkalibrigen Gewehren führte das Magazin unter dem Lauf außerdem dazu, dass die Waffe vorderlastig und unhandlich wurde.

Einen anderen Ansatz wählte 1885 der österreichische Waffenkonstrukteur Ferdinand Ritter von Mannlicher. Er führte den Laderahmen ein: Der Schütze öffnete den Verschluss der Waffe und drückte einen Stahlrahmen mit

Die Gatling-Kanone war das erste funktionierende Schnellfeuergewehr der Welt; doch im Grunde war sie noch keine automatische Waffe, weil sie von den Händen der Schützen in Gang gehalten wurde, nicht von der Schussenergie.

fünf Patronen von oben hinein. Beim Schließen wurde die erste Patrone in die Kammer geschoben; wenn die letzte Patrone in das Patronenlager eingeführt wurde, fiel der Laderahmen aus dem Gewehr. Laderahmen verringerten die Ladezeit im Vergleich mit Röhrenmagazinen drastisch. Außerdem führte Mannlicher den Geradzugverschluss ein, der zum Nachladen nach hinten gezogen und wieder nach vorn geschoben wurde.

Mauser behob in der Folge einen Mangel des Laderahmens: Wenn ein voller Rahmen eingeführt war, musste man alle Projektile abfeuern, bevor man nachladen konnte – die Geschosse konnten nicht einzeln geladen werden. Mauser löste das Problem, indem er fünf Patronen in einem speziellen Streifen unterbrachte, die man nach unten in ein Kastenmagazin drückte, während der Streifen zurückblieb. Zugleich war es möglich, die Patronen einzeln in das Magazin einzusetzen.

Entsprechend der Gefechtssituation konnte die Waffe als Einzellader oder Repetiergewehr verwendet werden, was dem Schützen höhere Flexibilität gewährte. Mausers neues System wurde in der belgischen 7,65-mm-Mauser M/89 angewandt, einer vorzüglichen Waffe, die Mausers internationalen Ruf weiter förderte. Im Jahr 1893 entwickelte Mauser seine heute legendäre spanische Mauser. Der Verschluss besaß drei Schließnasen, zwei am Kopf des Verschlusses, die in die Kammer einrasteten, und eine am Verschlusskörper, um eine völlige Abdichtung zu gewährleisten. Dank eines krallenförmigen Ausziehers war der Auswurf ebenso zuverlässig wie das Laden. Die spanische Mauser war eine ausgereifte Repetierwaffe und der Vorläufer des 7,92-mm-Gewehrs M98, des deutschen Standardgewehrs bis zum Ende des Zweiten Weltkriegs (wenn man seine Karabinerversion 98k einbezieht). Diese Waffe war so ausgereift, dass sie fast 60 Jahre lang hergestellt wurde.

Ende des 19. Jahrhunderts waren die Tage der Perkussionszündung und des Vorderladers gezählt. Fast alle Armeen der Welt waren nun mit Mehrfachladegewehren ausgerüstet. Zwischen dem Ende des 19. Jahrhunderts und dem Beginn des Zweiten Weltkriegs im Jahr 1939 kamen einige der berühmtesten Feuerwaffen der Geschichte auf den Markt: die M1903 Springfield, die Short Magazine Lee-Enfield (SMLE), die M1891 Mosin-Nagant und die Mannlicher-Carcano M 1891. Alle hatten ihre Besonderheiten, aber alle waren Repetier- und Magazinwaffen mit Kalibern zwischen 6,5 und 7,92 mm und wurden mit verbesserten, rauchschwachen Patronen geladen. Diese

Dr. Richard Jordan Gatling (1818–1903) war ein produktiver Erfinder; aber er wurde vor allem wegen seiner Kanone bekannt. Ironischerweise glaubte Gatling, seine Waffe werde alle Kriege beenden, weil sie die Menschen davon abschrecke. Porträt um 1870

Gewehre waren zielgenau auf Entfernungen von 600 m und mehr. Mit dieser Reichweite und optischen Visieren leiteten sie die Ära der modernen Scharfschützen ein. Außerdem konnte ein Soldat nun alle ein bis zwei Sekunden schießen, was zum entsetzlichen Blutzoll im Ersten Weltkrieg beitrug. Aber dieser Krieg brachte einen weiteren schrecklichen Fortschritt in der Waffentechnik mit sich.

Automatische Waffen

Die Repetierwaffen erhöhten die Feuerkraft der Infanterie. Sobald man sich jedoch an die neuen Standards gewöhnt hatte, entdeckte man Mängel. Die Vorteile des Repetiergewehrs waren seine Zuverlässigkeit, Genauigkeit, große Reichweite und das Magazin für mehrere Schüsse. Daher werden solche Waffen auch heute noch von Scharfschützen des Militärs und beim Wettkampfschießen verwendet. Fast alle Truppen hingegen benutzen seit Anfang der 1950er-Jahre keine Repetierwaffen mehr.

Das hat einen einfachen Grund: Im Gefecht ziehen Soldaten eine Schnellfeuerwaffe einer präziseren, aber langsameren Waffe vor. Ihre Ziele sind meist nur flüchtig zu sehen und bewegen sich. Wer mit dem ersten Schuss aus einem Repetiergewehr nicht traf, musste nachladen, wodurch kostbare Zeit verloren ging. Und um gegnerische Sturmangriffe abzuwehren, ist eine hohe Kadenz wichtiger als die hohe Zielgenauigkeit zur Einzelzielbekämpfung. Das Repetiergewehr hatte die Gefechtstaktik zweifellos verändert. Nun aber war Reaktionsschnelligkeit viel wichtiger, ebenso Deckung und Tarnung vor streuenden, weitreichenden Waffen. Die Infanterie konnte nicht mehr offen über das Gefechtsfeld marschieren, ohne schwere Verluste zu erleiden. Repetiergewehre hatten zwar eine höhere Kadenz als die Vorderlader, allerdings waren sie immer noch langsam, weil man zum Nachladen den Verschluss manuell bewegen musste. Dieser Vorgang lenkte auch die Aufmerksamkeit des Schützen von seinem Ziel ab, sodass er es möglicherweise aus dem Auge verlor.

Gegen Ende des 19. Jahrhunderts entstand eine neue Art von Schusswaffen: automatische Gewehre. Bei dieser Waffen muss der Zylinder nicht mehr vom Schützen bewegt werden, um die Patronen in die Kammer zu landen. Mehrschüssige Feuerwaffen, die mehrere Läufe besaßen, gab es seit dem 15. Jahrhundert. Ein gutes Beispiel für solche Salven- oder „Orgelwaffen" ist das Vandenburgh-Geschütz. Diese monströse Waffe bestand aus 85 Läufer (Kaliber 12,7 mm) in einer massiven Messingtrommel. Jeder Lauf wurde einzeln mit der Hand geladen; danach wurden alle gleichzeitig abgefeuert, indem man eine enorme Kurbel am hinteren Ende drehte. Eine solche Waffe wäre für Angreifer verheerend gewesen; aber die lange Ladezeit machte sie unpraktisch.

Obwohl echte Maschinengewehre – die von der Rückstoßenergie angetrieben werden – noch einige Jahre auf

Das Puckle-MG

Schon früh gab es Versuche, Schusswaffen mit hoher Kadenz zu konstruieren. Eine der ersten war James Puckles Repetiergewehr, das dem Vandenburgh-Geschütz um fast 200 Jahre vorausging: Es wurde 1718 hergestellt und besaß nur einen Lauf (Kaliber 25,4 mm), aber es wurde aus einem manuell gedrehten Magazin mit neun Schuss geladen. Wenn man die Kurbel am Gewehr drehte, wurde eine der neun Kammern in den hinteren Teil des Laufs gedrückt, wo ein Steinschlossmechanismus die Ladung zündete. Dann folgte die nächste Kammer, während der Hammer mechanisch für den nächsten Schuss gespannt wurde.

Beim Militär wurde das Puckle-Gewehr nicht eingesetzt, doch kam im 19. Jahrhundert das Prinzip der manuell bedienten mehrschüssigen Waffen zu neuen Ehren. In den 1860er-Jahren entwickelte der Franzose Montigny die Mitrailleuse, eine Waffe mit 25 Läufen auf einem Wagen, die alle Läufe gleichzeitig abfeuern konnte. Der bewegliche Verschlussblock besaß 25 Schlagbolzen, für jeden Lauf einen. Wurde der Verschluss geöffnet, schoben sich 25 Patronen, die in

James Puckle (1667–1724) war der Erfinder des Puckle-Gewehrs, das jedoch nie im Gefecht eingesetzt wurde. Stich von George Vertue nach John Closterman

einem Block auf einer Magazinplatte befestigt waren, in die Kammern, und der Verschlussblock schloss sich. Drehte man die Kurbel hinten am Gewehr, lösten sich die Schlagbolzen nacheinander. Bei einer trainierten Mannschaft konnte die Mitrailleuse eine wirksame Waffe sein, aber taktische Fehler führten dazu, dass ihr Erfolg begrenzt blieb.

Sir Hiram Stevens Maxim (1840–1916), hier in den 1880er-Jahren. Er erfand das erste echte Maschinengewehr, das von seinem eigenen Rückstoß angetrieben wurde.

ch warten ließen, begann ihre Ära bereits 1861 mit r. Richard Jordan Gatlings Erfindung einer Waffe im aliber 11,4 mm mit sechs Läufen. Die Munition fiel durch ie Schwerkraft aus einem Magazin über dem Verschluss das nächste leere Patronenlager. Eine Handkurbel ersetzte die Läufe in Rotation um eine zentrale Achse. eder Lauf besaß seinen eigenen Zündmechanismus, nd das ganze Laufbündel konnte rund 600 Schuss pro inute abgeben. Die Kanone war wirkungsvoller als 0 Infanteristen mit Gewehren und brauchte zur Bedie-ung nur zwei Mann.

In der zweiten Hälfte des 19. Jahrhunderts wurden eitere ähnliche Mitrailleusen mit manueller Bedienung ntwickelt, darunter das schwedische Salvengeschütz on Nordenfelt und die zweiläufige Gardner-Kanone in en 1870er-Jahren. Aber keine erreichte die Bedeutung der Gatling. Die Gatling-Kanone wurde von der amerikanischen, russischen und britischen Armee benutzt und bewies in vielen Einsätzen den Nutzen der Schnellfeuerwaffen. Obwohl viele Militärs skeptisch blieben – vor allem wegen falscher Einsatztaktik (Maschinenwaffen galten oft als Artillerie-, nicht als Infanteriewaffen) und wegen des hohen Munitionsverbrauchs –, erkannten genügend Fachleute, dass diesen Waffen die Zukunft gehörte. Einer von ihnen war der in Amerika geborene Hiram Maxim.

Der Legende nach erzählte jemand Maxim, der ursprünglich Instrumentenbauer gewesen war, während

Ein abessinischer Soldat während eines Manövers bei Addis Abeba im Jahr 1935 mit einem Hotchkiss-MG. Es hatte eine große Feuerkraft und war dennoch mobil einsetzbar.

einer Ausstellung in Paris, dass er, wenn er richtig Geld verdienen wolle, etwas erfinden müsse, womit sich die Europäer gegenseitig umbringen könnten. Maxim begann Anfang der 1880er-Jahre, ein Maschinengewehr zu entwickeln. Die Waffe, die er 1884 vorführte, wurde später Rückstoßlader genannt. Die Rückstoßenergie des Schusses schob den Verschlussblock und den Lauf nach hinter – den Lauf nur ein wenig, den Verschluss ein Stück weiter, bis die leere Patronenhülse ausgeworfen wurde. Dann drückte eine Feder den Verschluss und den Lauf nach vorn, und die nächste Patrone wurde in die Kammer eingeführt. Gleichzeitig wurde der Verschluss gespannt, und der nächste Schuss konnte abgegeben werden. Die Munition wurde mit einem Stoffgurt zugeführt. Obwohl die Maxim nur einen Lauf hatte, konnte sie etwa 600 Schuss pro Minute abfeuern. Eine mit Wasser gefüllte Hülle kühlte den Lauf.

Bei Vorführungen staunten die Zuschauer über das Maxim-MG – es fällte beispielsweise Bäume mit mehreren Feuerstößen. 1885 verbesserte Maxim den Mechanismus. Jetzt verriegelte und öffnete ein robuster Kniehebel den Verschluss während des Feuerns. Dank seiner unermüdlichen Werbung überzeugte Maxim bald die meisten Armeen der Welt davon, dass seiner Waffe die Zukunft gehörte. Das deutsche MG 08 und das britische Vickers waren Weiterentwicklungen der Maxim. Diese beiden mächtigen Waffen hinterließen auf den Schlachtfeldern des Ersten Weltkriegs eine blutige Spur. Das Vickers blieb in der britischen Armee bis in die 1950er-Jahre in Gebrauch.

Inzwischen wurden auch Maschinengewehre entwickelt, die nicht den Rückstoß, sondern den Druck des Treibgases für das Nachladen nutzten. 1889/1890 entwickelte John Moses Browning ein solches Maschinengewehr. Anfangs bewegte das Gas eine Platte hinter der Mündung, später einen drehbaren Arm, der am Verschluss befestigt war. In Österreich wurde das Skoda-MG M1893 hergestellt, bei dem der Rückstoß den Verschluss gegen den Druck einer Feder zurückdrückte. Der Verschlussblock war beim Feuern nicht verriegelt. Deshalb war dieses Maschinengewehr für Hochleistungspatronen ungeeignet. Doch bewährte sich das Rückstoßprinzip bei anderen Arten von automatischen Waffen.

Im Jahr 1893 wurde ein weiteres Maschinengewehr entwickelt, das größere Bedeutung als das Maxim erlangte: das Hotchkiss-MG, konstruiert von dem österreichischen Offizier Odkolek und hergestellt vom Hotchkiss-Konzern

Dieses Gewehr wurde mit Gasdruck geladen. Das Gas wurde aus dem Lauf durch eine Öffnung in einen Zylinder geleitet. Im Zylinder befand sich ein Kolben, der auf den Verschlussblock wirkte. Das Gas drückte diesen Kolben nach hinten, eine Rückholfeder schob ihn zurück. Das Hotchkiss-Gewehr war noch in einer weiteren Hinsicht ein Fortschritt: Es wurde luftgekühlt, daher entfiel die sperrige, mit Wasser gefüllte Hülle um den Lauf. Das erleichterte den Transport erheblich. Der Nachteil dieser Waffe war, dass sie relativ schnell überhitzte. Zudem war der Ladestreifen mit der Munition so schwierig einzusetzen, dass es im Dunkeln fast unmöglich war – die Waffe wurde deswegen in der amerikanischen Armee auch „Daylight gun" („Tageslichtgeschütz") genannt.

König Georg VI. testet das Bren-MG, um 1940. Dieses Maschinengewehr basierte auf dem tschechischen ZB vz. 26 und wies alle Vorteile eines leichten Maschinengewehrs auf: Zuverlässigkeit, Präzision und einfache Anwendung.

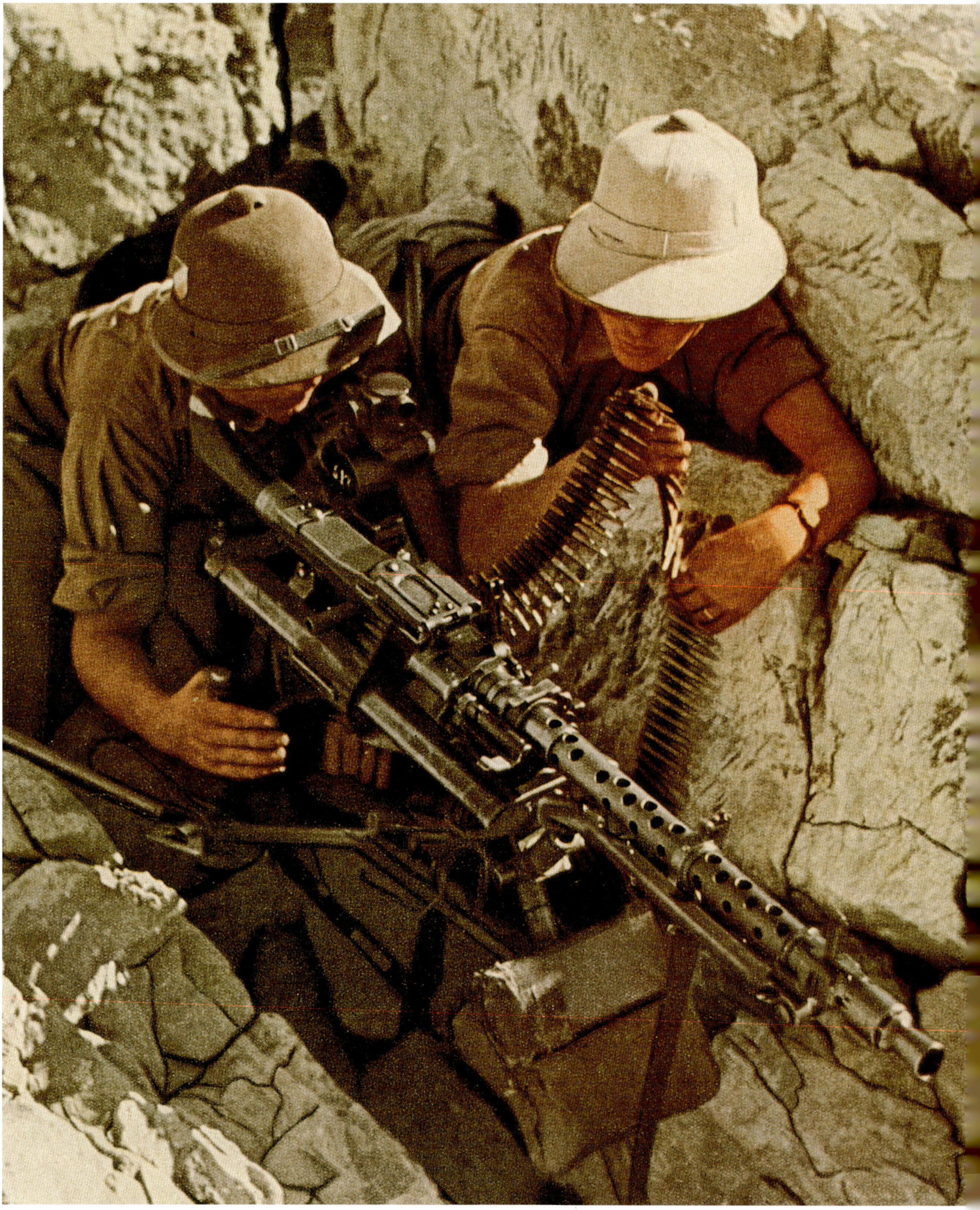

Ein sowjetischer MG-Schütze zielt durch das Visier seines DP-Maschinengewehrs, um 1942. Die meisten sowjetischen Feuerwaffen waren einfach, sehr robust und für das raue russische Klima geeignet.

Zu Beginn des Ersten Weltkriegs war das Maschinengewehr eine gut eingeführte und erprobte Waffe. Die verschiedenen Typen wurden mit Rückstoßenergie oder dem Gasdruck betrieben. Die Wirkung dieser neuen Waffen auf dem Gefechtsfeld kann man kaum überschätzen. Ein oder zwei Maschinengewehrtrupps konnten ein ganzes angreifendes Bataillon niederhalten. So wurden auf einem offenen Schlachtfeld wie etwa an der Westfront Tausende von Soldaten unter dem heimtückischen Rattern einer Maxim oder Vickers niedergemäht.

Zwischen den Weltkriegen

Der Hauptnachteil der ersten Maschinengewehre war ihr Gewicht. Ein voll ausgerüstetes, wassergekühltes Maschinengewehr wog mit Dreibein über 45 kg und war somit schwer beweglich. Deshalb erschien ein neuer, leichterer MG-Typ, er war im Gefecht deutlich beweglicher; ein Zweibein gewährte die notwendige Stabilität während der Schussabgabe. Das erste Maschinengewehr dieser Art war 1902 das dänische Madsen, das nur 10 kg wog und

Maschinengewehrtrupp des deutschen Afrikakorps 1942 in Ägypten mit einem MG 34 auf Dreibein. Auf dem Dreibein war dieses Maschinengewehr bei Dauerfeuer zielgenauer.

mit einem gebogenen 30-Schuss-Kastenmagazin geladen wurde. Es war so zuverlässig, dass über 30 Länder ihre Armee mit ihm ausrüsteten. Weitere leichte Maschinengewehre in der Zeit um den Ersten Weltkrieg waren das unzuverlässige französische Chauchat (1915) und das vorzügliche Lewis-MG (1912).

Zwischen den Kriegen und im Zweiten Weltkrieg wurde das leichte Maschinengewehr perfektioniert. Beispiele dafür sind das Bren-MG im Kaliber 7,7 mm, das Browning Automatic Rifle (BAR) und das russische DP. Aber auch ein neuer MG-Typ wurde eingeführt: das Universalmaschi-

Die Thompson-Maschinenpistole war im Zweiten Weltkrieg eine hochwertige Feuerwaffe der Alliierten, wurde aber zahlenmäßig von viel einfacheren Waffen wie der britischen Sten und der amerikanischen M3 übertroffen.

engewehr, eine Waffe, die man vielfältig nutzen konnte. Die besten Beispiele sind die deutschen MG 34 und MG 42. Diese Maschinengewehre im Kaliber 7,92 mm mit Gurtzuführung hatten eine enorme Kadenz (das MG 42 konnte 1500 Schuss pro Minute abgeben) und waren auf einem Zweibein als leichtes Maschinengewehr und auf einem Dreibein oder auf einem Fahrzeug lafettiert als schweres Maschinengewehr verwendbar. Schnell wechselbare Läufe – eine wichtige Erfindung nach dem Ersten Weltkrieg – verhinderten selbst in langen Gefechten eine Überhitzung. Der Lauf des MG 42 lässt sich beispielsweise mit nur ganz wenigen Handgriffen austauschen, der Schütze muss praktisch nur eine Klappe öffnen.

Maschinengewehre waren nicht die einzigen selbstladenden Waffen, die Ende des 19. und Anfang des 20. Jahrhunderts entstanden. 1892 ließ sich der österreichische Büchsenmacher Joseph Laumann eine automatische Pistole patentieren. Die Waffe war ein Rückstoßlader mit verzögertem Masseverschluss – eine mechanische Verzögerung an der Schließfeder des Verschlussblocks sorgte dafür, dass der Gasdruck vor der Bewegung des Verschlussblocks verringert war. Laumanns Pistole wurde 1893 verkauft, zur gleichen Zeit, als der Deutsche Hugo Borchardt seine automatische Pistole auf den Markt brachte. Die Borchardt mag nach heutigen Maßstäben riesig und plump gewesen sein; aber sie war entscheidend für die Anfänge der modernen automatischen Handfeuerwaffen. Sie war ein Rückstoßlader, so wie viele moderne automatische Handfeuerwaffen. Außerdem wurde sie aus einem Magazin im Griff geladen, das acht Patronen enthielt. Hierin liegt der Vorteil der automatischen Pistolen gegenüber den Revolvern. Bei vielen modernen Automatikwaffen, wie etwa der Glock 18, enthält das Magazin bis zu 20 Patronen (die Glock 18 kann sogar ein größeres Magazin mit 33 Patronen aufnehmen), ein Revolver fasst in der Regel fünf bis sechs Patronen. Zudem kann das Magazin schnell ausgewechselt werden.

Militärs und Zivilisten erkannten den Vorteil der automatischen Waffen bald. In Deutschland wurden zahlreiche automatische Pistolen entwickelt, die immer leichter zu bedienen waren. Das beste Beispiel ist die Mauser C 96, die berühmte 7,63-mm-Pistole (der „Besenstiel"), die in Deutschland und anderen Ländern in den nächsten vier Jahrzehnten kaum verändert in Gebrauch war. Die C 96 hatte ein Magazin mit zehn Patronen vor dem Abzugsbügel, während die Magazine der meisten Selbstladepistolen sich im Griff befinden.

Zu Beginn des 20. Jahrhunderts entstanden weitere bemerkenswerte Waffen. Beispiele dafür sind unter anderem die Luger P08 im Jahr 1908, die mehr als 40 Jahre lang Standardwaffe bei den deutschen Streitkräften war, und der legendäre Colt M1911, Kaliber .45, der richtungsweisend war. Er entstand aus einer älteren Waffe, der FN Browning M 1903, deren Lauf von einem sich am Rahmen bewegenden Schlitten umschlossen war. Der Rückstoß bewegte den Schlitten zurück und spannte die Feder, die ihn wieder nach vorn schob, wobei die nächste Patrone zugeführt wurde. Nachdem Colt Brownings Pistole verbessert hatte, sorgte ein schwingendes Verbindungssystem dafür, dass der Lauf am Schlitten ein- und ausrastete. Die meisten modernen automatischen Faustfeuerwaffen benutzen dieses robuste System oder eine Variante heute noch.

Maschinenpistolen

Während automatische Faustfeuerwaffen dem Revolver Konkurrenz machten, tauchte während des Ersten Weltkriegs ein neuer Waffentyp auf: die Maschinenpistole. Diese automatischen Waffen verschossen Pistolenmunition und wurden entwickelt, um Infanteristen mit einer selbstladenden Waffe für Sturmangriffe auszustatten. In den USA versuchte man zunächst, ein Springfield-Gewehr 1903 so umzubauen, dass es einen Verschluss mit Rückholfeder und ein Kastenmagazin mit 40 Patronen Kaliber .30 aufnehmen konnte. Von dieser Waffe wurden 500 000 Stück bestellt, aber zwischen 1917 und 1918 nur 65 000 produziert – keine kam je zum Einsatz. Das Projekt wurde nach dem Krieg aufgegeben, weil es inzwischen ausgereifte Maschinenpistolen gab. Repetiergewehre trafen zwar auf große Distanz, aber für Nahkämpfe in Schützengräben brauchte man handlichere Waffen mit hoher Kadenz.

Eine italienische Waffe, die ab 1915 hergestellt wurde, war die erste echte Maschinenpistole. Die Vilar-Perosa, die von den italienischen Gebirgsjägern eingesetzt wurde, bestand aus zwei nebeneinandermontierten automatischen 9-mm-Pistolen. Jeder Lauf hatte eine Kadenz von 1200 Schuss pro Minute. Die Waffe, die der Deutsche Hugo Schmeisser von der Firma Bergmann entwarf, ähnelt den heute eingesetzten Maschinenpistolen. Die MP 18 war eine kurze, handliche Waffe mit Rückholfeder, Lauf und Trommelmagazin (später mit einem einfachen Stangenmagazin) für 32 Patronen. Die Waffe wurde ab 1917 an die deutschen Sturmtruppen ausgeliefert. Diese Soldaten waren darauf spezialisiert, tiefe Einbrüche in die gegnerische Front zu erkämpfen und mit großer Feuerkraft Schützengräben zu überrennen. Die Ergebnisse waren so durchschlagend, dass man bis zum Waffenstillstand 30 000 Stück MP 18 auslieferte. Die Waffe war bei den französischen Streitkräften so gefürchtet, dass es Deutschland im Friedensvertrag von Versailles untersagt wurde, Maschinenpistolen herzustellen.

Nachdem die MP 18 die Wirksamkeit der Maschinenpistole aufgezeigt hatte, wurde sie in der Zwischenkriegszeit in vielen Armeen zur Erhöhung der Feuerkraft der Infanterie eingesetzt. Anfangs waren die Maschinenpistolen teure, komplexe Waffen wie die britische Lanchester und die berühmte amerikanische M1928 „Tommy Gun"

John C. Garand, der Konstrukteur des Garand-Gewehrs, erklärt Generalmajor Charles M. Wesson und Brigadegeneral Gilbert H. Stewart (rechts) bei einem Besuch im Springfield Armory die Waffe.

(nach ihrem Konstrukteur General John T. Thompson). Während des Zweiten Weltkriegs wurde Quantität jedoch wichtiger als Qualität. Einfach konstruierte Maschinenpistolen aus Pressstahl wie die deutsche MP 40, die britische Sten, die amerikanische M3 und die russische PPSh-41 wurden millionenfach hergestellt.

Maschinenpistolen wurden insbesondere im Orts- und Häuserkampf eingesetzt. Nach dem Zweiten Weltkrieg wurden andere herausragende Modelle entwickelt, zum Beispiel die israelischen Uzi und MAC M10 (beide hatten ein Magazin im Griff und waren sehr kompakt) sowie die MP5 von Heckler & Koch. Besonders die MP5 fand weite Verbreitung bei Sondereinsatzeinheiten der Polizei. Im militärischen Bereich wurden Maschinenpistolen nur an spezielle Truppen wie Panzerbesatzungen ausgegeben, während die meisten Verbände mit einem neuen Waffentyp ausgerüstet wurden: dem Sturmgewehr.

Sturmgewehre und die moderne Zeit

Weitreichende Gewehre eignen sich für Scharfschützen und Jäger. Für die meisten Soldaten sind hohe Schussweiten jedoch von geringerer Bedeutung. Untersuchungen der Wehrmacht in den 1930er-Jahren zeigten, dass Soldaten selten Ziele bekämpften, die mehr als 400 m entfernt waren, und kaum Zeit hatten, ruhig zu zielen. Dennoch wurden sie mit Repetiergewehren mit einer Reichweite von bis zu 1000 m und heftigem Rückstoß ausgerüstet.

Die Suche nach Waffen mit höherer Kadenz für die Infanterie führte zur Konstruktion des halbautomatischen Garand-Gewehrs M1 im Kaliber .30, entworfen von John C. Garand im Springfield-Waffendepot. Das M1 wurde

Mit dem Sturmgewehr 44 entstand eine neue Art von Infanteriewaffe. Es benutzte eine kurze Patrone (7,92 x 33 mm), deren Leistung den meist geringen Gefechtsentfernungen angepasst war. Andere Waffen, wie etwa die nach dem Krieg entwickelte AK-47, waren vom Sturmgewehr 44 beeinflusst.

zur Standardwaffe der amerikanischen Armee. Diese Gasdruckwaffe konnte ihren Ladestreifen mit acht Patronen in der Zeit leeren, die man benötigte, um den Abzug achtmal zu betätigen. So hatte sie eine deutlich höhere Kadenz als die Repetiergewehre. Auch andere Länder experimentierten mit dem halbautomatischen Gewehr. 1916 entstand die 6,5-mm-Federow „Awtomat", von der die russische Armee etwa 9000 Stück einsetzte. In den 1930er- und 1940er-Jahren wurden mehrere russische halbautomatische Gewehre im Kaliber 7,62 x 54R produziert, darunter die Tokarew SVT 38 und die SVT 40, die beide im Zweiten Weltkrieg gute Dienste leisteten.

Mauser hatte seit Ende des 19. Jahrhunderts mit automatischen Gewehren experimentiert, von denen jedoch keines über das Reißbrettstadium hinauskam. Im Zweiten Weltkrieg stellte man in Deutschland verschiedene Typen her, zum Beispiel das G 41 und das FG (Fallschirmgewehr) 42. Letzteres konnte sowohl Einzelschüsse wie Dauerfeuer abgeben und hatte einen geradlinigen Rückstoß, der das Auswandern der Mündung nach dem Schuss verringerte. Beide Mauser-Gewehre waren im Kaliber 7,92 x 57 mm. Der neue Typ des Sturmgewehrs ist jedoch einer neuen Patrone zu verdanken. Die 7,92 x 33 mm messende Kurzpatrone wurde 1941 entwickelt. Wegen der kleineren Treibladung war der Rückstoß schwächer (vorteilhaft für vollautomatisches Feuer) und der Messingbedarf geringer. Dennoch war die Treffsicherheit bis zu einer Kampfdistanz von 400 m gut (ab etwa 150 m ließ die Genauigkeit der Maschinenpistolen nach). Diese Mittelpatrone fand im Sturmgewehr 44, das auch als MP 43 und MP 44 bezeichnet wurde, Verwendung. Das StG 44 wurde von 1943 bis 1945 hergestellt. Es besaß ein 30-Patronen-Kurvenmagazin und erlaubte Einzelschüsse und Dauerfeuer mit einer Kadenz von 500 Schuss in der Minute. Die 425 000 Exemplare des StG 44, die während des Kriegs gebaut wurden, übertrafen die sowjetischen Maschinenpistolen an Reichweite und die sowjetischen Gewehre an Feuerkraft. Hitler selbst soll dem StG 44 seinen Suggestivnamen gegeben haben: Sturmgewehr.

Nahkämpfe

Nach dem Ende des Zweiten Weltkriegs wurden im Westen zunächst nur Sturmgewehre entwickelt, die die NATO-Standardmunition im Kaliber 7,62 x 51 mm verschossen. Beispiele hierfür sind das amerikanische M14, das belgische FN FAL (daraus wurde das britische L1A1 SLR entwickelt) und das G 3 von Heckler & Koch. Die verwendete Munition besaß große Durchschlagskraft, sorgte aber auch für einen starken Rückstoß, der besonders im Feuerstoß die Waffe auswandern ließ. Die Sowjets schlugen einen anderen Weg ein. Sie verwendeten Mittelpatronen und konnten ihre Armee dank Michail Kalaschnikow mit der Waffe ausrüsten, die zur erfolgreichsten aller Zeiten werden sollte: der AK-47. Dieser äußerst zuverlässige Gasdrucklader verwendete eine Patrone im Kaliber 7,62 x 39 mm und hatte eine Kadenz von 600 Schuss pro Minute. Bis heute wurden rund 100 Millionen AKs hergestellt, Kopien und Varianten eingeschlossen.

1959 begann Colt mit der Produktion der Armalite AR 15, die Eugene Stoner entworfen hatte. Sie verwendete Munition im Kaliber 5,56 x 45 mm. Die Patrone war deutlich kleiner als die NATO-Standardmunition, entwickelte jedoch eine sehr hohe Mündungsgeschwindigkeit von etwa 1000 m pro Sekunde. Die AR-15 hatte ihre Feuertau-

Michail Kalaschnikow vor einigen Varianten der von ihm konstruierten Waffe. Vermutlich wurden einschließlich aller Modelle 100 Millionen AK-Gewehre hergestellt.

e bei südvietnamesischen Truppen Anfang der 1960er-Jahre; später wurde sie zur Standardwaffe des US-Heeres und der Luftwaffe mit der Bezeichnung M16. Als 5,56 mm zum Standardkaliber der US-Streitkräfte wurde, passten sich die anderen NATO-Staaten allmählich daran an. Die britische Armee ersetzte das L1A1 durch das L85, die Bundeswehr führte das G36 von Heckler & Koch ein.

Feuerwaffen heute

Heute sind Sturmgewehre bei allen Armeen im Einsatz. Die größeren Patronen werden meist in mittelgroßen und schweren Maschinengewehren benutzt, während die Patronen der Größen 5,56 x 45 und 7,62 x 39 mm die wichtigsten Gewehrpatronen sind. Die Russen benutzen auch Patronen im Kaliber 5,45 x 39 mm für Waffen wie das AK-74. Die kleineren Patronen haben zudem die Entwicklung eines neuen leichten Maschinengewehrs gefördert. Einige davon – das russische RPK und das britische LSW – sind nichts weiter als Standardgewehre mit längerem

Das FN Minimi ist das leichte MG in mehreren NATO-Streitkräften. Es verschießt die gleiche 5,56-mm-NATO-Munition wie Sturmgewehre, was die Logistik erleichtert.

Lauf und Zweibein. Das MG 4 der Bundeswehr wie auch das FN Minimi (in den USA M249) im Kaliber 5,56 mm sind hingegen kompakte Maschinengewehre, die die Feuerkraft der Infanterie erheblich verstärken.

Wie weit sind die Feuerwaffen heute entwickelt? In den letzten 40 Jahren hat sich nicht viel verändert. Automatische Waffen und Revolver existieren Seite an Seite und basieren auf den Prinzipien, die Büchsenmacher vor Jahrzehnten entdeckten. Einige Waffen wie das Browning M2HB Kaliber .50, das 1933 entwickelt wurde, werden seit mehreren Jahrzehnten unverändert eingesetzt; auch das deutsche MG 3 ist in fast allen Teilen identisch mit dem MG 42 aus dem Zweiten Weltkrieg. Standardgewehre für das Militär sind überall auf der Welt Gasdrucklader, die meist Munition im Kaliber 5,56 oder 7,62 mm verschießen.

Feuerwaffen der Zukunft

Das bedeutet aber nicht, dass es keine Veränderungen gegeben hat. Vor allem in zwei Bereichen war der Wandel

Das Objective Individual Combat Weapon (OICW) kombinierte ein Sturmgewehr mit einem automatischen Granatwerfer. Allerdings gelang es den Konstrukteuren nicht, die übermäßige Größe zu reduzieren.

drastisch: beim Material und bei den Peripheriegeräten. Was das Material anbelangt, hat der Einsatz von Verbundwerkstoffen in Waffenteilen das Gewicht drastisch verringert und den ergonomischen Komfort verbessert. Auch die Zurüstteile wurden erheblich weiterentwickelt. Die Visiere sind heute hervorragend, und einige neue Visiere besitzen optische Marker und andere Vorzüge. Nachtsicht-Zielfernrohre werden besonders von Scharfschützen eingesetzt. Aufgrund der zusätzlichen Feuerkraft sind heute viele Sturmgewehre mit Unterlaufgranatwerfern ausgerüstet, beispielsweise dem M-203-Granatwerfer, der am M16A2-Gewehr montiert werden kann. Moderne Waffen sind immer öfter modular aufgebaut, sodass Zurüstteile problemlos adaptiert werden können.

Objective Individual Combat Weapon

Im Rahmen der Modernisierung ihrer Streitkräfte entwickelten die USA die „Objective Individual Combat Weapon" (etwa: „Einzelschützenwaffe", abgekürzt OICW), eine Kombination aus mehrschüssigem Granatwerfer und Sturmgewehr. Der Granatwerfer ist mit einem hoch entwickelten System aus Zielfernrohr und Zünder ausgestattet, das die Granaten über den feindlichen Stellungen detonieren lässt. Andere Forschungsziele des amerikanischen Land-Warrior-Programms sind das Wärmebildzielgerät und eine Videokamera, die Informationen über das Ziel in ein am Kopf getragenes Display (in Form einer Brille) übermittelt, sodass der Soldat mit seiner Waffe auch dann zielen und feuern kann, wenn er in Deckung liegt.

Doch trotz aller Neuerungen scheint eines gewiss zu sein: Die Prinzipien der Feuerwaffe wurden von Männern wie Colt, Smith, Wesson, Browning, Kalaschnikow und vielen anderen ersonnen und werden noch jahrzehntelang gelten, bis das ganze System der Perkussionswaffen vollständig ersetzt sein wird.

Die Feuerwaffen, die dieser Waffenhändler in den USA verkauft, sind hauptsächlich Sportwaffen, vor allem Gewehre und Flinten. Letztere gehören in den USA zu den weitverbreitetsten Waffenarten im Privatbesitz.

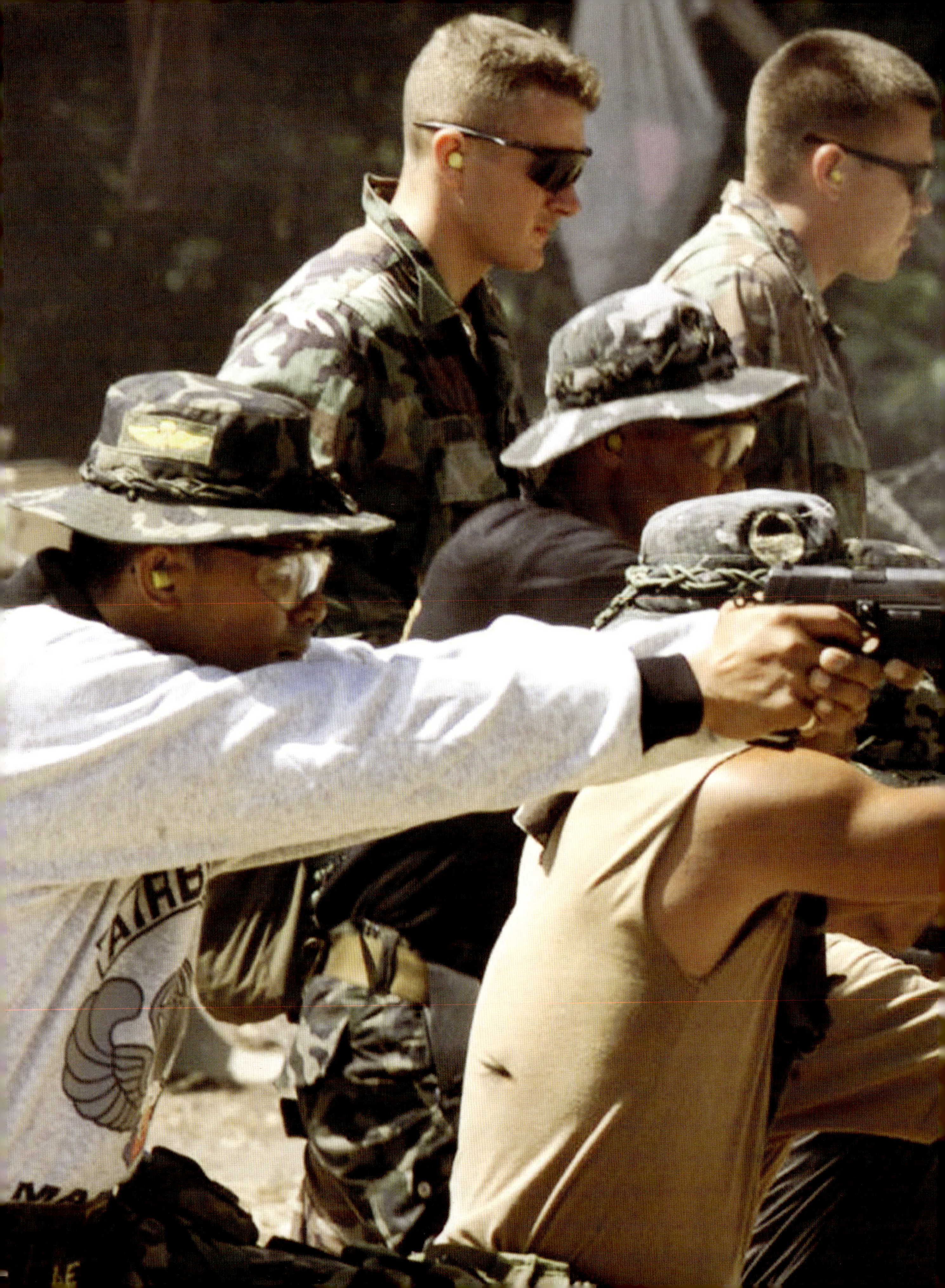

FAUSTFEUER-WAFFEN

Faustfeuerwaffen sind nur auf kurzen Distanzen zielgenau. Jhre Vorteile liegen in der geringen Größe kombiniert mit Feuerkraft.

Schnapphahn-Steinschlosspistole

Diese reich verzierte Schnapphahn-Steinschlosspistole war im späten 16. Jahrhundert eine sehr teure Anschaffung. Lauf und Griff der Waffe sind mit metallenen Ornamenten geschmückt, ihr Schlossmechanismus ist qualitativ besonders hochwertig. Das Schnapphahnsystem mit seinen vermeintlich zwei Hähnen – einer davon war der Pulverpfannendeckel – war ein Meilenstein in der Entwicklung der Steinschlosswaffen. Der große Vorteil dieses Systems im Vergleich zu den älteren Radschlosswaffen war zweifellos der Preis. Schnapphahnwaffen waren kostengünstiger herzustellen. Wenn man von Edelstücken wie der abgebildeten absieht, konnten sie sich auch weniger Wohlhabende leisten.

Schnapphahn-Steinschlosspistole	
Herkunftsland:	keine Angabe
Jahr:	ca. 1590
Kaliber:	.25
Funktionsweise:	Schnapphahn-Steinschloss
Gewicht:	1,1 kg
Gesamtlänge:	533 mm
Lauflänge:	355 mm
Zuführung:	Vorderlader

Türkische Miquelet-Pistole

Diese türkische Vorderlader-Steinschlosspistole im Kaliber .32 wurde wohl Anfang des 17. Jahrhunderts hergestellt. Ihre Verarbeitung ist insgesamt sehr hochwertig, besonderer Wert wurde auf die kunstvolle Abschlusskappe des Griffs gelegt. Das Miquelet-Schloss stammt ursprünglich aus Spanien oder Italien, wo es um 1570 das erste Mal auftauchte. Bahnbrechend war hier der Pulverpfannendeckel, der erstmals als Gegenfläche für den am Hahn angebrachten Feuerstein diente. Wie bei den späteren eigentlichen Steinschlosswaffen wurde der Pfannendeckel beim Aufschlag des Hahns nach hinten geschleudert, und der kratzende Feuerstein erzeugte die Zündfunken. Mit der großen Schraube auf dem Hahn wurde der Zündstein fest eingeklemmt.

Türkische Miquelet-Pistole	
Herkunftsland:	Türkei
Jahr:	ca. 1600
Kaliber:	.32
Funktionsweise:	Miquelet-Steinschloss
Gewicht:	keine Angabe
Gesamtlänge:	keine Angabe
Lauflänge:	keine Angabe
Münd.geschwind:	250 m/s
Zuführung:	Vorderlader

Deutsche Militär-Radschlosspistole

Deutsche Militär-Radschlosspistole	
Herkunftsland:	Deutschland
Jahr:	1640
Kaliber:	keine Angabe
Funktionsweise:	Radschloss
Gewicht:	1,4 kg
Gesamtlänge:	keine Angabe
Lauflänge:	keine Angabe
Münd.geschwind.:	250 m/s
Zuführung:	Vorderlader

Obwohl die Anfang des 17. Jahrhunderts erfundenen Radschlosspistolen in der Herstellung aufwendig und teuer waren, wurden sie mehr als 100 Jahre lang gebaut und verwendet. Bei dieser Waffe handelt es sich um eine deutsche Radschlosspistole, die um 1640 hergestellt wurde. Sie war wohl für den militärischen Gebrauch konzipiert, weil sie keine unnötigen Verzierungen aufweist, die damals bei zivilen Waffen üblich waren. Zum Abfeuern wurde beim Radschloss mit einem Schlüssel eine spiralförmige, mit einer Metallscheibe verbundene Feder aufgezogen. Wenn durch das Betätigen des Abzugs die Blockierung aufgehoben wurde, drehte sich die Metallscheibe und kratzte an einem Feuerstein. Die dabei entstehenden Funken entzündeten in der Pulverpfanne das Pulver, das wiederum über das Zündloch das Schießpulver im Lauf entzündete.

Doppelläufige Dolep-Steinschlosspistole

Diese Steinschlosspistole mit zwei Läufen wurde Ende des 17. Jahrhunderts vom Londoner Büchsenmacher Andrew Dolep (der ursprünglich aus Holland stammte) hergestellt. Durch die Verwendung zweier Läufe versuchten die Waffenhersteller, die Feuerkraft zu erhöhen. Die Pistole im Kaliber .50 hat zwei Hähne, pro Lauf einen. Da die Läufe übereinander angeordnet sind, befindet sich der Ladestock seitlich zwischen den Läufen und nicht darunter. Die Waffe ist mit zwei Abzügen ausgestattet, die je ein Schloss bedienen. Insgesamt ist die Pistole sehr kunstvoll gearbeitet, sie ist fein graviert, ihr Schaft ist aus kostbarem Walnussholz, und sie hat eine Schaftkappe aus Messing.

Doppelläufige Dolep-Steinschlosspistole	
Herkunftsland:	Großbritannien
Jahr:	1690
Kaliber:	.50
Funktionsweise:	Steinschloss
Gewicht:	1,41 kg
Gesamtlänge:	508 mm
Lauflänge:	329 mm
Münd.geschwind.:	200 m/s
Zuführung:	Vorderlader, doppelläufig

Monlong-Holsterpistole

Monlong-Holsterpistole	
Herkunftsland:	Großbritannien
Jahr:	1695
Kaliber:	.50
Funktionsweise:	Steinschloss
Gewicht:	1,5 kg
Gesamtlänge:	525 mm
Lauflänge:	355 mm
Münd.geschwind.	250 m/s
Zuführung:	Vorderlader

Wie bereits die Bezeichnung verrät, waren Holsterpistolen Faustfeuerwaffen, die zu Pferd in speziellen Halterungen mitgeführt wurden. Üblicherweise waren sie länger und schwerer als zeitgenössische reguläre Pistolen. Die abgebildete Steinschlosspistole wurde von Peter Monlong hergestellt und zeigt die typische Optik von Holsterpistolen des späten 17. Jahrhunderts. Ihre silberne Schneckenverzierung und die gesamte Ausführung machen diese Pistole zu einem besonders kostbaren Stück, das kaum zum Einsatz kam. Bei der gezeigten Waffe könnte es sich daher um eine von zwei identischen Pistolen handeln, die um 1695 für den englischen König Wilhelm III. gebaut worden waren.

Englische Queen-Anne-Pistole mit Messinglauf

Englische Queen-Anne-Pistole mit Messinglauf	
Herkunftsland:	Großbritannien
Jahr:	1750
Kaliber:	.48
Funktionsweise:	Steinschloss
Gewicht:	0,8 kg
Gesamtlänge:	keine Angabe
Lauflänge:	117 mm
Münd.geschwind.	200 m/s
Zuführung:	Vorderlader

Die Steinschlosspistole mit Messinglauf ist eine der sogenannten Queen-Anne-Pistolen, die während der Regentschaft der englischen Königin Anne zwischen 1665 und 1714 sehr beliebt waren, aber auch noch im 18. Jahrhundert Verwendung fanden. Der konische Lauf konnte mittels eines speziellen Schlüssels abgeschraubt und so bereits von hinten mit Pulver befüllt werden. Das Hahnschloss der kleinen Taschenpistole befindet sich nicht seitlich, sondern ist mittig angeordnet, wodurch sich die schlanke Waffe zum verdeckten Tragen eignete.

Heylin-Holsterpistole

Joseph Heylin war ein englischer Büchsenmacher, der in den letzten beiden Jahrzehnten des 18. Jahrhunderts in London tätig war. Er ist besonders wegen seiner Holsterpistolen mit Messingläufen bekannt, die er oft auch als identische Paare herstellte. Heylin verwendete Messing auch zur Verzierung der Waffe, insbesondere des Schafts. Der schwere Messingabschluss des Pistolengriffs war als zusätzliche Waffe konzipiert; wenn die Pistole leer geschossen war, konnte man damit noch zuschlagen. Man findet heute immer wieder Pistolen von Heylin mit Perkussionszündung – während des 19. Jahrhunderts wurde das Steinschloss- zum Perkussionszündungssystem umgebaut.

Heylin-Holsterpistole

Herkunftsland:	Großbritannien
Jahr:	1770
Kaliber:	.60
Funktionsweise:	Steinschloss
Gewicht:	0,88 kg
Gesamtlänge:	416 mm
Lauflänge:	241 mm
Münd.geschwind.:	200 m/s
Zuführung:	Vorderlader

Dey-von-Algier-Pistole

Diese außergewöhnliche Steinschlosspistole wurde im späten 18. Jahrhundert in Algerien gebaut. Der algerische Botschafter überreichte sie dem britischen König Georg III. als persönliches Geschenk des Dey von Algier. Augenfälliges Merkmal der Waffe ist die reiche Verzierung. In den Schaft sind Intarsien aus roten Korallen eingearbeitet, und die Waffe ist überall mit Dekor aus Gold und Silber versehen; besonders auffällig ist der silberbeschichtete Ladestock unter dem Lauf. Die Pistole war eine von mehreren reich geschmückten Waffen, die der Dey von Algier während des frühen 19. Jahrhunderts europäischen Würdenträgern als Geschenke überreichte.

Dey-von-Algier-Pistole

Herkunftsland:	Algerien
Jahr:	ca. 1790
Kaliber:	keine Angabe
Funktionsweise:	Steinschloss
Gewicht:	keine Angabe
Gesamtlänge:	keine Angabe
Lauflänge:	keine Angabe
Münd.geschwind.:	keine Angabe
Zuführung:	Vorderlader

Collier-Steinschlossrevolver

Der heute kaum noch bekannte Elisha Collier hat maßgeblich die Geschichte der Schusswaffen beeinflusst. Im November 1818 meldete Collier in England ein Patent für eine Feuerwaffe an, bei der ein einzelner Lauf mit mehreren, separat mit Schießpulver zu befüllenden Kammern kombiniert wurde. Er erfand damit den Steinschlossrevolver. Hinter dem Lauf befand sich eine Trommel, die fünf im Kreis angeordnete Ladekammern enthielt. Die Trommel wurde mechanisch mit Federn und Keilschloss gedreht, damit sich jeweils eine geladene Kammer vor dem Lauf befand und mittels des Steinschlosses gezündet werden konnte. Colliers Konzept war bahnbrechend; doch da der Mechanismus der Trommel zu oft versagte, stellte er die Produktion der Waffe bald ein. Seine Grundidee stand allerdings Pate für spätere Waffenentwicklungen, wie etwa die von Samuel Colt.

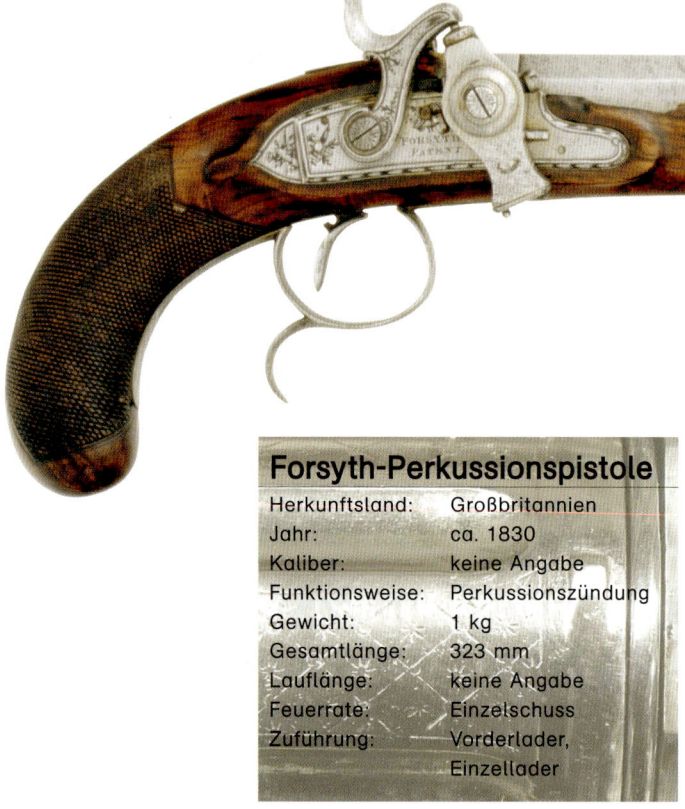

Collier-Steinschlossrevolver	
Herkunftsland:	USA
Jahr:	1818
Kaliber:	.473
Funktionsweise:	Steinschloss
Gewicht:	0,99 kg
Gesamtlänge:	362 mm
Lauflänge:	159 mm
Münd.geschwind.:	168 m/s
Zuführung:	5-Schuss-Trommel

Forsyth-Perkussionspistole

Das von Reverend Alexander Forsyth entwickelte Zündsystem dieser Pistole markiert den Beginn der Perkussionswaffen-Ära. Das Flakonschloss enthielt Knallquecksilber; wurde es nach unten gedreht, fiel ein Teil dieses Pulvers in die Bohrung des hinteren Laufbereichs, in dem sich das Schießpulver und darauf die Kugel befanden. Nach dem Zurückdrehen des Fläschchens konnte der Hahn den Schlagbolzen treffen. Dadurch detonierte das Zündpulver und entzündete durch die Laufbohrung das eigentliche Schießpulver. Dieses System mit seinem sehr rasch abbrennenden Zündmittel, dem Vorgänger des Zündhütchens, konnte sich zwar militärisch nicht durchsetzen, war aber bei Jagdwaffen zeitweise recht populär.

Forsyth-Perkussionspistole	
Herkunftsland:	Großbritannien
Jahr:	ca. 1830
Kaliber:	keine Angabe
Funktionsweise:	Perkussionszündung
Gewicht:	1 kg
Gesamtlänge:	323 mm
Lauflänge:	keine Angabe
Feuerrate:	Einzelschuss
Zuführung:	Vorderlader, Einzellader

Bentley-Revolver

Herkunftsland:	Großbritannien
Jahr:	ca. 1850
Kaliber:	.44
Funktionsweise:	Double-Action-Revolver
Gewicht:	keine Angabe
Gesamtlänge:	keine Angabe
Lauflänge:	keine Angabe
Münd.geschwind:	300 m/s
Feuerrate:	Einzelschuss
Zuführung:	6-Schuss-Trommel

Bentley-Revolver, sechsschüssig

Ab etwa 1850 waren Bentley-Revolver in England sehr beliebt. Es handelte sich dabei um dezent verzierte Waffen, die man an der runden Form des Hahns und des Griffs sofort erkennt. Gebräuchlicher waren fünfschüssige Bentley-Revolver, die Abbildung hier zeigt allerdings eine sechsschüssige Variante, Kaliber .44. Sie hat einen separaten, mittels eines Keilstücks an den Revolverrahmen befestigten Achtkantlauf. Bentley-Revolver hatten bereits einen Double-Action-Abzug, sodass man schnellere Schussfolgen damit abgeben konnte als mit Single-Action-Waffen. Im Double-Action-Modus abgegebene Schüsse sind aber wegen des höheren Abzugsgewichts meist weniger präzise.

Lefaucheux-Stiftfeuerrevolver

Herkunftsland:	Frankreich
Jahr:	ca. 1850
Kaliber:	.35
Funktionsweise:	Stiftfeuerrevolver
Gewicht:	0,56 kg
Gesamtlänge:	213 mm
Lauflänge:	102 mm
Zuführung:	6-Schuss-Trommel

Lefaucheux-Stiftfeuerrevolver

Zu der in den späten 1820er-Jahren von dem Franzosen Casimir Lefaucheux entwickelten Stiftfeuerpatrone wurden bald kompatible Waffen konstruiert – der hier abgebildete Stiftfeuerrevolver stammt etwa von 1850. Die Trommelbohrungen wurden bereits von hinten mit den Patronen geladen; diese hatten Zündstifte, die aus Aussparungen in der Trommel herausragten. Beim Schießen traf der Schlaghahn den Stift und drückte ihn in den Patronenkörper, wodurch die Patrone gezündet wurde. Unter dem Waffenlauf ist eine einfache Ausstoßerstange, mit der die leeren Patronenhülsen aus der Trommel gedrückt wurden. Das Stiftzündungssystem wurde bald durch Rand- und später Zentralzünderpatronen ersetzt.

Stangenhahn-Pepperbox

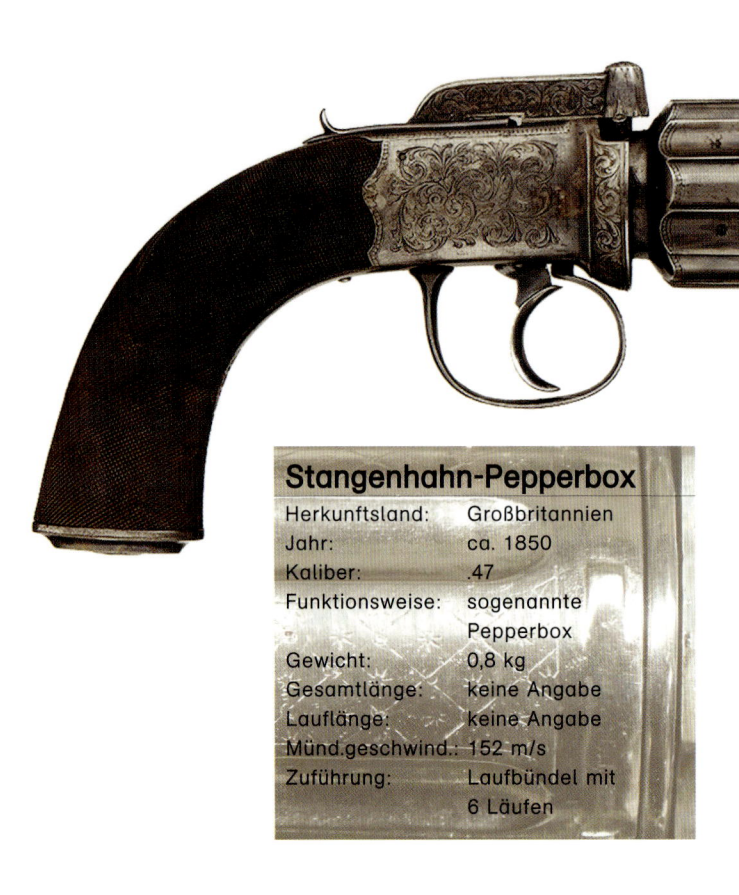

Stangenhahn-Pepperbox	
Herkunftsland:	Großbritannien
Jahr:	ca. 1850
Kaliber:	.47
Funktionsweise:	sogenannte Pepperbox
Gewicht:	0,8 kg
Gesamtlänge:	keine Angabe
Lauflänge:	keine Angabe
Münd.geschwind.:	152 m/s
Zuführung:	Laufbündel mit 6 Läufen

Bevor sie von modernen Revolvern ersetzt wurden, erfreuten sich die Pepperbox-Pistolen von etwa 1830 bis 1850 einer gewissen Beliebtheit. Statt wie beim Revolver einen Lauf vor eine Trommel mit mehreren Bohrungen zu setzen, bündelte man bei der Pepperbox mehrere Läufe. Das Laufbündel wurde nach jedem Schuss mechanisch weitergedreht. Diese reich verzierte Pepperbox besitzt einen sogenannten Stangenhahn. Er befindet sich unter Federspannung über dem Piston für das Perkussionszündhütchen. Bei der vorliegenden Pepperbox-Variante fällt vor allem die Ausformung des Verschlussvorderteils auf, das wohl eine unbeabsichtigte Beschädigung der Pistons und Zündhütchen verhindern sollte.

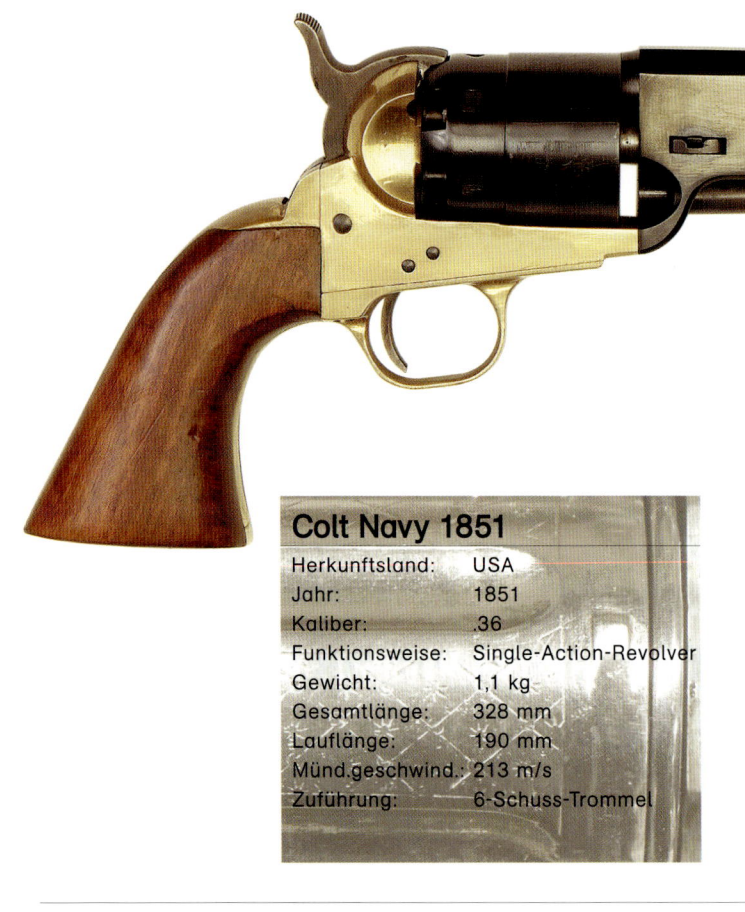

Colt Navy 1851

Colt Navy 1851	
Herkunftsland:	USA
Jahr:	1851
Kaliber:	.36
Funktionsweise:	Single-Action-Revolver
Gewicht:	1,1 kg
Gesamtlänge:	328 mm
Lauflänge:	190 mm
Münd.geschwind.:	213 m/s
Zuführung:	6-Schuss-Trommel

Nachdem Samuel Colt bereits vor 1851 mit seinem Revolver 1849 Dragoon recht erfolgreich gewesen war, brachte er mit dem Navy 1851 eine verbesserte Version auf den Markt. Er hatte vor allem kleinere Ausmaße und ein geringeres Gewicht als sein Vorläufer. Während das .44er-Dragoon-Modell noch 343 mm lang war und 1,9 kg wog, brachte das Navy-Modell, Kaliber .36, nur mehr 1,1 kg auf die Waage und war 328 mm lang. So war der Revolver Navy 1851 erheblich führiger, allerdings hatte er ein kleineres Kaliber. Das Modell Navy verfügte über einen Achtkantlauf und ein Perlkorn, während der Dragoon-Revolver einen glatten Lauf mit einem abgeflachten Korn besaß. Mit beiden Varianten hatte Colt 1851 auf der Weltausstellung in London einen so großen Erfolg, dass er sie auch auf dem europäischen Kontinent einführen konnte.

Adams-Selbstspannerrevolver

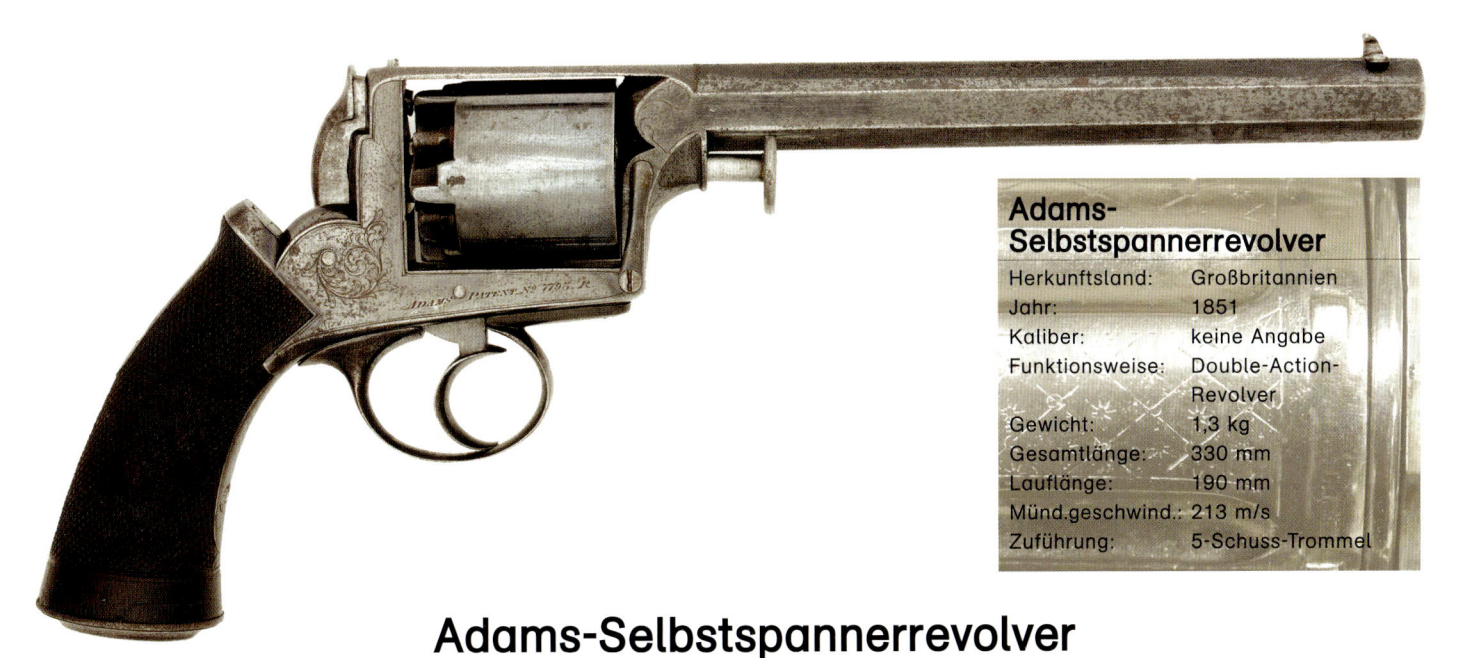

Adams-Selbstspannerrevolver	
Herkunftsland:	Großbritannien
Jahr:	1851
Kaliber:	keine Angabe
Funktionsweise:	Double-Action-Revolver
Gewicht:	1,3 kg
Gesamtlänge:	330 mm
Lauflänge:	190 mm
Münd.geschwind.:	213 m/s
Zuführung:	5-Schuss-Trommel

Mitte des 19. Jahrhunderts stellte Robert Adams, ein Büchsenmacher aus London, in England eine merkliche Konkurrenz für Samuel Colt dar. Adams hatte einen Revolver mit einer neuen Abzugstechnik entwickelt, den Selbstspannerrevolver. Der Schlaghahn der Waffe besitzt keinen Hahnsporn, der Hahn kann also nicht vorab von Hand gespannt werden. Wie beim heutigen Double-Action-Only-System musste bei Adams' Waffe jeder Schuss mittels des harten Spannabzugs abgegeben werden. Dies ermöglichte zwar schnellere Schussfolgen, als sie mit reinen Single-Action-Revolvern möglich waren, allerdings zulasten der Schusspräzision. Der Selbstspannerrevolver von Adams verfügte interessanterweise über eine manuelle Sicherung, die – wenn aktiviert – dafür sorgte, dass der Schlaghahn die Pistons nicht erreichte.

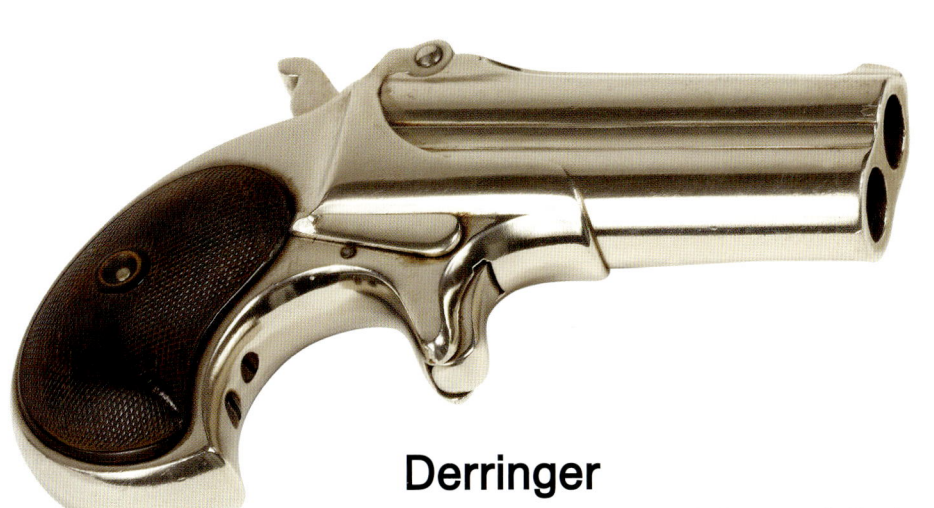

Derringer

Derringer	
Herkunftsland:	USA
Jahr:	1852
Kaliber:	.41
Funktionsweise:	Kipplauf mit Baskülverschluss
Gewicht:	0,34 kg
Gesamtlänge:	121 mm
Lauflänge:	76 mm
Münd.geschwind.:	137 m/s
Zuführung:	2 separate Läufe

Der Name Deringer, später bekannter als Derringer, geht auf den Büchsenmacher Henry Deringer aus Philadelphia zurück. Dieser stellte etwa ab 1830 kompakte Taschenpistolen her. Mittlerweile ist Derringer ein Synonym für alle Waffen dieses Typs, die es in den verschiedensten Varianten gab, mit Perkussions-, Randzünder- und heute auch mit Zentralzündermunition. Am bekanntesten sind Derringer mit zwei übereinanderliegenden Läufen, wie die hier abgebildete Waffe der Firma Remington. Zum Laden werden die Läufe, hier Kaliber .41, über ein oben liegendes Scharnier nach hinten geklappt. Ein spezielles Schloss- und Abzugssystem sorgt dafür, dass die beiden Läufe des Derringer, obwohl es sich dabei um eine Single-Action-Waffe handelt, unmittelbar nacheinander abgefeuert werden können.

Bentley-Revolver, fünfschüssig

Neben Adams und Tranter war im 19. Jahrhundert Joseph Bentley aus Birmingham einer der bekanntesten Revolverhersteller in Großbritannien. Wie Adams kam auch Bentley ab 1852 mit mehreren bemerkenswerten Double-Action-Waffen auf den Markt. Hier abgebildet ist eine seiner fünfschüssigen Revolverversionen. Bentleys frühe Modelle (siehe S. 55) besaßen im Gegensatz zu dieser Version noch keine Hahnsicherheitsrast. Dabei rastet der Schlaghahn, wenn er manuell etwas zurückgezogen wird, in einer Sicherheitsrast ein. Der Abzug der Waffe kann in dieser Hahnposition nicht betätigt und so kein Schuss ausgelöst werden. Um im Single-Action-Modus schießen zu können, muss der Hahn erst komplett nach hinten gezogen werden, wo er in der Feuerrast einrastet und durch Betätigen des Abzugs gelöst wird.

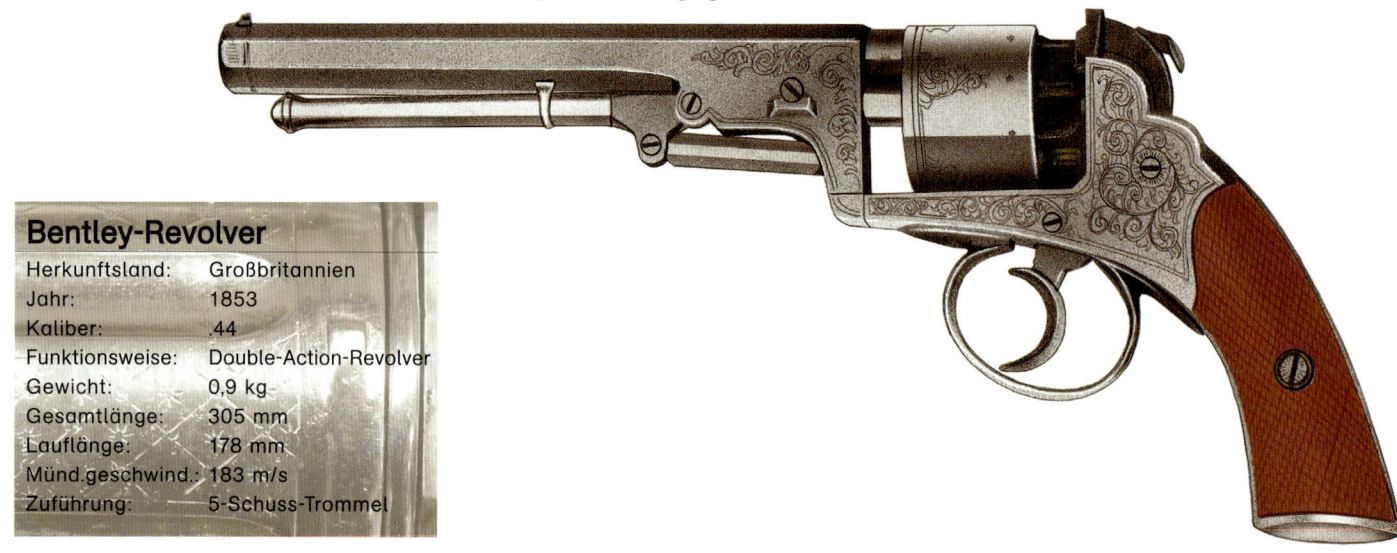

Bentley-Revolver	
Herkunftsland:	Großbritannien
Jahr:	1853
Kaliber:	.44
Funktionsweise:	Double-Action-Revolver
Gewicht:	0,9 kg
Gesamtlänge:	305 mm
Lauflänge:	178 mm
Münd.geschwind.:	183 m/s
Zuführung:	5-Schuss-Trommel

Webley-Longspur-Revolver

Die 1835 gegründete Firma Webley sollte sich zu einem großen Namen in der englischen Waffenindustrie entwickeln. Allerdings war einige Zeit nötig, bis sich Webley zu dem britischen Revolverhersteller schlechthin etablieren konnte. Die erste bedeutsame Faustfeuerwaffe, die die Firma Webley auf den Markt brachte, war der Webley-Longspur-Revolver von 1853. Seine Bezeichnung leitet sich von seinem ungewöhnlich langen Hahnsporn ab. Technisch war die Waffe ein Single-Action-Revolver in der Art der frühen Colts. Sie hatte das Kaliber .44 und eine 5-Schuss-Trommel, und ihr Lauf war lediglich durch einen rechteckigen Klemmkeil mit dem Rahmen verbunden. Es gab drei Longspur-Varianten des in den 1850er- und 1860er-Jahren von Webley gebauten Longspur-Revolvers, alle mit unterschiedlichen Kalibern.

Webley-Longspur-Revolver	
Herkunftsland:	Großbritannien
Jahr:	1853
Kaliber:	.44
Funktionsweise:	Single-Action-Revolver
Gewicht:	1,1 kg
Gesamtlänge:	317 mm
Lauflänge:	178 mm
Münd.geschwind.:	213 m/s
Zuführung:	5-Schuss-Trommel

Smith & Wesson No. 2 Army

Trotz seiner unauffälligen Erscheinung war der Revolver Smith & Wesson No. 2 Army ein Meilenstein in der Waffenentwicklung. Dieser Revolver war der erste in großer Stückzahl hergestellte Hinterlader zur Verwendung von Patronenmunition. Smith & Wesson hatte vorausschauend das entsprechende, von Rollin White eingebrachte Patent für Hinterlader erworben; die Patrone, die für diese Waffe entwickelt wurde, war eine Randzünderpatrone im Kaliber .32. Zum Laden des Revolvers wurde die Frontseite seines Rahmens mit dem Lauf nach oben gekippt, die Trommel herausgenommen, geladen, wieder eingesetzt und dann das Laufteil wieder nach unten geschwenkt und arretiert. Mit der Einführung des Smith & Wesson No. 2 Army waren alle Perkussionsrevolver technisch überholt.

Smith & Wesson No. 2 Army	
Herkunftsland:	USA
Jahr:	1861
Kaliber:	.32
Funktionsweise:	Single-Action-Kipplaufrevolver
Gewicht:	0,6 kg
Gesamtlänge:	254 mm
Lauflänge:	132 mm
Münd.geschwind.:	168 m/s
Zuführung:	6-Schuss-Trommel

Remington New Model Army

Nachdem die Patente von Colt ausgelaufen waren, wurde in der zweiten Hälfte des 19. Jahrhunderts die Firma Remington einer der bekanntesten Waffenproduzenten. Der sechsschüssige Perkussionsrevolver New Model Army im Kaliber .44 wurde 1863 vorgestellt. Die Waffe hatte einen geschlossenen Rahmen, was sie besonders robust machte. Durch Herausziehen der Trommelachse konnte man notfalls die Trommel ausbauen. Die Trommel wurde üblicherweise im eingebauten Zustand beladen, wofür die Ladehilfe unter dem Lauf Verwendung fand. Der Single-Action-Perkussionsrevolver New Model Army war mit seinem 203 mm langen Lauf eine recht präzise Waffe, die bis in die 1890er-Jahre populär war.

Remington New Model Army	
Herkunftsland:	USA
Jahr:	1863
Kaliber:	.44
Funktionsweise:	Single-Action-Revolver
Gewicht:	1,3 kg
Gesamtlänge:	348 mm
Lauflänge:	203 mm
Münd.geschwind.:	213 m/s
Zuführung:	6-Schuss-Trommel

TECHNIK DER HANDFEUERWAFFEN – SELBSTLADEPISTOLEN

GLOCK

Schlitten, auch Verschluss genannt, einer der wenigen aus Stahl gefertigten Glock-Teile

Schlagstücksicherung: Zur Deaktivierung dieses Sicherungssystems muss der Abzug komplett durchgezogen sein.

Sicherungszunge in der Mitte des Abzugs: Nur wenn diese mit eingedrückt ist, lässt sich der Abzug nach hinten ziehen.

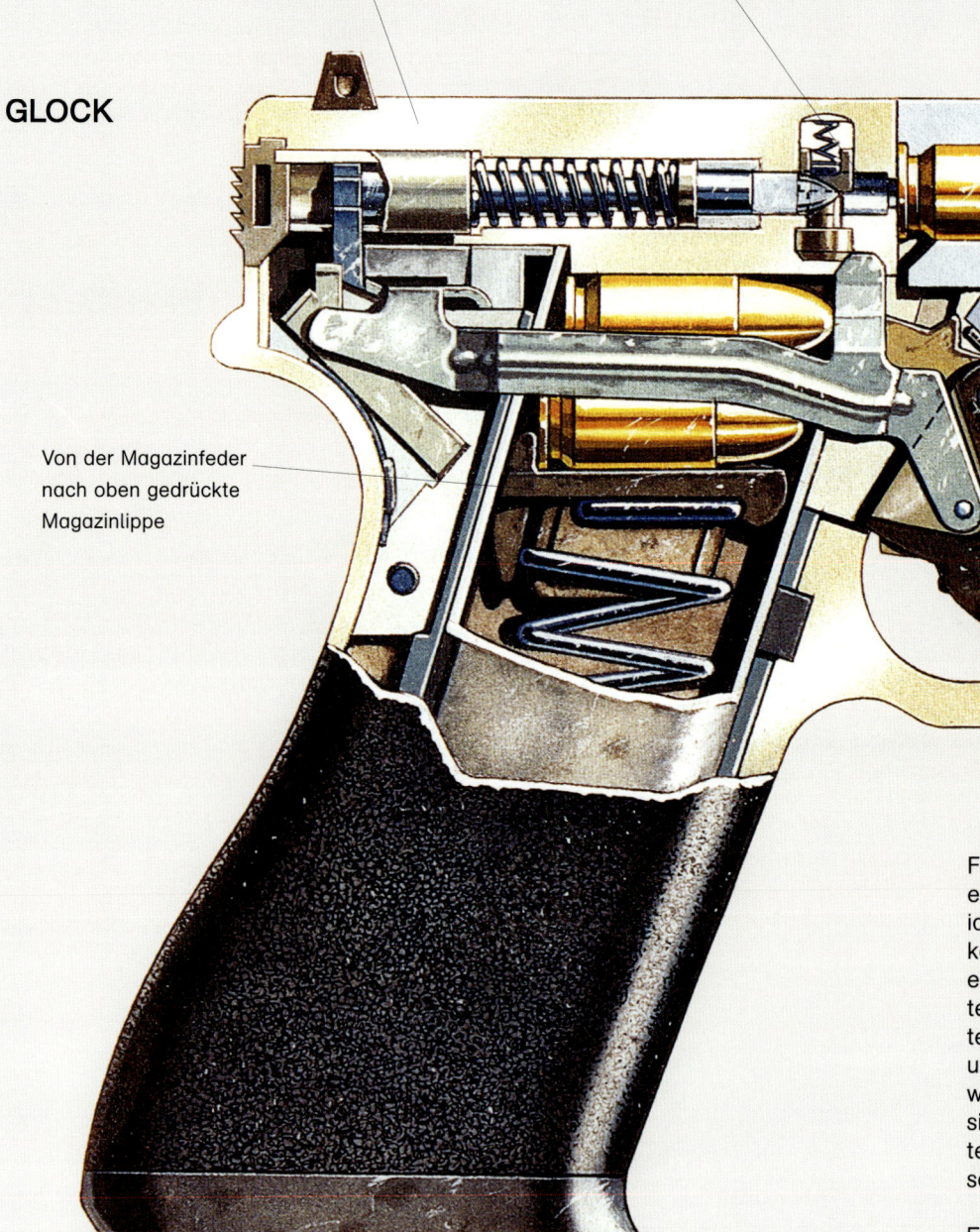

Von der Magazinfeder nach oben gedrückte Magazinlippe

Für Selbstladepistolen ist die Verwendung eines verzögerten Masseverschlusses ideal. Da die Pistolenteile relativ leicht und kompakt sind, kann der beim Abfeuern entstehende Rückstoß sowohl den Schlitten, auch Verschluss genannt, wie auch teilweise den Lauf nach hinten drücken und so das automatische Nachladen bewerkstelligen. Auf diese Weise erübrigen sich die vergleichsweise komplizierten technischen Methoden der halbautomatischen und automatischen Gasdrucklader.

Eine klassische Art des verzögerten Masseverschlusses ist der von John Moses Browning entwickelte, ursprünglich bei der .45-ACP-Pistole Colt M1911 und ihren Vorläufern verwendete Verschluss. Die kurzfristige Verriegelung des Systems funktioniert mit einem sogenannten Kettenglied unter dem Lauf.

FAUSTFEUERWAFFEN

Oberhalb desselben befinden sich im Bereich vor dem Patronenlager drei Verriegelungswarzen, die im verriegelten Zustand der Waffe in Aussparungen im Schlitten eingreifen. Nach dem Betätigen des Abzugs und der Schussauslösung bewegen sich Lauf und Schlitten, durch den entstehenden Rückstoß angetrieben, zunächst als Einheit einige Millimeter zurück. Dann zieht das Kettenglied den Lauf nach unten, und durch das Abkippen des Laufs kommen die Verriegelungswarzen frei; die Lauf-Schlitten-Einheit wird aufgehoben, und der Schlitten gleitet separat zurück. Dabei nimmt ein Auszieher die leere Patronenhülse aus dem Patronenlager. Nachdem die Hülse aus dem Auswurffenster des Schlittens ausgeworfen wurde, nimmt die Kraft der Verschlussfeder wieder überhand, und der nach vorn gedrückte Schlitten greift die nächste Patrone aus dem Magazin und schiebt sie schräg nach oben in das leere Patronenlager. Diese sogenannte Browning-Verschlussart mit dem abkippenden Lauf findet trotz gewisser Nachteile auch heute noch in einer Vielzahl von Selbstladepistolen Anwendung. Sie ist zweifellos eine der wichtigsten waffentechnischen Entwicklungen des 20. Jahrhunderts.

Verschlussfeder

Lauf innerhalb des Schlittens

Das Kettenglied unter dem Lauf zieht diesen beim Nachladevorgang nach unten und sorgt so dafür, dass der Schlitten vom Rückstoß nach hinten gedrückt werden kann.

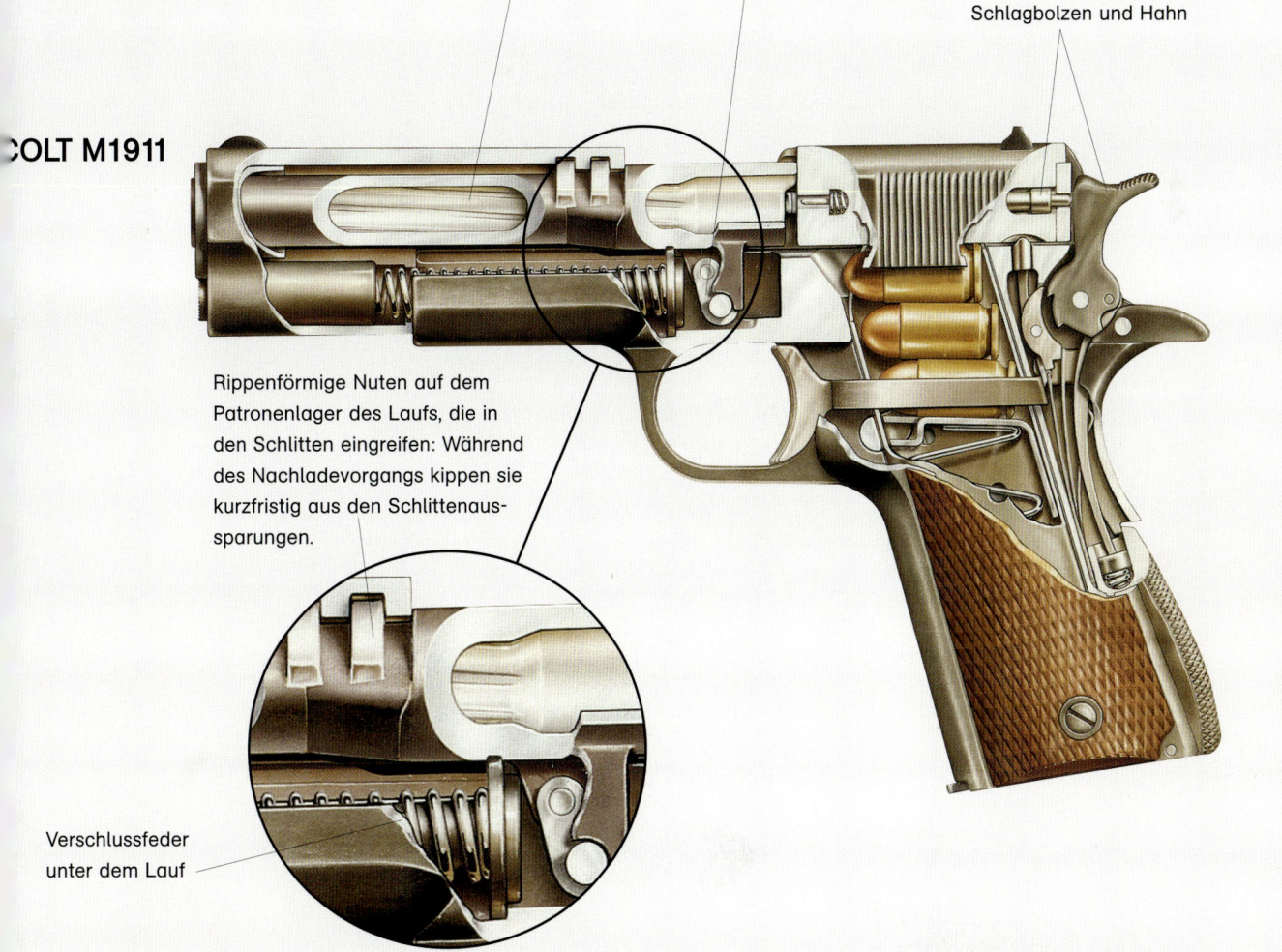

Schlagbolzen und Hahn

COLT M1911

Rippenförmige Nuten auf dem Patronenlager des Laufs, die in den Schlitten eingreifen: Während des Nachladevorgangs kippen sie kurzfristig aus den Schlittenaussparungen.

Verschlussfeder unter dem Lauf

SELBSTLADEPISTOLEN

Webley RIC

Die Polizeirevolverserie Royal Irish Constabulary (RIC) von Webley wurde während des 19. Jahrhunderts nicht nur in Großbritannien in großer Stückzahl verkauft. Es gab mehrere Varianten, aber das Modell No. 1 ist typisch für die Reihe. Es handelte sich um einen sechsschüssigen Double-Action-Revolver, bei dem die Patronen über eine seitlich am Rahmen befindliche Ladeklappe in die Trommel geladen wurden. Die Trommeln früher Varianten waren glatt, während spätere Modelle geflutete Trommeln hatten, bei denen Teile der Außenhülle herausgefräst waren. Der Lauf war zwar zylindrisch, lief nach oben aber in eine angedeutete Laufschiene aus. RIC-Revolver besaßen bereits eine Hahnsicherheitsrast, und es gab sie im Kaliber .41 und größer, wobei .45 weitverbreitet war.

Webley RIC	
Herkunftsland:	Großbritannien
Jahr:	1868
Kaliber:	.45
Funktionsweise:	Double-Action-Revolver
Gewicht:	0,9 kg
Gesamtlänge:	235 mm
Lauflänge:	114 mm
Münd.geschwind.:	198 m/s
Zuführung:	6-Schuss-Trommel

Smith & Wesson No. 3

Der 1870 vorgestellte Smith & Wesson No. 3 wurde einer der erfolgreichsten Revolver des 19. Jahrhunderts, unter anderem weil Smith & Wesson 1871 20 000 Stück im Kaliber .44 an die russische Armee verkaufen konnte. Doch auch das amerikanische Militär bestellte die zuverlässige Waffe. Anders als bei Vorgängermodellen, bei denen der Lauf nach oben geschwenkt und zum Laden ausgebaut werden musste, wurde der Lauf beim Modell No. 3 nach unten gekippt, und die Trommel blieb beim Laden an Ort und Stelle. Zudem hatte diese Waffe bereits einen sternförmigen Ausstoßer, der beim Abkippen des Laufs gleichzeitig die Patronenhülsen aus den Trommelkammern entfernte; so konnte schneller nachgeladen werden. Dieser Revolver war während der 1870er- und 1880er-Jahre der Hauptkonkurrent des Colt Single Action Army.

Smith & Wesson No. 3	
Herkunftsland:	USA
Jahr:	1870
Kaliber:	.38 und andere
Funktionsweise:	Single-Action-Revolver
Gewicht:	1,3 kg
Gesamtlänge:	305 mm
Lauflänge:	165 mm
Münd.geschwind.:	244 m/s
Zuführung:	6-Schuss-Trommel

Gasser Montenegro

Die Büchsenmacher Gasser, Vater und Sohn, betrieben zwischen 1862 und dem Ende des 19. Jahrhunderts in Österreich ein florierendes Unternehmen. Es war vor allem wegen seiner hervorragenden Revolver bekannt; das Modell Montenegro vereint die Vorzüge mehrerer ihrer Konstruktionen. Hierbei handelte es sich um eine Double-Action-Waffe, doch Gasser produzierte auch Single-Action-Revolver. Die fünf Patronen im Kaliber 8 mm wurden über eine am rechten Rahmen befindliche Ladeklappe geladen. Wie alle Gasser-Revolver hatte auch das Modell Montenegro eine stangenförmige, links am Rahmen senkrecht angebrachte manuelle Sicherung.

Gasser Montenegro	
Herkunftsland:	Österreich
Jahr:	1870
Kaliber:	8 mm
Funktionsweise:	Double-Action-Revolver
Gewicht:	0,94 kg
Gesamtlänge:	264 mm
Lauflänge:	135 mm
Münd.geschwind.:	168 m/s
Zuführung:	5-Schuss-Trommel

Apache-Revolver

Bei dem um 1870 von dem Belgier Dolne entwickelten, sogenannten Apache-Revolver handelte es sich um eine recht unkonventionelle Waffe, die vornehmlich als einfache, persönliche Verteidigungswaffe konzipiert war. Sie bestand eigentlich nur aus einem Rahmen mit einem als Schlagring ausgeformten Griff, einer Trommel sowie einem ausklappbaren Minibajonett, das vorn am Rahmen angebracht war. Der Revolver, der sechs Stiftzündungspatronen des Kalibers 7 mm verschoss, vereinte die Funktionen einer Schuss-, Stich- und Schlagwaffe. Als Schusswaffe war er allerdings, weil er keinen Lauf aufwies, extrem unpräzise und wirklich nur für den Einsatz auf kürzeste Distanzen geeignet.

Apache-Revolver	
Herkunftsland:	Belgien
Jahr:	ca. 1870
Kaliber:	7 mm
Funktionsweise:	Double-Action-Revolver mit Stiftzündung
Gewicht:	keine Angabe
Gesamtlänge:	keine Angabe
Lauflänge:	keine Angabe
Zuführung:	6-Schuss-Trommel

Colt SAA (Frontier/Peacemaker)

Colt SAA (Frontier/Peacemaker)	
Herkunftsland:	USA
Jahr:	1873
Kaliber:	.45
Funktionsweise:	Single-Action-Revolver
Gewicht:	1 kg
Gesamtlänge:	279 mm
Lauflänge:	140 mm
Münd.geschwind.:	198 m/s
Zuführung:	6-Schuss-Trommel

Colts Single Action Army, kurz SAA und auch Colt Frontier oder Peacemaker genannt, war wohl der bekannteste „Six-Shooter" des Wilden Westens. Es war der erste gebräuchlichere Hinterladerrevolver, der Zentralzünderpatronen verwendete. Die Munition wurde über eine seitliche Ladeklappe am geschlossenen Rahmen des Revolvers in die Trommel geladen; die abgeschossenen Hülsen stieß man mittels einer federunterstützten, seitlich unter dem Lauf befindlichen Ausstoßerstange aus. Die als sehr zuverlässig gelobte Waffe wurde während ihrer Produktionszeit zwischen 1873 und 1941, in der fast 400 000 Stück hergestellt wurden, in Kalibern von .22 long bis .455 Eley gebaut. Am gebräuchlichsten war sie in .45 Long Colt.

Chamelot-Delvigne 1874

Chamelot-Delvigne 1874	
Herkunftsland:	Frankreich
Jahr:	1874
Kaliber:	11 mm
Funktionsweise:	Double-Action-Revolver
Gewicht:	1,08 kg
Gesamtlänge:	240 mm
Lauflänge:	110 mm
Münd.geschwind.:	183 m/s
Zuführung:	6-Schuss-Trommel

Nachdem sich die französische Armee gegen den Lefaucheux-Stiftzündungsrevolver der Marine ausgesprochen hatte, führte sie 1873 den Chamelot-Delvigne Revolver als Dienstwaffe ein. Es gab zwei Varianten der Waffe: Das ursprüngliche, schwerere 1873er-Modell wurde an Unteroffiziere ausgegeben und der etwas leichtere Revolver von 1874 an Offiziere. Die sechsschüssigen Double-Action-Revolver waren recht zuverlässig und erbrachten mit ihrem 11-mm-Kaliber auf die Einsatzdistanz von 20 bis 30 m eine respektable Stoppwirkung; bei der Polizei wurden sie noch während des Zweiten Weltkriegs eingesetzt.

Remington Modell 1875

Lange Zeit waren Perkussionsrevolver die vorherrschende Revolverart, dann kamen ab 1870 Revolver zum Verschießen von Patronenmunition auf, die schnell große Verbreitung fanden. Bei dem Modell 1875 handelt es sich um die erste Waffe der Firma Remington, die Patronenmunition verschoss. Die Gestaltung des Revolvers erinnert zwar noch sehr an die des New Model Army von 1863 (siehe S. 59), in seine Trommel wurden aber Patronen im Kaliber .44 geladen. Wie beim Colt SAA, dessen Verkaufszahlen die durchaus respektable Remington-Waffe allerdings nie erreichte, wurde sie seitlich über eine Ladeklappe geladen, und das Ausstoßen der leeren Patronenhülsen erfolgte mithilfe einer federunterstützten Ausstoßerstange.

Remington Modell 1875

Herkunftsland:	USA
Jahr:	1875
Kaliber:	.44
Funktionsweise:	Single-Action-Revolver
Gewicht:	1,2 kg
Gesamtlänge:	330 mm
Lauflänge:	190 mm
Münd.geschwind.:	213 m/s
Zuführung:	6-Schuss-Trommel

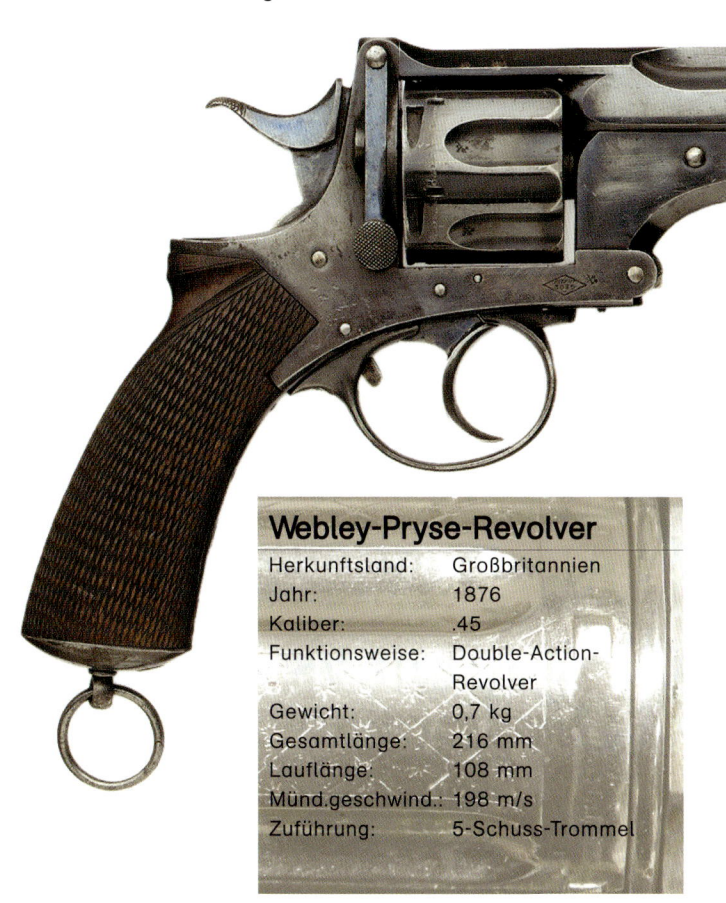

Webley-Pryse-Revolver

Herkunftsland:	Großbritannien
Jahr:	1876
Kaliber:	.45
Funktionsweise:	Double-Action-Revolver
Gewicht:	0,7 kg
Gesamtlänge:	216 mm
Lauflänge:	108 mm
Münd.geschwind.:	198 m/s
Zuführung:	5-Schuss-Trommel

Webley-Pryse-Revolver

Der englische Büchsenmacher Charles Pryse entwickelte Mitte der 1870er-Jahre einen Revolver, den er mangels eigener Kapazitäten bei der Firma Webley fertigen ließ. Der fünfschüssige Webley-Pryse-Kipplaufrevolver im Kaliber .45 besaß einige Besonderheiten, wie etwa das Hülsenausstoßersystem. Beim Abkippen des Laufs samt der Trommel sorgte ein sternförmiger Ausstoßerkranz an der Trommelrückseite dafür, dass die leeren Patronenhülsen automatisch ausgeworfen wurden. Zudem besaß die Waffe bereits eine Art Hahnfangrast, sodass sich auch bei einem Schlag auf den Hahnsporn kein Schuss lösen konnte.

Colt Double Action Army

Der Colt Double Action Army markiert einen bedeutsamen Fortschritt in der Technik der Colt-Revolver. Sämtliche Vorgängermodelle waren Single-Action-Waffen gewesen, bei denen der Hahn vor der Abgabe jedes einzelnen Schusses manuell vorgespannt werden musste. Mit der neuen Waffe hielt nun auch bei Colt die Double-Action-Technik Einzug, also die bereits zur damaligen Zeit von vielen favorisierte Spannabzugstechnik, die schon von Revolvern der Firma Smith & Wesson bekannt war. Der Revolver Colt Double Action Army, der über eine seitliche Ladeklappe geladen wurde, war sechsschüssig und hatte zunächst das Kaliber .476. Da er nicht hinreichend zuverlässig war und die Probleme nicht behoben werden konnten, war er nie so populär wie Colts Single-Action-Modelle.

Colt Double Action Army	
Herkunftsland:	USA
Jahr:	1877
Kaliber:	.476
Funktionsweise:	Double-Action-Revolver
Gewicht:	1,02 kg
Gesamtlänge:	260 mm
Lauflänge:	140 mm
Münd.geschwind.	229 m/s
Zuführung:	6-Schuss-Trommel

Webley Bulldog	
Herkunftsland:	Großbritannien
Jahr:	1880
Kaliber:	.32
Funktionsweise:	Double-Action-Revolver
Gewicht:	0,3 kg
Gesamtlänge:	140 mm
Lauflänge:	53 mm
Münd.geschwind.	152 m/s
Zuführung:	5-Schuss-Trommel

Webley Bulldog

Bei dem Modell Bulldog handelte es sich um einen gedrungenen, schweren Revolver, den die Firma Webley ab 1878 in diversen Kalibern herstellte, meist in .442 und .45, aber auch in kleineren Kalibern für Randzünderpatronen. Der sehr robuste Double-Action-Revolver hatte einen geschlossenen Rahmen. Anders als die hier abgebildete Waffe aus dem Jahr 1880 besaßen viele Bulldog-Revolver eine glatte, ungeflutete Trommel. Fünfschüssige Waffen wie diese im Kaliber .32 hatten den kleinsten Rahmen der Baureihe.

Iver-Johnson-Revolver

Revolver von Iver Johnson kamen in den USA in den frühen 1880er-Jahren auf den Markt. Johnson hatte zunächst zusammen mit Martin Bye Waffen hergestellt. Bei dem hier abgebildeten vernickelten Revolver handelt es sich um eine Kipplaufwaffe im Kaliber .32. Beim Abkippen der Lauf-Trommel-Einheit wurden die Patronenhülsen automatisch ausgeworfen. Im Gegensatz zu einigen anderen Waffen der damaligen Zeit, die lediglich ein Korn auf dem Lauf hatten, befand sich auf dem Iver-Johnson-Rahmen bereits eine Kimme. Von Iver Johnson gab es später auch einen hahnlosen Double-Action-Revolver.

Iver-Johnson-Revolver	
Herkunftsland:	USA
Jahr:	1892
Kaliber:	.32
Funktionsweise:	Double-Action-Revolver
Gewicht:	0,4 kg
Gesamtlänge:	165 mm
Lauflänge:	76 mm
Münd.geschwind.:	168 m/s
Zuführung:	5-Schuss-Trommel

Lebel 1892	
Herkunftsland:	Frankreich
Jahr:	1892
Kaliber:	8 mm Lebel
Funktionsweise:	Double-Action-Revolver
Gewicht:	0,792 kg
Gesamtlänge:	235 mm
Lauflänge:	118,5 mm
Münd.geschwind.:	225 m/s
Zuführung:	6-Schuss-Trommel

Lebel 1892

Der Lebel-Revolver von 1892 entstand aus zwei früheren französischen Revolvern der Firma Lebel, aus den Modellen 1873 und 1874, die beide noch das Kaliber 11 mm hatten, aber bereits als Varianten im weniger starken 8-mm-Kaliber erhältlich waren. Die auch bei dem etwas verkleinerten Double-Action-Modell 1892 verwendete 8-mm-Patrone, die von Lebel für das neue rauchlose Treibladungspulver entwickelt worden war, erwies sich als sehr ineffektiv und zeigte keine ausreichende Stoppwirkung. Dennoch galt der Revolver als qualitativ hochwertig und sehr robust. Er verfügte bereits über eine seitlich ausschwenkbare Trommel, die einen Hülsenauswerfmechanismus enthielt.

Modell 26

Herkunftsland:	Japan
Jahr:	1893
Kaliber:	9 × 22R
Funktionsweise:	Double-Action-Revolver
Gewicht:	0,9 kg
Gesamtlänge:	239 mm
Lauflänge:	119 mm
Münd.geschwind.:	277 m/s
Zuführung:	6-Schuss-Trommel

Modell 26

Feuerwaffen aus japanischer Produktion hatten keinen guten Ruf, eine Ausnahme bildete der Revolver Modell 26, der sich als zuverlässig erwies. Er wurde im Jahr 1893 entwickelt und war noch bis 1945 bei den japanischen Streitkräften in Verwendung. Optisch ähnelt der Revolver Modellen von Nagant sowie Smith & Wesson, allerdings verschoss er Patronen im Kaliber 9 mm, eine Munitionsart, die bei diesen Waffen nur selten verwendet wird. Das Modell 26 war ein Double-Action-Revolver, wodurch die Treffsicherheit verringert wurde, doch in Gefechten auf geringe Entfernung hatte dies keine große Bedeutung.

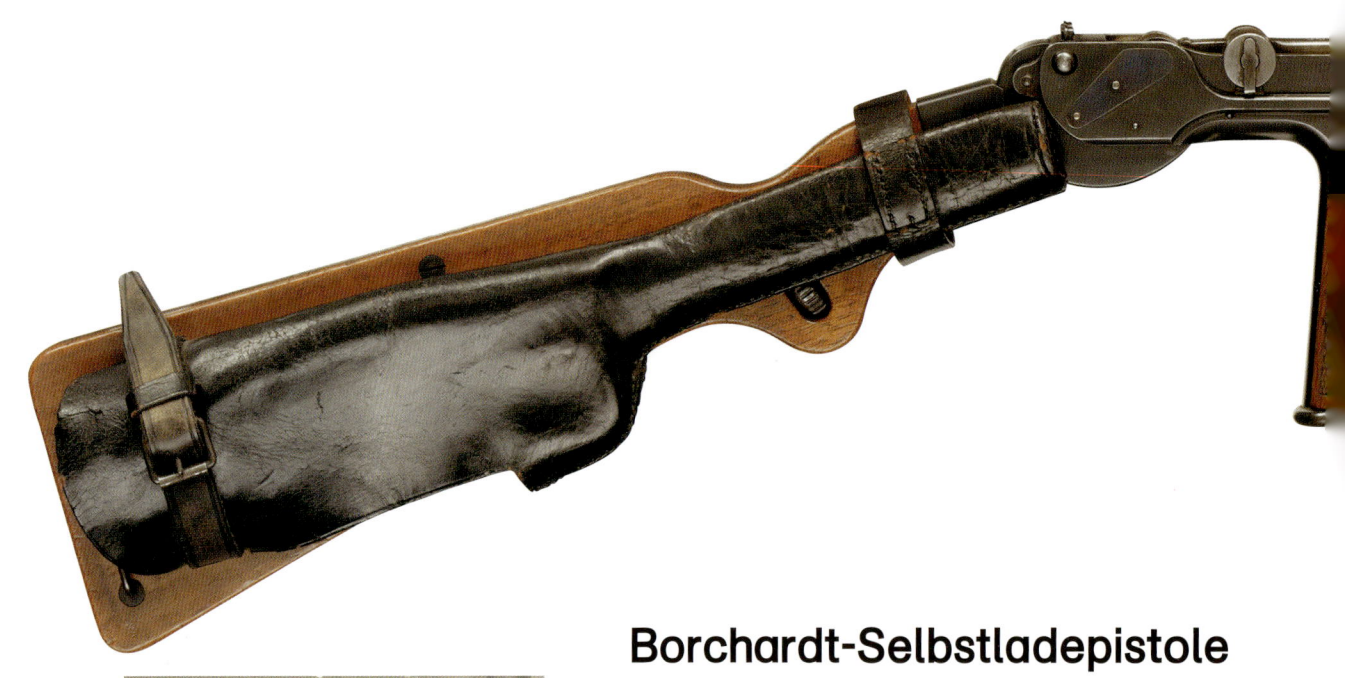

Borchardt-Selbstladepistole

Herkunftsland:	Deutschland
Jahr:	1894
Kaliber:	7,65 mm Borchardt
Funktionsweise:	Selbstladepistole
Gewicht:	1,3 kg
Gesamtlänge:	349 mm
Lauflänge:	165 mm
Münd.geschwind.:	335 m/s
Zuführung:	8-Schuss-Magazin

Borchardt-Selbstladepistole

Die berühmte Borchardt-Pistole von 1894 mag zwar kaum im praktischen Einsatz gewesen sein, da sie aber eine der ersten Selbstladepistolen überhaupt war, ist sie waffentechnisch ein Meilenstein. Die Pistole besitzt einen sogenannten Kniegelenkverschluss. Die Verriegelung bei dieser Verschlussart ist kompliziert und aufwendig: Der mittlere Gelenkpunkt des Kniegelenks muss dabei etwas tiefer als die gedachte Horizontalachse des gesamten Systems liegen. Bis der Gelenkpunkt durch den Rückstoß über die Horizontalachse gedrückt wird, vergeht so viel Zeit, dass eine Entriegelung des Systems und die weiteren Nachladeschritte erst ablaufen können, wenn das Geschoss bereits den Lauf verlassen hat. Wie bei dem abgebildeten Modell wurden Borchardt-Pistolen oft mit einem Anschlagschaft, der gleichzeitig als Gürtelholster für die Waffe zu verwenden war, ausgeliefert.

Nagant 1895

Herkunftsland:	Belgien
Jahr:	1895
Kaliber:	7,62 x 38 mm Nagant
Funktionsweise:	Double-Action-Revolver
Gewicht:	0,795 kg
Gesamtlänge:	230 mm
Lauflänge:	110 mm
Münd.geschwind.:	272 m/s
Zuführung:	6-Schuss-Trommel

Nagant 1895

Der Revolver Nagant 1895, Kaliber 7,62 mm Nagant, war eine unempfindliche, robuste Waffe. Die ursprünglich belgische Konstruktion aus den späten 1870er-Jahren wurde mehr als ein halbes Jahrhundert lang in diversen Ländern eingesetzt. Zwischen 1896 und 1933 übernahmen nach und nach russische Staatsbetriebe die Produktion, und die Waffe war für lange Zeit die Standardwaffe der russischen Armee. Der Revolver verfügt über ein spezielles System zur vollen Ausnutzung der Pulvergase. Wenn der Hahn gespannt wird, bewegt sich die Trommel minimal nach vorn zum Lauf hin. Die entsprechenden 7,62-mm-Nagant-Patronenhülsen sind 1,7 mm länger als die Trommel und vorn leicht konisch, daher fügen sie sich in den Übergangskonus des Laufs ein. Bei der Schussabgabe führt dieses System dazu, dass es praktisch zu keinerlei Gasverlust zwischen Trommel und Lauf kommt.

Mauser C 96 Militärmodell

Die Mauser C 96 wurde Ende des 19. Jahrhunderts als Armee-Selbstladepistole entwickelt und ist eine der berühmtesten Waffen. Die ab 1896 produzierte Single-Action-Pistole hatte zunächst das Kaliber 7,63 mm. Ihre Magazinkapazität betrug zehn Patronen, wobei sich der von oben mit einem Ladestreifen zu beladende Magazinschacht vor dem Abzugsbügel und nicht im Waffengriff befand. Trotz oder wohl gerade wegen ihres beachtlichen Gewichts von 1,22 kg galt die Waffe als sehr treffgenau, robust und zuverlässig. Das Militärmodell der C 96 wurde ab 1912 in den Kalibern 7,63 mm und später auch in 9 mm gebaut und konnte durch einen Anschlagschaft in einen Kurzkarabiner verwandelt werden, der bis auf eine Entfernung von 100 m präzise schoss.

Mauser C 96 Militärmodell

Herkunftsland:	Deutschland
Jahr:	1896
Kaliber:	7,63 o. 9 mm Mauser
Funktionsweise:	Single-Action-Selbstladepistole
Gewicht:	1,22 kg
Gesamtlänge:	308 mm
Lauflänge:	140 mm
Münd.geschwind.:	433 m/s
Zuführung:	10-Schuss-Magazin

FAUSTFEUERWAFFEN

TECHNIK DER HANDFEUERWAFFEN – REVOLVER

Der Hahnsporn trifft durch den Rahmen auf das Zündhütchen der Patrone.

Patrone, Kaliber .38 (Munition A 380/200 bei den britischen Streitkräften eingeführt)

Feder des Auswerfersystems, mit dessen sternförmigem Kranz an der Trommelrückseite beim Abkippen der Trommel-Rahmen-Einheit (Brechen) automatisch die Patronenhülsen ausgeworfen werden

Enfield No. 2 Kipplaufrevolver

Die Transportklinke greift zum Weiterdrehen der Trommel in die korrespondierenden Kerben auf der Trommelrückseite.

Beim Betätigen des Abzugs muss die Kraft der Hahnfeder überwunden werden.

Auswerferarm, der beim Brechen der Waffe das Auswerfersystem aktiviert

Das Abzugssystem ist sowohl mit dem Hahn als auch mit der Transportklinke verbunden.

70 FAUSTFEUERWAFFEN

Das blattförmige Korn des Enfield-Revolvers ist mittels eines Splints an der Erhebung über der Laufmündung befestigt.

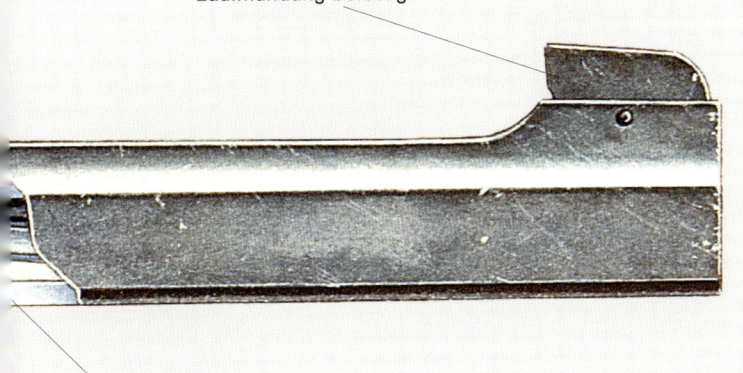

Laufinneres: Die Züge und Felder sind zu erkennen.

Im 20. Jahrhundert wurden Revolver mehr und mehr durch halbautomatische Selbstladepistolen ersetzt. Ausschlaggebend hierfür war, dass Pistolen mit weit mehr Patronen geladen werden können als Revolver (teils mit 18 und mehr) und daher viel mehr Feuerkraft besitzen. Dennoch haben die zumeist nur mit einer 5- oder 6-Schuss-Trommel ausgestatteten Revolver weiterhin einige Vorteile. Sie gelten als zuverlässiger, während Selbstladepistolen eine relativ komplizierte Technik haben, um die bei der Schussabgabe entstehenden Rückstoßkräfte nutzen zu können. Bei Revolvern laufen dagegen rein mechanische Prozesse ab. Ebenso komplex und daher störanfälliger ist bei Selbstladepistolen die Zuführung der Munition vom Magazin ins Patronenlager. Beim Revolver dreht sich dagegen nur die Trommel weiter. Schließlich sind bei der Pistole Störungen, die auftreten, falls eine Patrone nicht oder nur teilweise zündet, schwieriger zu beheben. Ein Double-Action-Revolver erlaubt dagegen, in einer Verteidigungssituation nochmals den Abzug durchzuziehen, falls ein sogenannter Versager oder schlapper Schuss auftritt. Seit in der ersten Hälfte des 19. Jahrhunderts Revolver aufgekommen sind, gab es diverse grundlegende Techniken für deren Mechanismus; auf die älteren soll hier nicht weiter eingegangen werden. Beim modernen Double-Action-Revolver stellt dessen innere Mechanik sicher, dass durch das Zurückziehen des Abzugs der Hahn entgegen der Kraft der im Waffengriff befindlichen Hahnfeder zurückgedrückt wird. Gleichzeitig sorgt eine nach oben schiebende Transportklinke, die in Kerben auf der Trommelrückseite eingreift, dafür, dass die Trommel um eine Bohrung weitergedreht und die Bohrung mit dem Lauf in Linie gebracht wird. Ein sogenannter Trommelstoppbolzen, den der Mechanismus nun von unten in eine Aussparung an der Trommelaußenseite drückt, gewährleistet, dass die Trommel während der Schussabgabe feststeht. Wenn dann der Abzug komplett durchgezogen ist, wird der Hahn freigegeben, schnellt nach vorn und löst den Schuss aus. Beim Schießen in diesem Double-Action-Modus erfolgen alle Abläufe ausschließlich durch das manuelle Betätigen des Abzugs. Im Single-Action-Modus muss der Hahn jeweils erst von Hand gespannt und erst danach abgezogen werden. Zum Nachladen von moderneren Revolvern wird deren Trommel einfach seitlich ausgeschwenkt und die Patronenhülsen durch Drücken der Ausstoßerstange ausgeworfen.

n sechsschüssiger Double-Action-Revolver Colt Python, vom Büchsenmacher zerlegt. Die zum den ausschwenkbare Trommel ist komplett ausgebaut und befindet sich links unten im Bild. Weder abgenommenen Griffschalen ist die Blattfeder des Hahns gut zu erkennen. Oberhalb des ativ dicken Laufs des schweren .357-Magnum-Revolvers verläuft eine ventilierte Laufschiene.

Webley-Fosbery-Revolver	
Herkunftsland:	Großbritannien
Jahr:	1896
Kaliber:	.455
Funktionsweise:	Rückstoßlader-Revolver
Gewicht:	1,25 kg
Gesamtlänge:	279 mm
Lauflänge:	152 mm
Münd.geschwind.:	183 m/s
Zuführung:	6-Schuss-Trommel

Webley-Fosbery-Revolver

Der Webley-Fosbery-Revolver im Kaliber .455 nach seinem Konstrukteur Colonel G. V. Fosbery benannt, wurde als Militärrevolver entwickelt. Die interessante, aber hoch komplizierte Waffe erwies sich jedoch als militärisch völlig ungeeignet, weil sie sehr anfällig gegen Schmutz war. Bei dem als Rückstoßlader konzipierten Fosbery-Revolver bewegten sich der Lauf und die Trommelgruppe auf einer Schiene des Rahmenunterteils. Bei der Schussabgabe spannte das zurückgeschleuderte System den Hahn, die Trommel wurde weitergedreht, und man war in der Lage, mit dem geringen Single-Action-Abzugswiderstand weitere Schüsse abzugeben, ohne den Hahn neu manuell spannen zu müssen.

Browning Modell 1900	
Herkunftsland:	Belgien
Jahr:	1900
Kaliber:	7,65 mm (.32 ACP)
Funktionsweise:	Single-Action-Selbstladepistole
Gewicht:	0,625 kg
Gesamtlänge:	162,5 mm
Lauflänge:	102 mm
Münd.geschwind.:	290 m/s
Zuführung:	7-Schuss-Magazin

Browning Modell 1900

Die Pistole Browning Modell 1900 stammt aus einem der bekanntesten Waffenunternehmen, der belgischen Fabrique Nationale d'Armes de Guerre (FN), die mit dem begnadeten Konstrukteur John M. Browning zusammenarbeitete. Die Waffe mit Feder-Masse-Verschluss war das Ergebnis von Versuchen, die die FN bereits in den späten 1890er-Jahren begonnen hatte. Sie bildete die Grundlage für eine ganze Reihe halbautomatischer Pistolen, von denen insgesamt mehr als eine Million Stück gebaut wurden. Als Militärwaffe wurde sie allerdings nie eingesetzt. Technisch interessant war, dass die Verschlussfeder mit der Schlagbolzenfeder kombiniert war, was die Technik der Pistole merklich vereinfachte.

Browning Modell 1903

Das Modell 1903 war fast identisch mit der Pistole Browning 1900, allerdings hatte sie das Kaliber 9 x 20R (9 mm Browning Long). Diese Patrone ist etwas schwächer als die spätere 9 mm Parabellum, und mit ihr war der unverriegelte einfache Feder-Masse-Verschluss dieser Waffe bis an seine Grenze ausgereizt. Die Pistole hatte ein 7-Schuss-Magazin und eine Lauflänge von 127 mm. Ihr Gewicht lag bei 910 g. Sie wurde auch mit einer abnehmbaren Schulterstütze angeboten, die gleichzeitig als Gürtelholster diente. In der belgischen Armee wurde die Waffe als Ordonnanzpistole eingeführt.

Browning Modell 1903

Herkunftsland:	Belgien
Jahr:	1903
Kaliber:	9 x 20R
Funktionsweise:	Single-Action-Pistole
Gewicht:	0,91 kg
Gesamtlänge:	203 mm
Lauflänge:	127 mm
Münd.geschwind.:	320 m/s
Zuführung:	7-Schuss-Magazin

Webley Mk 1

Herkunftsland:	Großbritannien
Jahr:	1906
Kaliber:	.455
Funktionsweise:	Double-Action-Revolver
Gewicht:	0,96 kg
Gesamtlänge:	216 mm
Lauflänge:	102 mm
Münd.geschwind.:	183 m/s
Zuführung:	6-Schuss-Trommel

Webley Mk 1

1887 entschied die britische Armee, den Revolver Webley Mk 1 einzuführen. Den Ausschlag dafür hatten verschiedene Waffentests gegeben, bei denen das Webley-Modell einige amerikanische Mitbewerber geschlagen hatte. Ein weiterer entscheidender Grund war sicherlich der Umstand, dass Webley ein englisches Unternehmen war. Der Revolver im effektiven Kaliber .455 war eine Kipplaufwaffe, deren Lauf samt der 6-Schuss-Trommel zum Laden nach unten geschwenkt wurde. Ein sternförmiger Auswerferkranz warf die Patronenhülsen automatisch aus. Das Modell Mk 1 war der erste von verschiedenen weiteren Webley-Revolvern, die noch während des Zweiten Weltkriegs Verwendung fanden.

Colt New Service

Verschiedene Colt-Revolver aus dem ersten Jahrzehnt des 20. Jahrhunderts hatten die Zusatzbezeichnung „New Service". Die hier abgebildete Waffe wurde ab 1907 gebaut und hatte das Kaliber .455, war aber auch für diverse andere Patronen erhältlich. Da sie in unterschiedlichen Varianten angeboten wurden, waren die Revolver vielseitig einsetzbar. Es gab sie in sechs verschiedenen Lauflängen zwischen 102 mm und 190 mm. Sie waren sowohl als Verteidigungs- wie auch Sportschützenwaffe beliebt. Während des Ersten Weltkriegs wurde die Waffe von der kanadischen und der US-amerikanischen Armee eingesetzt.

Colt New Service	
Herkunftsland:	USA
Jahr:	1907
Kaliber:	.455
Funktionsweise:	Double-Action-Revolver
Gewicht:	1,1 kg
Gesamtlänge:	273 mm
Lauflänge:	140 mm
Münd.geschwind.:	198 m/s
Zuführung:	6-Schuss-Trommel

Roth Steyr M1907

Die Roth-Steyr-Pistole M1907 im Kaliber 8 mm, von der fast 100 000 Stück gefertigt wurden, hatte einen charakteristischen Verschlussmechanismus. Der hintere Teil des Verschlussstücks ragte über die Hand des Schützen hinaus, und die Waffe besaß bereits eine Art Drehriegelverschluss, bei dem die Lauf-Verschluss-Einheit sich nach hinten bewegte, bis der Lauf um 90 Grad gedreht und dadurch entriegelt wurde. Von da an bewegte sich nur mehr der Verschluss weiter, warf die leere Hülse aus und lud eine neue Patrone nach. Die zehnschüssige Waffe war die erste Armee-Selbstladepistole überhaupt; im Jahr 1907 wurde sie an die Kavallerie der österreichisch-ungarischen Armee ausgegeben.

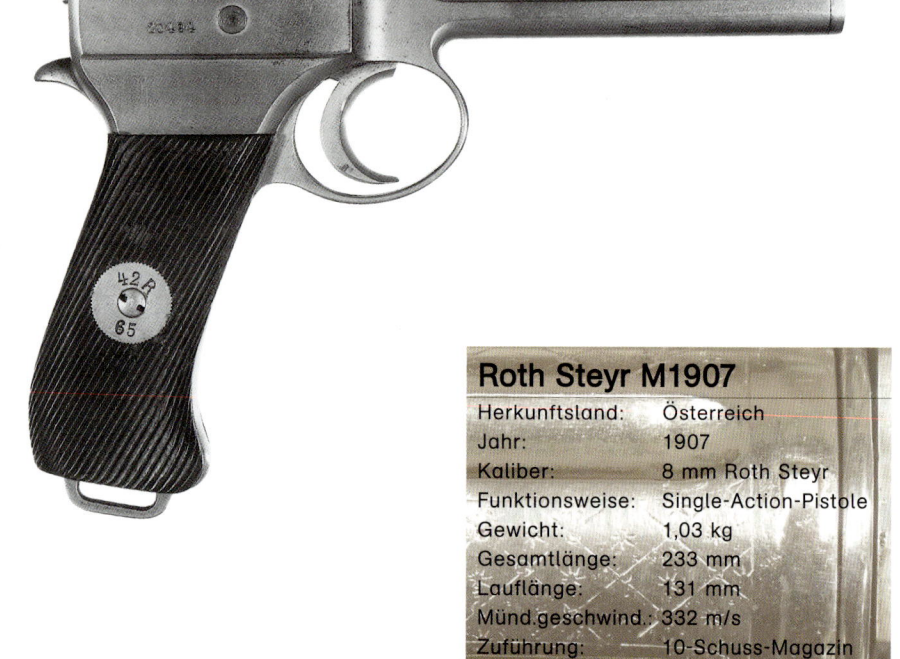

Roth Steyr M1907	
Herkunftsland:	Österreich
Jahr:	1907
Kaliber:	8 mm Roth Steyr
Funktionsweise:	Single-Action-Pistole
Gewicht:	1,03 kg
Gesamtlänge:	233 mm
Lauflänge:	131 mm
Münd.geschwind.:	332 m/s
Zuführung:	10-Schuss-Magazin

Savage Model 1907

„Das Bessere ist des Guten Feind." So kann kurz gefasst die Geschichte dieser Waffe beschrieben werden. Zwar schaffte es Savage, mit der zunächst als M/908 und später als M/915 bezeichneten Waffe Anfang des 20. Jahrhunderts am Testverfahren für eine neue Faustfeuerwaffe der amerikanischen Armee teilzunehmen, die Pistole hatte aber keine Chance gegen die M1911 von Colt. Schließlich gelang es Savage aber, eine gewisse Stückzahl der mit ihrem verzögerten Masseverschluss recht komplizierten Waffe an die portugiesischen Streitkräfte zu verkaufen.

Savage Model 1907

Herkunftsland:	USA
Jahr:	1907
Kaliber:	7,65 mm (.32 ACP)
Funktionsweise:	Single-Action-Pistole
Gewicht:	0,568 kg
Gesamtlänge:	165 mm
Lauflänge:	95 mm
Münd.geschwind.:	290 m/s
Zuführung:	10-Schuss-Magazin

Dreyse M1907/ RM & M Dreyse

Dreyses halbautomatische Selbstladepistole 1907 im Kaliber 7,65 mm wurde zwischen 1905 und 1906 von Louis Schmeisser entwickelt und ging im Jahr darauf in Produktion. Die Pistole RM & M Dreyse, eine spätere Version der Waffe, die einen verzögerten Masseverschluss besaß, war für das Kaliber 9 mm Parabellum konstruiert. Die Pistole wies einige interessante Besonderheiten auf, so verfügte sie mit einem hinten aus dem Verschluss herausragenden Schlagbolzenteil bereits über eine frühe Anzeigeart, ob die Waffe gespannt ist oder nicht. Um die Waffe zu reinigen, konnten Verschluss, Lauf und Schlitten einfach nach vorn gekippt werden.

Dreyse M1907/ RM & M Dreyse

Herkunftsland:	Deutschland
Jahr:	1907
Kaliber:	7,65 mm (.32 ACP)
Funktionsweise:	Single-Action-Pistole
Gewicht:	0,71 kg
Gesamtlänge:	160 mm
Lauflänge:	93 mm
Münd.geschwind.:	300 m/s
Zuführung:	7-Schuss-Magazin

Pistole 08 (Parabellum-Pistole)

Die Entwicklung der von Georg Luger konstruierten Pistole 08 führt in die 1890er-Jahre zurück, ein Vorläufer ging 1898 in Produktion. Die eigentliche Pistole 08 wurde, nachdem sie vorher bereits bei der Reichsmarine eingeführt worden war, 1908 auch Ordonnanzwaffe im preußischen Heer. Ein besonderes Merkmal der 08 war ihr auffälliger Kniegelenkverschluss; Luger orientierte sich dabei stark an Hugo Borchardts Kniegelenkverschlusssystem. Solange kein Schmutz in das System eindrang, funktionierte die Pistole hervorragend. Sie wurde von verschiedenen deutschen Herstellern bis 1943 produziert. Unter der Bezeichnung Artillerie 08 wurden auch langläufige Varianten hergestellt, zum Teil mit Anschlagschaft und 32-Schuss-Trommelmagazin.

Pistole 08 (Parabellum-Pistole)

Herkunftsland:	Deutschland
Jahr:	1908
Kaliber:	9 mm Parabellum
Funktionsweise:	Single-Action-Pistole
Gewicht:	0,876 kg
Gesamtlänge:	222 mm
Lauflänge:	103 mm
Münd.geschwind.:	320 m/s
Zuführung:	8-Schuss-Magazin

Browning Modell 1910

Aufgrund der modifizierten Verschlussfeder weicht das Modell 1910 von der kantigeren Optik der Browning-Pistole ab. Bei dem neuen Modell umgab die Verschlussfeder den Lauf, was zu einem schlankeren Erscheinungsbild und zu Gewichtsreduzierung führte. Die Pistole kam erst 1912 auf den Markt (weshalb sie auch als Modell 1912 bezeichnet wird) und wurde in den Kalibern 7,65 mm und 9 mm kurz angeboten. Wegen ihrer Eleganz und Zuverlässigkeit war sie bei Offizieren sehr beliebt und wurde bis in die 1960er-Jahre hergestellt.

Browning Modell 1910

Herkunftsland:	Belgien
Jahr:	1910
Kaliber:	7,65 oder 9 mm kurz
Funktionsweise:	Single-Action-Pistole
Gewicht:	0,57 kg
Gesamtlänge:	154 mm
Lauflänge:	88,5 mm
Münd.geschwind.:	299 m/s
Zuführung:	7-Schuss-Magazin

FAUSTFEUERWAFFEN

Glisenti Modello 1910

Obwohl das Modell 1910 der Firma Glisenti in vielen Punkten nicht ausgereift war, kam die Pistole im Ersten und Zweiten Weltkrieg zum Einsatz. Die Waffe wurde für den Verschuss der 9-mm-Glisenti-Patrone entwickelt. Diese Patrone war optisch fast identisch mit der viel gebräuchlicheren 9 mm Para, kam es aber versehentlich zu einer Verwechslung, so waren Waffensprengungen unvermeidlich. Da das Glisenti-Griffstück zur leichteren Waffenreinigung eine abnehmbare Seitenplatte besaß, schwächte dies ihre Stabilität maßgeblich.

Glisenti Modello 1910

Herkunftsland:	Schweiz (hergestellt in Italien)
Jahr:	1910
Kaliber:	9 mm Glisenti
Funktionsweise:	Single-Action-Pistole
Gewicht:	0,8 kg
Gesamtlänge:	211,2 mm
Lauflänge:	95 mm
Münd.geschwind.:	258 m/s
Zuführung:	7-Schuss-Magazin

Colt M1911A1

Colts Pistole M1911 gehört zusammen mit der deutschen 08 zu den berühmtesten Pistolen. Sie wurde 1911 als die Standardfaustfeuerwaffe der US-Streitkräfte eingeführt und blieb es bis in die 1980er-Jahre. Die Waffe war für die neu entwickelte Patrone .45 ACP (Automatic Colt Pistole) ausgelegt. Mit dieser Munition sollten die Unzulänglichkeiten in der Wirkung der 9-mm-Browning-Patrone behoben werden. Letztere wurde im Colt/Browning M1903, einem Vorläufermodell der Pistole M1911, verwendet. Die .45 ACP besaß eine hohe Mannstoppwirkung. Die Pistole, die mit einem 7-Schuss-Magazin bestückt war, galt als zuverlässig und präzise. Selbst heute noch beklagen viele amerikanische Soldaten den Verlust der .45-ACP-Pistole, die ab 1986 durch die Beretta 92 in 9 mm Para ersetzt wurde.

Colt M1911A1

Herkunftsland:	USA
Jahr:	1911
Kaliber:	.45 ACP
Funktionsweise:	Single-Action-Pistole
Gewicht:	1,36 kg
Gesamtlänge:	219 mm
Lauflänge:	128 mm
Münd.geschwind.:	252 m/s
Zuführung:	7-Schuss-Magazin

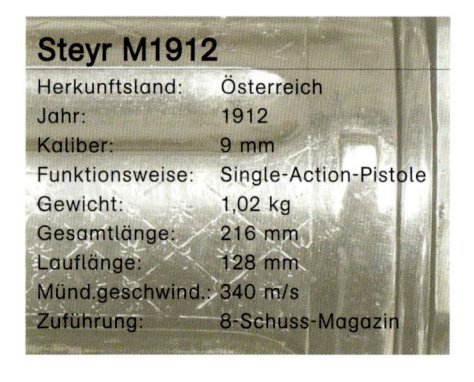

Steyr M1912

Herkunftsland:	Österreich
Jahr:	1912
Kaliber:	9 mm
Funktionsweise:	Single-Action-Pistole
Gewicht:	1,02 kg
Gesamtlänge:	216 mm
Lauflänge:	128 mm
Münd.geschwind.:	340 m/s
Zuführung:	8-Schuss-Magazin

Steyr M1912

Bei der Pistole Steyr M1912, die die Standardbewaffnung der österreichisch-ungarischen Streitkräfte im Ersten Weltkrieg war, handelte es sich um eine außergewöhnlich solide und hervorragend gefertigte Waffe. Die Selbstladepistole hatte bereits einen Drehkammerverschluss, der sehr robust gebaut war. Das Kaliber der Pistole war 9 x 23 mm Steyr, ab 1938 wurden aber auch etwa 200 000 Stück in 9-mm-Para-Waffen umgerüstet. Die Patronen wurden nicht in einem herausnehmbaren Magazin, sondern mit Ladestreifen von oben geladen.

Webley & Scott Mk V

Herkunftsland:	Großbritannien
Jahr:	1913
Kaliber:	.455
Funktionsweise:	Double-Action-Revolver
Gewicht:	1,1 kg
Gesamtlänge:	279 mm
Lauflänge:	152 mm
Münd.geschwind.:	198 m/s
Zuführung:	6-Schuss-Trommel

Webley & Scott Mk V

Um die Reihe ihrer Dienstrevolver fortzusetzen, entwickelte die Firma Webley & Scott das Modell Mk V, eine weitere Kipplaufwaffe ähnlich der Mk I im Kaliber .455. Der Revolver Mk V wurde nur zwischen 1913 und 1915 hergestellt, dann folgte die Variante Mk VI. Wie alle Waffen der Reihe war auch der Mk V sehr zuverlässig und robust. Der Mk V hatte zuweilen auch einen 152 mm langen Lauf; üblich bei der Baureihe waren jedoch Läufe mit einer Länge von 102 mm.

Webley-Selbstladepistole Mk 1

Herkunftsland:	Großbritannien
Jahr:	1914
Kaliber:	.455 W&S Auto
Funktionsweise:	Single-Action-Pistole
Gewicht:	1,13 kg
Gesamtlänge:	216 mm
Lauflänge:	127 mm
Münd.geschwind.:	236 m/s
Zuführung:	7-Schuss-Magazin

Webley-Selbstladepistole Mk 1

Trotz ihres hohen Gewichts, ihrer kantigen Form und ihrer schlechten Handlage wurde Webleys Pistole Mk 1 ab 1912 in Großbritannien von verschiedenen Polizeieinheiten eingeführt und ab 1915 auch von der Royal Navy eingesetzt. Ihre Masse und ihr Gewicht waren auch auf die verwendete, sehr starke Munition zurückzuführen. Um den Gasdruck dieser Patrone zu bewältigen, hatte die Waffe eine Verriegelung, bei der auf dem Lauf befindliche massive Querwarzen in Aussparungen des Schlittens eingriffen. Beachtenswert ist auch die Griffstücksicherung der Pistole, die wie die Sicherung der Colt M1911 funktionierte. Wenn man das Magazin aus seiner Arretierung löste, war es möglich, die Waffe mit einzelnen Patronen zu laden.

Beretta Modello 1915

Herkunftsland:	Italien
Jahr:	1915
Kaliber:	7,65 mm oder 9 mm Glisenti
Funktionsweise:	Single-Action-Pistole
Gewicht:	0,57 kg
Gesamtlänge:	149 mm
Lauflänge:	84 mm
Münd.geschwind.:	266 m/s
Zuführung:	8-Schuss-Magazin

Beretta Modello 1915

Diese 1915 von Beretta vorgestellte Waffe war das Grundmodell aller erfolgreichen Selbstladepistolen der Firma. Die Waffe hat einen simplen Feder-Masse-Verschluss, zunächst im Kaliber 7,65 mm und später auch in 9 mm Glisenti. Bei den 7,65er-Modellen diente der Schlagbolzen auch für den Auszug der Hülsen aus dem Patronenlager, für die 9-mm-Varianten verwendete man allerdings eine konventionellere Lösung. Der oben offene Schlitten macht die nur 570 g schwere Pistole mit ihrem 8-Schuss-Stangenmagazin sofort als Beretta-Waffe erkennbar.

Webley & Scott Revolver Mk VI

Herkunftsland:	Großbritannien
Jahr:	1915
Kaliber:	.455
Funktionsweise:	Double-Action-Revolver
Gewicht:	1,1 kg
Gesamtlänge:	279 mm
Lauflänge:	152 mm
Münd.geschwind.:	198 m/s
Zuführung:	6-Schuss-Trommel

Webley & Scott Revolver Mk VI

Bei dieser Waffe handelte es sich um die letzte aus der berühmten Reihe der Webley-Revolver, die seit den 1880er-Jahren von der britischen Armee verwendet wurden. Sowohl optisch als auch technisch unterschied sich der Mk VI kaum von seinem Vorgänger, dem Mk V. Der 1915 eingeführte Revolver war teilweise noch 1939 in Gebrauch, obwohl er bereits 1932 als Ordonnanzwaffe ersetzt worden war. Dies mag auch an seinem starken Kaliber .455 gelegen haben, das die Benutzer dem schwächeren 9-mm-Nachfolgekaliber vorzogen.

M1917 Revolver

Herkunftsland:	USA
Jahr:	1917
Kaliber:	.45 ACP
Funktionsweise:	Double-Action-Revolver
Gewicht:	1,02 kg
Gesamtlänge:	274 mm
Lauflänge:	140 mm
Münd.geschwind.:	253 m/s
Zuführung:	6-Schuss-Trommel

M1917 Revolver

Wegen des großen Bedarfs während des Ersten Weltkriegs produzierten sowohl die Firmen Smith & Wesson als auch Colt den als M1917 eingeführten amerikanischen Militärrevolver. Die einfache Waffe hatte das Kaliber .45 ACP, die seitlich aus dem Rahmen ausschwenkbare Trommel wurde mithilfe von zwei je drei Patronen fassenden Halbmondclips geladen. Die Waffe hatte ein vergleichsweise hohes Gewicht und schoss sehr präzise.

Remington Modell 51	
Herkunftsland:	USA
Jahr:	1918
Kaliber:	.38 Auto
Funktionsweise:	Single-Action-Pistole
Gewicht:	0,6 kg
Gesamtlänge:	165 mm
Lauflänge:	89 mm
Münd.geschwind.:	247 m/s
Zuführung:	7-Schuss-Magazin

Remington Modell 51

Angespornt durch den Erfolg der Pistole M1911 von Colt, die Remington während des Ersten Weltkriegs auch in Lizenz fertigte, begann die US-Firma Remington 1917 damit, eine eigene Selbstladepistole zu entwickeln. Diese kam zwei Jahre nach der Remington 51 in den Handel. Auch diese Pistole hatte einen verzögerten, halbverriegelten Masseverschluss, bei dem der Rückstoß den Lauf und den Schlitten auf eine kurze Distanz als Einheit verriegelt zurückschleudert und der Schlitten dann seinen Weg allein fortsetzt. Die relativ teure und daher trotz ihrer Zuverlässigkeit nicht sehr verbreitete Waffe wurde in den Kalibern .32 ACP (7,65 mm) und .38 Auto (9 mm kurz) angeboten.

Webley Mk IV	
Herkunftsland:	Großbritannien
Jahr:	1919
Kaliber:	.38
Funktionsweise:	Double-Action-Revolver
Gewicht:	0,767 kg
Gesamtlänge:	267 mm
Lauflänge:	127 mm
Münd.geschwind.:	183 m/s
Zuführung:	6-Schuss-Trommel

Enfield No. 2 Mk I	
Herkunftsland:	Großbritannien
Jahr:	1919
Kaliber:	.38
Funktionsweise:	Double-Action-Revolver
Gewicht:	0,767 kg
Gesamtlänge:	260 mm
Lauflänge:	127 mm
Münd.geschwind.:	183 m/s
Zuführung:	6-Schuss-Trommel

Webley Mk IV/Enfield No. 2 Mk I

Der robuste und zuverlässige Webley-Revolver im Kaliber .455 war in den Ausführungen Mk I bis IV jahrzehntelang die Standardfaustfeuerwaffe der britischen Armee. Nach dem Ersten Weltkrieg wurden jedoch das hohe Gewicht und der große Rückstoß bemängelt. Deshalb entschied man sich schließlich, eine leichtere Waffe im Kaliber .38 einzuführen. Webley & Scott stellte diesen Revolver unter der Bezeichnung Mk IV her, die britische Regierung autorisierte aber auch die königliche Waffenschmiede Enfield, unter dem Namen Enfield No. 2 Mk I einen nahezu identischen Revolver zu produzieren. Die Enfield-Waffe gab es ohne Hahnsporn auch als reinen Double-Action-Revolver. Der Revolver fand bis in die späten 1960er-Jahre sowohl unter der Bezeichnung Webley als auch Enfield Verwendung.

Star Modell B

Herkunftsland:	Spanien
Jahr:	1928
Kaliber:	9 mm Parabellum
Funktionsweise:	Single-Action-Pistole
Gewicht:	1 kg
Gesamtlänge:	203 mm
Lauflänge:	127 mm
Münd.geschwind.:	335 m/s
Zuführung:	8-Schuss-Magazin

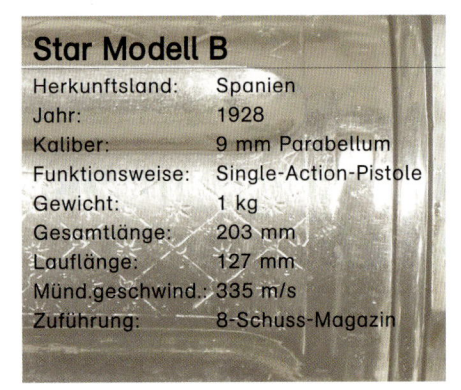

Star Modell B

Das Modell B der spanischen Firma Star war eine von mehreren Pistolen des Unternehmens, die direkt auf der Colt M1911 basierten. Obwohl das 1928 entwickelte Modell B optisch identisch mit der Colt-Waffe ist, hat es nicht das Kaliber .45 ACP, sondern 9 mm Para. Auch diese Waffe verwendet das klassische halbverriegelte Browning-Verschlusssystem: Der Lauf kippt nach etwa 1 cm Rücklauf ab und entriegelt sich dadurch vom Schlitten. Der weiter zurücklaufende Schlitten spannt den Hahn, damit weiter im Single-Action-Modus geschossen werden kann. Die Pistole Star B war für mehrere Jahrzehnte die Dienstpistole der spanischen Armee.

Walther PP

Die Produktion der Walther PP, die zunächst an deutsche Polizeibeamte ausgegeben wurde, begann 1929. Die legendäre Pistole war auch schnell bei Offizieren beliebt, insbesondere bei der Luftwaffe. Die kompakte, führige Waffe hat einen einfachen unverriegelten Feder-Masse-Verschluss und war zunächst für das Kaliber 7,65 mm (7,65 x 17 mm, .32 ACP) ausgelegt, es folgten aber rasch Varianten in diversen anderen Kalibern. Die PP, die heute noch hergestellt wird, war eine der ersten Double-Action-Pistolen, hatte also einen sogenannten Spannabzug.

Walther PP

Herkunftsland:	Deutschland
Jahr:	1929
Kaliber:	7,65 mm, 9 mm kurz, .22 l.r.
Funktionsweise:	Double-Action-Pistole
Gewicht:	0,682 kg
Gesamtlänge:	173 mm
Lauflänge:	99 mm
Münd.geschwind.:	290 m/s
Zuführung:	8-Schuss-Magazin

Walther PPK

Walther PPK	
Herkunftsland:	Deutschland
Jahr:	1930
Kaliber:	7,65 mm, 9 mm kurz, .22 l.r.
Funktionsweise:	Double-Action-Pistole
Gewicht:	0,568 kg
Gesamtlänge:	155 mm
Lauflänge:	86 mm
Münd.geschwind.:	280 m/s
Zuführung:	7-Schuss-Magazin

Bei der Walther PPK („Polizeipistole Kriminal") handelte es sich um eine kleinere Variante des Modells PP. Die Pistole gab es in unterschiedlichen Kalibern, wobei das gebräuchlichste 7,65 mm war. Ursprünglich war die PPK – „PP" steht für „Polizeipistole" – als verdeckt zu tragende Dienstwaffe für den Kriminalpolizeidienst konzipiert, berühmt wurde sie als Waffe von James Bond. Wie bei der PP waren ihre Besonderheiten ein Ladezustandssignalstift und ein den Schlagbolzen umgebender Sicherungsblock, der nur wegschwenkte und diesen freigab, wenn der Abzug voll durchgezogen war.

Tokarev TT-33

Tokarev TT-33	
Herkunftsland:	UdSSR/Russland
Jahr:	1933
Kaliber:	7,62 x 25 mm
Funktionsweise:	Single-Action-Pistole
Gewicht:	0,83 kg
Gesamtlänge:	196 mm
Lauflänge:	116 mm
Münd.geschwind.:	420 m/s
Zuführung:	8-Schuss-Magazin

Die Selbstladepistole Tokarev TT-33, basierend auf dem Vorgängermodell TT-30, ersetzte ab 1933 den Militärrevolver Nagant 1895. Die sowjetischen Konstrukteure legten besonderen Wert auf Zuverlässigkeit. Die Pistole besaß einen halbverriegelten Verschluss, der der Technik des Colt M1911 ähnelte, es gab jedoch diverse Modifikationen. So war bei der Tokarev etwa die Hahn- und Abzugseinheit sehr einfach ausbaubar, sodass die Waffe leichter gereinigt werden konnte. Obwohl sie als russische Ordonnanzpistole offiziell bereits 1952 von der Makarov abgelöst wurde, blieb die TT-33 auch danach noch lange im Gebrauch bei Offizieren und Polizisten.

TECHNIK DER HANDFEUERWAFFEN – ZENTRALZÜNDERPATRONEN

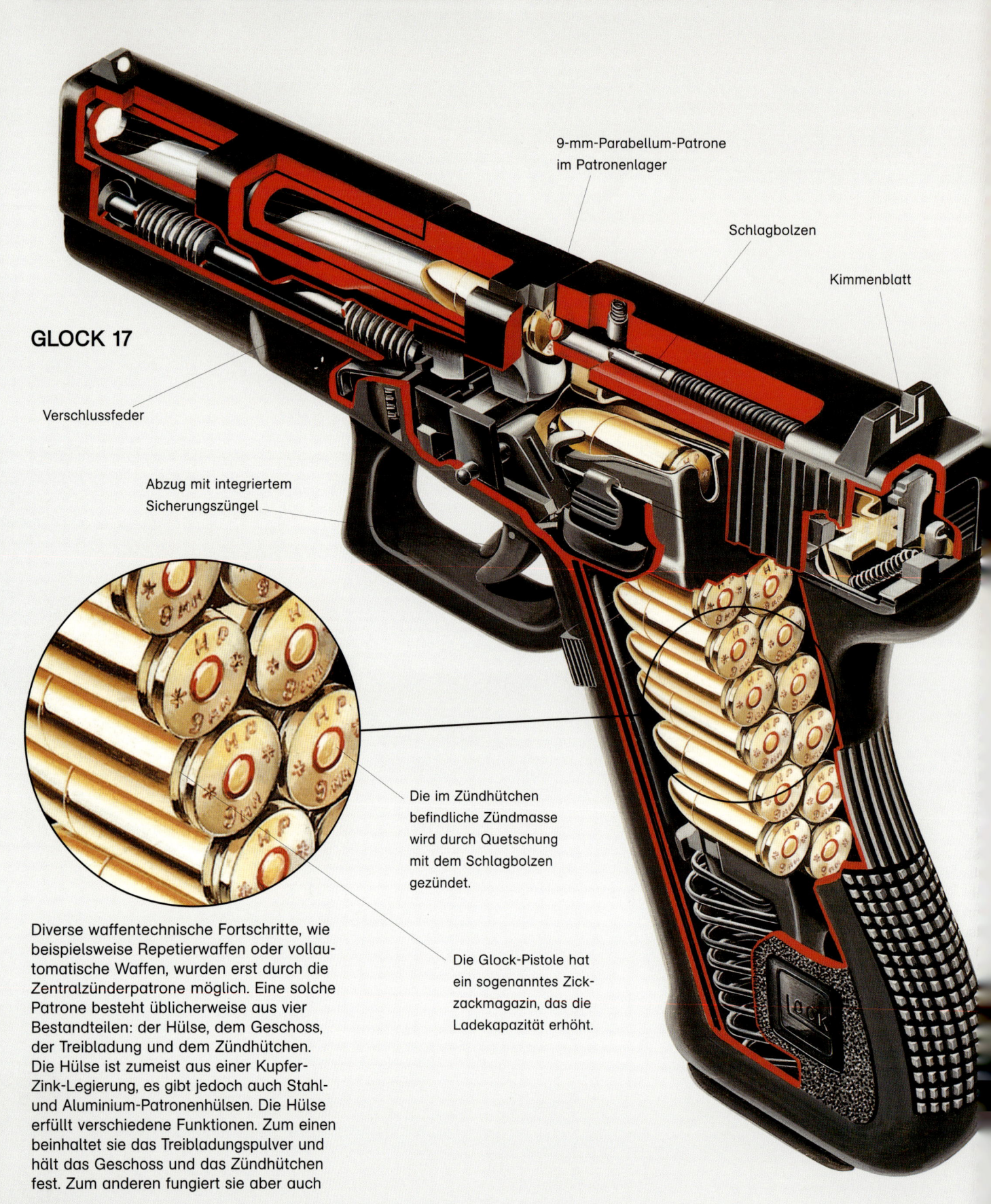

9-mm-Parabellum-Patrone im Patronenlager

Schlagbolzen

Kimmenblatt

GLOCK 17

Verschlussfeder

Abzug mit integriertem Sicherungszüngel

Die im Zündhütchen befindliche Zündmasse wird durch Quetschung mit dem Schlagbolzen gezündet.

Die Glock-Pistole hat ein sogenanntes Zickzackmagazin, das die Ladekapazität erhöht.

Diverse waffentechnische Fortschritte, wie beispielsweise Repetierwaffen oder vollautomatische Waffen, wurden erst durch die Zentralzünderpatrone möglich. Eine solche Patrone besteht üblicherweise aus vier Bestandteilen: der Hülse, dem Geschoss, der Treibladung und dem Zündhütchen. Die Hülse ist zumeist aus einer Kupfer-Zink-Legierung, es gibt jedoch auch Stahl- und Aluminium-Patronenhülsen. Die Hülse erfüllt verschiedene Funktionen. Zum einen beinhaltet sie das Treibladungspulver und hält das Geschoss und das Zündhütchen fest. Zum anderen fungiert sie aber auch

Abdichtung: Bei der Schussabgabe, während das Treibladungspulver darin abbrennt, wird die Hülse gegen die Wand des Patronenlagers gedrückt und sorgt dadurch dafür, dass keine Pulvergase nach hinten austreten können. Bei Langwaffen ist die Hülse zumeist flaschenförmig, wodurch mehr Treibladungspulver verwendet werden kann als bei einer zylindrischen Patronenhülse, die in der Regel bei Faustfeuerwaffen und Kleinkaliberwaffen Verwendung findet. An ihrem Boden hat die Patronenhülse seitlich entweder einen überstehenden Rand oder eine umlaufende Rille. Patronen mit Rand findet man meist bei Kipplaufwaffen oder Revolvern, wo der Rand dafür sorgt, dass die Patronen sicher im Patronenlager liegen. Da ein überstehender Rand bei einer Magazinzuführung ungünstig wäre, sind seitlich plane Patronen mit einer Rille für Repetier- und Selbstladewaffen gebräuchlich, insbesondere für halbautomatische Faustfeuerwaffen (Pistolen). In die Rille greift die Auszieherkralle des Verschlusses ein. Mittig im Patronenboden ist eine Aussparung in die Hülse eingearbeitet, in der sich das Zündhütchen befindet. Wenn der auftreffende Schlagbolzen der Waffe den darin enthaltenen chemischen Zündsatz quetscht, wird durch ein Zündloch im Patronenboden das eigentliche Treibladungspulver in der Hülse entzündet. Als Gegenlager für den Quetschvorgang des Zündsatzes gibt es einen kleinen sogenannten Amboss, der entweder ebenfalls in das Zündhütchen integriert oder Teil des Patronenbodens ist. Der letzte Bestandteil der Patrone ist deren Geschoss oder Projektil. Dessen Form und Material ist verwendungsabhängig. Das Geschoss muss fest in der Hülse sitzen, sodass keine Feuchtigkeit in die Patrone eindringen und das Geschoss nicht ungewollt in die Hülse hineingedrückt werden kann, beispielsweise beim Nachladen aus einem Magazin.

Schießen mit Leuchtspurmunition auf einem militärischen Schießstand. Die Geschossböden dieser Munition beinhalten einen pyrotechnischen Satz, der während des Geschossfluges brennt und so die Flugbahn sichtbar macht. Da die Geschossmasse durch den verbrennenden Satz mehr und mehr abnimmt, fliegen Leuchtspurgeschosse nicht so weit wie normale Projektile.

94 Shiki Kenju (Nambu)

Herkunftsland:	Japan
Jahr:	1934
Kaliber:	8 mm
Funktionsweise:	Single-Action-Pistole
Gewicht:	0,688 kg
Gesamtlänge:	183 mm
Lauflänge:	96 mm
Münd.geschwind.:	305 m/s
Zuführung:	6-Schuss-Magazin

94 Shiki Kenju

Diese ab der Mitte der 1930er-Jahre hergestellte, auch unter der Bezeichnung Nambu bekannte Pistole hat den Ruf, zu den schlechtesten jemals produzierten Waffen zu gehören. Zu der langen Liste ihrer technischen Fehler kommt hinzu, dass ihre Abzugsverbindungsstange auf der linken Waffenseite überstand. Ein Schlag gegen diese Seite der Pistole führte zu einer ungewollten Schussabgabe – eine Erfahrung, die recht viele Offiziere der japanischen Armee machten, wenn sie die Nambu in einem Hüftholster trugen. Außerdem zündeten die Patronen zuweilen, bevor sie ganz ins Patronenlager eingeführt waren. Und auch die geringe Fertigungsqualität machte die Waffe keinesfalls zu einem Verkaufsschlager.

Beretta 1934

Herkunftsland:	Italien
Jahr:	1934
Kaliber:	9 mm kurz
Funktionsweise:	Single-Action-Pistole
Gewicht:	0,568 kg
Gesamtlänge:	152 mm
Lauflänge:	90 mm
Münd.geschwind.:	290 m/s
Zuführung:	7-Schuss-Magazin

Beretta 1934

Das 1934 von Beretta eingeführte Pistolenmodell wurde bald die italienische Standardoffizierswaffe. Die robuste Pistole, deren Magazin sieben Patronen fasste, hatte einen einfachen, unverriegelten Feder-Masse-Verschluss. Allerdings verfügte sie nur über eine Abzugssicherung, was dazu führte, dass sich zuweilen im ungesicherten Zustand Schüsse lösten, etwa weil dem Schützen beim Spannen der Hammer entglitten war. Wegen ihrer hervorragenden Fertigungsqualität war die Beretta 1934 dennoch eine äußerst beliebte Waffe.

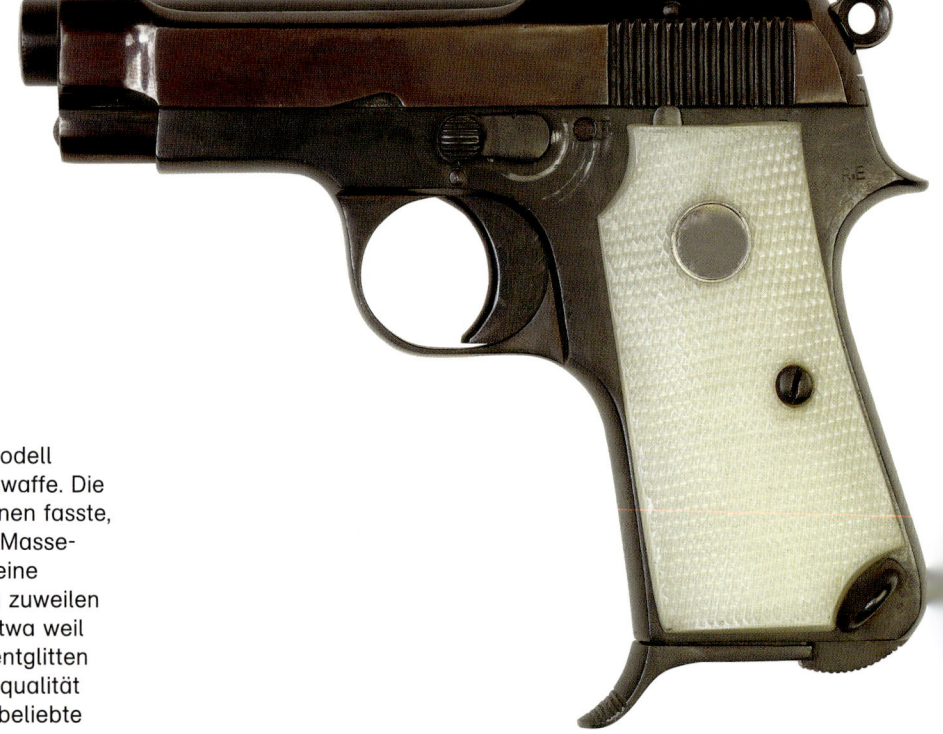

Browning HP

Bei der Pistole Grande Puissance 35 (GP 35), die auch unter HP (für „High Power") bekannt war, handelte es sich um eine weitere Entwicklung von John Moses Browning. Bei dieser sehr robusten und zuverlässigen Waffe wurde er allerdings von Dieudonné Saive, ebenfalls Waffenkonstrukteur bei der Firma FN, unterstützt, der Brownings Arbeit nach dessen Tod 1926 weiterführte. Die GP 35 kam 1935 auf den Markt. Sie hatte den typischen halbverriegelten Colt-Browning-Verschluss mit abkippendem Lauf, allerdings ohne Kettenglied, und als Besonderheit ein von Saive entwickeltes 13-Schuss-Magazin, im Gegensatz zu den damals üblichen 8-Schuss-Magazinen. Die immer wieder verbesserte Pistole wurde bei vielen Armeen der Welt eingeführt und wird bis heute hergestellt.

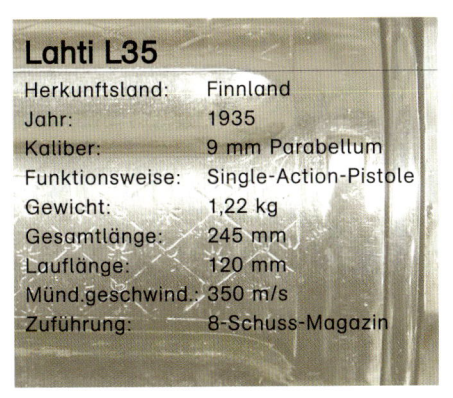

Browning HP

Herkunftsland:	Belgien
Jahr:	1935
Kaliber:	9 mm Parabellum
Funktionsweise:	Single-Action-Pistole
Gewicht:	1,01 kg
Gesamtlänge:	196 mm
Lauflänge:	112 mm
Münd.geschwind.:	354 m/s
Zuführung:	13-Schuss-Magazin

Lahti L35

Herkunftsland:	Finnland
Jahr:	1935
Kaliber:	9 mm Parabellum
Funktionsweise:	Single-Action-Pistole
Gewicht:	1,22 kg
Gesamtlänge:	245 mm
Lauflänge:	120 mm
Münd.geschwind.:	350 m/s
Zuführung:	8-Schuss-Magazin

Lahti L35

Die 9-mm-Para-Pistole Lahti L35 wurde Mitte der 1930er-Jahre von dem Finnen Aimo Lahti entwickelt und von der schwedischen Armee eingeführt. Interessant an der Waffe war ihr manueller Hebel zur Beschleunigung des Schlittens in seiner Bewegung nach vorn, der dazu beitrug, dass die Lahti auch in verschmutztem Zustand zuverlässig funktionierte. Zwar war die Technik der Pistole recht kompliziert, sodass Störungen üblicherweise nur von einem Büchsenmacher beseitigt werden konnten, sie galt aber als so zuverlässig, dass dieser Faktor unerheblich war.

Pistole Radom wz.35

Die Pistole Radom wz.35 sollte in der polnischen Armee die bis dahin verwendeten, unterschiedlichen Pistolen ersetzen. Die polnische Waffe hatte eine gewisse Ähnlichkeit mit den Colt-Browning-Konstruktionen, denn man hatte Techniker von FN in einige Phasen des Entwicklungsprozesses eingebunden. Wie die Colt M1911 verfügt auch die Radom über eine Griffstücksicherung (der auf der Abbildung zu sehende Hebel hinter dem Schlittenfanghebel war jedoch keine Sicherung, sondern diente zum Zerlegen der Waffe). Die Radom, nach ihrem Entwicklungsort benannt, war eine solide Armeepistole, die nach dem Einmarsch in Polen 1939 teils auch von der deutschen Wehrmacht verwendet und letztendlich bis 1944 gebaut wurde.

Pistole Radom wz.35

Herkunftsland:	Polen
Jahr:	1935
Kaliber:	9 mm
Funktionsweise:	Single-Action-Pistole
Gewicht:	1,02 kg
Gesamtlänge:	197 mm
Lauflänge:	121 mm
Münd.geschwind.:	3,51 m/s
Zuführung:	8-Schuss-Magazin

Walther P38

Neben der Pistole 08 ist auch die Walther P38 eine sehr gelungene Waffenkonstruktion. Die P38 wurde während der 1930er-Jahre als militärische Nachfolgewaffe für die 08 entwickelt, deren Technik mittlerweile veraltet war. Nach einem intensiven Testverfahren wurde die Pistole 1938 bei der Wehrmacht eingeführt. Anders als die 08 mit ihrem Kniegelenkverschluss verfügt die P38 über einen von Walther neu entwickelten Blockverschluss, bei dem die Verriegelung mittels zweier sich rechts und links am Verschluss vertikal verschiebender Verschlusskeile erfolgt. Nach etwa 8 mm, die Lauf und Verschluss so verriegelt zurücklaufen, sorgt ein keilförmiger Stift für die Entriegelung des Systems. Die noch lange nach dem Zweiten Weltkrieg hergestellte P38 besaß damals so moderne Features wie einen Double-Action-Abzug, eine Schlagstücksicherung und eine Ladezustandsanzeige.

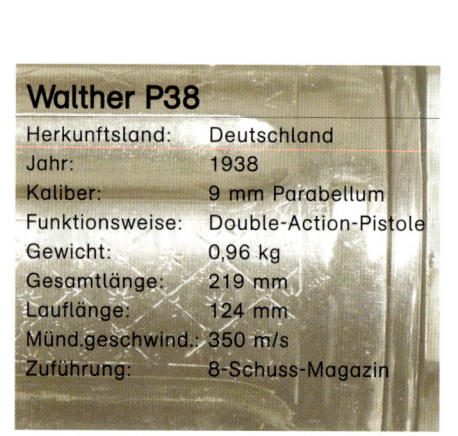

Walther P38

Herkunftsland:	Deutschland
Jahr:	1938
Kaliber:	9 mm Parabellum
Funktionsweise:	Double-Action-Pistole
Gewicht:	0,96 kg
Gesamtlänge:	219 mm
Lauflänge:	124 mm
Münd.geschwind.:	350 m/s
Zuführung:	8-Schuss-Magazin

Smith & Wesson .38/200

Der Revolver .38/200 von Smith & Wesson, der von der britischen Armee während des Zweiten Weltkriegs verwendet wurde, war als Ergänzung zu den britischen Faustfeuerwaffen gedacht, da diese aufgrund ausgelasteter Produktionskapazitäten nicht in ausreichender Zahl hergestellt werden konnten. Für die Verwendung in der britischen Armee wurde der Revolver leicht modifiziert und .38/200 genannt, weil das verwendete .38er-Bleigeschoss ein Gewicht von 200 Grains hatte. Der einfache, aber solide gebaute sechsschüssige Revolver hatte eine seitlich ausschwenkbare Trommel und konnte sowohl im Double-Action- als auch im Single-Action-Modus geschossen werden. Bis 1946 wurden knapp 900 000 Stück hergestellt.

Smith & Wesson .38/200

Herkunftsland:	USA
Jahr:	1940
Kaliber:	.38
Funktionsweise:	Double-Action-Revolver
Gewicht:	0,88 kg
Gesamtlänge:	257 mm
Lauflänge:	127 mm
Münd.geschwind.:	198 m/s
Zuführung:	6-Schuss-Trommel

Liberator M1942

Innerhalb von nur drei Monaten wurden 1942 mehr als eine Million dieser Pistolen zu einem Stückpreis von nur 2,40 Dollar produziert. Die Waffe diente dabei nicht nur dem Militär, die vornehmlich aus Blechprägeteilen gefertigte Pistole sollte nach Willen des Office of Strategic Services (OSS) – des Vorgängers der CIA – auch an Widerstandskämpfer verteilt werden. Die Pistole hatte einen glatten Lauf und verschoss als reiner Einzellader Patronen des Kalibers .45 ACP. Die abgeschossene Hülse musste jeweils von vorn mit einem Stift aus dem Patronenlager gedrückt werden. Im Griff der Pistole befanden sich fünf Patronen. Die Waffe wurde für die Widerstandskämpfer in einem Kunststoffbeutel mit einer einfachen Bedienungsanleitung von Flugzeugen aus abgeworfen.

Liberator M1942

Herkunftsland:	USA
Jahr:	1942
Kaliber:	.45 ACP
Funktionsweise:	Einzelladerpistole
Gewicht:	0,454 kg
Gesamtlänge:	140 mm
Lauflänge:	102 mm
Münd.geschwind.:	336 m/s
Zuführung:	Einzellader, einschüssig

Colt Defender

Herkunftsland:	USA
Jahr:	1948
Kaliber:	.45 ACP
Funktionsweise:	Single-Action-Pistole
Gewicht:	0,63 kg
Gesamtlänge:	171 mm
Lauflänge:	76 mm
Münd.geschwind.:	243 m/s
Zuführung:	7-Schuss-Magazin

Colt Defender

Obwohl die ursprüngliche Colt Pistole M1911 „Government" zweifellos eine hervorragende Waffe war, begann man bei Colt, unterstützt von Bill Laughridge, schon Mitte der 1940er-Jahre kleinere und leichtere Varianten zu entwickeln. Aus dem etwas verkleinerten Modell Commander mit Aluminium-Griffstück entstand die kompakteste aller Government-Varianten, die Pistole Colt Defender. Diese Waffe, die trotz ihrer geringen Abmessungen und ihres leichten Gewichts von gerade einmal 630 g eine Magazinkapazität von sieben Patronen hat, gilt heute als eine der besten Subkompaktpistolen im Kaliber .45 ACP.

Colt Cobra

Herkunftsland:	USA
Jahr:	1950
Kaliber:	.38 Special
Funktionsweise:	Double-Action-Revolver
Gewicht:	0,56 kg
Gesamtlänge:	171 mm
Lauflänge:	50,8 mm
Münd.geschwind.:	213 m/s
Zuführung:	6-Schuss-Trommel

Colt Cobra

Die Produktion des Revolvers Colt Cobra, der einer der populärsten kurzläufigen Double-Action-Revolver der USA wurde, begann 1950. Er wurde mit einem 50,8 mm und einem 76,2 mm langen Lauf angeboten, was seine Zielgenauigkeit auf maximal 15 m beschränkte. Aufgrund seiner Abmessungen war er jedoch ungemein führig und ideal zum verdeckten Tragen. Die Waffe, die trotz ihrer Größe eine 6-Schuss-Trommel hatte, wurde hauptsächlich im Kaliber .38 Special hergestellt, es gab sie aber auch in .22 l.r.

MAS 1950

Herkunftsland:	USA
Jahr:	1950
Kaliber:	9 mm Parabellum
Funktionsweise:	Single-Action-Pistole
Gewicht:	0,86 kg
Gesamtlänge:	195 mm
Lauflänge:	112 mm
Münd.geschwind.:	354 m/s
Zuführung:	9-Schuss-Magazin

MAS 1950

Nach dem Zweiten Weltkrieg wurden in vielen Armeen neue Faustfeuerwaffen eingeführt. In Frankreich war die 9-mm-Para-Pistole MAS 1950 die neue Ordonnanzwaffe. Sie hatte einen halbverriegelten Masseverschluss ähnlich der Colt Government mit ihrem bewährten Kettenglied. Mit der MAS 1950 wechselten die französischen Streitkräfte von der militärischen 7,65er-Kurzwaffenpatrone auf das Nato-Kaliber 9 mm Parabellum. Das alte Kaliber hatte eine geringe Mannstoppwirkung; zudem wurde durch die einheitliche Munition die Logistik innerhalb der NATO-Staaten vereinfacht.

Makarov

Herkunftsland:	UdSSR/Russland
Jahr:	1952
Kaliber:	9 mm Makarov
Funktionsweise:	Double-Action-Pistole
Gewicht:	0,66 kg
Gesamtlänge:	160 mm
Lauflänge:	91 mm
Münd.geschwind.:	315 m/s
Zuführung:	8-Schuss-Magazin

Makarov

Zu den bewährten Methoden russischer Waffenkonstrukteure gehört die Kombination von Kopie und Neuentwicklung. In dieser Hinsicht orientierte sich die 1952 in der UdSSR eingeführte Makarov-Pistole optisch sehr an der Walther PP und PPK, lag aber wegen des größeren Griffs schlechter in der Hand. Doch auch technisch wies sie Parallelen zu den Walther-Pistolen auf. Sie besaß jedoch einen Feder-Masse-Verschluss, der bei der eingesetzten relativ schwachen Munition, Kaliber 9 mm Makarov, genügte. Wie die PP und die PPK hatte sie einen Double-Action-Spannabzug. Sie wurde in Lizenz in nahezu allen Ländern der kommunistischen Welt gefertigt und wird auch heute noch als Dienstwaffe verwendet.

Smith & Wesson Model 29

Bekannt wurde die Pistole Model 29 durch die Dirty-Harry-Filme mit Clint Eastwood. Aufgrund des starken Kalibers .44 Magnum ist der robuste und qualitativ hochwertige Double-Action-Revolver, dessen Trommel sechs Patronen fasst, sehr imposant. Sein Gewicht hilft, den starken Rückstoß aufzufangen. Die 1955 vorgestellte Model 29 gibt es in mehreren Lauflängen, von 102 mm bis 270 mm. Seit 1975 existiert mit der Model 629 auch eine Variante der Waffe in Stainless-Stahl. Sowohl brüniert als auch in Stainless verkauft sie sich immer noch sehr gut.

Smith & Wesson Model 29	
Herkunftsland:	USA
Jahr:	1955
Kaliber:	.44 Magnum
Funktionsweise:	Double-Action-Revolver
Gewicht:	1,46 kg
Gesamtlänge:	353 mm
Lauflänge:	213 mm
Münd.geschwind.:	376 m/s
Zuführung:	6-Schuss-Trommel

Beretta 1951

Das Modell 1951 von Beretta wies optisch mit seinem oben offenen Schlitten zwar kaum Unterschiede zu Vorgängermodellen auf. Jedoch wurde kein reiner Feder-Masse-Verschluss mehr verwendet, sondern erstmals ein halbverriegelter Verschluss. Damit konnte die starke 9-mm-Parabellum-Patrone verschossen werden, die sich nach dem Zweiten Weltkrieg mehr und mehr durchsetzte. Beretta wollte den Schlitten der Pistole ursprünglich aus Aluminium fertigen, um das Gewicht zu reduzieren, verzichtete dann aber darauf. Das Modell 1951 wurde nicht nur bei den italienischen Streitkräften eingeführt, sondern auch bei der israelischen und ägyptischen Armee. In Ägypten wurde die Waffe in Lizenz unter dem Namen Helwan gefertigt.

Beretta 1951	
Herkunftsland:	Italien
Jahr:	1957
Kaliber:	9 mm Parabellum
Funktionsweise:	Single-Action-Pistole
Gewicht:	0,87 kg
Gesamtlänge:	203,2 mm
Lauflänge:	14,2 mm
Münd.geschwind.:	350 m/s
Zuführung:	8-Schuss-Magazin

Smith & Wesson .38

Smith & Wesson .38	
Herkunftsland:	USA
Jahr:	1965
Kaliber:	.38 Special
Funktionsweise:	Double-Action-Revolver
Gewicht:	0,41 kg
Gesamtlänge:	165 mm
Lauflänge:	51 mm
Münd.geschwind:	260 m/s
Zuführung:	5-/6-Schuss-Trommel

Mit Smith & Wesson .38 wird nicht nur eine Waffe, sondern eine ganze Revolverfamilie bezeichnet, die die renommierte Firma ab den 1950er-Jahren herausbrachte. Die Patrone .38 Special war ideal für die Verwendung in kompakten, kurzläufigen Revolvern. Polizisten in Zivil nutzten solche Waffen, weil sie verdeckt getragen werden konnten und handhabungssicher waren. Bei der .38er-Reihe von Smith & Wesson, auch bekannt als „Military & Police"-Reihe, handelte es sich um Double-Action-Revolver mit ausschwenkbarer Trommel. Zwar gab es auch Waffen mit 102 mm langen Läufen, beliebter zum verdeckten Führen waren aber die Modelle mit 51 mm langen Läufen. Beim Modell Bodyguard ist der Hammer von den hochgezogenen Rahmenseitenplatten verdeckt, damit er sich nicht in der Kleidung verfängt, wenn die Waffe in der Hosentasche getragen wird.

Colt Lawman Mk III

Colt Lawman Mk III	
Herkunftsland:	USA
Jahr:	1968
Kaliber:	.357 Magnum
Funktionsweise:	Double-Action-Revolver
Gewicht:	1,02 kg
Gesamtlänge:	235 mm
Lauflänge:	64 mm, 102 mm, 152 mm
Münd.geschwind:	436 m/s
Zuführung:	6-Schuss-Trommel

Für einige Polizeieinheiten verfügte der übliche .38er „Stupsnasen-Revolver" über zu wenig Durchschlagskraft. Der 1968 vorgestellte Colt-Revolver Lawman Mk III sollte hier Abhilfe schaffen. Er hatte das starke Kaliber .357 Magnum und war außer in den Lauflängen 102 mm und 152 mm auch kurzläufig mit einem 64 mm langen Lauf erhältlich. Technisch beinhaltete der Lawman einige Innovationen, so waren viele Innenteile, etwa auch die Hauptfeder, aus rostträgem Stahl oder buntgehärtet. Als einer der ersten Colt-Double-Action-Revolver verfügte der Lawman auch über eine Hahnfangrast; der vorschnellende Hahn gelangt nur auf den Schlagbolzen im Rahmen, wenn der Abzug voll durchgezogen ist.

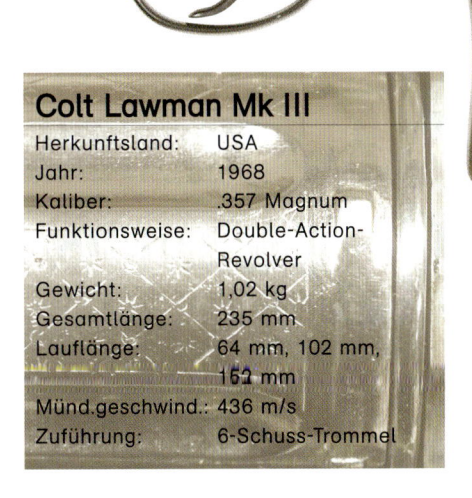

MAB PA15

Die Pistole MAB PA15, die in den 1970er-Jahren das Modell 1950 von MAS als französische Armeedienstwaffe ablöste, besaß eine höhere Feuerkraft. Das Zickzackmagazin fasste 15 Patronen, im Gegensatz zur MAS 1950 mit ihrem 9-Schuss-Stangenmagazin. Die PA15 hatte ein verzögert verriegelndes Verschlusssystem mit einem sich längs drehenden Lauf. Die daran befindliche Verschlussnocke greift während des Gasdruckaufbaus in eine korrespondierende Aussparung am Schlitten ein und wird dann im weiteren Verlauf herausgedreht, damit sich der Schlitten allein weiter nach hinten bewegen kann. Das Modell blieb bis 1990 die Standarddienstwaffe der französischen Armee.

MAB PA15

Herkunftsland:	Frankreich
Jahr:	1970
Kaliber:	9 mm Parabellum
Funktionsweise:	Single-Action-Pistole
Gewicht:	1,09 kg
Gesamtlänge:	203 mm
Lauflänge:	114 mm
Münd.geschwind.:	335 m/s
Zuführung:	15-Schuss-Magazin

Heckler & Koch P9

Die Firma Heckler & Koch ist bekannt für Waffen, die einen mit speziellen Rollen verzögerten Masseverschluss besitzen. Unter anderem verwendete man den Rollenverschluss auch bei der Pistole P9, die 1970 vorgestellt wurde und sich sehr gut verkaufte. Es gab zwei Varianten dieser Waffe: Die eigentliche P9 hatte ein Single-Action-Abzugssystem, während die etwas später auf den Markt gekommene P9s einen Spannabzug, also einen Double-Action-Abzug aufwies. 1977 wurde die Waffe für den US-Markt auch im dort bevorzugten Kaliber .45 ACP hergestellt.

Heckler & Koch P9

Herkunftsland:	Deutschland
Jahr:	1970
Kaliber:	9 mm Parabellum
Funktionsweise:	Double-Action-Pistole mit Rollenverschluss
Gewicht:	0,88 kg
Gesamtlänge:	192 mm
Lauflänge:	102 mm
Münd.geschwind.:	350 m/s
Zuführung:	9-Schuss-Magazin

Heckler & Koch VP70

Herkunftsland:	Deutschland
Jahr:	1970
Kaliber:	9 mm Parabellum
Funktionsweise:	Double-Action-Only-Pistole
Gewicht:	0,82 kg
Gesamtlänge:	204 mm
Lauflänge:	116 mm
Münd.geschwind.:	360 m/s
Zuführung:	18-Schuss-Magazin

Heckler & Koch VP70

Mit der 18-schüssigen VP70, die auch mit einem Anschlagschaft versehen werden konnte, schaffte Heckler & Koch den Spagat zwischen halbautomatischer Selbstladepistole und Maschinenpistole. Die Waffe, die eine theoretische Kadenz von 2200 Schuss/min hatte, schoss auch 3-Schuss-Feuerstöße. Da die VP70 eine der ersten Double-Action-Only-Waffen war, galt sie als besonders sicher. Ihre Fertigungsqualität war sehr hoch, dennoch war diese Pistole kein kommerzieller Erfolg. Abgesehen von einigen Verkäufen nach Afrika und Asien, fand sich kein Markt für die Waffe, und die Produktion wurde 1984 wieder eingestellt.

Manhurin MR73

Herkunftsland:	Frankreich
Jahr:	1973
Kaliber:	.357 Magnum, .38 Special, 9 mm Parabellum
Funktionsweise:	Double-Action-Revolver
Gewicht:	0,88 kg
Gesamtlänge:	195 mm
Lauflänge:	635 mm
Münd.geschwind.:	abhängig vom Munitionstyp
Zuführung:	6-Schuss-Trommel

Manhurin MR73

Der französische Revolver Manhurin MR73 wurde ab 1973 mit unterschiedlichen Lauflängen hergestellt. Um neben der Palette von Smith & Wesson bestehen zu können, war er für verschiedene Verwendungen konzipiert. Zusätzlich zu der .357-Magnum-Trommel, aus der auch .38-Special-Patronen verschossen werden konnten, wurde er mit einer Wechseltrommel zum Verschießen der 9-mm-Parabellum-Rillenpatronen für Pistolen ausgeliefert. Die Abzugsgruppe ist herausnehmbar, und der Abzugswiderstand kann eingestellt werden. Der Double-Action-Revolver fand sowohl bei Zivilpersonen als auch bei Polizeibehörden weite Verbreitung.

TECHNIK DER HANDFEUERWAFFEN – DAS MAGAZIN

PPSH-41

Verschlussfeder: hinter dem Verschlussstück platziert

Verschlussstück: Die PPSh-41 hatte einen zuschießenden, reinen Feder-Masse-Verschluss.

Die PPSh-41 hatte einen innen verchromten Lauf, der sehr korrosionsbeständig war.

Die Maschinenpistole PPSh-41 hatte entweder ein Trommel- oder ein Kastenmagazin. Die schwereren Trommelmagazine gelten als weniger zuverlässig, bieten aber eine weit höhere Schusskapazität.

Insgesamt fasste das Trommelmagazin dieser Waffe 71 Patronen des Kalibers 7,62 mm.

Das sogenannte Gaspiston: Die Desert Eagle ist eine der wenigen Gasdrucklader im Faustfeuerwaffenbereich.

Das mechanische Nachladen der Patronen aus einem Magazin in den Waffenlauf hat sich seit der Einführung von Magazinen bei Repetierbüchsen im späten 19. Jahrhundert als Standardsystem durchgesetzt. Die Gründe hierfür sind offensichtlich: In den Magazinen sind die Patronen sicher untergebracht, leer geschossene Magazine können schnell aus der Waffe entnommen und volle eingeführt werden, die Zuführung der Patronen ins Patronenlager des Laufs erfolgt rasch und – zumindest heute – zuverlässig, und die Verwendung von Magazinen mit verschiedenen Munitionsarten steigert die Feuerkraft erheblich. Im Folgenden wird nur auf das gebräuchlichste, das Kastenmagazin, eingegangen.

Das Magazin einer Waffe ist nicht nur einfach eine Metall- oder Kunststoffbox zur Aufnahme der mitgeführten Patronen, sondern erfüllt verschiedene wichtige Aufgaben. Es muss daher sehr präzise konstruiert sein. So hatte die britische Armee mit ihrem Sturmgewehr SA80A1 immense Probleme, weil (unter anderem) die Magazine im Gefecht aus der Waffe fielen und ihre falsch konstruierte Magazinlippe Zuführprobleme verursachte. Ein fehlerhaftes Magazin kann daher tödliche Konsequenzen haben. Ein Kastenmagazin besteht üblicherweise aus einem Metallgehäuse, in das die Patronen geladen werden, wo sie dann entweder direkt übereinander- oder in Zickzackform angeordnet liegen. In Zickzackmagazine passen mehr Patronen. Innen muss das Magazingehäuse so geformt und beschaffen sein, dass die Patronen reibungslos nach oben geschoben werden. In einigen Kunststoffmagazinen befindet sich hierzu eine metallene Patronenführung. Die sogenannten Magazinlippen oben am Magazin sorgen dafür, dass die Patrone in Bruchteilen von Sekunden vom Verschluss aus dem Mag n herausgeschoben und schräg nach oben dem Patronenlager zugeführt werden kann. Defekte Magazinlippen verhindern eine korrekte Zuführung.

Die Kraft der Magazinfeder, die die Patronen nach oben drückt, muss genau abgestimmt sein. Die Feder muss stark genug sein, um auch die letzte geladene Patrone mit hinreichendem Effekt nach oben zu drücken, andererseits darf sie aber auch nicht so stark sein, dass die Patronen zwischen den Magazinlippen und dem Zubringer, der die Feder nach oben hin abschließt, eingeklemmt bleiben. Zuweilen versucht man, das Erlahmen der Magazinfeder dadurch zu verhindern, dass das Magazin nicht vollgeladen wird. Im militärischen Bereich werden die Magazine oft so geladen, dass die ersten geladenen Patronen – also diejenigen, die als Letzte verschossen werden – Leuchtspurpatronen sind; sobald der Schütze sieht, dass er Leuchtspurmunition verschießt, kann er das Magazin wechseln, während sich noch eine Patrone im Patronenlager befindet. Während das Magazin von Selbstladepistolen fast nur durch einen im Waffengriff befindlichen Magazinschacht eingeführt wird, sind die Magazine bei Maschinenpistolen auch vor dem Abzugsbügel oder seitlich angebracht; Repetierbüchsen haben oft feste, von oben einzeln oder mit einem Patronenclip zu beladende Magazine.

IMI DESERT EAGLE

Der durch den Verschluss laufende Schlagbolzen wird gegen die Kraft einer Spiralfeder gespannt.

Der außen liegende, auf einen Schlagbolzen auftreffende Hahn der Pistole

Den Schlitten gegen die Kraft der Verschlussfeder der schweren Pistole Desert Eagle zurückzuziehen, ist sehr mühsam.

Die Metallführung im Inneren des Magazins sorgt dafür, dass die Patronen reibungslos nach oben gleiten.

Die Magazinfeder muss die Patronen mit konstanter Kraft nach oben drücken.

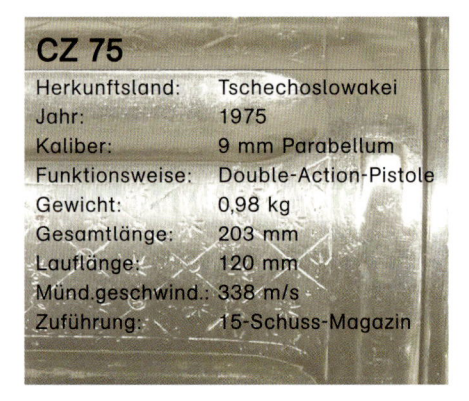

CZ 75

Herkunftsland:	Tschechoslowakei
Jahr:	1975
Kaliber:	9 mm Parabellum
Funktionsweise:	Double-Action-Pistole
Gewicht:	0,98 kg
Gesamtlänge:	203 mm
Lauflänge:	120 mm
Münd.geschwind.:	338 m/s
Zuführung:	15-Schuss-Magazin

CZ 75

Diese 15-schüssige 9-mm-Para-Pistole wurde 1975 vorgestellt. Sie basiert mit ihrem modifizierten Colt-Browning-Verschluss zwar auf der Technik der FN High Power, hat aber bereits einen Double-Action-Spannabzug. Zu Zeiten des Kalten Kriegs brachte der Export der CZ 75 der damaligen Tschechoslowakei Devisen ein, obwohl die amerikanischen Behörden den Import der Waffe in die USA verboten hatten. Bei den Truppen des Warschauer Pakts wurde die CZ 75 nicht eingesetzt, man verwendete hier Pistolen der Kaliber 9 mm Makarov und 7,62 mm Tokarev. Von der ursprünglichen Waffe gibt es verschiedene Versionen, etwa auch eine verkleinerte CZ 75 Compact sowie eine vollautomatische Variante für Polizeibehörden.

SIG Sauer P220

Herkunftsland:	Schweiz/Deutschland
Jahr:	1975
Kaliber:	9 mm Parabellum
Funktionsweise:	Double-Action-Pistole
Gewicht:	0,83 kg
Gesamtlänge:	198 mm
Lauflänge:	112 mm
Münd.geschwind.:	345 m/s
Zuführung:	9-Schuss-Magazin

SIG Sauer P220

SIG-Sauer-Pistolen genießen einen hervorragenden Ruf. Das Modell SIG Sauer P220 wird seit 1975 hergestellt und besitzt einen halbverriegelten, speziellen Browning-SIG-Verschluss. Das Patronenlager des Laufs ist so ausgeformt, dass es im verriegelten Zustand als Block im Schlitten arretiert ist. Die qualitativ sehr hochwertige und daher relativ teure 9-mm-Parabellum-Waffe hat ein Aluminium-Griffstück und wiegt 830 g. Man kann sie im Double-Action-, aber auch im Single-Action-Modus schießen, sie verfügt über einen Entspannhebel und eine Schlagbolzensicherung, die eine Schussabgabe nur zulässt, wenn der Abzug komplett durchgezogen ist.

Ruger-Six-Modelle

Herkunftsland:	USA
Jahr:	1975
Kaliber:	diverse
Funktionsweise:	Double-Action-Revolver
Gewicht:	0,94 kg
Gesamtlänge:	235 mm
Lauflänge:	102 mm
Münd.geschwind.:	260 m/s
Zuführung:	6-Schuss-Trommel

Ruger-Six-Modelle

Ab etwa 1970 entwickelte die Firma Ruger eine Reihe von sechsschüssigen Double-Action-Revolvern, die sich in drei Modellkategorien aufteilte, Service-Six, Speed-Six und Security-Six. Diese Waffen wurden sukzessive in diversen Kalibern und mit den unterschiedlichsten Lauflängen angeboten; es gab .38-Special-Revolver mit kurzen 70 mm langen Läufen bis hin zu Revolvern in .357 Magnum mit 152 mm langen Läufen. Eine Besonderheit dieser Reihe war, dass die Waffen zur Reinigung sehr schnell zerlegt werden konnten. Die Ruger-Six-Modelle wurden bis zur Mitte der 1980er-Jahre gebaut und verkauften sich hervorragend; allein von den Kategorien Service-Six und Speed-Six wurden insgesamt 1,5 Millionen Exemplare vertrieben.

Walther P5

Herkunftsland:	Deutschland
Jahr:	1975
Kaliber:	9 mm Parabellum
Funktionsweise:	Double-Action-Pistole
Gewicht:	0,96 kg
Gesamtlänge:	218 mm
Lauflänge:	124 mm
Münd.geschwind.:	350 m/s
Zuführung:	8-Schuss-Magazin

Walther P5

Die renommierte Firma Walther brachte in den 1970er-Jahren mit dem Modell P5 („Polizeipistole 5") eine neue Selbstladepistole auf den Markt. Der Verschluss dieser Double-Action-Waffe im Kaliber 9 mm Parabellum basiert weitgehend auf dem der P38. Eine maßgebliche Verbesserung der P5 war das komplett neu entwickelte innere Sicherungssystem; insgesamt vier automatische Sicherungen machten die P5 zu einer der modernsten Pistolen ihrer Zeit.

Beretta 92

Es war eine böse Überraschung für die amerikanische Waffenindustrie, als 1985 die italienische Double-Action-Pistole Beretta 92 nach einem intensiven Testverfahren von der US-Armee als 9-mm-Parabellum-Dienstpistole M9 eingeführt wurde. Sie ersetzte die .45er Colt M1911 mit Single-Action-Technik. Aufgrund der fortdauernden Proteste der US-Konkurrenten, besonders Colt und Smith & Wesson, sah der Liefervertrag aber vor, dass die Waffe in den USA produziert werden musste. Die Beretta 92 hat ein 15-Schuss-Magazin, einen innen verchromten Lauf und eine Oberflächenbeschichtung auf Teflonbasis. Sie verfügt über einen beidseitig am Schlitten angebrachten kombinierten Sicherungs- und Entspannhebel und einen zweigeteilten Schlagbolzen, dessen hinterer Teil im gesicherten Zustand wegschwenkt. Auf eine Magazinsicherung wurde verzichtet, sodass die Waffe auch abgeschossen werden kann, ohne dass ein Magazin eingeführt ist.

Beretta Modell 92

Herkunftsland:	USA
Jahr:	1976
Kaliber:	9 mm Parabellum
Funktionsweise:	Double-Action-Pistole
Gewicht:	0,98 kg
Gesamtlänge:	197 mm
Lauflänge:	109 mm
Münd.geschwind.:	385 m/s
Zuführung:	15-Schuss-Magazin

Ruger Redhawk

Mit dem voluminösen und sehr robust gebauten Modell Redhawk stellte die Firma Ruger 1979 erstmals einen Double-Action-Revolver im extrem starken Kaliber .44 Magnum vor. Der Redhawk-Revolver wird auch heute noch in den Lauflängen 140 mm und 190 mm angeboten; die Version mit langem Lauf erfreut sich großer Beliebtheit bei amerikanischen Jägern, die auch mit Faustfeuerwaffen jagen. Aus dem Redhawk wurde später das Modell Super Redhawk von Ruger entwickelt, das für die amerikanischen Jäger mit noch längeren Läufen und einer Halterung für Zielfernrohre angeboten wird.

Ruger Redhawk

Herkunftsland:	USA
Jahr:	1979
Kaliber:	.44 Magnum
Funktionsweise:	Double-Action-Revolver
Gewicht:	1,3 kg
Gesamtlänge:	343 mm
Lauflänge:	190 mm
Münd.geschwind.:	396 m/s
Zuführung:	6-Schuss-Trommel

Heckler & Koch P7

Herkunftsland:	Deutschland
Jahr:	1980
Kaliber:	9 mm Parabellum
Funktionsweise:	Double-Action-Pistole
Gewicht:	0,8 kg
Gesamtlänge:	171 mm
Lauflänge:	105 mm
Münd.geschwind.:	350 m/s
Zuführung:	8-Schuss-Magazin

Heckler & Koch P7

1981 erschien Heckler & Koch mit einem innovativen Pistolenkonzept, der sogenannten Polizei-Selbstladepistole PSP, die später zur P7 weiterentwickelt wurde. Zu den wichtigen Neuerungen gehörte neben einem Polygonlauf das Griffspannersystem – solange die vorn am Griff befindliche, sogenannte Spannleiste nicht fest eingedrückt ist, ist die Pistole komplett entspannt und damit gesichert. Ebenfalls neu war der gasdruckverzögerte Verschluss; dabei sorgen aus dem Lauf abgezapfte Pulvergase dafür, dass sich bei der Schussabgabe der Schlitten erst nach hinten bewegt, wenn das Geschoss bereits den Lauf verlassen hat.

PSM

Herkunftsland:	UdSSR/Russland
Jahr:	1980
Kaliber:	5,45 mm
Funktionsweise:	Double-Action-Pistole
Gewicht:	0,46 kg
Gesamtlänge:	160 mm
Lauflänge:	85 mm
Münd.geschwind.:	315 m/s
Zuführung:	8-Schuss-Magazin

PSM

Die russische Pistole PSM wurde 1980 als gut verdeckt zu tragende, leichte Waffe für den kriminalpolizeilichen Dienst sowie für Offiziere eingeführt. Die Waffe ist einschließlich der außen liegenden Sicherung nur 18 mm breit. Mit einem reinen Feder-Masse-Verschluss ausgestattet, verschießt die PSM flaschenförmige Patronen des Kalibers 5,45 x 18 mm. Aufgrund der hohen Durchschlagskraft dieses eigentlich kleinen Kalibers sind die Waffe und die Patronen inzwischen in Deutschland verboten.

SIG Sauer P226

Herkunftsland:	Schweiz/Deutschland
Jahr:	1981
Kaliber:	9 mm Parabellum
Funktionsweise:	Double-Action-Pistole
Gewicht:	0,75 kg
Gesamtlänge:	196 mm
Lauflänge:	112 mm
Münd.geschwind.:	426 m/s
Feuerrate:	Halbautomat
Zuführung:	15-Schuss-Magazin

SIG Sauer P226

Die SIG Sauer P226 gehörte nach einem Testverfahren, bei dem ein Ersatz für die Colt M1911 als amerikanische Armeepistole gesucht wurde, mit der Beretta 92 zusammen zur Endauswahl, schied dann aber eher wegen kommerzieller als aufgrund technischer Gründe aus. Allerdings wurde die P226 später etwa beim FBI eingeführt und ist auch die Wahl der britischen Militärspezialeinheit SAS. Mit 15 Patronen hat die Waffe sieben Stück mehr in ihrem Zickzackmagazin als das Vorgängermodell, die P220. Die P226 ist mit einer automatischen Schlagbolzensicherung ausgestattet. Der am Griffstück befindliche Entspannhebel wird von vielen Benutzern einem am Schlitten befindlichen Entspannhebel vorgezogen.

IMI Desert Eagle

Herkunftsland:	Israel/USA
Jahr:	1982
Kaliber:	9 mm Parabellum, .357 Magnum, .44 Magnum, .50 Action Express
Funktionsweise:	Single-Action-Pistole
Gewicht:	1,7 kg
Gesamtlänge:	260 mm
Lauflänge:	152 mm
Münd.geschwind.:	(bei .357 Magnum) 436 m/s
Zuführung:	abhängig vom Kaliber 7–9-Schuss-Magazin

IMI Desert Eagle

Die IMI Desert Eagle ist eine der stärksten Selbstladepistolen der Welt, mit der so starke Kaliber wie .357 Magnum, .44 Magnum und .50 Action Express verschossen werden können. Durch den Austausch von Lauf, Magazin und einigen anderen Teilen können die Kaliber auch gewechselt werden. Zudem sind auch verschiedene Lauflängen (152 mm, 203 mm, 254 mm und 356 mm) erhältlich und untereinander austauschbar. Die sehr schwere und gut verarbeitete Pistole hat einen gasdruckverzögerten Drehkammerverschluss, der bei Pistolen sehr selten, aber, gerade um .44-Magnum- und .50-Action-Express-Munition verschießen zu können, auch notwendig ist.

Glock 17

Herkunftsland:	Österreich
Jahr:	1983
Kaliber:	9 mm Parabellum
Funktionsweise:	„Safe Action"-Pistole
Gewicht:	0,63 kg
Gesamtlänge:	188 mm
Lauflänge:	114 mm
Münd.geschwind.:	350 m/s
Zuführung:	17-Schuss-Magazin

Glock 17

Der weltweite Bestseller Glock 17 wurde in den frühen 1980er-Jahren in Österreich entwickelt und löste eine Revolution im Waffenbau aus: Das Griffstück und diverse Kleinteile der Glock-Pistole wurden erstmals aus hochzähem Kunststoff gefertigt, nur Lauf, Schlitten und einige Innenteile sind aus Stahl. Die Waffe ist dadurch sehr leicht. Der Patronenlagerbock verriegelt im Schlitten. Die Glock 17 besitzt auch keinerlei manuelle Sicherungen mehr. Ihr Abzugswiderstand ist wegen ihres stets teilgespannten, sogenannten Safe-Action-Abzugssystems immer gleich. Die automatische Schlagbolzensicherung wird deaktiviert, indem beim Abziehen ein mittig auf der Abzugszunge befindliches Sicherungszüngel eingedrückt wird. Überdies hat die sehr zuverlässige Glock 17 ein 17-Schuss-Magazin. Mittlerweile hat sie bei sehr vielen Militär- und Polizeieinheiten Einzug gehalten.

Beretta 93R

Herkunftsland:	Italien
Jahr:	1986
Kaliber:	9 mm Parabellum
Funktionsweise:	Double-Action-Pistole
Gewicht:	1,12 kg
Gesamtlänge:	240 mm
Lauflänge:	156 mm
Münd.geschwind.:	375 m/s
Zuführung:	15- oder 20-Schuss-Magazin

Beretta 93R

Diese Pistole kann sowohl im halbautomatischen Double-Action-Modus geschossen werden, aber auch 3-Schuss-Feuerstöße abgeben. Die Beretta 93R wurde in den 1970er Jahren entwickelt und bei italienischen Spezialeinheiten eingesetzt. Außer mit einem 15-Schuss-Magazin kann sie auch mit einem verlängerten 20-Schuss-Magazin geladen werden. Um die Waffe bei der Abgabe von Feuerstößen besser zu beherrschen, besitzt sie einen abklappbaren, metallenen Frontgriff und kann auch mit einer einschiebbaren Metallschulterstütze ausgestattet werden; damit schießt sie auch im Feuerstoßmodus noch recht präzise.

Smith & Wesson 625

Herkunftsland:	USA
Jahr:	1987
Kaliber:	.45 ACP
Funktionsweise:	Double-Action-Revolver
Gewicht:	1,27 kg
Gesamtlänge:	264 mm
Lauflänge:	127 mm
Münd.geschwind.:	keine Angabe
Zuführung:	6-Schuss-Trommel

Smith & Wesson 625

1987 stellte die Firma Smith & Wesson mit dem Revolver Modell 625 eine weitere Waffe aus rostträgem Stainless-Stahl vor. Der Revolver hat interessanterweise das Kaliber .45 ACP, das überwiegend bei Selbstladepistolen verwendet wird. Die randlosen Rillenpatronen können entweder mit einem Halbmond- oder einem Vollmond-Clip für drei respektive sechs Patronen sehr rasch in die Trommel geladen werden. Die Waffe, die wahlweise mit Gummi- oder Holzgriffschalen ausgeliefert wird, hat ein höhen- und seitenverstellbares Kimmenblatt.

Ruger P90

Herkunftsland:	USA
Jahr:	1991
Kaliber:	.45 ACP
Funktionsweise:	Double-Action-Pistole
Gewicht:	0,94 kg
Gesamtlänge:	197 mm
Lauflänge:	114 mm
Münd.geschwind.:	keine Angabe
Feuerrate:	Halbautomat
Zuführung:	8-Schuss-Magazin

Ruger P90

Bei der Ruger P90 handelt es sich um eine Selbstladepistole im Kaliber .45 ACP, die sehr zuverlässig und, gemessen an ihrer Leistung, günstig ist. Die Konstrukteure legten bei der Double-Action-Waffe besonderen Wert auf die Bediensicherheit, weshalb sie auch beidseitig am Schlitten einen Entspannhebel besitzt. Als Magazin wählte man anstelle des Zickzackmagazins der Parabellum-P89 für die .45er-Patronen ein Stangenmagazin, das nur acht Patronen fasst. Die Ruger P90 gibt es mit Stainless- oder brüniertem Schlitten, ihre Kimme ist höhenverstellbar.

Walther P99	
Herkunftsland:	Deutschland
Jahr:	1995
Kaliber:	9 mm Parabellum
Funktionsweise:	Double-Action-Only-Pistole
Gewicht:	0,72 kg
Gesamtlänge:	180 mm
Lauflänge:	102 mm
Münd.geschwind.:	375 m/s
Zuführung:	16-Schuss-Magazin

Walther P99

Mit ihrem neuen Modell P99 beteiligte sich die Firma Walther Mitte der 1990er-Jahre an diversen Ausschreibungen für neue Polizeipistolen. Wie die Glock hat auch das Walther-Produkt keine manuelle Sicherung mehr, ist aber mit verschiedenen internen, automatischen Sicherungsfunktionen ausgestattet; so hat sie zum Beispiel eine Schlagbolzen- und Verschluss-sicherung sowie ein zweigeteiltes Abzugszüngel, das voll durchgedrückt sein muss, damit ein Schuss ausgelöst werden kann. An ihrem Schlitten befindet sich ein Drücker zum Entspannen der Waffe. Die Pistole ist besonders leicht zu zerlegen. Sie wird auch mit leichten Abweichungen von Smith & Wesson unter der Bezeichnung SW99 in Lizenz gefertigt.

Smith & Wesson Sigma	
Herkunftsland:	USA
Jahr:	1995
Kaliber:	.40 S&W, 9 mm Parabellum
Funktionsweise:	Double-Action-Only-Pistole
Gewicht:	0,73 kg
Gesamtlänge:	188 mm
Lauflänge:	114 mm
Münd.geschwind.:	keine Angabe
Feuerrate:	Halbautomat
Zuführung:	15-Schuss-Magazin

Smith & Wesson Sigma

Die ebenfalls Mitte der 1990er-Jahre entwickelte Sigma-Serie von Smith & Wesson lehnt sich sehr an die Pistolen von Glock an; man wollte damit an den Erfolg der Pistolen mit Kunststoffgriffstück, das keine manuelle Sicherung hat, anknüpfen. Das ursprüngliche Sigma-Kaliber war .40 S&W, bald wurden aber Varianten in 9 mm Parabellum gefertigt. Der Abzug der Sigma mit ihrem 15-Schuss-Magazin ist teilgespannt, was sie zu einer Art Double-Action-Only-Waffe mit stets gleichem Abzugswiderstand macht. Die Pistole ist daher sehr einfach und sicher bedienbar. Ihr Schlitten besitzt eine besonders korrosionsbeständige Oberflächenbeschichtung.

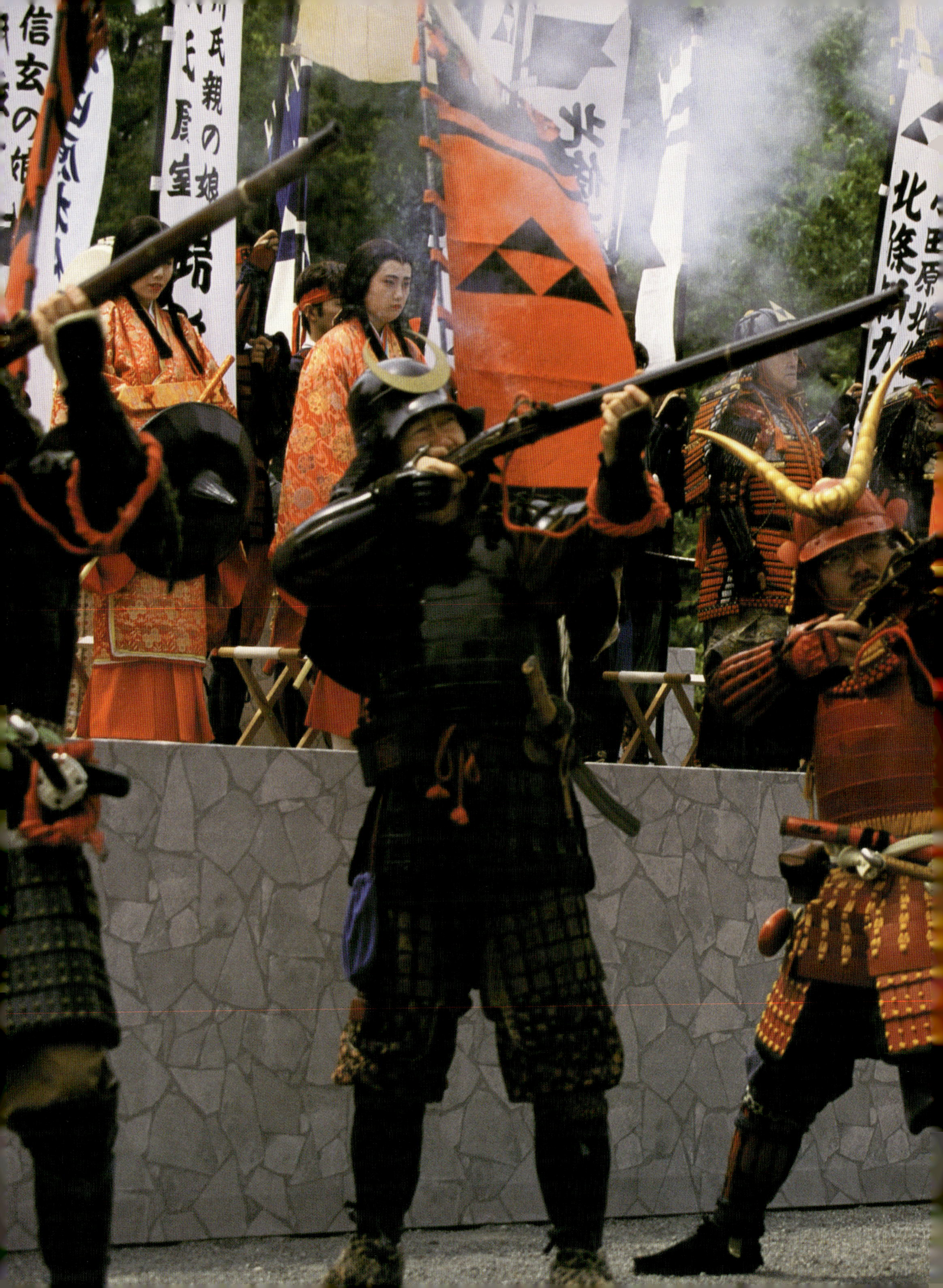
氏親の娘
北条

MUSKETEN & GEWEHRE

Die bei Soldaten, Jägern und Sportschützen beliebten Musketen und Gewehre bieten Treffgenauigkeit, Durchschlagskraft und Schussweite unterschiedlicher Leistungen. Jhre Entwicklungsgeschichte ist faszinierend und reicht vom einschüssigen Vorderlader bis zum Repetiergewehr.

Skandinavisches Schnappschloss	
Herkunftsland:	Schweden
Jahr:	1650
Kaliber:	10 mm
Funktionsweise:	Steinschloss
Gewicht:	3,28 kg
Gesamtlänge:	keine Angabe
Lauflänge:	980 mm
Münd.geschwind.:	500 m/s
Feuerrate:	Einzelschuss
Zuführung:	Vorderlader

Italienisches Luntenschloss

Italien gilt als eines der bedeutendsten Zentren der Feuerwaffenherstellung, und zwar bereits seit der Frühzeit der Feuerwaffen. Die abgebildete Luntenmuskete wurde um 1540 in Gardone gefertigt. Sie ist bereits weit entwickelt, besitzt einen zum Anschlag geeigneten Schaft, eine leicht verzierte Schlossplatte und einen breiten Abzugsbügel. Bemerkenswert ist die deutliche Absenkung des Kolbens, die jedoch nicht verhindern konnte, dass bei Abgabe einer starken Ladung ein beträchtlicher Rückstoß auf die Schulter des Schützen übertragen wurde. Allerdings spielte bei Vorderladern das Hochschlagen der Mündung beim Schuss kaum eine Rolle, weil das schnelle Laden eines Folgeschusses technisch unmöglich war.

Italienisches Luntenschloss	
Herkunftsland:	Italien
Jahr:	1540
Kaliber:	keine Angabe
Funktionsweise:	Luntenschloss
Gewicht:	4 kg
Gesamtlänge:	1524 mm
Lauflänge:	keine Angabe
Münd.geschwind.:	400 m/s
Feuerrate:	Einzelschuss
Zuführung:	Vorderlader

Skandinavisches Schnappschloss

Diese Muskete war noch von der Hakenbüchse geprägt und hatte einen kurzen „Göinge"-Schaft (nach der schwedischen Gemeinde Östra Göinge), was ihre treffsichere Handhabung beeinträchtigte. Der drehbar gelagerte Hahn neigte sich nach vorn. Zwischen die Lippen wurde ein Stück Schwefelkies oder Feuerstein durch eine Spannschraube befestigt. Ein kleinerer Arm des Hahns neigte sich von seinem Drehpunkt nach hinten. Eine auf der Schlossplatte sitzende Feder drückte von unten gegen den rückwärtigen Arm. Die Abzugsstange trat hinter dem Hahn aus dem Schlossinneren. Die Zündpulverpfanne war durch einen drehbaren Deckel verschlossen, über dem sich an einem beweglichen Arm eine stählerne Schlagfläche befand. Wurde der Abzug betätigt, schnellte der Hahn vor und schlug an der Schlagfläche die Zündfunken. Das relativ kleine Kaliber erhöhte die Mündungsgeschwindigkeit sowie die wirksame Schussweite.

Italienischer Steinschloss-Drehling

Schöpfer dieser um 1690 gebauten Flinte war der Italiener Michele Lorenzoni. Sie beweist, dass Büchsenmacher schon früh bemüht waren, die Schussfolge der Vorderlader zu steigern. Dieser „Repetierer" hatte im Kolben eingebaute Kammern für Pulver und Kugeln. Wurde die Waffe nach unten gehalten und eine linksseitig angeordnete Kurbel gedreht, rollte eine Kugel aus ihrer Kammer in eine Höhlung, während Pulver in eine zweite Höhlung rieselte. Durch eine weitere Kurbeldrehung gelangten Kugel sowie Pulver in den Lauf und in die Zündpfanne. Dann spannte ein weiterer Hebel den Hahn und schloss den Batteriedeckel, und die Waffe war schussbereit.

Italienischer Steinschloss-Drehling	
Herkunftsland:	Italien
Jahr:	ca. 1690
Kaliber:	ca. 13 mm
Funktionsweise:	Steinschloss
Gewicht:	3,95 kg
Gesamtlänge:	keine Angabe
Lauflänge:	890 mm
Münd.geschwind.:	400 m/s
Feuerrate:	Einzelschuss
Zuführung:	Quertrommel mit Kugel- und Pulverkammer

Ferguson Rifle

Das Ferguson-Gewehr, benannt nach dem britischen Major Patrick Ferguson, war seiner Zeit weit voraus. Es wurde Ende der 1770er-Jahre von der britischen Armee beschafft und war praktisch der erste militärische Hinterlader weltweit. Zum Laden hatte der Lauf hinten oben ein Loch. Dieses Loch war senkrecht durch eine Schraube ausgefüllt, die mit dem Abzugsbügel verbunden war. Eine halbe Umdrehung des Bügels senkte die Schraube so weit, dass die hinten glatte Laufbohrung zur Einführung der Kugel frei wurde. Bei der Vorführung seines Gewehrs verfeuerte Ferguson sechs Schuss in der Minute. Die Erwartung, dass die beim Schuss in die Züge gepressten Kugeln den Lauf von Pulverrückständen rein halten könnten, erfüllte sich nicht. Das in der Fertigung aufwendige Ferguson-Gewehr bewährte sich im Gefecht nicht, und so wurden nur ungefähr 100 Stück gebaut.

Muskete Long Land Pattern

Diese Steinschlossmuskete war besser bekannt unter ihrem volkstümlichen Namen „Brown Bess". Sie wurde um 1720 entwickelt und blieb fast unverändert Standardwaffe der britischen Infanterie bis Ende der 1830er-Jahre. 1768 folgte – mit kürzerem Lauf – die Muskete Short Land und blieb bis zur Einführung des Perkussionssystems im Einsatz. Der Hinweis „Long" (lang) in der Modellbezeichnung war nicht übertrieben, denn immerhin war die Waffe rund 1600 mm lang (der Lauf etwa 1170 mm). Mit aufgepflanztem Bajonett war die Brown Bess für den Nahkampf ideal. Die aus ihrem glatten Lauf verfeuerten Kugeln im Kaliber 19 mm hatten eine enorme Trefferwirkung. In den 1790er-Jahren hatte die Short Land Pattern mit einem auf rund 1070 mm verkürzten Lauf die Long weitestgehend abgelöst.

Muskete Long Land Pattern	
Herkunftsland:	Großbritannien
Jahr:	1720er-Jahre
Kaliber:	ca. 19 mm
Funktionsweise:	Steinschloss
Gewicht:	5 kg
Gesamtlänge:	1600 mm
Lauflänge:	1168 mm
Münd.geschwind.:	450 m/s
Feuerrate:	Einzelschuss
Zuführung:	Vorderlader

Ferguson Rifle	
Herkunftsland:	Großbritannien
Jahr:	1776
Kaliber:	ca. 16 mm
Funktionsweise:	Hinterlader
Gewicht:	3,4 kg
Gesamtlänge:	1270 mm
Lauflänge:	keine Angabe
Münd.geschwind.:	keine Angabe
Feuerrate:	Einzelschuss
Zuführung:	manuell

Brown Bess India Pattern

In Folge der französischen Revolutionskriege fehlte es bei Napoleons Gegnern an Waffen. Als sich Preußen, das nach der Niederlage 1806/07 fast alle Waffenbestände verloren hatte, gegen Frankreich erhob, gaben die Briten große Mengen Brown Bess an den preußischen Verbündeten ab. Als Ersatz beschaffte die britische Regierung von der Britischen Ostindien-Kompanie sogenannte India-Pattern-Musketen. Der Lauf der „indischen" Brown Bess war mit rund 920 mm weitaus kürzer und das Gewehr etwa 0,9 kg leichter als das ursprüngliche Long Land Pattern. Eine weitere Verbesserung war der stählerne Ladestock. Die India Pattern war preiswerter in der Fertigung und fand bei der britischen Armee bis in die 1830er-Jahre Verwendung.

Brown Bess India Pattern	
Herkunftsland:	Großbritannien
Jahr:	1793
Kaliber:	ca. 19 mm
Funktionsweise:	Steinschloss
Gewicht:	4,5 kg
Gesamtlänge:	1378 mm
Lauflänge:	921 mm
Münd.geschwind.:	450 m/s
Feuerrate:	Einzelschuss
Zuführung:	Vorderlader

MUSKETEN & GEWEHRE

Kentucky Rifle

Obschon diese ganz geschäftete Waffe mit dem langen Lauf allgemein als Kentucky Rifle bekannt ist, heißt sie korrekterweise „Pennsylvania-Büchse" und wurde darüber hinaus auch Long Rifle genannt. Diese Waffe existiert in verschiedensten Formen und basiert auf großkalibrigen, kurzen deutschen Jägerbüchsen. Ihre Väter sind deutschstämmige amerikanische Büchsenmacher. Sie wurde den Bedingungen und Wünschen der amerikanischen Jäger und Schützen angepasst und erlangte zwischen 1790 und 1830 große Popularität. Ein sehr langer Lauf und eine daraus resultierende optimale Präzision, ein kleinkalibriges, mit Schusspflaster geladenes Geschoss (gewöhnlich 10–12 mm) sowie ein geschwungener Kolben kennzeichnen diese klassische amerikanische Büchse. Sie bewährte sich nicht nur bei Schützen und Waldläufern, sondern war auch eine gefürchtete Scharfschützenwaffe.

Kentucky Rifle
Herkunftsland:	USA
Jahr:	1800er-Jahre
Kaliber:	ca. 10–12 mm
Funktionsweise:	Steinschloss
Gewicht:	3,3 kg
Gesamtlänge:	1300 mm
Lauflänge:	903 mm
Münd.geschwind.:	350 m/s
Feuerrate:	Einzelschuss
Zuführung:	Vorderlader

Baker Rifle

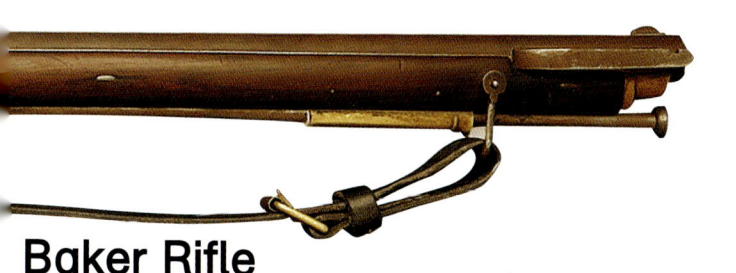

Dem Londoner Büchsenmacher Ezekiel Baker verdankt die britische Armee ihr erstes, in größerer Zahl gebautes und 1800 eingeführtes Büchsenmodell. Auch wenn es ausschließlich von Scharfschützenregimentern eingesetzt wurde (am berühmtesten wurde das 95th Regiment of Foot), konnte es gerade dort seine Präzision und Zuverlässigkeit unter Beweis stellen. Der Lauf hatte sieben Züge mit Rechtsdrall und bot eine effektive Reichweite von 200 bis 300 m. Ein mit einer Messingklappe abgedecktes Kolbenfach enthielt gefettete Schusspflaster (für leichtes Laden) und Zubehörteile. 1838 wurde die Baker Rifle durch die Brunswick Rifle abgelöst. Bis zu diesem Zeitpunkt waren rund 70 000 Baker Rifles gebaut worden.

Baker Rifle
Herkunftsland:	Großbritannien
Jahr:	1800
Kaliber:	15,7 mm
Funktionsweise:	Steinschloss
Gewicht:	4,1 kg
Gesamtlänge:	1156 mm
Lauflänge:	762 mm
Münd.geschwind.:	305 m/s
Feuerrate:	Einzelschuss
Zuführung:	Vorderlader

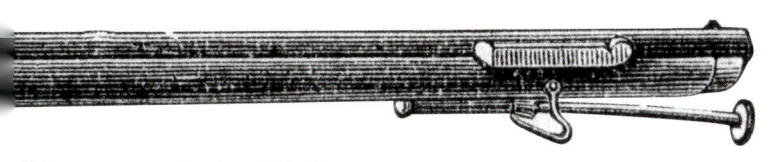

Brunswick Rifle

Die „braunschweigische" Büchse geleitete die britische Armee vom Steinschloss- ins Perkussionszeitalter. Wie die Baker Rifle hatte sie einen 762 mm langen Lauf und ein Kolbenfach für Schusspflaster und Zubehör. Die Brunswick verfügte über eine Perkussionszündung, und mit 17,7 mm übertraf ihr Kaliber sogar das der Baker. Ein besonderes Merkmal war der zweizügige Lauf für Projektile mit angegossenem Gürtel, in den die Zugfelder einschneiden konnten. Für den Nahkampf war ein robustes Bajonett mit breiter und langer Klinge vorgesehen. Obwohl sich die Brunswick auf große Schussweiten als treffsicher bewährte, war sie wegen ihrer langen Ladeprozedur bei Soldaten unbeliebt.

Brunswick Rifle
Herkunftsland:	Großbritannien
Jahr:	1836
Kaliber:	17,7 mm
Funktionsweise:	Perkussionsschloss
Gewicht:	4,1 kg
Gesamtlänge:	1168 mm
Lauflänge:	762 mm
Münd.geschwind.:	305 m/s
Feuerrate:	Einzelschuss
Zuführung:	Vorderlader

MUSKETEN & GEWEHRE

Dreyse-Zündnadelgewehr

Mit Zylinderdrehverschluss und Einheitspatrone aus Papier revolutionierte das Zündnadelgewehr die Militärtechnik. Den Schlossmechanismus bildeten drei ineinandergeschobene Hohlzylinder. Am Rohrende angeschraubt war die Hülse bzw. Abzugsvorrichtung. Die beiden anderen Zylinder (Kammer und Schlösschen) ließen sich innerhalb der Hülse vor- und zurückschieben. Die Kammer verschloss mit ihrem Mundstück die Seele und umfasste das Schlösschen mit Nadelbolzen und Spiralfeder. Die Handhabung erfolgte, indem die Kammer an ihrem Griff vor- und zurückgeschoben und gedreht, das Schlösschen aber am hinteren Ende heraus- oder hineingedrückt und durch eine Sperrfeder fixiert wurde. Die Patrone enthielt Geschoss, Treibladung, Abdichtung und Pulver. Zum Schuss durchstieß die Zündnadel Patronenboden und Pulversäule und brachte die Zündpille zur Explosion.

Dreyse-Zündnadelgewehr	
Herkunftsland:	Deutschland
Jahr:	1841
Kaliber:	15,43 mm
Funktionsweise:	Zylinderdrehverschluss
Gewicht:	4,1 kg
Gesamtlänge:	1422 mm
Lauflänge:	964 mm
Münd.geschwind.:	290 m/s
Feuerrate:	Einzelschuss
Zuführung:	Einzellader, manuell

Sharps – Gewehr und Karabiner

Ruhm erntete das Sharps im amerikanischen Bürgerkrieg in den Händen der Scharfschützen unter Hiram Berdan und als Kavallerie-Karabiner. Mit der Serienfertigung war allerdings schon 1850 begonnen worden. Dieser von Christian Sharps konstruierte, einschüssige Hinterlader basierte auf einem Fallblocksystem. Die scharfe Kante des Fallblocks schnitt beim Schließen des Verschlusses den hinteren Boden der Papierpatrone ab und bereitete damit die Zündung vor. Charakteristisch für das Sharps ist der „Maynard Tape Primer". Bei diesem Zündstreifen, der aus zwei zusammengeklebten Papierstreifen bestand, war in bestimmten Abständen das Zündmittel für je einen Schuss eingebettet. Gelagert wurde dieser Zündstreifen in einer Kammer unter dem Piston der Waffe. Beim Spannen des Hammers wurde der Streifen weitertransportiert und die nächste Zündladung über das Piston gebracht. Eine berüchtigte Modellvariante war das wirkungsvolle Büffelgewehr, das wesentlichen Anteil an der Ausrottung des nordamerikanischen Büffels hatte.

Sharps – Gewehr und Karabiner	
Herkunftsland:	USA
Jahr:	1850
Kaliber:	14,5 mm
Funktionsweise:	Unterhebelfallblockverschluss
Gewicht:	3,4 kg
Gesamtlänge:	889 mm
Lauflänge:	540 mm
Münd.geschwind.:	335 m/s
Feuerrate:	Einzelschuss
Zuführung:	Hinterlader, manuell

Enfield Pattern 1853

In der zweiten Hälfte des 19. Jahrhunderts diente das Enfield Pattern 1853 als Standardgewehr der britischen Armee. Es hatte Perkussionszündung und verschoss Minié-Expansionsgeschosse. Dank eines 991 mm langen Laufs mit drei Zügen – mit Linksdrall – galt das Enfield 1853 als treffsicher. Sein Treppenvisier reichte für Schussweiten von rund 90 bis 365 m, obwohl auf die maximale Entfernung nur noch sehr gute Schützen Treffer erzielen konnten. Das Kaliber von 14,65 mm war nach heutigen Standards zwar noch sehr groß, aber es war immerhin schon kleiner als bei den Vorgängermodellen. Von 1853 bis 1867 wurden mehr als eine Million Enfield Pattern 1853 gebaut, die in allen Teilen des britischen Imperiums und im amerikanischen Bürgerkrieg zum Einsatz kamen.

Enfield Pattern 1853	
Herkunftsland:	Großbritannien
Jahr:	1853
Kaliber:	14,65 mm
Funktionsweise:	Perkussionsschloss
Gewicht:	3,9 kg
Gesamtlänge:	1397 mm
Lauflänge:	991 mm
Münd.geschwind.:	266 m/s
Feuerrate:	Einzelschuss
Zuführung:	Vorderlader

TECHNIK DER HANDFEUERWAFFEN – OPTISCHE ZIELGERÄTE

Seitenverstellknopf des Zielfernrohrs

Höhenverstellknopf des Zielfernrohrs

Zielfernrohrbefestigung: Sie muss so stabil sein, dass die Ausrichtung durch den Rückstoß nicht verändert wird.

L42A1

Optische Zielgeräte, die früher Jägern und Scharfschützen vorbehalten waren, gehören heute immer häufiger zur serienmäßigen Ausstattung von Militärgewehren, und zwar primär bei den aufwendig ausgerüsteten westlichen Streitkräften. Die Vorzüge von Zielfernrohren gegenüber der Visierung mittels Kimme und Korn sind offensichtlich. Dank der vergrößernden Darstellung der optischen Zielgeräte kann der Schütze jenseits seiner visuellen Sichtweite stehende Zielobjekte erkennen und präzise bekämpfen. Sie besitzen hohe Dämmerungsleistungen und erlauben gute Zielsicherheit bei schlechten Sichtverhältnissen. Mit speziellen Zielfernrohren, die nach dem Prinzip

Typischer Blick durch ein Zielfernrohr mit dem Fadenkreuz im Ziel. Für einen sicheren Schuss ist nicht nur die Qualität des Zielgerätes entscheidend, sondern auch die Präzision, mit der der Schütze das Gewehr anschlägt.

on Wärmebildkameras oder mit Restlichtaufhellung arbeiten, kann man sogar noch bei fast völliger Dunkelheit treffsicher schießen. Zielfernrohre sind offener Visierung aber auch deshalb überlegen, weil sich das menschliche Auge beim Zielen über Kimme und Korn nur auf eine Entfernung scharf einstellen kann. Das optische System hingegen ermöglicht, Ziel und Abehen gleichzeitig scharf zu sehen.

Zielfernrohre sind die meistgenutzten optischen Zielgeräte. Dabei gibt es Zielfernrohre, die das Zielobjekt nicht vergrößern, sondern dem Schützen nur bessere Sicht bei Dämmerung sowie nachts bieten und das Sehfeld begrenzen. Demgegenüber ist es bei Zielfernrohren, die vergrößern, zuweilen schwierig, den richtigen Grad der Vergrößerung zu finden. Solche optischen Zielgeräte müssen zwei Qualitäten miteinander verbinden: Vergrößerung und Seh-

Nachtsichtgeräte arbeiten nach den Wärmebildprinzipien (siehe unten) oder durch Restlichtverstärkung. Bei der Restlichtverstärkung werden alle vorhandenen Lichtmengen genutzt – auch von Sternen und Mond. Infrarotscheinwerfer können auch auf der Schusswaffe montiert werden und zur Zielidentifikation oder wie ein schlichtes Zielgerät dienen.

ld. Denn mit zunehmender Vergrößerung rd das Sehfeld kleiner, sodass es immer hwieriger wird, Ziele gegen ihren Hintergrund zu erkennen oder zu verfolgen. arüber hinaus wird das Bild durch jede ch so kleine Bewegung des Schützen mer unruhiger.

fgrund dieser Erkenntnisse wird der Grad r Vergrößerung üblicherweise mit der warteten Schussweite kombiniert. So etet beispielsweise das Zielfernrohr eines rienmäßigen Sturmgewehrs eine bis zu rfache Vergrößerung, während Scharfhützengewehre üblicherweise ein sechsachtfach vergrößerndes Zielfernrohr halten und nur für Schussweiten von hr als 2000 m mit einer 16-fachen Verßerung ausgestattet werden.

ben den einfachen optischen Zielfernren gibt es noch zahlreiche leistungsrkere Zielgeräte. Für Präzisionsschießen

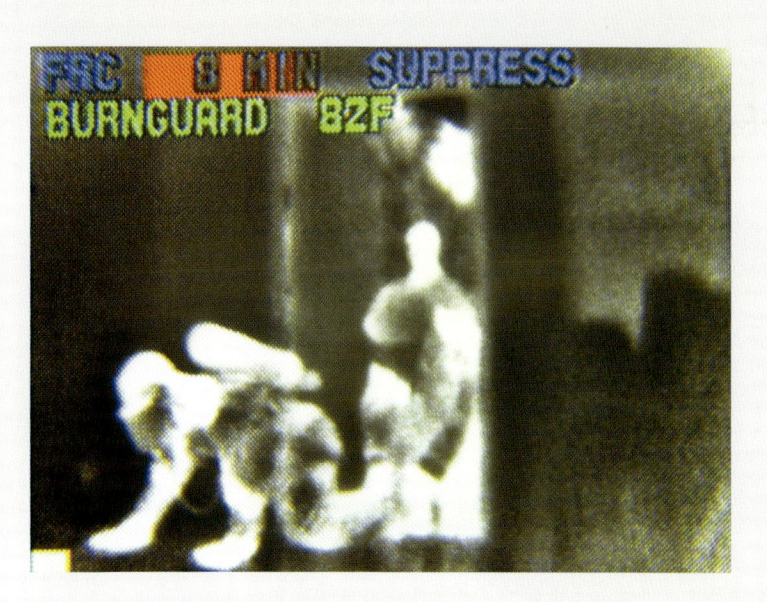

Ein anderer optischer Gerätetyp sind Wärmebildgeräte. Statt das Restlicht zu verstärken, erkennen und verarbeiten sie Wärmesignaturen – je stärker die Wärmeabstrahlung (hier beispielsweise Soldaten), desto deutlicher die Darstellung (Kontrastbild).

bei Nacht oder schlechter Sicht werden Restlichtverstärker oder Wärmebildgeräte verwendet. Ersteres verstärkt das vorhandene Restlicht, während Letzteres Wärmesignaturen sichtbar macht. Bedeutend bessere Treffsicherheit bei tiefer Dämmerung und nachts bieten Zielfernrohre mit Leuchtabsehen, wobei ein roter Punkt in der Visierung dem Schützen deutlich sicht-

bar ist. Bei Laserzielgeräten wird ein roter Laserpunkt auf das Ziel projiziert.

Gegenwärtig wird eine neue Generation von TV-Zielgeräten eingeführt. Sie geben das Zielbild auf einem TV-Monitor wieder, sodass der Soldat das Feindobjekt bekämpfen kann, ohne seine Deckung verlassen zu müssen.

OPTISCHE ZIELGERÄTE

MUSKETEN & GEWEHRE

Whitworth Rifle

Das von dem britischen Ingenieur Sir Joseph Whitworth 1859 entwickelte Gewehr galt anfangs als nicht zu unterschätzender Konkurrent des Enfield 1853. Whitworth' Konstruktion fand jedoch beim Militär wenig Interesse, denn die Fertigungskosten waren zu hoch. Mit der Wahl eines „kleinen" Kalibers (11,4 mm) war Sir Whitworth seiner Zeit allerdings weit voraus, und obwohl die Gewehrläufe – die Geschosse waren dem sechseckigen Querschnitt angepasst – sehr schnell verschleimten, gehörte das Whitworth zu den präzisesten Vorderladern überhaupt. Größeres Interesse fand die wegen ihrer Treffsicherheit berühmte Waffe als Scheibenbüchse nur in den USA. Lediglich etwa 8000 Stück wurden gebaut.

Whitworth Rifle
Herkunftsland:	Großbritannien
Jahr:	1859
Kaliber:	11,4 mm
Funktionsweise:	Perkussionsschloss
Gewicht:	3,4 kg
Gesamtlänge:	1245 mm
Lauflänge:	762 mm
Münd.geschwind.:	305 m/s
Feuerrate:	Einzelschuss
Zuführung:	Vorderlader

Enfield Snider

Das Snider-Gewehr basiert auf einem Verschlusssystem des Amerikaners Jacob Snider zur Umrüstung des Vorderladers Enfield 1853 zu einem Hinterlader. Dazu wurde der Lauf im Bereich der Schwanzschraube aufgefräst und ein Kammerverschluss eingesetzt. Zum Laden wurde das Verschlussstück zur Seite umgeklappt und die Papierpatrone durch eine Schussmulde in die Kammer eingelegt. Dann wurde der Verschluss geschlossen und der Hahn gespannt. Bei Betätigung des Abzugs schnellte ein im Verschlussstück angeordneter Schlagstift gegen das im Patronenboden eingebaute Zündhütchen und löste den Schuss. Sobald eine Metallpatrone verfügbar war, ließ das britische Waffenamt die Enfield 1853 in großer Zahl zu Hinterladern umrüsten. Erst Anfang der 1870er-Jahre wurden die Enfield Snider durch das Martini-Henry ersetzt.

Enfield Snider
Herkunftsland:	Großbritannien
Jahr:	1860
Kaliber:	14,5 mm
Funktionsweise:	Klappverschluss
Gewicht:	3,7 kg
Gesamtlänge:	1219 mm
Lauflänge:	838 mm
Münd.geschwind.:	355 m/s
Feuerrate:	Einzelschuss
Zuführung:	Hinterlader, manuell

Henry Rifle

Dieses 1860 von B. Tyler Henry entwickelte Gewehr stützte sich auf Volcanic-Pistolenmodelle und wies mit seinem Unterhebelrepetierer dank Röhrenmagazin eine damals enorme Feuerkraft auf. Mit jedem Vorschieben des Unterhebels glitt eine Randfeuerpatrone aus dem Magazin auf Laufhöhe, Schlagbolzen und Hahn wurden gespannt. Beim Zurückziehen des Unterhebels wurde die Patrone in den Lauf geschoben und arretiert. Betätigte man den Abzug, schnellte der Zündstift vor und zündete die Patrone. Einziger Nachteil war, dass das Laden des Magazins einige Zeit beanspruchte, was aber nicht überbewertet werden darf, weil in Feuerpausen das Magazin – auch wenn es noch nicht ganz leer war – immer wieder aufgefüllt werden konnte. Später bildete das Gewehr die Grundlage für das Winchester Model 1866. Das Henry-Gewehr wurde zwar beim Militär mit Argwohn betrachtet, doch es war bei Farmern, Jägern und Polizisten umso beliebter.

Henry Rifle
Herkunftsland:	USA
Jahr:	1862
Kaliber:	11,2 mm
Funktionsweise:	Unterhebelrepetierer
Gewicht:	4,2 kg
Gesamtlänge:	1137 mm
Lauflänge:	609 mm
Münd.geschwind.:	305 m/s
Feuerrate:	Einzelschuss
Zuführung:	Röhrenmagazin für 16 Patronen

120 MUSKETEN & GEWEHRE

Spencer Rifle

Das Spencer-Gewehr gehörte zu einer neuen Generation von Repetiergewehren, die im amerikanischen Bürgerkrieg (1861–1865) in Dienst gestellt wurden. Die von Ingenieur Christopher M. Spencer entwickelte Waffe unterschied sich im Wesentlichen vom zeitgleich entwickelten Henry-Gewehr durch ein im Kolben eingesetztes federbetätigtes und herausnehmbares Röhrenmagazin. Nach dem manuellen Spannen des Hahns wurde beim Vorstoßen des als Unterhebel konstruierten Abzugsbügelschutzes eine Patrone in die Kammer geschoben, die dann verschossen werden konnte. 1864 ließ sich Erastus Blakeslee seine Patronentasche – Blakeslee Cartridge Box – patentieren. Sie konnte bis zu sechs gefüllte Röhrenmagazine aufnehmen und ermöglichte den blitzschnellen Wechsel eines leeren Magazins durch ein gefülltes, was die Feuergeschwindigkeit bedeutend steigerte. Sogar Präsident Lincoln war von einer Vorführung beeindruckt. Allerdings wurde die Herstellung der Waffe 1869 wegen wirtschaftlicher Probleme des Unternehmens eingestellt.

Spencer Rifle

Herkunftsland:	USA
Jahr:	1860
Kaliber:	12,7 mm
Funktionsweise:	Unterhebelrepetierer
Gewicht:	4,1 kg
Gesamtlänge:	1092 mm
Lauflänge:	660 mm
Münd.geschwind.:	366 m/s
Feuerrate:	Einzelschuss
Zuführung:	Röhrenmagazin zu 7 Patronen

Chassepot mle 66

Das Chassepot war Frankreichs Reaktion auf die Erfolge des preußischen Zündnadelgewehrs. Auch Antoine Chassepot wählte die Nadelzündung mit Zylinderverschluss und ohne Selbstspannvorrichtung. Beim Umlegen der Kammer nach rechts stützte sich die Leitschiene gegen die Hülsenwand ab, und das Gewehr wurde verriegelt. In der Kammer vorn lag der Verschlussknopf. Das Chassepot wurde 20 Jahre nach dem Dreyse-Konzept entwickelt und wies drei Vorteile auf: Es besaß das als vorteilhaft erkannte kleine Kaliber und erzielte eine höhere Mündungsgeschwindigkeit sowie eine größere Schussweite. Der Verschluss hatte eine Kautschukdichtung, die das Entweichen von Gasdruck verhinderte, allerdings bei Frostwetter oft versagte. Im Gegensatz zur preußischen Einheitspatrone, lag die Zündmasse nicht zwischen Geschoss und Pulverladung, sondern im Patronenboden, sodass die Zündnadel beim Schuss nicht der Hitze der explodierenden Ladung ausgesetzt war.

Chassepot mle 66

Herkunftsland:	Frankreich
Jahr:	1866
Kaliber:	11 mm
Funktionsweise:	Zylinderdrehverschluss
Gewicht:	4 kg
Gesamtlänge:	1305 mm
Lauflänge:	795 mm
Münd.geschwind.:	396 m/s
Feuerrate:	Einzelschuss
Zuführung:	Hinterlader, manuell

M1867 Werndl

Nach Studienreisen zu Waffenfabriken in den USA entwickelten der österreichische Waffenindustrielle Josef Werndl und sein Werkmeister Karl Holub dieses technisch interessante Gewehr im Kaliber 10,9 mm. Sein Wellenblockverschluss mit Laderinne wurde zum Einlegen einer Patrone durch Rechtsdrehen der Welle geöffnet bzw. linksdrehend geschlossen, dazu musste jedoch der Hahn in Ruhrast gestellt werden. Das Werndl zeigte bis auf Entfernungen von mehr als 600 m recht gute Leistungen, auch wenn das Visier auf weitaus größere Distanzen einstellbar war. Es wurde von den österreichisch-ungarischen Streitkräften genutzt und in den 1870er-Jahren mehrfach verbessert.

M1867 Werndl

Herkunftsland:	Österreich-Ungarn
Jahr:	1867
Kaliber:	10,9 mm
Funktionsweise:	Wellenblockverschluss
Gewicht:	4,1 kg
Gesamtlänge:	1283 mm
Lauflänge:	838 mm
Münd.geschwind.:	411 m/s
Feuerrate:	Einzelschuss
Zuführung:	Einzellader, manuell

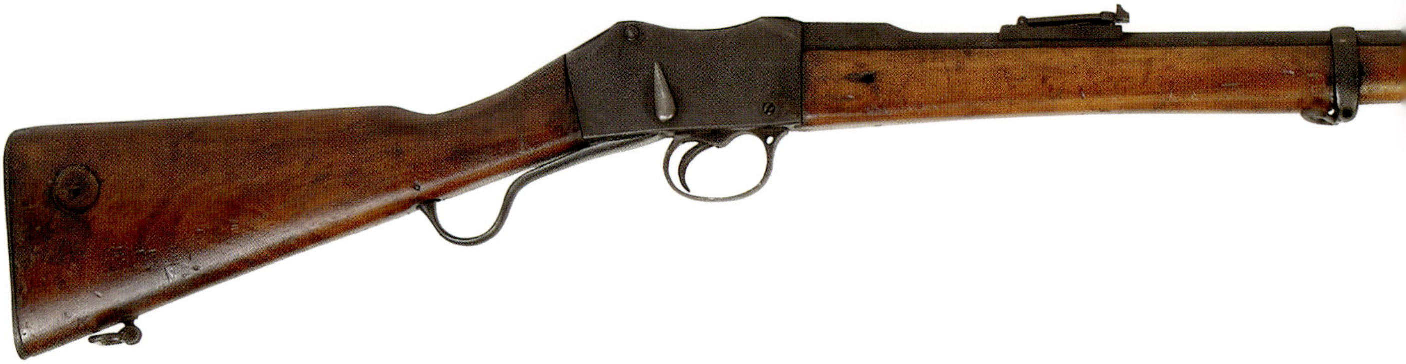

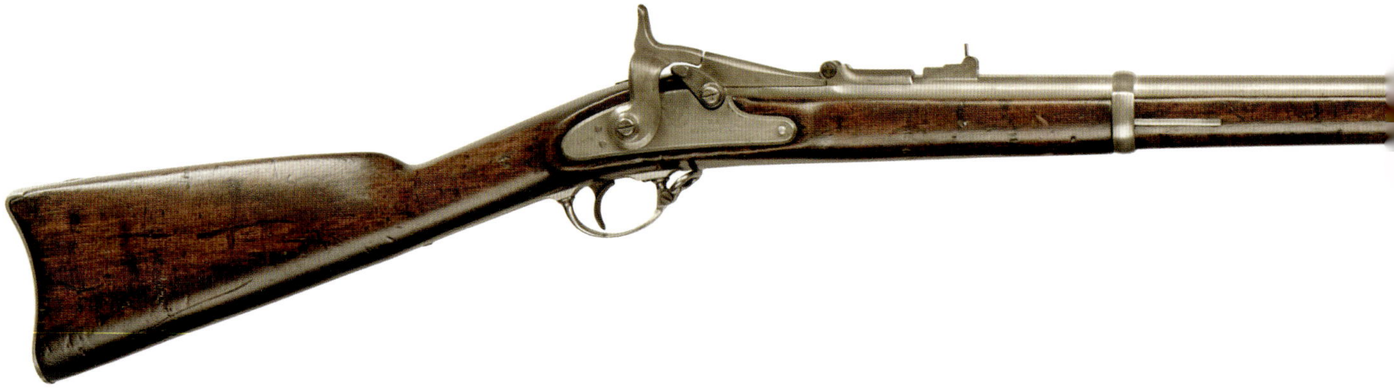

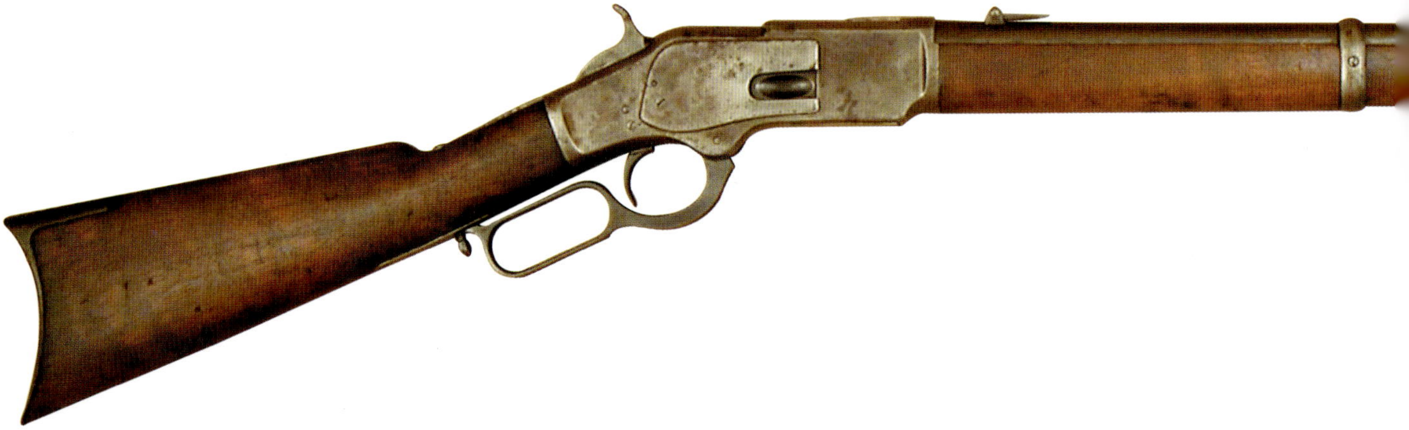

Martini-Henry Rifle

Herkunftsland:	Großbritannien
Jahr:	1871
Kaliber:	11,43 mm
Funktionsweise:	Fallblockverschluss
Gewicht:	3,9 kg
Gesamtlänge:	1129 mm
Lauflänge:	851 mm
Münd.geschwind.:	411 m/s
Feuerrate:	Einzelschuss
Zuführung:	Einzellader, manuell

Martini-Henry Rifle

Als das Martini-Henry 1871 das Enfield-Snider-Gewehr ablöste, bedeutete dies für jeden britischen Soldaten eine enorme Steigerung seiner Feuerkraft. Charakteristisch für das Martini-Henry war ein sehr starker Fallblockverschluss. Hierbei senkte sich der Verschlussblock durch Vorstoßen des hinter dem Abzug angeordneten Bügels nach unten ab, wodurch der Schlagbolzen gespannt und die Kammer zum Einlegen einer Patrone geöffnet wurde. War die Patrone eingelegt, drückte der Bügel beim Zurückziehen den Verschlussblock zum Schließen wieder nach oben. Mit einer Schussfolge von einem Schuss in sechs bis sieben Sekunden war die Kadenz der Waffe hoch und ihr 31 g schweres Geschoss sehr wirkungsvoll. Erst Gewehre mit Zylinderverschluss verdrängten Martini-Henry aus dem Militärdienst.

Springfield Trapdoor

Herkunftsland:	USA
Jahr:	1873
Kaliber:	11,43 mm
Funktionsweise:	Klappverschluss
Gewicht:	3,7 kg
Gesamtlänge:	1295 mm
Lauflänge:	825 mm
Münd.geschwind.:	411 m/s
Feuerrate:	Einzelschuss
Zuführung:	Hinterlader, manuell

Springfield Trapdoor

Als Vorläufer der Trapdoor gilt das „First Allin Conversion" – ein Springfield-Vorderlader, der nach einem Entwurf des Büchsenmachers Allin zum Hinterlader umgerüstet wurde. Typisch für das Trapdoor war seine nach vorn hochschwenkende, an eine Falltüre (englisch „trapdoor") erinnernde Klappe. Bei offener „Falltüre" ließ sich eine Patrone in die Kammer einlegen. Mit geschlossener Klappe war die Waffe feuerbereit. Nach dem Schuss warf die sich öffnende „Falltüre" automatisch die Hülse aus. 1868 war Allins Entwurf zur Serienreife gediehen und wurde – oft modifiziert – auch für neue Modelle übernommen und diente der US-Armee rund 30 Jahre lang. Das letzte Modell wurde 1889 gefertigt, als sich der Zylinderverschluss allgemein durchsetzte. Hier abgebildet ist das Modell von 1873.

Winchester 1873

Herkunftsland:	USA
Jahr:	1873
Kaliber:	11 mm
Funktionsweise:	Unterhebelrepetierer
Gewicht:	4,3 kg
Gesamtlänge:	965 mm
Lauflänge:	482 mm
Münd.geschwind.:	335 m/s
Feuerrate:	Einzelschuss
Zuführung:	Röhrenmagazin zu 15 Patronen

Winchester 1873

In den 1860er-Jahren erfreuten sich die für Randfeuerpatronen eingerichteten Winchester in den USA besonders bei Jägern größter Beliebtheit. Modelle wie das Yellow Boy von 1866 boten eine 15-schüssige Magazinkapazität. Das Röhrenmagazin wurde durch eine seitliche Ladeklappe geladen. Da Zentralfeuerpatronen dank größerer Pulverladung leistungsfähiger als Randfeuerpatronen sind, wurde das erste Modell des Winchester 1873 für Zentralfeuerpatronen herausgebracht. Die neuen Patronen für das Modell 73 im Kaliber .44-40 waren wie die Randfeuerpatronen auch für Revolver geeignet. Später kamen die Kaliber .38-40 und .32-20 hinzu (die zweite Zahl nennt das Pulvergewicht in englischen Grain). Das Winchester 1873 wurde bis 1919 hauptsächlich für Zivilisten und Polizei gefertigt.

MUSKETEN & GEWEHRE

Fusil Lebel mle 1886

Beim Lebel-Gewehr von 1886 war praktisch nur die Patrone neu. Es beruhte auf dem Gras mle 1874, dessen Zylinderverschluss so zuverlässig funktionierte, dass es in der französischen Armee bereits über ein Jahrzehnt im Einsatz war. Immerhin wurde das Lebel mit dem Kaliber 8 x 50R das erste kleinkalibrige Militärgewehr und verschoss darüber hinaus rauchschwaches Pulver, das Paul Vielle erfunden hatte. Mangelhaft war das im Vorderschaft angeordnete Röhrenmagazin: Da die Patronen nacheinander über den gesenkten Löffel der Mehrladevorrichtung ins Magazin gedrückt werden mussten, war das Nachladen sehr zeitraubend. Auch die Schwerpunktlage veränderte sich nach jedem Schuss. Wegen einer unzureichenden Sicherung konnten durch starkes Aufstoßen des Gewehrs alle geladenen Patronen zur Selbstzündung gebracht werden. Dennoch war das Lebel noch 1914 die Standardwaffe der französischen Infanterie.

Fusil Lebel mle 1886

Herkunftsland:	Frankreich
Jahr:	1886
Kaliber:	8 x 50R Lebel
Funktionsweise:	Zylinderverschluss
Gewicht:	4,24 kg
Gesamtlänge:	1303 mm
Lauflänge:	798 mm
Münd.geschwind.:	725 m/s
Feuerrate:	Einzelschuss
Zuführung:	Röhrenmagazin zu 8 Patronen

Fusil FN-Mauser mle 1889

Das FN-Mauser mle 1889 – 1914 Hauptwaffe der belgischen Infanterie – wurde in der Fabrique Nationale gebaut, war jedoch – wie die Modellbezeichnung besagt – eine Mauser-Konzeption. Die Belgier legten besonderen Wert auf Treffsicherheit. So war man bemüht, Veränderungen der Schwerpunktlage zu vermeiden, weshalb der Magazinkasten im Mittelschaft angeordnet wurde. Da der Lauf einen Metallmantel hatte, konnte er bei längerem Schießen seine Hitze nicht auf den Holzschaft übertragen, und die Präzision folglich nicht negativ beeinflusst werden. Auch Rostbildung zwischen Lauf und durchlaufendem Schaft wurde durch den Laufmantel verhindert. Der geschlossene Magazinkasten war für das Nachladen mit Ladestreifen eingerichtet; die Patronen lagerten lose übereinander. Das mle 1889 kam bis in die 1940er-Jahre zum Einsatz.

Fusil FN-Mauser mle 1889

Herkunftsland:	Belgien
Jahr:	1889
Kaliber:	7,65 x 53 mm
Funktionsweise:	Zylinderverschluss
Gewicht:	4,01 kg
Gesamtlänge:	1295 mm
Lauflänge:	780 mm
Münd.geschwind.:	610 m/s
Feuerrate:	Einzelschuss
Zuführung:	Mittelschaftmagazin zu 5 Patronen

Fucile Modello 91

Dieser Mehrlader, der ein von Mannlicher konzipiertes Magazin hatte, war besser bekannt unter dem Namen Mannlicher-Carcano. Salvatore M. Carcano hatte sich als Konstrukteur des Modello 91 verdient gemacht. Der Kolbendrehverschluss hatte eine zentrale Verriegelung durch symmetrische, an der Stirnseite des Verschlusses befindliche Warzen. Die eigenartige Sicherung war Carcanos wichtigster Beitrag: Sie war so konzipiert, dass sie sowohl bei geschlossenem Verschluss sicherte, als auch ein Spannen der Schlagfeder möglich war, ohne den Verschluss öffnen zu müssen. Das Modello 91 funktionierte gut, und so wurden zahlreiche Varianten, vor allem als Karabiner, gebaut. Nachteilig war die schwache Munition, und das Geschoss mit abgerundeter Spitze hatte zu wenig Durchschlagskraft. Dennoch wurde das Modello 91 von den Italienern noch im Zweiten Weltkrieg eingesetzt.

Fucile Modello 91

Herkunftsland:	Italien
Jahr:	1891
Kaliber:	6,5 x 52 mm Mannlicher-Carcano
Funktionsweise:	Zylinderverschluss
Gewicht:	3,8 kg
Gesamtlänge:	1285 mm
Lauflänge:	780 mm
Münd.geschwind.:	630 m/s
Feuerrate:	Einzelschuss
Zuführung:	Mittelschaftmagazin zu 6 Patronen

TECHNIK DER HANDFEUERWAFFEN – LÄUFE: GRUNDLAGEN

Der Lauf ist der wichtigste Teil einer jeden Feuerwaffe. Er lenkt das Projektil, und die geringste Unzulänglichkeit bei der Laufherstellung oder der verwendeten Materialien zeigt sich früher oder später in schlechten Trefferresultaten. Läufe sind extremen Belastungen ausgesetzt und werden aus gehärteten Stahllegierungen gefertigt. Hochleistungspatronen verursachen starke Schwingungen sowie hohen Druck und erfordern stärkere Läufe als Patronen mit verhältnismäßig geringer Geschossgeschwindigkeit. Zur Vermeidung von Erosion durch heiße Pulverrückstände erhält das Laufinnere gewöhnlich eine Hartverchromung, während das Äußere durch eine chemische Behandlung gegen Korrosion geschützt wird. (Manche Läufe werden auch aus rostfreiem Stahl gefertigt.) Da d Lauf gewöhnlich das schwerste Teil eine Feuerwaffe ist, wird seine Außenseite zu Gewichtsersparnis konisch geformt, das heißt: die Läufe verjüngen außen zur Mü dung hin. Ausnahmen gibt es allerdings bei extrem schweren Läufen.

Die Kammer muss höchsten Belastungen und Drücken widerstehen, weil dort die Patrone zur Detonation gebracht wird.

Führungskonus, wo der Übergang von der Kammer in den Lauf erfolgt

MERKEL KR1

Spanngriff: verbunden mit dem herausnehmbaren Drehkopfverschluss

Magazinkastenboden und Abzugsblech sin als eine abklappbare Einheit konstruiert.

Klassischer Holzschaft – Schäfte werden gewöhnlich aus Hartholz (z. B. Walnuss) gefertigt.

Bei der Repetierbüchse KR1 ist ein Kaliberwechsel durch den Austausch von Lauf und gegebenenfalls Magazin und Verschlusskopf möglich.

Der Lauf eines Hinterladers besteht – vom Rohrende bis zur Mündung – aus vier Teilen. Zuerst die Kammer, also die Öffnung, in die die Patrone eingeschoben wird. Dort detoniert die Patrone, deshalb muss die Kammer in Form und Ausmaßen exakt der verwendeten Patrone entsprechen. Es folgt eine Rohrverengung, die Führungskonus genannt wird und den Übergang von der Kammer zum eigentlichen Lauf darstellt. Bei Flinten verleiht der Führungskonus Geschoss oder Schrotgarbe den gewünschten Streukegel, während er bei gezogenen Waffen gewährleistet, dass das Geschoss in die Züge gepresst wird. Die Mündung muss mit äußerster Genauigkeit gefertigt werden, damit das Geschoss beim Austritt präzise geführt wird. Bei Flinten bestimmt die oft verengte Mündung den Streukegel der Schrotgarbe und somit den Durchmesser des Streukreises im Ziel.

Läufe werden in zwei Grundformen gefertigt: glatt und gezogen. Wie der Name verrät, ist die Oberfläche eines Glattlaufs innen eben. Während Musketen früher jahrhundertelang bloß mit glatten Läufen versehen wurden, findet man sie heute nur noch bei Repliken und Flinten. Mögen Flinten auch noch so unkompliziert erscheinen, verlangen ihre Läufe doch höchste Handwerkskunst und modernste Technologie. So sind einige Hersteller – in erster Linie Browning – bekannt dafür, dass sie den Führungskonus möglichst groß dimensionieren, damit die Schrotgarbe den Lauf nicht nur mit minimaler Reibung durchlaufen, sondern sich auch ein geschlossenes Trefferbild formen kann. In einem gezogenen Lauf sind ins Innere Züge geschnitten oder gepresst. Mit ihrem spiralförmigen Lauf verleihen sie den Geschossen einen Drall und stabilisieren dadurch ihre Flugbahn (s. Seite 194–195).

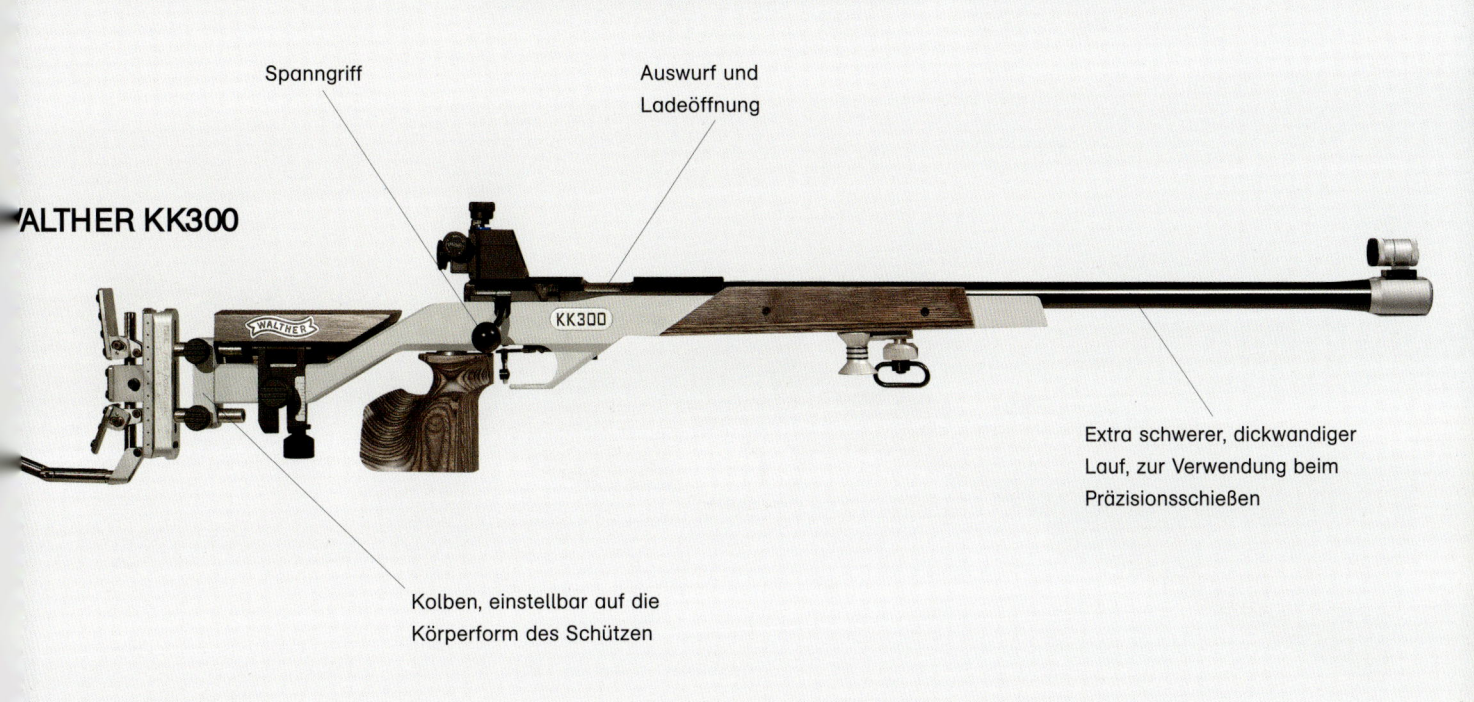

WALTHER KK300

Spanngriff

Auswurf und Ladeöffnung

Extra schwerer, dickwandiger Lauf, zur Verwendung beim Präzisionsschießen

Kolben, einstellbar auf die Körperform des Schützen

MUSKETEN & GEWEHRE

Marlin Modell 39A

Marlins Unterhebelrepetierer zählen zu den erfolgreichsten und hochwertigsten zivilen Waffenkonstruktionen überhaupt. Einige Modelle werden – natürlich modifiziert – seit mehr als 100 Jahren seriengefertigt. Eine dieser Waffen ist das Modell 39A. Dieser kleinkalibrige (.22in = 5,5 mm) Unterhebelrepetierer wurde 1891 entwickelt und ist ideal für die Jagd auf kleine Schadtiere sowie zum Scheibenschießen auf Entfernungen von rund 100 m. Für viele Jugendliche in den USA war das Marlin 39A die erste Waffe. Das Durchladen, bei dem die Hülse ausgeworfen, der Hahn für den nächsten Schuss gespannt und die nächste Patrone geladen wird, geschieht äußerst schnell. Die schlichte Visierung besteht aus Perlkorn und Kimme mit „Treppe". Das Röhrenmagazin fasst abhängig von der verwendeten Munition 19 (.22LR) bis 26 (.22 Short) Patronen.

Marlin Modell 39A	
Herkunftsland:	USA
Jahr:	1891
Kaliber:	5,5 mm
Funktionsweise:	Unterhebelrepetierer
Gewicht:	2,7 kg
Gesamtlänge:	97 mm
Lauflänge:	521 mm
Münd.geschwind.:	346 m/s
Feuerrate:	Einzelschuss
Zuführung:	Röhrenmagazin zu 19–26 Patronen

Mosin-Nagant 1891

Mit dem Gewehr Modell 1891 (System Mosin-Nagant) erhielt der russische Infanterist einen Mehrlader, der von 1891 bis Anfang der 1940er-Jahre als Standardkarabiner diente. Die Waffe wurde gemeinsam von dem russischen Offizier und Waffenkonstrukteur Sergej I. Mosin sowie den belgischen Konstrukteuren Émile und Leon Nagant entwickelt, die ihr bewährtes Magazin beisteuerten, das sie bereits in den 1880er-Jahren für einige erfolgreiche Gewehre entwickelt hatten. Gemäß dem damaligen russischen Maßsystem wurde dieses Infanteriegewehr im Kaliber 7,62 mm „Dreiliniengewehr" (eine russische Linie = 2,54 mm) genannt. Es blieb Ordonnanzwaffe der russischen und später sowjetischen Infanterie bis zur Einführung des AK-47. Im Zweiten Weltkrieg war das wesentlich kompaktere Modell 1891/30 die Hauptstütze des sowjetischen Infanteristen.

Mosin-Nagant 1891	
Herkunftsland:	Russland
Jahr:	1891
Kaliber:	7,62 x 54R
Funktionsweise:	Zylinderverschluss
Gewicht:	4,37 kg
Gesamtlänge:	1305 mm
Lauflänge:	802 mm
Münd.geschwind.:	810 m/s
Feuerrate:	Einzelschuss
Zuführung:	Mittelschaftmagazin zu 5 Patronen

Mannlicher Modell 1895

Zu den wichtigsten Konstruktionen von Ferdinand Ritter von Mannlicher gehört der Geradezugverschluss. Dabei wurde – wie beim Zylinderverschluss – der Verschlusskopf durch Vorwärtsbewegung in die Verschlusshülse eingeführt. Anders als beim Zylinderverschluss geschah diese Bewegung jedoch nicht drehend, sondern gerade (linear) mittels Kammerstängel. Das Magazin fasste fünf Patronen in einem Rahmen. Dank Geradezugverschluss konnten diese fünf Schuss in fast ebenso vielen Sekunden abgefeuert werden. Länger als drei Jahrzehnte nutzten Österreich und Ungarn das Modell 1895. Es wurde darüber hinaus auch von Bulgarien, Griechenland und Jugoslawien verwendet.

Mannlicher Modell 1895	
Herkunftsland:	Österreich-Ungarn
Jahr:	1895
Kaliber:	8 x 50R
Funktionsweise:	Zylinderverschluss
Gewicht:	3,78 kg
Gesamtlänge:	1270 mm
Lauflänge:	765 mm
Münd.geschwind.:	619 m/s
Feuerrate:	Einzelschuss
Zuführung:	Mittelschaftmagazin zu 5 Patronen

MUSKETEN & GEWEHRE

Ross-Gewehre

Diese Gewehre sind nach dem kanadischen Waffenkonstrukteur Sir Charles Ross benannt. Allen Varianten gemein ist ein Geradezugverschluss nach dem Mannlicher-Prinzip. Ross versuchte, die Verschlussfunktion durch symmetrisch angeordnete Warzen zu verbessern. Was aber theoretisch funktionierte, versagte in der Praxis. Als einziges britisches Kontingent waren die Kanadier 1914 mit Ross-Gewehren bewaffnet. Im Schmutz der Schlachtfelder bewährten sich die Ross-Gewehre im Ersten Weltkrieg nicht und wurden in den 1920er-Jahren ausgemustert. Interessant war, dass die Zubringereinrichtung ausgeschaltet werden konnte, wenn der Schütze einen Drücker am Schaft abwärtsschob. Dann konnten die Patronen lose in das Magazin geschüttet werden. Sobald dieser Drücker wieder losgelassen wurde, ordneten sich die Patronen von selbst im Magazin.

Ross-Gewehre
Herkunftsland:	Kanada
Jahr:	1896
Kaliber:	7,7 mm
Funktionsweise:	Zylinderverschluss
Gewicht:	4,48 kg
Gesamtlänge:	1285 mm
Lauflänge:	765 mm
Münd.geschwind.:	792 m/s
Feuerrate:	Einzelschuss
Zuführung:	Magazin zu 5 Patronen

Mauser Gewehr 1898

Mausers Gewehr von 1898 gilt als die Krönung der handbedienten Waffen mit Zylinderverschluss. Seine Kammer bildete den üblichen Verschluss und wurde durch zwei Kammerwarzen, die sich in Ausfräsungen im Hülsenkopf einschraubten, symmetrisch verriegelt. Versager des Gewehrs 98 waren selten. Dank Streifenladung konnte das leer geschossene Magazin blitzschnell nachgefüllt werden. Als besonders vorteilhaft erwies sich die leistungsstarke Mauser-Patrone 7,92 x 57 mm mit Spitzgeschoss, die dank hoher Geschwindigkeit noch auf Distanzen weit über 600 m Präzision bot. Mit montiertem Zielfernrohr bewährte sich das Gewehr 98 auch als Scharfschützengewehr. Wenn das Gewehr 98 überhaupt Mängel besaß, so war dies seine Gesamtlänge von 1250 mm.

Mauser Gewehr 1898
Herkunftsland:	Deutschland
Jahr:	1898
Kaliber:	7,92 x 57 mm Mauser M98
Funktionsweise:	Zylinderverschluss
Gewicht:	4,2 kg
Gesamtlänge:	1250 mm
Lauflänge:	740 mm
Münd.geschwind.:	640 m/s
Feuerrate:	Einzelschuss
Zuführung:	integriertes Magazin zu 5 Patronen

Springfield Modell 1903

Das Springfield Modell 1903 löste bei den Amerikanern das Krag-Jörgensen ab. Grundlage seiner Konstruktion war ein Verriegelungssystem nach Art des deutschen Mauser-Verschlusses. Mausers Verschluss galt damals als der beste der Welt und war für die Patrone .30 M1903 eingerichtet. Bei der Wahl dieser Patrone mit Torpedogeschoss orientierte man sich am deutschen 7,62-mm-Spitzgeschoss wegen seiner größeren Schussweite und Mündungsgeschwindigkeit. Das Modell 1903 war im Wesentlichen ein schlichtes, robustes Gewehr und diente den US-Streitkräften vom Ersten Weltkrieg bis zum Koreakrieg – vom Standardinfanteriegewehr bis zum Scharfschützengewehr.

Springfield Modell 1903
Herkunftsland:	USA
Jahr:	1903
Kaliber:	7,62 x 65 mm
Funktionsweise:	Zylinderverschluss
Gewicht:	3,94 kg
Gesamtlänge:	1097 mm
Lauflänge:	610 mm
Münd.geschwind.:	853 m/s
Feuerrate:	Einzelschuss
Zuführung:	integriertes Magazin zu 5 Patronen

132 MUSKETEN & GEWEHRE

Gewehr Modell 38

Das Gewehr Modell 38 bildete seit 1905 (Meiji 38, nach der japanischen Zeitrechnung das 38. Jahr der Regentschaft des Kaisers Meiji) die Hauptwaffe der japanischen Infanterie und blieb bis Ende der 1930er-Jahre im Dienst. Es entsprach im Allgemeinen dem Modell 30 Arisaka mit Zylinder und integriertem Magazin. Hatte sich das Modell 30 bei Verschluss und Auswerfer noch stark auf Mauser- und Mannlicher-Konzeptionen gestützt, so basierte das Modell 38 stärker auf dem Mauser-Prinzip. Das Modell 38 erwies sich als zuverlässig und gab kaum Anlass zu Beschwerden. Mit Blick auf mögliche Bajonettkämpfe hatten die Japaner am Althergebrachten festgehalten und das Modell 38 entsprechend lang konstruiert. Nur das kleine Kaliber von 6,5 mm erwies sich – wie schon beim Vorgängermodell – als wenig befriedigend.

Gewehr Modell 38	
Herkunftsland:	Japan
Jahr:	1905
Kaliber:	6,5 x 50SR Arisaka
Funktionsweise:	Zylinderverschluss
Gewicht:	4,2 kg
Gesamtlänge:	1275 mm
Lauflänge:	797,5 mm
Münd.geschwind.:	731 m/s
Feuerrate:	Einzelschuss
Zuführung:	integriertes Magazin zu 5 Patronen

Fusil Berthier mle 1907/15

Funktionelle Mängel des Lebel-Mehrladers zwangen Frankreich im zweiten Kriegsjahr zur Konstruktion des Berthier mle 1907/15. Es wurde nach dem französischen Waffenkonstrukteur André Berthier benannt, dessen Gewehrmodelle bereits seit Ende der 1880er-Jahre mit Streifenmagazinen ausgestattet waren. Sein Modell 1907 wurde zuerst „Gewehr der Senegalschützen" genannt und war für Frankreichs Kolonialtruppen konzipiert worden. Ab 1915 wurde das mle 1907 in großer Zahl als Standardgewehr mle 1907/15 mit modifiziertem Visier und Schloss seriengefertigt. Die Nachteile des dreischüssigen Magazins zwangen schon 1916 zur Umrüstung des mle 1907/15 auf ein Magazin, das fünf Patronen fasste. Diese Gewehre erhielten die Bezeichnung mle 1916.

Fusil Berthier mle 1907/15	
Herkunftsland:	Frankreich
Jahr:	1907
Kaliber:	8 x 50R Lebel mle 1886
Funktionsweise:	Zylinderverschluss
Gewicht:	3,8 kg
Gesamtlänge:	1306 mm
Lauflänge:	797 mm
Münd.geschwind.:	725 m/s
Feuerrate:	Einzelschuss
Zuführung:	Mittelschaftmagazin zu 3 Patronen

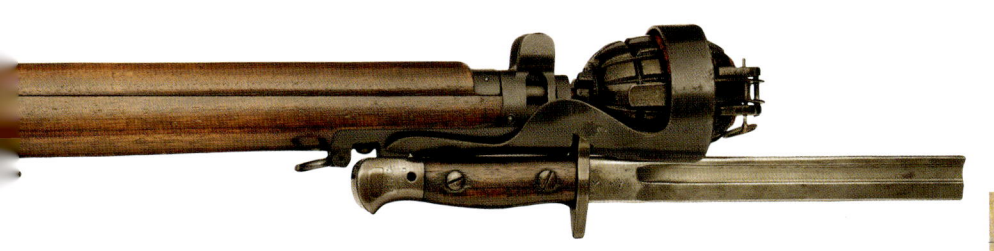

SMLE Rifle No. 1 Mk III

Die britischen Streitkräfte beschafften 1895 ihre ersten Lee-Enfield-Gewehre und damit eine Serie von Modellen mit Zylinderverschluss. Sie wurden vom Ersten Weltkrieg bis zum Koreakrieg genutzt und gelten unter manchen Fachleuten als die besten militärischen Handfeuerwaffen überhaupt. Das SMLE (Short Magazine Lee-Enfield) Mk III als Einheitsgewehr für alle Waffengattungen ist möglicherweise das ausgereifteste Modell dieser Reihe, obwohl für diese Version nur die Visierung der Vorläufermodelle Mk I und Mk I* verbessert wurde. Das Mk III wurde 1907 eingeführt und hatte eine sehr leichtgängige und kurze Ladebewegung. Das Mittelschaftmagazin fasste zehn Patronen und wurde per Ladestreifen gefüllt. Das Geschoss im Kaliber .303in (7,7 mm) war noch auf rund 1600 m tödlich.

SMLE Rifle No. 1 Mk III	
Herkunftsland:	Großbritannien
Jahr:	1907
Kaliber:	7,7 x 56R
Funktionsweise:	Zylinderverschluss
Gewicht:	3,93 kg
Gesamtlänge:	1133 mm
Lauflänge:	640 mm
Münd.geschwind.:	634 m/s
Feuerrate:	Einzelschuss
Zuführung:	Mittelschaftmagazin zu 10 Patronen

134 MUSKETEN & GEWEHRE

Garand

Garand	
Herkunftsland:	USA
Jahr:	1932
Kaliber:	7,62 mm
Funktionsweise:	Gasdrucklader
Gewicht:	4,313 kg
Gesamtlänge:	1107 mm
Lauflänge:	609 mm
Münd.geschwind.:	855 m/s
Feuerrate:	Halbautomat
Zuführung:	Patronenpack zu 8 Patronen

Während der Rest der Welt in Gewehre mit Zylinderverschluss investierte, wählten die USA einen eigenen, revolutionären Weg. 1932 entwickelten sie als Standardwaffe das automatische Selbstladegewehr (Gasdrucklader) Garand M1. Mit der Auslieferung an die Truppe wurde 1936 begonnen. Das solide konstruierte Garand erwies sich als ausgereifte, zuverlässige und robuste Waffe. Die M1 konnte so lange schießen, wie der Abzug zurückgezogen wurde und sich Munition im Magazin befand. Ein Vorteil, der dem US-Infanteristen im Zweiten Weltkrieg die größte individuelle Feuerkraft verlieh. Nachteilig war der magazinähnliche Patronenpack. Er konnte nur gefüllt eingesetzt und musste leer geschossen werden, bevor man ihn durch einen neuen ersetzen konnte. Das Nachladen einzelner Patronen war nicht möglich. Mit einem Gewicht von 4,3 kg war das Garand relativ schwer.

Karabiner 98k

Karabiner 98k	
Herkunftsland:	Deutschland
Jahr:	1935
Kaliber:	7,92 x 57 mm Mauser
Funktionsweise:	Zylinderverschluss
Gewicht:	3,9 kg
Gesamtlänge:	1110 mm
Lauflänge:	600 mm
Münd.geschwind.:	755 m/s
Feuerrate:	Einzelschuss
Zuführung:	Kastenmagazin zu 5 Patronen

Von 1899 bis 1940 entwickelte Mauser mehrere Karabinervarianten des Gewehrs 98. Der Karabiner 98k (kurz) wurde 1935 als Einheitswaffe eingeführt und diente der Wehrmacht bis 1945. Nach Kriegsende übernahmen unter anderem die Tschechoslowakei, Belgien und China die K98k aus noch vorhandenen deutschen Beständen. Wie beim Gewehr 98 bewährte sich der Mauser-Zylinderdrehverschluss mit zwei Verriegelungswarzen auch beim K98k. Kurz nach Kriegsbeginn 1939/40 wurde bewusst eine Qualitätsminderung bei all den Waffenteilen, die nichts mit der Schusspräzision zu tun hatten, in Kauf genommen. Dies betraf Schaft, Garnitur, Mehrladeeinrichtung, Visier und Finish. Der K98k wandelte sich vom Qualitäts- zum Verbrauchsprodukt. Auf die Schussleistung hatten die Fertigungsvereinfachungen allerdings keinerlei Einfluss. Aufgrund der damaligen Erfahrungen im Infanteriegefecht entfiel schließlich sogar der Seitengewehrhalter.

Fusil MAS 36

Fusil MAS 36	
Herkunftsland:	Frankreich
Jahr:	1936
Kaliber:	7,5 x 54 mle 1929
Funktionsweise:	Zylinderverschluss
Gewicht:	3,67 kg
Gesamtlänge:	1019 mm
Lauflänge:	574 mm
Münd.geschwind.:	823 m/s
Feuerrate:	Einzelschuss
Zuführung:	Magazinkasten zu 5 Patronen

Entgegen der damals üblichen Vorgehensweise wurde das MAS 36 im Hinblick auf eine neue Patrone konstruiert. Es handelte sich um die randlose Patrone 7,5 x 54 mle 1929, die die Randpatrone 8 mm Lebel ersetzen sollte. Obwohl ursprünglich als Standardpatrone für ein Maschinengewehr entwickelt, wurde schnell erkannt, dass sie auch Perspektiven für ein neues Infanteriegewehr eröffnete. Das MAS 36 war einer der letzten Mehrlader mit Zylinderschloss. Sein integriertes Mittelschaftmagazin fasste fünf Patronen. Der Verschluss ähnelte zwar dem Mauser-System, beim MAS 36 befanden sich zwei Verriegelungszapfen jedoch weit hinten. Da der Kammerstängel deshalb an einer für den Schützen ungünstigen Stelle platziert werden musste, wurde er mit einer Biegung nach vorn gerichtet, um eine gute Handhabung zu gewährleisten. Das kurze MAS 36 diente den französischen Streitkräften im Zweiten Weltkrieg und in den folgenden Kolonialkonflikten, bis es durch Selbstladewaffen abgelöst wurde.

Gewehr 41 (W) und Gewehr 43

Die Erprobungen deutscher Selbstladegewehre im Zweiten Weltkrieg begannen mit dem Gewehr 41 (W) von Walther, nachdem Mausers G 41 (M) 1940/42 enttäuschende Resultate geliefert hatte. Auf das G 41 (W), das nur in kleinen Stückzahlen gefertigt wurde, folgte 1943 das leistungsfähigere Gewehr 43. Der Gasdrucklader G 43 wurde mit einem Gaszylinder mit Kolben statt Gasdüse wie beim G 41 (W) und leicht austauschbarem Einsteckmagazin konzipiert und war somit eine völlig neue Waffe. Das Gewehr bewährte sich an der Front und war günstiger in der Fertigung, wurde aber bedingt durch den Kriegsverlauf nur in begrenzter Zahl gebaut. Mit Zielfernrohr diente das G 43 als Scharfschützenwaffe. Am 6. April 1944 wurde das G 43 in K 43 umbenannt.

Tokarew SWT40

Russland hatte sich bereits im Ersten Weltkrieg mit der Entwicklung von Selbstladegewehren beschäftigt. Mit der Produktion serienreifer Waffen konnte aber erst Ende der 1930er-Jahre begonnen werden. So wurde 1936 der Gasdrucklader Simonow AWS36 in begrenzter Zahl eingeführt, und Jahre später präsentierte Tokarew sein ebenfalls als Gasdrucklader konstruiertes Selbstladegewehr SWT38. Beide Modelle erwiesen sich als sehr anfällig, und so wurde das SWT38 erst nach umfangreichen Verbesserungen als SWT40 von der Roten Armee angenommen. Dieser robustere Halbautomat wurde aus einem ansteckbaren Magazin geladen. Komplettiert mit einem Zielfernrohr, diente das SWT40 mit besonders sorgfältig bearbeitetem Lauf als Scharfschützengewehr. Anfang 1945 endete die Serienfertigung des SWT40.

Tokarew SWT40

Herkunftsland:	UdSSR/Russland
Jahr:	1938
Kaliber:	7,62 x 54R
Funktionsweise:	Gasdrucklader
Gewicht:	3,89 kg
Gesamtlänge:	1222 mm
Lauflänge:	625 mm
Münd.geschwind.:	830 m/s
Feuerrate:	Halbautomat
Zuführung:	Trapezmagazin zu 10 Patronen

Rifle No. 4 Mk 1

Das Mehrladegewehr No. 4 Mk 1 war die endgültig letzte Version des Lee-Enfield für die britischen Infanteristen des Zweiten Weltkriegs. Wohldurchdachte Modifikationen hatten das Lee-Enfield zum perfekten Zylinderverschlussgewehr gemacht, obwohl es in den Kriegsjahren mit dem Ziel größtmöglicher Einsparung von Material, Zeit und Kosten mehrmals vereinfacht wurde. Während Magazin und die leichte Verschlussführung unverändert blieben, wurden Sicherung, Abzugssystem und Zieleinrichtung (Letzteres mehrfach) modifiziert. Zwischen 1939 und 1945 wurden mehr als zwei Millionen No. 4 Mk 1 gefertigt und blieben im Dienst, bis in den 1950er-Jahren das Selbstladegewehr L1 A1 als neue Standardwaffe eingeführt wurde.

Rifle No. 4 Mk 1

Herkunftsland:	Großbritannien
Jahr:	1939
Kaliber:	7,7 x 56R
Funktionsweise:	Zylinderverschluss
Gewicht:	4,11 kg
Gesamtlänge:	1128 mm
Lauflänge:	640 mm
Münd.geschwind.:	751 m/s
Feuerrate:	Einzelschuss
Zuführung:	abnehmbares Magazin für 10 Patronen

Gewehr 41 (W)

Herkunftsland:	Deutschland
Jahr:	1941
Kaliber:	7,92 x 57 mm Mauser
Funktionsweise:	Gasdrucklader
Gewicht:	5,03 kg
Gesamtlänge:	1136 mm
Lauflänge:	550 mm
Münd.geschwind.:	776 m/s
Feuerrate:	Halbautomat
Zuführung:	integr. Mittelschaftmagazin zu 10 Patronen

Gewehr 43

Herkunftsland:	Deutschland
Jahr:	1943
Kaliber:	7,92 x 57 mm Mauser
Funktionsweise:	Gasdrucklader
Gewicht:	4,4 kg
Gesamtlänge:	1117 mm
Lauflänge:	550 mm
Münd.geschwind.:	776 m/s
Feuerrate:	Halbautomat
Zuführung:	Einsteckmagazin zu 10 Patronen

TECHNIK DER HANDFEUERWAFFEN – AUSZIEHER UND AUSWERFER

Ausziehen und Auswerfen sind zwei der wichtigsten Funktionsphasen bei allen Feuerwaffen. Denn werden Patronenhülsen nicht sauber aus der Kammer entfernt und ausgeworfen, sind Pannen beim Nachladen unvermeidlich. Dann können beispielsweise scharfe Patronen auf leere Hülsen gepresst werden. Eine Darstellung der vielen verschiedenen Auszieher- und Auswerfervorrichtungen könnte ein eigenes Buch füllen, weshalb hier nur einige allgemeine Prinzipien beschrieben werden sollen. Dabei darf nicht übersehen werden, dass auf das Ausziehen einer Patronenhülse nicht zwangsläufig ihr Auswurf folgen muss. Bei vielen, meist älteren Kipplaufflinten und Revolvern wurden die Hülsen zwar aus der Kammer ausgezogen, mussten aber manuell ausgeworfen werden. Bei frühen Revolvern wurden Hülsen oft mit einer unter dem Lauf angeordneten und manuell zu betätigenden Auswerferstange ausgestoßen. Bei Feuerwaffen mit automatischem Auszug und Auswurf gibt es – abhängig vom Verschlusssystem – eine Vielzahl unterschiedlichster Vorrichtungen. Am einfachsten konstruiert sind Gasdrucklader, welche die nötige Kraft für Auszug und Auswurf der Hülsen aus der Rückstoßenergie des Schusses beziehen. Gas- bzw. Rückstoßladerverschlüsse besitzen ein spezielles Bauteil, mit dem die Hülse an ihrem Boden erfasst und aus der Kammer gezogen wird. Bei Waffen mit Zylinderverschluss und Maschinenwaffen ist der Auszieher gewöhnlich Teil des Schlosses.

M1 CARBINE

Die auf dem Visierfuß angeordnete Kimme ist auf dem Verschlussgehäuse montiert.

Beim Schuss wird die Schließfeder durch die Rückstoßenergie der Patrone .30 (7,62 x 33 mm) zusammengepresst.

Abzugssystem

Auswurfpforte, aus der die leeren Patronenhülsen während der Rückwärtsbewegung des Schlosses ausgeworfen werden

Der Auszieher des M1 ergreift den Rand der Hülse und zieht sie aus der Kammer.

Im Magazin warten scharfe Patronen auf die Zuführung in die Kammer.

ist krallen- oder hakenförmig gestaltet und greift die leere Hülse. Manchmal wird der Auszieher auch an der Stirnseite von Verschlussstück oder -zylinder so angeordnet, dass er die Hülse einfach und schnell aus der Kammer ziehen kann. Bei Kipplaufflinten erleichtern Ausziehkrallen das Nachladen, indem die Hülsen beim Öffnen der Waffe aus dem Patronenlager gezogen werden. Damit die Krallen sicher zupacken können, werden für Kipplaufflinten Patronen mit Rand bevorzugt.

Auswerfersysteme sind ähnlich kompliziert wie beim Auszieher, und es gibt sie in vielen Varianten. Das grundlegende Funktionsprinzip ist, dass an einem bestimmten Punkt der Rückwärtsbewegung der beweglichen Verschlussteile die Hülse vom Auszieher ergriffen und mechanisch – etwa von einer Feder – durch eine Öffnung ausgeworfen wird. Eine Ausnahme bilden auch hier wieder die Kipplaufflinten, bei denen Auszieher und Auswerfer häufig in einer Funktion kombiniert sind. Bei Handfeuerwaffen schleudert der Auswerfer die rotglühende, rauchende Hülse idealerweise seitlich nach vorn, während man sich bei fahrzeugmontierten Waffen nach der Gestaltung des Fahrzeuges richten muss.

Der Gasdruckmechanismus liefert die Energie für jede Funktion, einschließlich Ausziehen und Auswerfen.

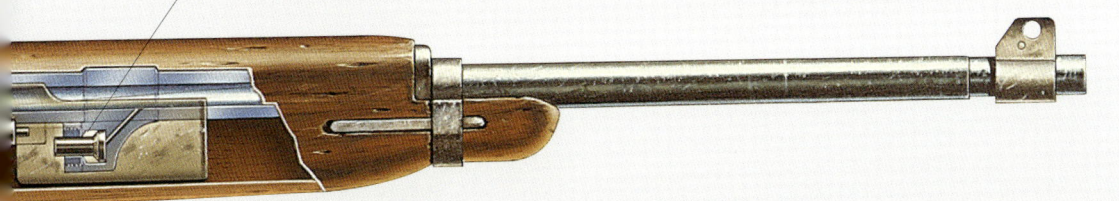

Ein US-Soldat feuert mit seinem Sturmgewehr M4 Carbine. Deutlich ist zu sehen, wie die abgeschossenen Hülsen nach rechts ausgeworfen werden. Im Idealfall schleudert das Auswerfersystem einer vollautomatischen Waffe die leeren Hülsen nach vorn und zur rechten Seite.

AUSZIEHER UND AUSWERFER 139

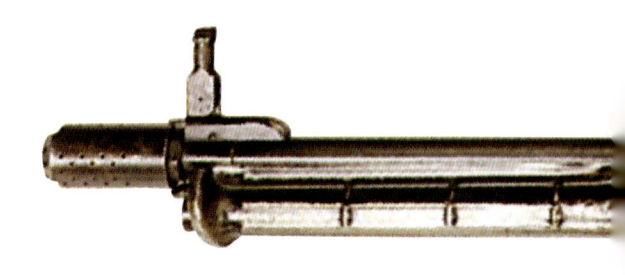

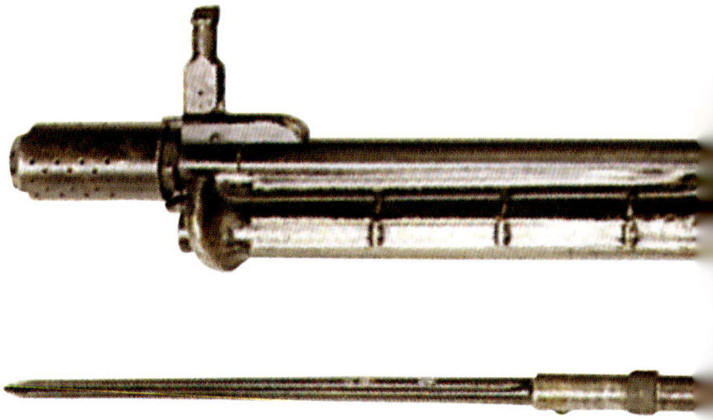

Fallschirmjägergewehr FG 42

Fallschirmjägergewehr FG 42	
Herkunftsland:	Deutschland
Jahr:	1942
Kaliber:	7,92 x 57 mm Mauser
Funktionsweise:	Gasdrucklader
Gewicht:	4,53 kg
Gesamtlänge:	945 mm
Lauflänge:	500 mm
Münd.geschwind.:	ca. 740 m/s
Feuerrate:	250–900 Schuss/min
Zuführung:	Flachmagazine zu 10 oder 20 Patronen

Obwohl das FG 42 anfänglich von der Luftwaffe als Einheitswaffe geplant war, kam das Gewehr nur bei den Fallschirmjägern zum Einsatz. Rheinmetall hatte das FG 4 als vollautomatischen Gasdrucklader für Einzel- und Dauerfeuer konstruiert. Einze feuer erfolgte bei geschlossener, Dauerfeuer bei offener Verschlussstellung. Lauf, Verschluss, Schaft und Schulter des Schützen bildeten eine gerade Linie. Dadurch konnte der Schütze den Rückstoßimpuls besser kontrollieren, was zu einer verbesse ten Treffsicherheit bei Dauerfeuer (250 bis 900 Schuss/min) führte. Aufgrund der ursprünglich geplanten Verwendung als Einheitswaffe erhielt das FG 42 ein Bajone und Zweibein. Das FG 42 bewährte sich zwar, wurde aber – angeblich aus Kosten-gründen – nicht in großer Zahl gefertigt.

Carbine M1

Dieser handliche Selbstladekarabiner (Gasdrucklader), der ursprünglich als leichte Nahkampfwaffe für ungeübte Soldaten rückwärtiger Verbände geplant war, wurde von Winchester konstruiert und ab 1942 seriengefertigt. Er war für die Patrone Kaliber .030 Carbine (7,62 x 33 mm) eingerichtet. Im Hinblick auf die ballistische Leistung lag diese Patrone zwischen Pistolen- und Gewehrmunition und war für Einsatzschussweiten von nur 300 bis 400 m ausgelegt. Das Ergebnis war ein leichter Rückstoß und eine einfache Handhabung. Der M1 war als Hauptwaffe nicht überall beliebt, wurde aber trotz schwächerer Leistungen schon bald als Zweitwaffe bei der kämpfenden Truppe eingesetzt. Schnell entstanden verschiedene Varianten, wie das M1A1 für Fallschirmjäger (umklappbare Schulterstütze), das M2 mit Einzel- und Dauerfeuer sowie das M3 mit Infrarotzielgerät für Scharfschützen.

Carbine M1
Herkunftsland:	USA
Jahr:	1942
Kaliber:	7,62 x 33 mm
Funktionsweise:	Gasdrucklader
Gewicht:	2,36 kg
Gesamtlänge:	904 mm
Lauflänge:	457 mm
Münd.geschwind.:	600 m/s
Feuerrate:	Halbautomat
Zuführung:	Stangenmagazin zu 15 oder 30 Patronen

Karabiner De Lisle

Diese Waffe wurde im Zweiten Weltkrieg speziell für britische Sonderformationen entwickelt. Auffälligstes Merkmal ist ihr großer, den Lauf völlig umschließender Schalldämpfer. Der Karabiner war für Pistolenpatronen (Einsatzschussweite max. 500 m) eingerichtet und beim Schuss extrem leise – wie bei einem Druckluft- oder Kleinkalibergewehr. Auf nächste Distanz unüberhörbar waren jedoch die Geräusche, die das Nachladen sowie der Schlagbolzen verursachten. Als Funktionssystem diente ein Lee-Enfield-Verschluss. Die Munition wurde dem Zylinderverschluss aus einem für acht Patronen eingerichteten Stangenmagazin zugeführt.

Karabiner De Lisle
Herkunftsland:	Großbritannien
Jahr:	1943
Kaliber:	11,43 x 23 mm
Funktionsweise:	Zylinderverschluss
Gewicht:	3,7 kg
Gesamtlänge:	960 mm
Lauflänge:	210 mm
Münd.geschwind.:	260 m/s
Feuerrate:	Einzelschuss
Zuführung:	Stangenmagazin zu 8 Patronen

MUSKETEN & GEWEHRE

Sturmgewehr 44

Das StG 44 wurde unter der anfänglichen Benennung MP 43 entwickelt und legte die Grundlagen für die späteren Sturmgewehre. Es verschoss die Pistolenmunition 43 (7,92 x 33 mm) aus auswechselbaren Stangenmagazinen zu 30 Patronen und erreichte eine Schussfolge von 500 Schuss/min. Da man solche Feuergeschwindigkeiten sonst nur von Maschinengewehren kannte und sich die MP 43 bei Truppenversuchen als gute Nahkampfwaffe bewährte, wurde sie am 9. Dezember 1944 als Sturmgewehr 44 eingeführt. Als starr verriegelter Gasdrucklader mit Kippblockverschluss war das StG 44 für Einzelfeuer und Feuerstöße eingerichtet. Überschüssige Gase konnten nach oben aus dem Gaszylinder entweichen. Wie schon ein flüchtiger Blick auf das StG 44 verrät, basierte das spätere AK-47 entscheidend auf dieser deutschen Konstruktion.

Sturmgewehr 44	
Herkunftsland:	Deutschland
Jahr:	1944
Kaliber:	7,92 x 33 mm kurz
Funktionsweise:	Gasdrucklader
Gewicht:	4,62 kg
Gesamtlänge:	930 mm
Lauflänge:	419 mm
Münd.geschwind.:	685 m/s
Feuerrate:	500 Schuss/min
Zuführung:	Stangenmagazin zu 30 Patronen

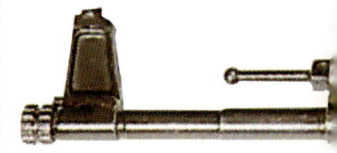

Rifle No. 5 Mk 1

Das No. 5 Mk 1 wurde für den Kampf im asiatischen Dschungel entwickelt, und sein Lauf und Vorderschaft waren im Vergleich zum Standardgewehr No. 4 kürzer. Theoretisch schien alles gut durchdacht. Da der Karabiner aber Gewehrmunition verschoss, erzeugte die starke Patrone einen Rückschlag von ungeheurer Wucht und einen ohrenbetäubenden Mündungsknall. Dies war nicht nur für den Schützen unerträglich. Auch die Präzision litt, da sich die Visierung verschob und häufig neu eingestellt werden musste. Das starke Mündungsfeuer ließ sich durch einen Mündungsfeuerdämpfer nicht eindämmen. Zwangsläufig wurden diese Karabiner 1947 ausgemustert.

Rifle No. 5 Mk 1	
Herkunftsland:	Großbritannien
Jahr:	1944
Kaliber:	7,7 x 56R
Funktionsweise:	Zylinderverschluss
Gewicht:	3,25 kg
Gesamtlänge:	1003 mm
Lauflänge:	476 mm
Münd.geschwind.:	730 m/s
Feuerrate:	Einzelschuss
Zuführung:	abnehmbares Magazin zu 10 Patronen

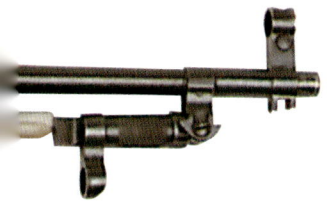

SKS 45

Der von Simonow entwickelte Selbstladekarabiner SKS 45 ist von seinem Nachfolger AK-47 bald aus dem Truppendienst verdrängt worden. Im Gegensatz zu früheren sowjetischen Selbstladewaffen war der SKS 45 nicht für die sowjetische Standardgewehrpatrone, sondern für die Kurzpatrone 7,62 x 39 M1943 eingerichtet. Der Karabiner war als Gasdrucklader mit feststehendem Lauf, Blockverschluss und Kippverriegelung konstruiert, und die Patronen wurden bei geöffnetem Verschluss mittels Ladestreifen von oben in das fest integrierte Magazin eingeführt. Dank solider Konstruktion und leichter Handhabung wurde der SKS 45 von den meisten sowjetischen „Bruderstaaten" erworben und ist als günstige Waffe heute noch rund um den Globus beliebt.

SKS 45	
Herkunftsland:	UdSSR/Russland
Jahr:	1945
Kaliber:	7,62 x 39 mm M1943
Funktionsweise:	Gasdrucklader
Gewicht:	3,85 kg
Gesamtlänge:	1021 mm
Lauflänge:	521 mm
Münd.geschwind.:	735 m/s
Feuerrate:	Halbautomat
Zuführung:	integr. Mittelschaftmagazin zu 10 Patronen

AK-47

Der AK-47 wurde Mitte der 1940er-Jahre von Michail T. Kalaschnikow entwickelt und 1947 von der sowjetischen Armee als Standardwaffe angenommen. Er war weitestgehend den deutschen Maschinenkarabinern nachempfunden und erfüllte in hervorragender Weise die Aufgaben von MP, Selbstladegewehr und lMG. Der weltweite Erfolg blieb nicht aus und machte den AK-47 zur erfolgreichsten Waffe aller Zeiten. Heute noch sind schätzungsweise 100 Millionen Waffen dieses Modells rund um den Globus im Einsatz. Der AK-47 war keine revolutionäre Konstruktion, aber dieser Gasdrucklader mit Drehverschluss war kaum anfällig für Verschmutzung und dadurch sehr zuverlässig. Das AK-47 war auch von nur oberflächlich ausgebildeten Schützen leicht zu handhaben und zu pflegen; darüber hinaus war seine Schussleistung bis zu 400 m äußerst zufriedenstellend. Der ursprüngliche Holzkolben wurde später durch eine nach vorn klappbare Schulterstütze ersetzt.

AK-47

Herkunftsland:	UdSSR/Russland
Jahr:	1947
Kaliber:	7,62 x 39 mm M1943
Funktionsweise:	Gasdrucklader
Gewicht:	5,13 kg
Gesamtlänge:	869 mm
Lauflänge:	414 mm
Münd.geschwind.:	710 m/s
Feuerrate:	600 Schuss/min
Zuführung:	Kurvenmagazin zu 30 Patronen

Fusil Mitrailleur mle 49

Diese Waffe – besser bekannt als MAS 49 – steht für Frankreichs Umrüstung auf Selbstladegewehre. Das MAS 49 war ein verriegelter Gasdrucklader mit feststehendem Lauf. Im Gegensatz zu vielen anderen Gasdruckladern wirkten die Gase beim MAS 49 nicht über einen Kolben, sondern direkt auf die Stirnseite des Verschlusses. Obwohl ein solches System zu schneller Verschmutzung neigte, funktionierte das MAS 49 zufriedenstellend. Allerdings blieben viele ausländische Absatzmärkte verschlossen, weil die Franzosen nicht die NATO-Patrone 7,62 x 51 mm übernahmen, sondern ihre Patrone 7,5 x 54 mm mle 29 beibehielten. Erst in den 1970er-Jahren wurden MAS 49 in begrenzter Zahl auf das NATO-Kaliber umgerüstet, obwohl die Serienfertigung bereits 1965 beendet worden war.

Fusil Mitrailleur mle 49

Herkunftsland:	Frankreich
Jahr:	1949
Kaliber:	7,5 x 54 mm mle 29
Funktionsweise:	Gasdrucklader
Gewicht:	3,9 kg
Gesamtlänge:	1010 mm
Lauflänge:	521 mm
Münd.geschwind.:	817 m/s
Feuerrate:	Halbautomat
Zuführung:	Trapezmagazin für 10 Patronen

EM2

Herkunftsland:	Großbritannien
Jahr:	1951
Kaliber:	7 mm
Funktionsweise:	Gasdrucklader
Gewicht:	4,78 kg
Gesamtlänge:	889 mm
Lauflänge:	622 mm
Münd.geschwind.:	771 m/s
Feuerrate:	600–650 Schuss/min
Zuführung:	Stangenmagazin für 20 Patronen

EM2

Die Meriten, die dem späteren SA80 als wegweisender Bullpup-Waffe zugewiesen wurden, lassen oft vergessen, dass Enfield bereits Ende der 1940er- bzw. Anfang der 1950er-Jahre mit dem EM2 eine gute und extrem kurze Bullpup-Waffe entwickelt hatte. Verschluss und Schließfeder waren im Kolben, das Magazin hinter dem Pistolengriff und das Visier auf dem Tragegriff angeordnet. Als Gasdrucklader für eine kurze Patrone im Kaliber 7 mm eingerichtet, war das EM2 für Einzel- und Dauerfeuer konzipiert. Es schoss dank serienmäßiger optischer Visierung sehr präzise und scheiterte doch an seiner Patrone. Denn für die USA hätte die Annahme der EM2-Patrone eine Kaliberänderung zu einer Zeit bedeutet, als noch riesige Vorräte alter Munition auf Lager waren, und so beharrten die USA auf ihrer T65-Patrone 7,62 x 51 mm als NATO-Standard, und die EM2 landete im Museum.

Samonabiject Puska vz 52

Das Selbstladegewehr Modell 52 wurde von 1952 bis 1959 seriengefertigt. Seine kurze Dienstzeit erklärt sich dadurch, dass auch der Warschauer Pakt auf eine weitgehend einheitliche Bewaffnung und Munitionierung drängte. Da die sowjetische Kurzpatrone den militärischen Anforderungen bestens zu genügen schien, wurde sie als Standardmunition eingeführt. Für die Tschechoslowakei bedeutete dies, dass das Modell 52 auf die Kurzpatrone M43 mit den Abmessungen 7,62 x 39 mm umgebaut werden musste, und so entstand das Modell 52/57. Die Modelle 52 und 52/57, die technisch von dem deutschen Maschinenkarabiner MKb 42 (H) beeinflusst waren, stellten Gasdrucklader mit starr verriegeltem Verschluss und langem Gaszylinder, seitlich umklappbarem Bajonett und Stangenmagazin dar. Beide Varianten wurden schnell von dem populären AK-47 verdrängt.

Samonabiject Puska vz 52

Herkunftsland:	Tschechoslowakei
Jahr:	1952
Kaliber:	7,62 x45 mm M52
Funktionsweise:	Gasdrucklader
Gewicht:	4,28 kg
Gesamtlänge:	1003 mm
Lauflänge:	523 mm
Münd.geschwind.:	744 m/s
Feuerrate:	Halbautomat
Zuführung:	Stangenmagazin zu 10 Patronen

SiG AK53	
Herkunftsland:	Schweiz
Jahr:	1953
Kaliber:	7,5 x 55 mm M1911
Funktionsweise:	Gasdrucklader
Gewicht:	4,9 kg
Gesamtlänge:	1000 mm
Lauflänge:	600 mm
Münd.geschwind.:	750 m/s
Feuerrate:	300 Schuss/min
Zuführung:	Stangenmagazin zu 30 Patronen

SiG AK53

Das AK53 war eine Kuriosität unter den ansonsten als solide geltenden SiG-Waffen, aber es war ein interessanter technischer Versuch auf dem Gebiet der Maschinenkarabiner. Ungewöhnlich war der vorgleitende Verschluss. Bei diesem Funktionsprinzip blieb der Verschluss verriegelt, bis der Lauf beim Schuss durch einen Gasdruckzylinder nach vorn gedrückt wurde. Sodann wurde die nächste Patrone aus dem Magazin zugeführt, während der Lauf in seine Ausgangsposition zurückkehrte. Dieses Funktionsprinzip bewährte sich nicht, und so wurde das AK53 in den 1950er-Jahren von besseren SiG-Sturmgewehren verdrängt. Der Schlitz im Magazin zeigte dem Schützen, wie viele Schüsse ihm noch verblieben.

FN FAL

Dieses für die NATO-Patrone 7,62 x 51 mm eingerichtete Schnellfeuergewehr zählt zu den größten Exportschlagern der Fabrique Nationale und gilt als eine der weitverbreitetsten Handfeuerwaffen. Als Gasdrucklader mit feststehendem Lauf und Kippverschluss erwies sich das FAL als außerordentlich zuverlässig. Anders als die in den 1950er- und 1960er-Jahren entwickelten Sturmgewehre verschoss das FAL Gewehrmunition im NATO-Kaliber. Da die überdimensionierte Treibladung der Patrone einen heftigen Rückstoß verursachte, war das FAL bei Dauerfeuer sehr instabil. Auch deshalb führten die Briten das FAL nur als Selbstlader ein. Für Dauerfeuer besser geeignet ist das FAL 50-41 mit Zweibein und schwerem Lauf. Das FAL Para für die Fallschirmjäger erhielt eine abklappbare Metallschulterstütze.

FN FAL
Herkunftsland:	Belgien
Jahr:	1953
Kaliber:	7,62 x 51 mm NATO
Funktionsweise:	Gasdrucklader
Gewicht:	5 kg
Gesamtlänge:	1143 mm
Lauflänge:	554 mm
Münd.geschwind.:	838 m/s
Feuerrate:	650–700 Schuss/min
Zuführung:	Stangenmagazin zu 20 Patronen

M14

Die Annahme des Kalibers 7,62 x 51 mm als NATO-Patrone stellte die Mitgliedsländer vor die Wahl, entweder ein geeignetes Gewehr auf dem Markt zu finden oder zu entwickeln. Die USA entschieden sich für das M14, ein Garand mit neu konstruiertem Vorderschaft und großem Stangenmagazin. Es war nicht nur für Einzelfeuer und kurze Feuerstöße, sondern unverständlicherweise auch für Dauerfeuer eingerichtet. Seine theoretische Feuergeschwindigkeit wurde mit 750 Schuss/min angegeben, betrug in der Praxis aber nur rund 60 Schuss/min. Der nicht auswechselbare Lauf überhitzte schnell, weshalb viele M14 zu reinen Selbstladegewehren umgerüstet wurden. Es wurde zugunsten des Schnellfeuergewehrs M16 ausgemustert, aber lebt heute noch als Selbstlade-Scharfschützengewehr M21 weiter.

M14
Herkunftsland:	USA
Jahr:	1957
Kaliber:	7,62 x 51 mm NATO
Funktionsweise:	Gasdrucklader
Gewicht:	3,88 kg
Gesamtlänge:	1120 mm
Lauflänge:	559 mm
Münd.geschwind.:	853 m/s
Feuerrate:	700–750 Schuss/min
Zuführung:	Stangenmagazin zu 20 Patronen

Heckler & Koch G3

Heckler & Koch G3	
Herkunftsland:	Spanien/Deutschland
Jahr:	1959
Kaliber:	7,62 x 51 mm NATO
Funktionsweise:	Rückstoßlader mit Rollenverschluss
Gewicht:	5,02 kg
Gesamtlänge:	1025 mm
Lauflänge:	450 mm
Münd.geschwind.:	800 m/s
Feuerrate:	500–600 Schuss/min
Zuführung:	Stangenmag. 20 Pat.

Wie beim spanischen CETME beginnt auch die Vorgeschichte des G3 bei der Entwicklung der deutschen Sturmgewehre 44 und 45 (M), und wie das CETME war auch das G3 international sehr erfolgreich. Der Rückstoßlader mit feststehendem Lauf und einem robusten, beweglich abgestützten Rollenverschluss wurde von mehr als 60 Staaten erworben. Er erwies sich als zuverlässig, unempfindlich gegen Staub und war wahlweise für Einzelfeuer und Feuerstöße verwendbar. Dieser Selbstlader war äußerst zweckmäßig konstruiert und ließ sich einfach bedienen, zerlegen und reinigen. Populärste Mitglieder der G3-Familie waren die Grundmuster G3A1, G3A2 und G3A3 mit einschiebbarer bzw. fester Schulterstütze und unterschiedlichen Visiereinrichtungen. Zahlreiche weitere Varianten sind bekannt – vom Karabiner mit Klappschaft bis zum Scharfschützengewehr.

CETME 58

Prototypen des CETME-Gewehrs waren im Zweiten Weltkrieg in Deutschland gebaut worden und beruhten auf dem Prototypen des Sturmgewehrs 45 M (Mauser). Die Waffe wurde in Spanien zu kostengünstiger Fertigungsreife entwickelt und ging Mitte der 1950er-Jahre als CETME 58 in Serie. Das Gewehr konnte als Selbstlader Einzel- und Dauerfeuer verschießen. Dabei funktionierte es als Rückstoßlader mit halbstarr verriegeltem Rollenverschluss und feststehendem Lauf. Bei Einzelfeuer wurde der Hahn nach jedem Schuss „gefangen" und musste durch den Abzug ausgelöst werden. Auch bei Dauerfeuer wurde der Hahn „gefangen" und in vorderster Verschlussstellung automatisch freigegeben, solange der Abzug gezogen war. Das G3 von Heckler & Koch basiert weitgehend auf dem CETME 58. Das CETME 58 wurde in verschiedenen Modifikationen gefertigt, beispielsweise als Modell B mit leichterer CETME/NATO-Patrone, als Modell C für die NATO-Patrone 7,62 x 51 mm und als Modell L im Kaliber 5,56 mm.

CETME 58
Herkunftsland:	Spanien
Jahr:	1958
Kaliber:	7,62 x 51 mm NATO
Funktionsweise:	Rückstoßlader mit Masseverschluss
Gewicht:	4,49 kg
Gesamtlänge:	1016 mm
Lauflänge:	450 mm
Münd.geschwind.:	780 m/s
Feuerrate:	600 Schuss/min
Zuführung:	Kurv.mag. zu 20 Pat.

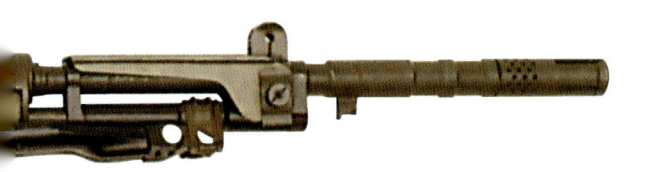

Beretta BM59 Mk 1

Es kann nicht verwundern, dass das Beretta BM59 und das amerikanische M14 sich äußerlich sehr ähnlen, schließlich basieren beide auf dem Garand M1. Die Serienfertigung des BM59 dauerte von 1959 bis 1966. Es verschoss die neue NATO-Patrone 7,62 x 51 mm und war für Einzel- und Dauerfeuer eingerichtet. Wie beim M14 war auch die Leistung des BM59 bei Dauerfeuer unbefriedigend. Beretta reagierte auf dieses Problem und schuf – bei ansonsten unveränderter Konstruktion – das lMG BM59 Mk 4 mit schwerem Lauf und Zweibein. Auch zwei Spezialausführungen des Mk 3 mit Standardlauf erhielten Zweibeine und zusätzlich abklappbare Metallschulterstützen: Paracudisti (Fallschirmjäger) und Alpini (Gebirgsjäger).

Beretta BM59 Mk 1
Herkunftsland:	Italien
Jahr:	1959
Kaliber:	7,62 x 51 mm NATO
Funktionsweise:	Gasdrucklader
Gewicht:	4,6 kg
Gesamtlänge:	1095 mm
Lauflänge:	490 mm
Münd.geschwind.:	823 m/s
Feuerrate:	750 Schuss/min
Zuführung:	Stangenmagazin zu 20 Patronen

TECHNIK DER HANDFEUERWAFFEN – DREHVERSCHLUSS

Der Verschluss ist einer der wichtigsten Bauteile von Feuerwaffen. Bei der Zündung der Treibladung entsteht in der Patrone eine starke Gasentwicklung. Diese Gase blähen die Patronenhülse auf und schließen die Kammer seitlich gasdicht ab. Ihre Abdichtung nach hinten erfolgt durch den Verschluss, der den Patronenboden nach hinten abstützt. Entscheidend bei jedem Verschlusssystem ist, dass sich das Verschlussstück erst dann bewegt und entriegelt, wenn der Gasdruck innerhalb der Kammer so weit abgebaut ist, dass weder die Funktion der Waffe noch der Schütze gefährdet sind, und das Geschoss den Lauf verlassen hat. Unter den Verschlusssystemen zählt der Drehverschluss zu de[n] wichtigsten.

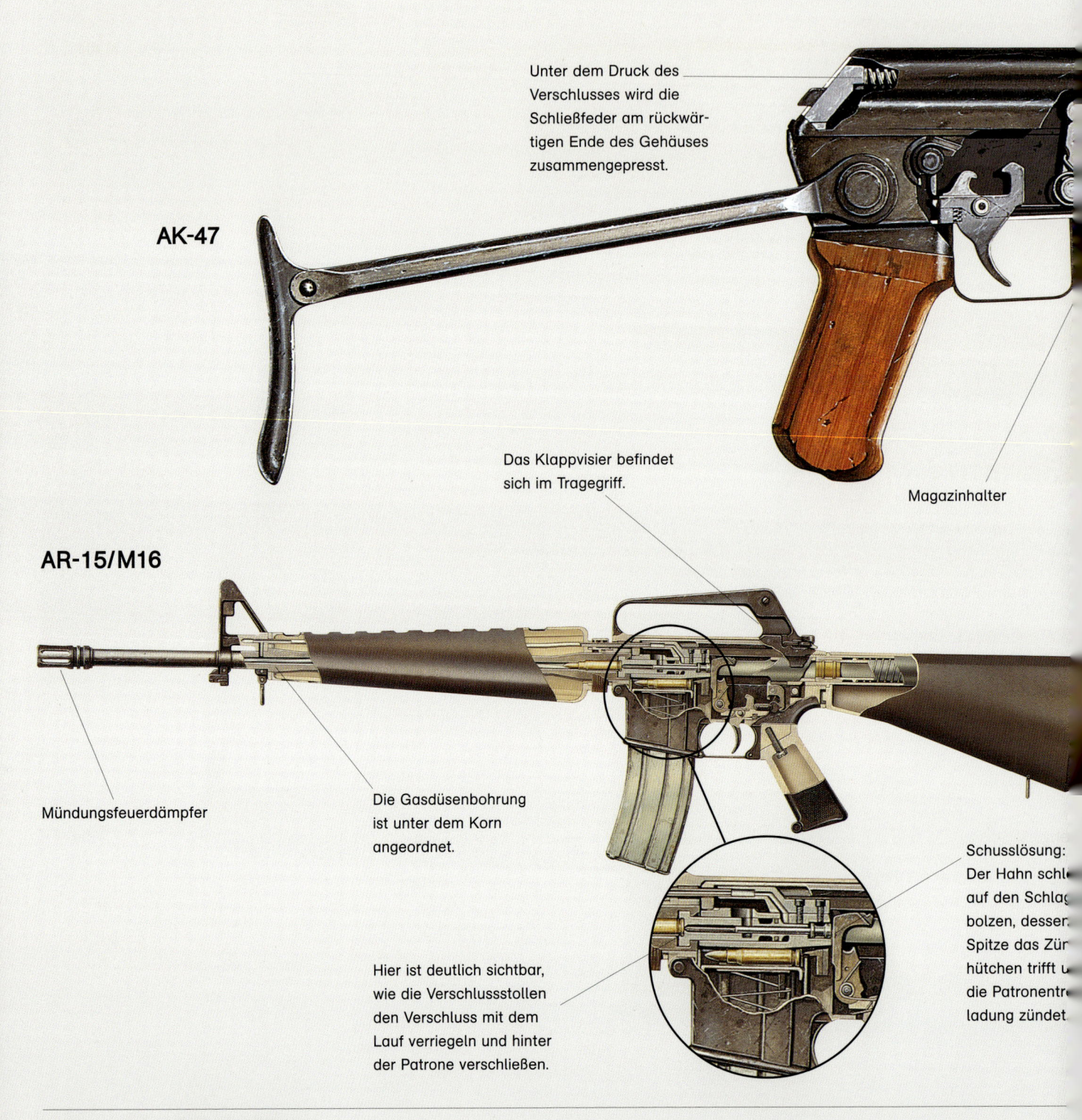

AK-47

Unter dem Druck des Verschlusses wird die Schließfeder am rückwärtigen Ende des Gehäuses zusammengepresst.

Magazinhalter

Das Klappvisier befindet sich im Tragegriff.

AR-15/M16

Mündungsfeuerdämpfer

Die Gasdüsenbohrung ist unter dem Korn angeordnet.

Hier ist deutlich sichtbar, wie die Verschlussstollen den Verschluss mit dem Lauf verriegeln und hinter der Patrone verschließen.

Schusslösung: Der Hahn schl[ägt] auf den Schlag[-]bolzen, desse[n] Spitze das Zün[d]hütchen trifft u[nd] die Patronentr[eib]ladung zündet.

150 MUSKETEN & GEWEHRE

Der Drehverschlusskopf wird über eine Steuerkurve im Systemgehäuse (Verschlussträger) in eine Drehbewegung gezwungen.

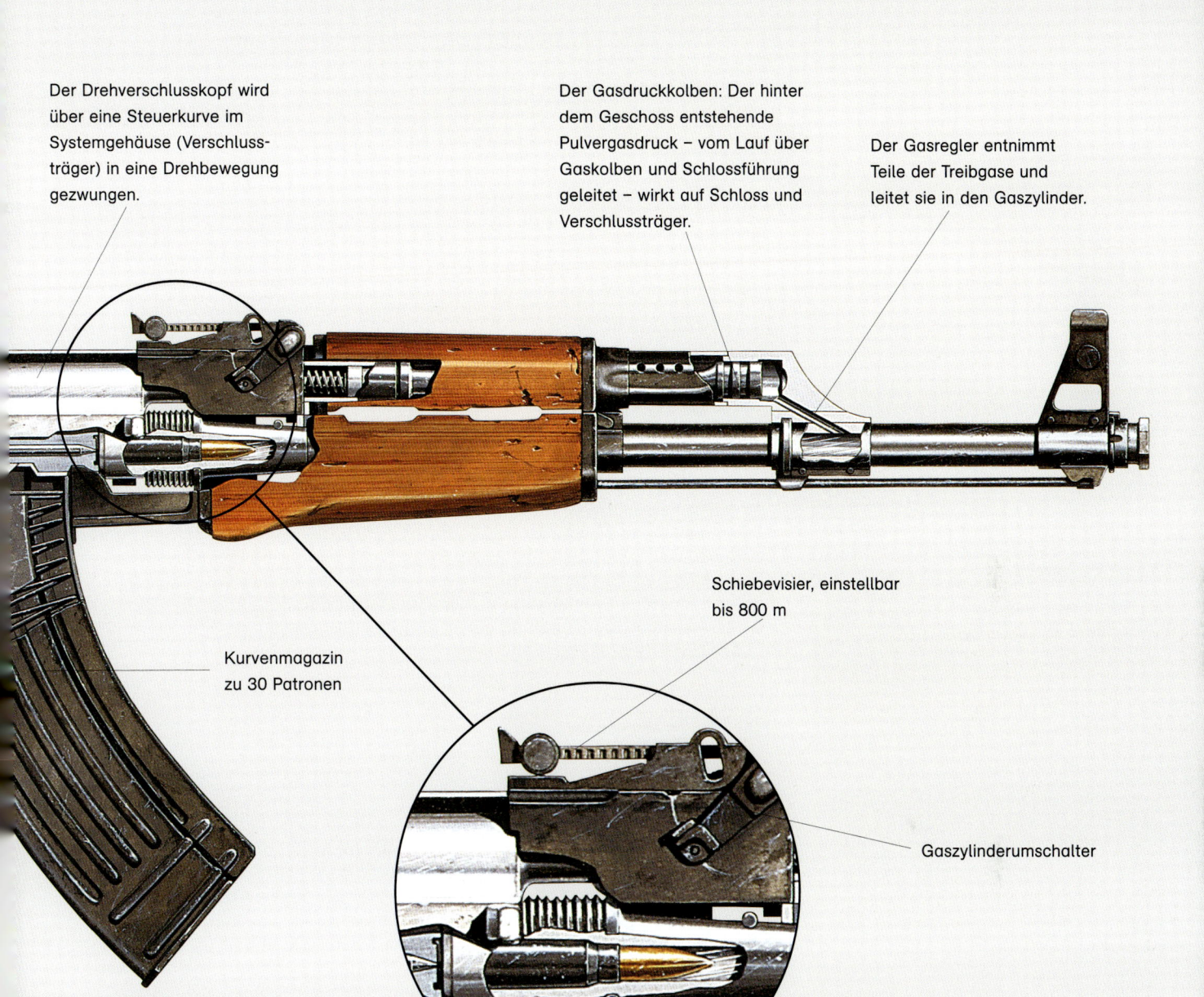

Der Gasdruckkolben: Der hinter dem Geschoss entstehende Pulvergasdruck – vom Lauf über Gaskolben und Schlossführung geleitet – wirkt auf Schloss und Verschlussträger.

Der Gasregler entnimmt Teile der Treibgase und leitet sie in den Gaszylinder.

Kurvenmagazin zu 30 Patronen

Schiebevisier, einstellbar bis 800 m

Gaszylinderumschalter

ehverschlüsse finden sich im Allgemei-
n in Verbindung mit Gasdruckladern und
rden deshalb bei modernen Sturmge-
ehren wie dem M16 und dem AK-47 sowie
nchen Maschinengewehren verwendet.
ar kennt man den Drehverschluss in
hlreichen Varianten, meist aber besteht
aus einem Verschlussträger sowie einem
rauf drehbar gelagerten Verschlusskopf.
ser Kopf verfügt über zwei Verriege-
gswarzen und wird nach Zuführung
r Patrone am Ende des Verschluss-
vorlaufs über eine Steuerkurve im Systemgehäuse um etwa 45 Grad gedreht. Bei
diesem Vorgang greifen die Verriegelungswarzen des Verschlusskopfes in exakt
abgestimmte Nuten der Kammer (Verriegelungskamm) und schließen den Lauf
hinter der Patrone. Nach dem Schuss bewirkt der unter Gasdruck zurücklaufende
Verschlussträger in Verbindung mit der
Steuerkurve eine gegensätzliche Drehbewegung des Verschlusskopfes. Dadurch
löst sich der Verschlussträger aus dem
Verriegelungskamm, weicht zurück und
gibt den Lauf frei. Gleichzeitig wird die
leere Hülse ausgezogen und ausgeworfen.
Beim Rücklauf spannt der Verschlussträger den Schlagbolzen, ergreift die
nächste Patrone, führt sie in die Kammer
und verschließt den Lauf zum nächsten
Schuss. Drehverschlüsse haben sich als
außerordentlich zuverlässig bewährt.

DREHVERSCHLUSS

Marlin Modell 60

Marlin Modell 60	
Herkunftsland:	USA
Jahr:	1960
Kaliber:	5,53 mm
Funktionsweise:	Rückstoßlader
Gewicht:	2,5 kg
Gesamtlänge:	1029 mm
Lauflänge:	559 mm
Münd.geschwind.:	390 m/s
Feuerrate:	Halbautomat
Zuführung:	Röhrenmagazin zu 14 Patronen

Seit der Einführung auf dem US-Markt 1960 erfreute sich Marlins Modell 60, das für die Patrone .22 LR (5,53 mm) eingerichtet war, enormer Popularität. Diese Randfeuerpatrone ist weltweit besonders bei Scheinwerferjagd und Scheibenschießen beliebt. Das Röhrenmagazin fasst 14 Patronen und ist aus Messing gefertigt. Das Modell 60 ist als Selbstlader konstruiert und funktioniert nach dem Rückstoßprinzip. Die Laufinnenwand hat 16 Züge, wodurch das Geschoss ohne Deformierungen drallstabilisiert wird. Dank seiner idealen Kombination aus geringem Gewicht und exzellenter Zuverlässigkeit gilt das Modell 60 als einer der besten Selbstlader im Kaliber .22 seit Ende des Zweiten Weltkriegs.

AR-15 (M16)

AR-15 (M16)	
Herkunftsland:	USA
Jahr:	1960
Kaliber:	5,56 x 45 mm NATO
Funktionsweise:	Gasdrucklader
Gewicht:	3,99 kg
Gesamtlänge:	1006 mm
Lauflänge:	508 mm
Münd.geschwind.:	853 m/s
Feuerrate:	800 Schuss/min
Zuführung:	Stangenmagazin zu 30 Patronen

Seit über 40 Jahren ist das M16 das Standardgewehr der US-Streitkräfte. Es basiert auf Eugen Stoners gasdruckbetätigtem AR-15, das er Mitte der 1950er-Jahre entwickelt hatte. Obwohl es für das kleine Kaliber 5,56 x 45 mm eingerichtet war, wurde das AR-15 zuerst von der US-Luftwaffe und später von der US Army eingeführt, und ab 1966 löste das M-16A1 (ein leicht modifiziertes AR-15) das veraltete M14 ab. In den Urwäldern und Sümpfen Vietnams bewährte sich das M16 anfangs nicht. Erst als die Mängel behoben waren, wurde es zu einem der besten Sturmgewehre der Nachkriegszeit. 1984 folgte das weiterentwickelte M16A2. Das äußerlich fast identische Gewehr unterscheidet sich von der älteren Version primär durch eine Automatik, die das Dauerfeuer auf dreischüssige Feuerstöße begrenzt.

MUSKETEN & GEWEHRE

Valmet/Sako Rk.60

Herkunftsland:	Finnland
Jahr:	1960
Kaliber:	7,62 x 51 mm NATO
Funktionsweise:	Gasdrucklader
Gewicht:	4,7 kg
Gesamtlänge:	914 mm
Lauflänge:	420 mm
Münd.geschwind.:	719 m/s
Feuerrate:	650 Schuss/min
Zuführung:	Kurvenmagazin zu 30 Patronen

Vielleicht war es die Nähe zur UdSSR, die die finnische Firma Valmet veranlasste, für ihr Rk.60 das Konstruktionsprinzip und die Funktionsweise des Sturmgewehrs AK-47 zu übernehmen. Im Gegensatz zum AK-47 wurde es allerdings mit einer festen, röhrenförmigen Metallschulterstütze (mit Reinigungsgerätefach), einem großen Mündungsfeuerdämpfer sowie Pistolengriff und Handschutz aus Kunststoff ausgestattet und extrem kostengünstig gefertigt. Damit unter winterlichen Bedingungen (mit Handschuhen) geschossen werden konnte, hatte das Rk.60 anfangs keine Abzugsbügel. Diese erschienen erst ab dem Modell 62 und waren so groß, dass sie auch mit behandschuhten Fingern betätigt werden konnten. Viele Varianten wurden unter dem Namen Valmet/Sako (Sako fusionierte 1987 mit Valmet) produziert, und zwar in den Kalibern 7,62 und 5,56 mm.

Stoner 63

Herkunftsland:	USA
Jahr:	1963
Kaliber:	5,56 x 45 mm NATO
Funktionsweise:	Gasdrucklader
Gewicht:	4,39 kg
Gesamtlänge:	1022 mm
Lauflänge:	508 mm
Münd.geschwind.:	1000 m/s
Feuerrate:	660 Schuss/min
Zuführung:	Kurvenmagazin zu 30 Patronen

Das Stoner 63 ist Teil einer modularen Waffenfamilie mit einer gemeinsamen Basisgruppe (einschließlich Verschluss). Durch weitere Teile oder Gruppen (wie Gaskolben, Schließfeder, Abzugsgruppe) lassen sich verschiedene Waffen zusammensetzen. Das System 63 wurde von Eugene Stoner als Gasdrucklader entwickelt und für die NATO-Kaliber 7,62 x 51 mm sowie 5,56 x 45 mm eingerichtet. Ähnlich einem Baukastensystem konnte durch Hinzufügen von Magazin- oder Gurtzuführung, Läufen und Zwei- oder Dreibeinlafetten ein Sturmgewehr, ein lMG mit Gurtzuführung und sogar ein panzerlafettiertes Rohrparallel-MG geschaffen werden. Obwohl das Gewehr von Kommandotrupps in Vietnam eingesetzt wurde, wagten die militärisch Verantwortlichen nicht, das Stoner als Standardwaffe einzuführen.

154 MUSKETEN & GEWEHRE

SWD Dragunow

Auch wenn der Schlossmechanismus des Dragunow nach demselben Prinzip wie das Waffensystem Kalaschnikow AK-47 funktioniert, handelt es sich bei diesem Scharfschützengewehr keinesfalls um einen AK mit längerem Lauf und Zielfernrohr. Die Patrone 7,62 x 54R verleiht dem SWD in Verbindung mit seinem 547 mm langen Lauf exzellente Treffsicherheit bis 1300 m. Gasdruckladesystem und Verschluss sind sehr viel präziser als bei der AK-Familie gefertigt und nicht gegeneinander austauschbar. Sollte das Zielfernrohr PSO-1 beschädigt werden oder verloren gehen, bietet das mechanische Schiebevisier höchste Präzision. Die Dragunow-Gewehre werden seit 1963 seriengefertigt und sind in großer Zahl weltweit im Einsatz.

SWD Dragunow	
Herkunftsland:	UdSSR/Russland
Jahr:	1963
Kaliber:	7,62 x 54R
Funktionsweise:	Gasdrucklader
Gewicht:	4,39 kg
Gesamtlänge:	1225 mm
Lauflänge:	547 mm
Münd.geschwind.:	830 m/s
Feuerrate:	Halbautomat
Zuführung:	Trapezmagazin zu 10 Patronen

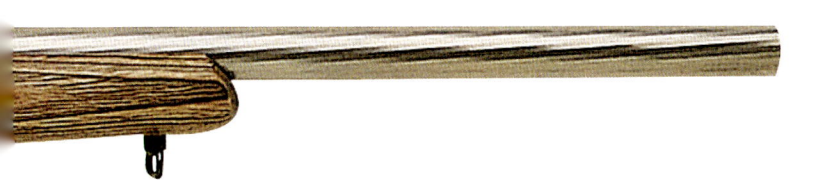

Ruger 10/22

Seit 1964 gilt das Ruger 10/22 als Verkaufsschlager. Entscheidend für seinen Erfolg ist, dass es als zuverlässiger Selbstlader sowohl Munition im Kaliber .22 LR (5,6 x 15R) als auch im Kaliber .22 Winchester Magnum Rimfire (5,6 x 27R) verschießen kann und somit nicht nur für Jungschützen, sondern auch für die Jagd auf Raubzeug geeignet ist. Dieses Gewehr ist als schlichter Rückstoßlader konstruiert, und die Patronen werden aus einem bündig abschließenden Drehmagazin zugeführt. Serienmäßig haben alle Ruger 10/22 eine offene Visierung; modernere Versionen können mit Restlichtverstärkern oder Zielfernrohren ausgestattet werden. Das Finish reicht von schwarzem Kunststoff über Walnussmaserung bis Edelstahl.

Ruger 10/22	
Herkunftsland:	USA
Jahr:	1964
Kaliber:	5,6 x 15R
Funktionsweise:	Rückstoßlader
Gewicht:	2,3 kg
Gesamtlänge:	978 mm
Lauflänge:	559 mm
Münd.geschwind.:	346 m/s
Feuerrate:	Halbautomat
Zuführung:	Drehmagazin zu 10 Patronen

Savage Modell 64G

Auch das Savage Modell 64G ist ein klassisch-schlicht konstruierter Selbstlader für Randfeuerpatronen im Kaliber .22 LR (5,6 x 15R) mit einer großen Ahnenreihe. Der Verschluss ist schlank konstruiert und der aus Hartholz gefertigte Schaft des Grundmodells sauber gestaltet, obwohl ein auswechselbares Stangenmagazin unten vor dem Abzugsbügel auffällig herausragt. Wie so viele Kleinkaliberselbstlader arbeitet auch das Modell 64 nach dem Rückstoßprinzip, obwohl seine Munition kaum genügend Energie für eine reibungslose Funktion liefert. In jüngster Zeit wird das Modell 64G mit zahlreichen Optionen angeboten, wie etwa mit einem matten, reflexionsfreien Allwetterschutz oder schwerem Lauf. Eine offene Visierung ist der Standard, aber es bietet auch die Möglichkeit zur Montage eines Zielfernrohrs.

Savage Modell 64G	
Herkunftsland:	USA
Jahr:	1964
Kaliber:	5,6 x 15R
Funktionsweise:	Rückstoßlader
Gewicht:	2,3 kg
Gesamtlänge:	1016 mm
Lauflänge:	510 mm
Münd.geschwind.:	346 m/s
Feuerrate:	Halbautomat
Zuführung:	Stangenmagazin zu 10 Patronen

Ruger No. 1

Das Ruger No.1 ist für mehr als 15 Kaliber erhältlich, und es zählt zu den Gewehren, die den Fallblockverschluss (im 19. Jahrhundert von Männern wie Farquharson und Ballard konstruiert) am Leben erhalten haben. Zum Laden der Waffe wird der Unterhebel (durch Drücken des Verschlussriegels am Unterhebel freigegeben) vorbewegt. Dadurch „fällt" der Verschlussblock und gibt die Kammer frei. Sobald eine Patrone eingelegt ist, wird der Ladehebel zurückbewegt, der Verschlussblock gleitet hoch und verschließt den Lauf hinter der Patrone. Diese Konstruktion ist stark und verschießt sogar Vollmantelgeschosse im Kaliber .458 Lott Magnum (11,65 x 76 mm).

Ruger No. 1
Herkunftsland:	USA
Jahr:	1965
Kaliber:	verschiedene, von 5 x 47 bis 11,65 x 76 mm
Funktionsweise:	Hebelfallblockverschluss
Gewicht:	3,5 kg
Gesamtlänge:	1073 mm
Lauflänge:	660 mm
Münd.geschwind.:	abhängig vom Munitionstyp
Feuerrate:	Einzelschuss
Zuführung:	Einzellader, manuell

Armalite AR-18

Ein Nachteil des hoch entwickelten amerikanischen M16 war, dass seine Herstellung sehr aufwendig und teuer war. Als Alternative entwickelte Eugene M. Stoner deshalb das AR-18 in der kostengünstigeren Metallprägetechnik. Wie das M16 war auch das AR-18 für Einzel- und Dauerfeuer sowie Munition im Kaliber 5,56 x 45 mm eingerichtet. Nachdem sich die US-Streitkräfte für das M16 als Standardwaffe entschieden hatten, verkaufte Armalite Fertigungslizenzen des AR-18 an britische und japanische Unternehmen. Insgesamt wurden nur rund 20 000 AR-18 gefertigt. Auch wenn das AR-18 unter wirtschaftlichen Aspekten nicht erfolgreich war, beeinflusste es doch zukünftige Waffen wie das britische SA80 und Singapurs SAR-80.

Armalite AR-18
Herkunftsland:	USA
Jahr:	1966
Kaliber:	5,56 x 45 mm
Funktionsweise:	Gasdrucklader
Gewicht:	3,2 kg
Gesamtlänge:	940 mm
Lauflänge:	257 mm
Münd.geschwind.:	1000 m/s
Feuerrate:	800 Schuss/min
Zuführung:	Stangen- bzw. Kurvenmagazin zu 20, 30 oder 40 Patronen

FN CAL

Mit dem Carabine Automatique Légère wagte die Fabrique Nationale 1967 als erstes westeuropäisches Unternehmen die Entwicklung eines 5,56-mm-Sturmgewehrs. Wie das ähnlich aussehende FN FAL war auch das CAL als Gasdrucklader konstruiert, jedoch im Gegensatz zum FAL mit einem Drehverschluss ausgestattet. Es hatte eine lang gestreckte Mündungsfeuerbremse, und die Patronen wurden aus einem Stangenmagazin zugeführt. Wahlweise konnte der Schütze das CAL für Einzel- und Dauerfeuer, aber auch für Dreischuss-Feuerstöße einstellen. Obschon das CAL in der bewährten FN-Qualität gebaut wurde, blieb ihm der Erfolg versagt. Die Zeit war noch nicht reif für das kleine Kaliber.

FN CAL	
Herkunftsland:	Belgien
Jahr:	1966
Kaliber:	5,56 x 45 mm
Funktionsweise:	Gasdrucklader
Gewicht:	2,94 kg
Gesamtlänge:	978 mm
Lauflänge:	496 mm
Münd.geschwind.:	975 m/s
Feuerrate:	850 Schuss/min
Zuführung:	Stangenmagazin zu 20 Patronen

Rifle M40A1

1966 ersetzte das US Marine Corps (USMC) seine bisherigen, auf den Garand M1C und M1D basierenden Scharfschützengewehre durch das Rifle M40. Dieses Gewehr ist eine Modifikation des Remington 700. Das M40 war robust, handgefertigt und mit einem Zylinderverschluss nach dem Mauser-Prinzip ausgestattet und verschoss Munition im Kaliber 7,62 x 51 mm. Das anfangs neben der offenen Visierung verwendete Redfield-Zielfernrohr wurde bei der Weiterentwicklung M40A1 durch das neue Unertl-Zielfernrohr ersetzt. Außerdem erhielt das M40A1 einen Edelstahllauf. Sein Schaft wurde aus glasfaserverstärktem Kunststoff gefertigt. Die wirksame Schussweite reicht bis 1000 m.

Rifle M40A1	
Herkunftsland:	USA
Jahr:	1966
Kaliber:	7,62 x 51 mm NATO
Funktionsweise:	Zylinderverschluss
Gewicht:	6,57 kg
Gesamtlänge:	1117 mm
Lauflänge:	610 mm
Münd.geschwind.:	777 m/s
Feuerrate:	Einzelschuss
Zuführung:	Mittelschaftmagazin zu 5 Patronen

Browning BAR

Herkunftsland:	USA
Jahr:	1968
Kaliber:	7 x 64,5 mm,
	7,62 x 63 mm,
	7,62 x 66 mm u.a.
Funktionsweise:	Gasdrucklader
Gewicht:	3,4 kg
Gesamtlänge:	1118 mm
Lauflänge:	560 mm und 610 mm
Münd.geschwind.:	1000 m/s
Feuerrate:	Halbautomat
Zuführung:	herausnehmbares Magazin zu 4 Patronen

Browning BAR

Das Browning BAR ist eine 1967 entwickelte Modelllinie von Selbstladebüchsen, die heute in zahlreichen Kalibern und Versionen erhältlich sind. Es handelt sich um Gasdrucklader, deren Drehverschluss mittels sieben Warzen verriegelt. Als einziges Modell der BAR-Serie kann das Modell Safari mit dem BOSS-System ausgestattet werden. BOSS, eine speziell konstruierte Mündungsbremse, verhindert, dass Rückstoßvibrationen auf den Lauf übertragen werden und die Treffsicherheit negativ beeinträchtigen. Senkung und Schränkung des Hinterschafts lassen sich mit Zwischenlagen verändern. BAR-Büchsen werden mit über zehn Kalibern angeboten und sind gleichermaßen geeignet für die Jagd auf Nieder- und Großwild.

Heckler & Koch HK33

Herkunftsland:	Deutschland
Jahr:	1968
Kaliber:	5,56 x 45 mm NATO
Funktionsweise:	verzögerter Rückstoßlader
Gewicht:	3,65 kg
Gesamtlänge:	mit ausgeklapptem Schaft 940 mm, eingeklappt 735 mm
Lauflänge:	390 mm
Münd.geschwind.:	2800 m/s
Feuerrate:	750 Schuss/min
Zuführung:	Stangenmagazin zu 25, 30 oder 40 Patronen

Heckler & Koch HK33

Als Mitglied des HK-Waffensystems sind wesentliche Baugruppen des Sturmgewehrs HK33 identisch mit dem G3 und – modifiziert für die NATO-Patrone 5,56 x 45 mm – technisch und wirtschaftlich ein voller Erfolg. Für Einzel- und Dauerfeuer eingerichtet, bietet das HK33 eine Kadenz von (theoretisch) 750 Schuss/min. Die Zahl der angebotenen Varianten ist verwirrend groß und reicht von Grundmodellen wie dem HK33EA2 (E = Export) über das Scharfschützengewehr HK33SG1 bis hin zu den Versionen A2 und A3, die anstelle des Handschutzes unterhalb des Laufs Granatwerfer wie M203 oder AG36 aufnehmen können. Das HK33 wird seit 1968 bis heute in Serie gefertigt und weltweit bei Militär und Polizei eingesetzt.

MAS FR-F1

MAS FR-F1	
Herkunftsland:	Frankreich
Jahr:	1966
Kaliber:	7,5 x 54 mm oder 7,62 x 51 mm NATO
Funktionsweise:	Zylinderverschluss
Gewicht:	5,42 kg
Gesamtlänge:	1138 mm
Lauflänge:	552 mm
Münd.geschwind.:	852 m/s
Feuerrate:	Einzelschuss
Zuführung:	Trapezmagazin zu 10 Patronen

Das FR-F1 wurde Mitte der 1960er-Jahre entwickelt und als französisches Standard-Scharfschützengewehr eingeführt. Das anfangs für die Patrone 7,5 x 54 mm M24/29 eingerichtete Gewehr wurde später auf die NATO-Patrone 7,62 x 51 mm umgerüstet. Es ist ein treffsicherer Repetierer für große Schussweiten mit freischwingendem Lauf und Zweibein. Da es auf den Scharfschützeneinsatz abgestimmt ist, verfügt es auch über eine Vorrichtung zur individuellen Einstellung des Abzugdruckpunktes. Mit dem FR-F2 erschien 1984 eine modernisierte Version im Kaliber 7,62 mm. Sein Lauf ist mit Polymer ummantelt, damit Wärmeschlieren die Zielauffassung des Schützen nicht beeinträchtigen.

TECHNIK DER HANDFEUERWAFFEN – BULLPUP-GEWEHRE

Bullpup ist ein kompaktes Bauprinzip für automatische Waffen, bei denen im Gegensatz zum konventionellen Konzept der Verschluss sowie alle für Schuss und Auswurf nötigen mechanischen Bauteile und -gruppen und sogar das Magazin hinter dem Griffstück angeordnet sind. Eines der ersten Bullpup-Gewehre war das kurz nach Ende des Zweiten Weltkriegs entwickelte britische EM2, das als Vorlage für das britische Standardinfanteriegewehr SA80 diente. Aber auch andere Staaten haben in Bullpup-Entwicklungen investiert, und so ist beispielsweise in Österreich das Steyr AUG entstanden. Dennoch darf nicht übersehen werden, dass Bullpups verglichen mit konventionell konstruierten Infanteriewaffen immer noch selten sind.

Die theoretischen Vorzüge des Bullpup-Bauprinzips sind verhältnismäßig einfach zu erkennen. Bei einem herkömmlichen Sturmgewehr beginnt der Lauf erst vor dem Kolbenhals bzw. vor dem Pistolengriff. Daraus resultiert, dass die Gesamtlänge dieser Waffen im Gegensatz zu Bullpups die Länge des Laufs weit übertrifft. So entspricht beispielsweise die Lauflänge des M16A2 von 508 mm exakt der Länge des Bullpup Steyr AUG, während die Gesamtlänge des M16A2 von 1006 mm die Gesamtlänge des Steyr AUG (800 mm) deutlich übertrifft. Hinzu kommt, dass be

STEYR AUG

Mündungsfeuerdämpfer

L85A1

Der Verschlusskopf arretiert die feuerbereite Patrone in der Kammer.

Die Abzugstange reicht unterhalb des Laufs angeordnet zurück zur Abzugsvorrichtung.

Der Hahn ist weit hinter dem Pistolengriff angeordnet.

Gaskolben: Unter dem Gasdruck der abgefeuerten Patrone betätigt er den Repetiervorgang.

ullpup-Konzept Verschluss und Magazin esentlich weiter hinten angebracht sind d dadurch dem Schützen den optimalen chwerpunkt für einen sicheren Anschlag d Präzisionsschuss ermöglichen. Befürorter des Bullpup-Prinzips betonen außerem, dass kompakte Waffen für Einsätze beengten Räumen (Häuserkampf) vorilhaft sind, Magazine in Fahrzeugen leichr gewechselt werden können und die och angesetzte Visierung im Feuerkampf eine bessere Übersicht auf Ziel und Umgebung ermöglicht. Bullpup-Gegner betonen, dass die Vorteile dieses Prinzips bei konventionellen Feuerwaffen auch durch einziehbare oder klappbare Schulterstützen erreicht werden können und sich der Schütze beim Zielen und Schuss weniger exponieren muss. Allergrößter Nachteil der Bullpup-Bauweise ist jedoch, dass leere Hülsen nach rechts in Gesichtshöhe des Schützen ausgeworfen werden und daher nicht von der linken Schulter geschossen werden kann. Bei modernen Bullpup-Konstruktionen kann der Auswurf der Hülsen deshalb wahlweise nach rechts oder links eingestellt bzw. leere Hülsen können nach vorn geschoben und in Mündungsnähe ausgeworfen werden.

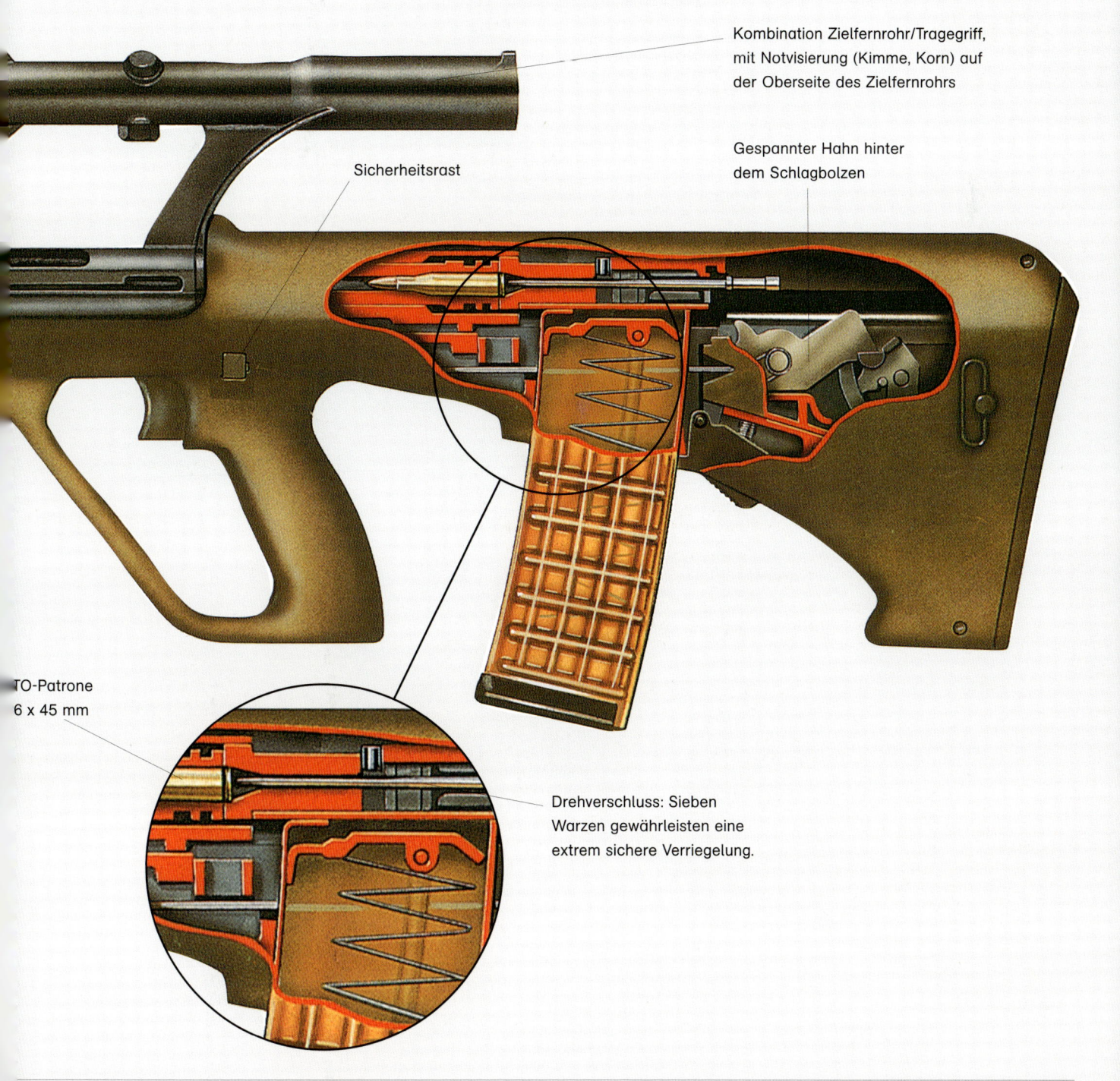

Kombination Zielfernrohr/Tragegriff, mit Notvisierung (Kimme, Korn) auf der Oberseite des Zielfernrohrs

Sicherheitsrast

Gespannter Hahn hinter dem Schlagbolzen

TO-Patrone
6 x 45 mm

Drehverschluss: Sieben Warzen gewährleisten eine extrem sichere Verriegelung.

BULLPUP-GEWEHRE

MUSKETEN & GEWEHRE

Browning BL-22

Das BL-22 wurde als traditioneller Unterhebelrepetierer für Raubzeugjagd und Plinken konzipiert und ist für eine Vielzahl von Kleinkaliberpatronen eingerichtet. Die Patronen werden aus einem Unterlaufröhrenmagazin zugeführt, dessen Kapazität – abhängig von den verwendeten Patronen – ungewöhnlich groß ist. Zudem ist der Unterhebelweg mit nur 33 Grad extrem kurz und kann demnach – auch mit kleiner Hand – sehr schnell betätigt werden. Das BL-22 wird zwar serienmäßig mit offener Visierung gebaut (das umlegbare Blattvisier ist verstellbar), es kann aber auch ein Zielfernrohr aufgeschoben werden.

Browning BL-22
Herkunftsland:	USA
Jahr:	1969
Kaliber:	unterschiedliche im Kaliber 5,6 mm
Funktionsweise:	Unterhebelrepetierer
Gewicht:	2,27 kg
Gesamtlänge:	933,5 mm
Lauflänge:	510 mm
Münd.geschwind.:	347 m/s
Feuerrate:	Einzelschuss
Zuführung:	Röhrenmagazin zu max. 22 Patronen

Steyr Mannlicher SSG69

Das Scharfschützengewehr SSG69 wurde 1969 für das österreichische Bundesheer als Repetierer nach dem Mannlicher-System mit Zylinderverschluss und offener hinterer Hülsenbrücke entwickelt. Die Verriegelung erfolgt über zwei Warzen hinter dem Lauf und eine dritte Warze, die rückwärtig liegt. Befürchtungen, Mausers System mit am Hülsenkopf angeordneten Warzen sei sicherer als diese Konstruktion, haben sich nicht bestätigt. Durch eine Teflonbeschichtung funktioniert der Verschluss weich und schnell. Das SSG69 ist für die NATO-Patrone 7,62 x 51 mm eingerichtet, und der schwere, kaltverformte Lauf garantiert höchste Präzision. Die Magazine sind aus durchsichtigem Kunststoff gefertigt, sodass der Schütze leicht erkennen kann, wie viele Schuss vorrätig sind.

Steyr Mannlicher SSG69
Herkunftsland:	Österreich
Jahr:	1969
Kaliber:	7,62 x 51 mm NATO
Funktionsweise:	Zylinderverschluss
Gewicht:	3,9 kg
Gesamtlänge:	1140 mm
Lauflänge:	650 mm
Münd.geschwind.:	860 m/s
Feuerrate:	Einzelschuss
Zuführung:	Trommel- (5 Patronen) oder Kastenmagazin (10 Patronen)

Rifle L42A1

Beim Scharfschützengewehr L42A1 handelt es sich im Prinzip um ein gründlich überarbeitetes Enfield No. 4, das für die NATO-Patrone 7,62 x 51 mm modifiziert wurde. Wichtigste Verbesserung war die Nachrüstung mit ausgesuchten Läufen und Wangenauflage am Kolben und die daraus resultierende Wettkampfpräzision. Außerdem wurde der Vorderschaft verkürzt, um eine Beeinträchtigung der Treffsicherheit durch den Kontakt von heiß geschossenem Lauf und Schaftholz zu minimieren. Ein neuer Abzugsmechanismus mit Regulierstück bot geringeren Abzugswiderstand. Das L42A1 war bei den britischen Streitkräften bis zur Ablösung durch das Accuracy International L96 in den 1980er-Jahren im Einsatz.

Rifle L42A1
Herkunftsland:	Großbritannien
Jahr:	1970
Kaliber:	7,62 x 51 mm NATO
Funktionsweise:	Zylinderverschluss
Gewicht:	4,43 kg
Gesamtlänge:	1181 mm
Lauflänge:	699 mm
Münd.geschwind.:	838 m/s
Feuerrate:	Einzelschuss
Zuführung:	Trapezmagazin zu 10 Patronen

Weatherby Vanguard

Weatherbys Gewehre der Vanguard-Familie sind seit den 1970er-Jahren bei Jägern im Einsatz. Selbst im schwierigsten Umfeld haben sie sich als zuverlässig und unverwüstlich erwiesen. Die Versionen der Vanguard-Serie sind außerordentlich vielseitig. So wird beispielsweise das Sporter in 15 verschiedenen Kalibern angeboten, wodurch die Magazinkapazität zwischen drei und fünf Patronen schwankt. Der überaus robuste Drehverschluss der Vanguard-Serie ist in einem Stück mit zwei Verriegelungswarzen gefertigt, und Löcher zum Entweichen von eventuellem Gasüberdruck schützen bei Hülsenreißern. Auf Kundenwunsch erhält jede Waffe einen individuellen Abzugswiderstand. Zur Gewährleistung optimaler Treffsicherheit sind alle Läufe freiform geschmiedet.

Weatherby Vanguard	
Herkunftsland:	USA
Jahr:	1970
Kaliber:	verschiedene
Funktionsweise:	Zylinderverschluss
Gewicht:	3,5 kg
Gesamtlänge:	1130 mm
Lauflänge:	610 mm
Münd.geschwind.:	abhängig vom Munitionstyp
Feuerrate:	Einzelschuss
Zuführung:	Mittelschaftmagazin zu 5 Patronen

Galil ARM

Das Galil ist Israels Sturmgewehr aus eigener Produktion. Gestützt auf die Erfahrungen mit der im Sechs-Tage-Krieg 1967 erbeuteten Kalaschnikow AK-47 entstand ein leichter Gasdrucklader mit Tragegriff und wahlweise fester oder abklappbarer Metallschulterstütze. Das Galil verschießt Einzel- und Dauerfeuer und ist zur Verwendung als lMG mit einklappbarem Zweibein ausgestattet. Es ist für die NATO-Patronen 5,56 x 45 mm und 7,62 x 51 mm eingerichtet und erreicht eine Kadenz von 650 Schuss/min. Die beiden anderen Varianten, Galil AR und Galil SAR, erhielten weder das Zweibein noch den Tragegriff des ARM, beiden gemein ist jedoch die abklappbare Metallschulterstütze.

Galil ARM	
Herkunftsland:	Israel
Jahr:	1971
Kaliber:	5,56 x 45 mm NATO
Funktionsweise:	Gasdrucklader
Gewicht:	4,35 kg
Gesamtlänge:	mit ausgeklapptem Schaft 979 mm, eingeklappt 742 mm
Lauflänge:	460 mm
Münd.geschwind.:	950 m/s
Feuerrate:	650 Schuss/min
Zuführung:	Kurvenmagazin zu 25, 35 oder 50 Patronen

Beretta AR70

Das von 1972 bis 1980 produzierte AR70 war Berettas erstes Sturmgewehr für die NATO-Patrone 5,56 x 45 mm und Nachfolger des BM59 im Kaliber 7,62 mm. Alle Waffen des Beretta-Systems Modell 70 waren konventionelle Gasdrucklader mit Drehzapfenverschluss. Wahlweise konnte unmittelbar unter dem Gasregler ein Zweibein montiert werden, und ein anderes Muster – SC70 – erhielt eine klappbare Metallschulterstütze. Obwohl nach höchsten Qualitätsstandards gefertigt, konnte sich der Verschluss bei starker Beanspruchung verformen und Ladehemmungen verursachen. Unter Beibehaltung des Konstruktionsprinzips wurde dieser Mangel beim Nachfolger AR70/90 beseitigt.

Beretta AR70

Herkunftsland:	Italien
Jahr:	1972
Kaliber:	5,56 x 45 mm NATO
Funktionsweise:	Gasdrucklader
Gewicht:	3,5 kg
Gesamtlänge:	955 mm
Lauflänge:	450 mm
Münd.geschwind.:	950 m/s
Feuerrate:	650 Schuss/min
Zuführung:	Kurvenmagazin zu 30 Patronen

Heckler & Koch HK53

Anfangs wurde das HK53 als Selbstladegewehr bezeichnet und mit Beginn der Serienfertigung als MP mit hoher Einsatzschussweite und Kampfkraft angeboten. Das HK53 war für das NATO-Kaliber 5,56 x 45 mm eingerichtet und nach bewährter H&K-Tradition als Rückstoßlader mit feststehendem Lauf und beweglich abgestütztem Rollenverschluss konstruiert. Es war eine Variante des HK33 aus der Waffenfamilie des G3 mit kompakteren Abmessungen. Bei eingeschobener Schulterstütze war das Gewehr nur 563 mm lang und konnte im Gegensatz zum HK33 unter dem Lauf keinen Granatwerfer aufnehmen. Das HK53 wurde primär von Sicherheitskräften beschafft und ist inzwischen aus der Produktion genommen; Nachfolger ist das Sturmgewehr G36 C.

Heckler & Koch HK53

Herkunftsland:	Deutschland
Jahr:	1973
Kaliber:	5,56 x 45 mm NATO
Funktionsweise:	verzög. Rückstoßlader
Gewicht:	3 kg
Gesamtlänge:	780 mm
Lauflänge:	211 mm
Münd.geschwind.:	keine Angabe
Feuerrate:	750 Schuss/min
Zuführung:	Kurvenmagazin zu 20, 25, 30, 40 Patronen

Ruger Mini-14

1974 erschien das Mini-14, das seither besonders bei Polizeieinheiten größte Beliebtheit genießt. Es ist eine stark verkleinerte Variante des Schnellfeuergewehrs M14, allerdings eingerichtet für die NATO-Patrone 5,56 x 45 mm. Gewicht, Abmessungen und diverse Stangen-, Kurven- und Trommelmagazine machen das Mini-14 extrem benutzerfreundlich. Darüber hinaus bietet Ruger aber auch den Selbstlader AC-556 an, der wahlweise mit Einzel- und Dauerfeuer sowie mit Dreischuss-Feuerstößen eingesetzt werden kann. 1987 begann Ruger mit der Fertigung des Mini-30. Das Mini-30 ist für die sowjetische Patrone 7,62 x 39 M1943 eingerichtet und für jagdliche Verwendung sehr viel besser geeignet. Die Ruger Minis haben sich als Verkaufsschlager erwiesen.

Ruger Mini-14
Herkunftsland:	USA
Jahr:	1973
Kaliber:	5,56 x 45 mm NATO
Funktionsweise:	Gasdrucklader
Gewicht:	2,9 kg
Gesamtlänge:	946 mm
Lauflänge:	470 mm
Münd.geschwind.:	1000 m/s
Feuerrate:	Halbautomat
Zuführung:	diverse Magazine zu 2–90 Patronen

AK-74

Obschon die UdSSR früher als der Westen Kurzpatronen einführte, hinkte sie bei der Entwicklung kleiner Kaliber mit hoher Mündungsgeschwindigkeit hinterher. Erst in den 1970er-Jahren erschien die Patrone 5,45 x 39 M74 und mit dem Sturmgewehr AK-74 die für diese Patrone ideale Waffe. Abgesehen von dem kleineren Kaliber und der sehr großen, abschraubbaren Mündungsbremse unterscheidet sich das AK-74 äußerlich kaum von früheren AK-Waffen. Allerdings ist die Mündungsgeschwindigkeit mit rund 900 m/s sehr viel höher als beim Kaliber 7,62 mm und fast so hoch wie beim amerikanischen Schnellfeuergewehr M16. Seine Feuertaufe erhielt das kleinkalibrige AK-74 in den 1980er-Jahren in Afghanistan.

AK-74
Herkunftsland:	UdSSR/Russland
Jahr:	1974
Kaliber:	5,45 x 39 M74
Funktionsweise:	Gasdrucklader
Gewicht:	3,6 kg
Gesamtlänge:	930 mm
Lauflänge:	400 mm
Münd.geschwind.:	900 m/s
Feuerrate:	650 Schuss/min
Zuführung:	Kurvenmagazin zu 30 Patronen

Scharfschützengewehr M21

Das M21 ähnelt äußerlich sehr dem M14, allerdings wurde es für Scharfschützeneinsätze mit Zielfernrohr und für eine optimale Präzision mit ausgewählten Läufen ausgestattet. Das Vorgängermodell erklärt aber, warum das M21 NATO-Patronen im Kaliber 7,62 x 51 mm und nicht die von Scharfschützen bevorzugte Wettkampfmunition verschießt. Der Abzugswiderstand ist leicht und darüber hinaus justierbar. Das M21 erhielt jedoch nicht nur ein Zielfernrohr mit drei- bis neunfacher Vergrößerung, sondern kann auch mit Schalldämpfer ausgestattet werden. Obwohl manche Scharfschützen in puncto Genauigkeit Selbstlader schlechter beurteilen als Gewehre mit Drehverschluss, hat sich das M21 auf große Distanzen bewährt.

Scharfschützengewehr M21	
Herkunftsland:	USA
Jahr:	1975
Kaliber:	7,62 x 51 mm NATO
Funktionsweise:	Gasdrucklader
Gewicht:	5,27 kg
Gesamtlänge:	1120 mm
Lauflänge:	559 mm
Münd.geschwind.:	853 m/s
Feuerrate:	Halbautomat
Zuführung:	Stangenmagazin zu 10 oder 20 Patronen

Walther WA2000

Das in den 1970er-Jahren entwickelte WA2000 ist optisch schon ein beeindruckender Entwurf. Dieser Gasdrucklader wurde nach dem Bullpup-Prinzip konzipiert. Walther schuf dadurch eine Scharfschützenwaffe, wie es sie kompakter noch nicht gegeben hatte. Verschluss und Lauf sind so geradlinig angeordnet, dass der Rückstoß stark abgeschwächt auf die Schulter des Schützen wirkt. Der Lauf ist nur im hinteren und vorderen Teil des Rahmens verankert, wobei der vordere Steg die Waffe beim Schuss stabil im Ziel hält. Zur Gewichtsersparnis und Kühlung ist der Lauf geflutet (mit Längsrillen versehen). Standardpatrone ist die .300 Winchester Magnum (7,62 x 66 mm). Sofern Verschluss und Lauf entsprechend modifiziert sind, akzeptiert das WA2000 aber auch ähnliche Munitionsarten. Als Visierung dient ein Zielfernrohr.

Walther WA2000	
Herkunftsland:	Deutschland
Jahr:	1975
Kaliber:	7,62 x 66 mm
Funktionsweise:	Gasdrucklader
Gewicht:	6,95 kg
Gesamtlänge:	905 mm
Lauflänge:	650 mm
Münd.geschwind.:	850 m/s
Feuerrate:	Halbautomat
Zuführung:	Kastenmagazin zu 6 Patronen

Mauser SP66

Mauser SP66	
Herkunftsland:	Deutschland
Jahr:	1976
Kaliber:	7,62 x 51 mm NATO
Funktionsweise:	Zylinderverschluss
Gewicht:	6,12 kg
Gesamtlänge:	1120 mm
Lauflänge:	690 mm
Münd.geschwind.:	860 m/s
Feuerrate:	Einzelschuss
Zuführung:	integriertes Magazin zu 3 Patronen

Dieses Scharfschützengewehr basiert auf dem für seine Solidität bekannten Mauser-Zylinderverschluss. Anders als beim klassischen Mauser-Verschluss wurde der Kammerstängel allerdings im vorderen Kammerbereich angeordnet. Dadurch konnte der Verschluss verkürzt werden, und der Schütze kann beim Nachladen seinen Kopf am verstellbaren Wangenschutz des Kolbens belassen. Ein Daumenloch im Kolbenhals ermöglicht den griffsicheren Anschlag, und der schwere Matchlauf hat einen wirksamen Mündungsfeuerdämpfer. Um auch bei Dunkelheit präzise schießen zu können, kann das Zielfernrohr durch ein Nachtsichtgerät ersetzt werden. Das Mauser SP66 ist für das NATO-Kaliber 7,62 x 51 mm eingerichtet.

FA MAS F1

FA MAS F1	
Herkunftsland:	Frankreich
Jahr:	1978
Kaliber:	5,56 x 45 mm NATO
Funktionsweise:	verzögerter Rückstoßlader
Gewicht:	3,61 kg
Gesamtlänge:	757 mm
Lauflänge:	488 mm
Münd.geschwind.:	960 m/s
Feuerrate:	1000 Schuss/min
Zuführung:	Stangenmagazin zu 25 Patronen

Diese auffällige Waffe ist das französische Standardsturmgewehr. Das F1 ist nach dem Bullpup-Prinzip konstruiert, daher beträgt seine Gesamtlänge nur 757 mm, obwohl sein Lauf nur wenig kürzer als beim M16 ist. Das F1 verschießt die NATO-Standardpatrone 5,56 x 45 mm, ist aber – im Gegensatz zu den meisten Schnellfeuerwaffen dieser Art – kein Gasdrucklader mit verriegeltem Verschluss, sondern ein halbverriegelter Rückstoßlader mit Masseverschluss. Es ist für Einzel- und Dauerfeuer sowie Dreischuss-Feuerstöße eingerichtet. Ein abklappbares Zweibein ist fest montiert. Die Standardvisierung befindet sich im Tragegriff, und die Mündung ist serienmäßig zum Verschießen von Gewehrgranaten eingerichtet.

Steyr AUG

Das Steyr AUG (Armee Universal Gewehr) ist eine bemerkenswerte Konstruktion und leistungsstärker als zunächst vermutet. Trotz seiner seltsamen Gestalt ist dieser nach dem Bullpup-Prinzip gebaute Gasdrucklader hervorragend ausbalanciert und eines der besten modernen Sturmgewehre. Das Zielfernrohr befindet sich bei der Standardkonfiguration fest im Tragegriff integriert (siehe Abbildung S. 161). Durch einfaches Einklappen des Laufgriffs kann der Lauf ausgetauscht und das AUG blitzschnell zum lMG (schwerer Lauf mit Zweibein) oder zum Karabiner umgebaut werden. Die Wahl der Feuerart geschieht über den Abzug mit zwei Druckpunkten: Einzelfeuer bei geringem, Dauerfeuer bei starkem Druck. Das AUG kommt nicht nur in Österreich zum Einsatz, sondern wurde auch in zahlreiche Länder exportiert.

Steyr AUG	
Herkunftsland:	Österreich
Jahr:	1977
Kaliber:	5,56 x 45 mm NATO
Funktionsweise:	Gasdrucklader
Gewicht:	3,6 kg
Gesamtlänge:	790 mm
Lauflänge:	508 mm
Münd.geschwind.:	970 m/s
Feuerrate:	650 Schuss/min
Zuführung:	Stangenmagazin zu 30 oder 42 Patronen

FN FNC

Das FNC ist in vieler Hinsicht ein „aufgemöbeltes" FN CAL. Es erschien Anfang der 1980er-Jahre nach Bewältigung großer, primär aus Verwendung des kleinen NATO-Kalibers resultierenden Schwierigkeiten. Das letztendlich seriengefertigte FNC ist ein konventioneller Gasdrucklader mit Drehverschluss. Da FN eigens für das FNC die Patrone SS109 entwickelt hatte, die Waffe aber auch die NATO-Munition 5,56 x 45 mm verschießen sollte, mussten zwei Läufe unterschiedlicher Kalibers entwickelt werden. Darüber hinaus existieren auch Karabinerversionen. Wie das CAL hat auch das FNC einen großen Mündungsfeuerdämpfer, auf den man ebenso einen Schießbecher zum Verschuss von Gewehrgranaten anbringen kann.

FN FNC
Herkunftsland:	Belgien
Jahr:	1979
Kaliber:	5,56 x 45 mm NATO
Funktionsweise:	Gasdrucklader
Gewicht:	3,8 kg
Gesamtlänge:	mit ausgeklapptem Schaft 997 mm, eingeklappt 766 mm
Lauflänge:	449 mm
Münd.geschwind.:	965 m/s
Feuerrate:	600–750 Schuss/min
Zuführung:	Kurvenmagazin zu 30 Patronen

SAR 80

Das kleine Singapur baut seit einiger Zeit innovative Handfeuerwaffen. Es begann mit lizenzgefertigten M16. Ungünstige Verträge und Devisenprobleme zwangen Singapur schließlich zur Konstruktion eines eigenen Sturmgewehrs. Rund um einen Drehverschluss nach Art des M16 entstand 1979 der Gasdrucklader SAR 80 im Kaliber 5,56 mm. Das SAR 80 schießt wahlweise Einzel- und Dauerfeuer, ist robust, funktionstüchtig, kostengünstig und kann sogar M16-Magazine nutzen. Auffälliges Merkmal ist eine Mündungsbremse, die auch als „Lafette" für Gewehrgranaten dient.

SAR 80
Herkunftsland:	Singapur
Jahr:	1979
Kaliber:	5,56 x 45 mm
Funktionsweise:	Gasdrucklader
Gewicht:	3,7 kg
Gesamtlänge:	970 mm
Lauflänge:	459 mm
Münd.geschwind.:	970 m/s
Feuerrate:	700 Schuss/min
Zuführung:	Kurvenmagazin zu 30 Patronen

Barrett M82A1

Das Barrett M82A1 wurde für die starke Patrone .50 BMG (12,7 x 99 mm NATO) entworfen und 1982 speziell zur Bekämpfung von Hart- und Materialzielen (z. B. leicht gepanzerte Fahrzeuge oder Fluggeräte) gebaut. Es wurde von den US-Streitkräften, der deutschen Bundeswehr (als G82) und anderen Armeen eingeführt und dient auch für den gezielten, effektiven Schuss über mehr als 1200 m gegen lebende Ziele. Das Barrett M82A1 ist als Selbstladegewehr mit kurzem Verschlussweg konzipiert, und seine Munition wird aus einem für elf Patronen ausgelegten Magazin zugeführt. Mit fast 13 kg Gewicht (ohne Magazin) ist die Waffe extrem schwer und besitzt ein Zweibein. Eine leistungsfähige Mündungsbremse fängt den immensen Rückstoß größtenteils ab.

Barrett M82A1

Herkunftsland:	USA
Jahr:	1980
Kaliber:	.50 BMG
Funktionsweise:	kurzer Rückstoßlader
Gewicht:	14,7 kg
Gesamtlänge:	1549 mm
Lauflänge:	838 mm
Münd.geschwind.:	843 m/s
Feuerrate:	Halbautomat
Zuführung:	Kastenmagazin zu 11 Patronen

Heckler & Koch PSG-1

In den 1960er- und 1970er-Jahren erschienen rund um den Globus Selbstlade-Scharfschützengewehre. Obschon sie technisch nicht so präzise wie Zylinderverschlussgewehre sind, spielt dies auf den üblichen Einsatzschussweiten keine so große Rolle, weil mehrere höchst präzise Schüsse selbst unter schwierigen Bedingungen in schneller Folge möglich sind. Das Gewehr ist seit 1985 verfügbar und seit 2006 modifiziert als PSG1A1 immer noch in Produktion. Es ist ein Rückstoßlader mit beweglich abgestütztem Rollenverschluss (Masseverschluss), wie man ihn beispielsweise vom G3 kennt. Typisch für das Polizei-Präzisionsschützengewehr sind unter anderem Triggerstop, längenverstellbare Schulterstütze und serienmäßiges Zielfernrohr.

Heckler & Koch PSG-1

Herkunftsland:	Deutschland
Jahr:	1981
Kaliber:	7,62 x 51 mm NATO
Funktionsweise:	rollenverzögerter Rückstoßlader
Gewicht:	8,1 kg
Gesamtlänge:	1208 mm
Lauflänge:	650 mm
Münd.geschwind.:	870 m/s
Feuerrate:	Halbautomat
Zuführung:	Stangenmagazin zu 5 oder 20 Patronen

TECHNIK DER HANDFEUERWAFFEN – SCHARFSCHÜTZENGEWEHRE

Was unterscheidet ein Scharfschützengewehr von einem normalen Gewehr? Die Frage ist leicht zu beantworten, denn viele Standardgewehre, wie das Lee-Enfield No. 4 oder das Mauser-Gewehr 98, sind nur mit einem Zielfernrohr (siehe Seite 116 f.) nachgerüstet erfolgreich von Scharfschützen eingesetzt worden. Tatsächlich sind spezielle Präzisionsgewehre für den militärischen Gebrauch erst nach Ende des Zweiten Weltkriegs gefertigt worden.

Eines der typischen Merkmale eines modernen Scharfschützengewehrs ist sein Lauf. Gewöhnlich dicker, schwerer und länger als ein Standardgewehrlauf, gewährleistet er gerade bei großen Schussweiten, dass Umweltbedingungen die effektive Reichweite und Präzision möglichst wenig beeinflussen können. Deshalb ist bei vielen hoch entwickelten Scharfschützengewehren der Lauf freischwingend angeordnet; das heißt, dass er vor der Kammer nur möglichst kurz vom Schaft ummantelt

FR-F1

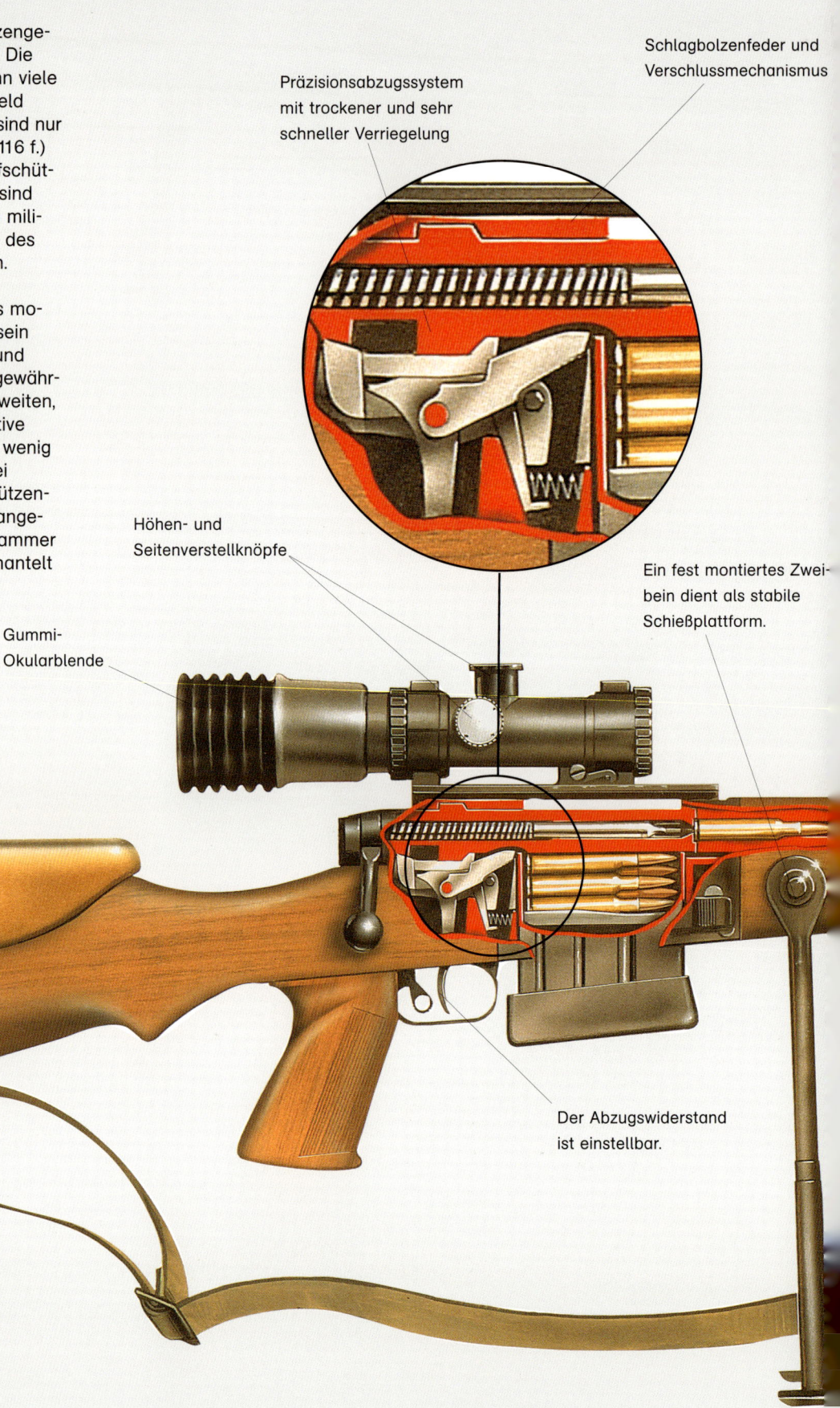

Schlagbolzenfeder und Verschlussmechanismus

Präzisionsabzugssystem mit trockener und sehr schneller Verriegelung

Höhen- und Seitenverstellknöpfe

Ein fest montiertes Zweibein dient als stabile Schießplattform.

Gummi-Okularblende

Eine verstellbare Wangenauflage ermöglicht den sicheren Anschlag.

Der Abzugswiderstand ist einstellbar.

MUSKETEN & GEWEHRE

HECKLER & KOCH PSG-1

6 x 42 Zielfernrohr mit beleuchtetem Absehen

Selbstlademechanismus

Abnehmbares Dreibein

Abzug mit breitenvariabler Auflagefläche und verstellbarer Abzugskraft

Pistolengriff mit verstellbarer Handballenauflage

wird. So wird vermieden, dass die Wärmeabstrahlung eines heiß geschossenen Laufs auf die umgebenden Metall- und Holzteile übertragen und die Präzision negativ beeinflusst werden kann. Bei konventionellen Gewehren versucht man, die Auswirkungen der Wärmeabstrahlung auf die Präzision weitgehend zu begrenzen, indem der Lauf möglichst fest im Vorderschaft verankert wird. Ein weiterer Vorzug des freischwingenden Laufs ist, dass er beim Schuss frei vibrieren und danach ohne den einengenden Vorderschaft für den nächsten Präzisionsschuss in seine alte Position zurückkehren kann.

Im Gegensatz zu konventionellen Gewehren werden Scharfschützengewehre bevorzugt als Repetierer konstruiert, weil bei anderen Ladeverfahren der Schuss zu viele Teile in Bewegung versetzt. Das kann dazu führen, dass eine Patrone nicht korrekt in die Kammer eingeführt und fixiert wird. Wichtig ist, dass das Geschoss weder eingekerbt noch verkratzt wird und seine aerodynamische Form unbeschädigt bleibt. Bei Scharfschützengewehren ist der Abzugswiderstand einstellbar – erfordert das Durchziehen des Abzugs zu viel Kraft, führt dies fast immer zu Fehlschüssen.

Viele moderne Scharfschützengewehre können mit längenverstellbarer Schulterstütze, höhenverstellbarer Wangenauflage und verstellbarer Schulteranlage individuell für den Schützen eingerichtet werden.

Parker-Hale 82

Herkunftsland:	Großbritannien
Jahr:	1982
Kaliber:	7,62 x 51 mm NATO
Funktionsweise:	Zylinderverschluss
Gewicht:	4,8 kg
Gesamtlänge:	1162 mm
Lauflänge:	660 mm
Münd.geschwind.:	840 m/s
Feuerrate:	Einzelschuss
Zuführung:	Mittelschaftmagazin zu 4 Patronen

Vektor R4

Herkunftsland:	Südafrika
Jahr:	1984
Kaliber:	5,56 x 45 mm NATO
Funktionsweise:	Gasdrucklader
Gewicht:	4,3 kg
Gesamtlänge:	mit ausgeklapptem Schaft 1005 mm, eingeklappt 740 mm
Lauflänge:	460 mm
Münd.geschwind.:	980 m/s
Feuerrate:	650 Schuss/min
Zuführung:	Kurvenmagazin zu 35 oder 50 Patronen

Vektor R4

Als erstes 5,56-mm-Sturmgewehr aus südafrikanischer Produktion ging das Vektor R4 1984 in Serie. Bis dahin nutzten Südafrikas Streitkräfte hauptsächlich FN FAL und ähnliche 7,62-mm-Waffen. Das R4 ist eine lizenzgefertigte, geringfügig modifizierte Kopie des israelischen Galil; allerdings ist die Schulterstütze länger. Damit sich die Schützen nicht an den von der Sonne aufgeheizten Metallteilen verbrennen, wurden großzügig nylon- und glasfaserverstärkte Kunststoffe verwendet. Als Varianten des R4 sind das R5 (Karabiner ohne Zweibein) und das noch kürzere R6 sowie drei halbautomatische Varianten (LM4, LM5, LM6) bekannt.

Parker-Hale 82

Das exzellente Scharfschützengewehr Parker-Hale 82 verfügt über einen Mauser-Zylinderverschluss und ist für die NATO-Patrone 7,62 x 51 mm eingerichtet. Verglichen mit vielen anderen Mehrladerpräzisionsgewehren ist die Magazinkapazität klein, für den Kampfauftrag aber völlig ausreichend. Der schwere, freischwingende Lauf gewährleistet optimale Präzision für mehrere aufeinander folgende Schüsse. Der Abzugswiderstand ist individuell regulierbar. Es wird serienmäßig mit offener Visierung gefertigt, doch können auch unterschiedliche Zielfernrohre montiert werden. Beim Nachfolgemodell 85 wurde die Magazinkapazität auf zehn Patronen erhöht, und es kann ein Zweibein angebracht werden.

SiG SG550

1990 wurde das SG550 als Standardwaffe (Stgw 90) der Schweizer Armee eingeführt und zählt zur Spitzenklasse der Sturmgewehre. Die Mitglieder dieser Modelllinie arbeiten wie viele andere moderne Sturmgewehre mit indirektem Gasdruck und Drehverschluss – ein Funktionsprinzip, das sich unter extremen Bedingungen bewährt hat. Die Magazine sind aus transparentem Kunststoff gefertigt, sodass der Schütze jederzeit den Ladezustand überblicken kann. Zum schnellen Wechsel sind die Magazine theoretisch unbegrenzt nebeneinander koppelbar; allerdings erwiesen sich maximal drei 30-Schuss-Magazine als praktikabel. Eine dreischüssige Kurzfeuereinstellung ist verfügbar. Der Kolben ist serienmäßig klappbar ausgelegt.

SiG SG550

Herkunftsland:	Schweiz
Jahr:	1984
Kaliber:	5,56 x 45 mm NATO
Funktionsweise:	Gasdrucklader
Gewicht:	4,1 kg
Gesamtlänge:	998 mm
Lauflänge:	528 mm
Münd.geschwind.:	995 m/s
Feuerrate:	700 Schuss/min
Zuführung:	Kurvenmagazine zu 20 oder 30 Patronen

Beretta 501

Hinter seiner schlichten Erscheinung verbirgt dieses Scharfschützengewehr einige ausgeklügelte Merkmale. Die Grundkonstruktion mit Drehverschluss ist für die NATO-Patrone 7,62 x 51 mm eingerichtet und der schwere Lauf freilagernd angeordnet. Die Schulterstütze ist individuell auf den Schützen einstellbar, besitzt eine verstellbare Wangenauflage und ein Daumenloch sowie – an der Vorderschaftunterseite – eine verstellbare Handrast. Ein im Vorderschaft montiertes Gewicht dient als Laufbeschwerer (Harmonic Balancer) und mindert die Lauf- und Zielfernrohrvibration beim Schuss. Bei dem serienmäßig mit offener Visierung ausgestatteten Gewehr können auch Zielfernrohre montiert werden.

Browning Buck Mark

Browning Buck Mark	
Herkunftsland:	USA
Jahr:	1985
Kaliber:	5,6 x 15R
Funktionsweise:	Rückstoßlader
Gewicht:	bis 2,4 kg
Gesamtlänge:	853 mm
Lauflänge:	460 mm
Münd.geschwind.:	304 m/s
Feuerrate:	Halbautomat
Zuführung:	Ansteckmagazin zu 10 Patronen

Diese seltsam erscheinende Waffe ist nichts anderes als eine mit einer Schulterstütze versehene Pistole Browning Buck Mark. Die Pistole ist ein Rückstoßlader Kaliber .22 LR (5,6 x 15R), die im Allgemeinen zum Scheibenschießen, Plinken oder für die Scheinwerferjagd benutzt wird. Wegen der Schulterstütze erhält die Pistole wie ein Gewehr zusätzliche Stabilität und folglich auch Weitschusspräzision. Aber nicht nur die Schulterstütze ist neu, auch der Lauf ist länger und wird als leichter Sporter oder schwerer Wettkampflauf angeboten – zum Schutz vor Beschädigungen haben beide Läufe eine eingesenkte Mündung. Neben der serienmäßigen Faseroptik-Visierung kann fast jede Art von Zielfernrohr montiert werden. Die wirksame Schussweite der Waffe reicht bis 150 m.

Beretta 501

Herkunftsland:	Italien
Jahr:	1985
Kaliber:	7,62 x 51 mm NATO
Funktionsweise:	Zylinderdrehverschluss
Gewicht:	5,55 kg
Gesamtlänge:	1165 mm
Lauflänge:	586 mm
Münd.geschwind.:	830 m/s
Feuerrate:	Einzelschuss
Zuführung:	Ansteckmagazin zu 5 Patronen

L85A1

Das Mitte der 1980er-Jahre als L1A1-Nachfolger eingeführte, im Bullpup-Prinzip konstruierte L85A1 (SA80-Familie) war mit schweren technischen Mängeln behaftet. Wegen seiner Schmutzanfälligkeit traten oft schon nach dem ersten Schuss Ladehemmungen auf, Feuerwahlhebel fielen ab, Magazine waren leicht zu beschädigen, die aus glasfaserverstärktem Kunststoff gefertigten Schulterstützen wurden bei Kälte spröde und brachen. Schließlich wurden die Schwierigkeiten in Zusammenarbeit mit Heckler & Koch gelöst. Das Ergebnis war das wesentlich verbesserte und zuverlässigere SA80A2. Es ist serienmäßig mit dem vierfach vergrößernden SUSAT-Zielfernrohr ausgestattet und darüber hinaus leicht, kompakt und eines der präzisesten Sturmgewehre der Welt.

L85A1

Herkunftsland:	Großbritannien
Jahr:	1985
Kaliber:	5,56 x 45 mm NATO
Funktionsweise:	Gasdrucklader
Gewicht:	3,80 kg
Gesamtlänge:	785 mm
Lauflänge:	518 mm
Münd.geschwind.:	940 m/s
Feuerrate:	610–775 Schuss/min
Zuführung:	Kurvenmagazin zu 30 Patronen

L96A1

L96A1	
Herkunftsland:	Großbritannien
Jahr:	1985
Kaliber:	7,62 x 51 mm NATO
Funktionsweise:	Zylinderverschluss
Gewicht:	6,5 kg
Gesamtlänge:	1124 mm
Lauflänge:	654 mm
Münd.geschwind.:	840 m/s
Feuerrate:	Einzelschuss
Zuführung:	Trapezmagazin zu 10 Patronen

Dieses Scharfschützengewehr wird von Accuracy International als Precision Marksman (PM) seit 1985 gefertigt und wurde von der britischen Armee unter der Bezeichnung L96A1 eingeführt. Der Nachfolger des L42A1 ist auch bei Polizei-Scharfschützen weitverbreitet. Das L96A1 ging aus Präzisionsgewehren hervor und garantiert daher eine extrem hohe Treffsicherheit. Basis der Waffe ist ein Leichtmetallgerüst, an dem alle anderen Baugruppen und Teile befestigt sind. Im hohlen, zweigeteilten Schaft ist der Lauf freischwingend gelagert. Die Distanz zwischen Kolbenkappe und Abzug ist so kurz, dass der Schütze beim Nachladen nicht den Kopf der längenverstellbaren Schulterstütze heben muss. Am Vorderschaft ist ein abklappbares Zweibein montiert.

Norinco 86

Norinco 86	
Herkunftsland:	China
Jahr:	1988
Kaliber:	7,62 x 39 mm
Funktionsweise:	Gasdrucklader
Gewicht:	3,59 kg
Gesamtlänge:	667 mm
Lauflänge:	438 mm
Münd.geschwind.:	keine Angabe
Feuerrate:	keine Angabe
Zuführung:	Kurvenmagazin zu 30 Patronen

Das Modell 86 ist ein chinesisches Sturmgewehr, das in den 1980er-Jahren nach dem Bullpup-Prinzip entwickelt und für den Export gebaut wurde. Im Gegensatz zu früheren chinesischen Sturmgewehren steht das Modell 86 für eine radikale Abkehr vom bis dahin kopierten AK-Konzept. Norinco hatte zwar die Gasdrucklader-funktion und den Drehkopfverschluss übernommen, sich gestalterisch aber stark am österreichischen Steyr AUG und dem französischen FA MAS orientiert. Das Modell 86 ist für Patronen im Kaliber 7,62 x 39 mm eingerichtet und kann Standard-AK-Munition und Magazine der MP 56 verschießen. Ein auffälliges Merkmal ist das große Spannstück, das im Rahmen von Tragegriff und Visier angeordnet ist. Einige Norinco 86 gelangten sogar auf den zivilen US-Markt.

Ruger M77 Mk II

Sturm, Ruger & Co., 1949 von Alexander M. Sturm und William B. Ruger gegründet, ist für seine Pistolen und Gewehre berühmt. Eine der modernen Jagdwaffen ist das M77 MK II. Da es je nach Modell mit verschiedenen Läufen ausgestattet werden kann, reichen die verfügbaren Kaliber von .204 (5,2 x 47 mm) bis .308 Win (7,62 x 51 mm). Gewöhnlich sind die Gewehre dieser Reihe mit verbessertem Mauser-98-Verschluss ausgestattet. Die 3-Stellungsschlagbolzensicherung erlaubt die Betätigung des Verschlusses bei gesicherter Waffe, wodurch das Entladen des Gewehrs weniger gefährlich ist. Das Grundmodell (siehe technische Daten) hat den typischen amerikanischen Walnussholzschaft und einen brünierten Lauf. Unter den zahlreichen Varianten sticht besonders die bis zur Laufmündung geschäftete „International"-Version hervor.

Ruger M77 Mk II

Herkunftsland:	USA
Jahr:	1989
Kaliber:	variiert von 5,2 x 47 mm bis 7,62 x 51 mm
Funktionsweise:	Zylinderverschluss
Gewicht:	3,2 kg
Gesamtlänge:	1067 mm
Lauflänge:	560 mm, 610 mm
Münd.geschwind.:	abhängig vom Munitionstyp
Feuerrate:	Einzelschuss
Zuführung:	integriertes Magazin zu 3-4 Patronen

Heckler & Koch G11

Bei der Konstruktion moderner Sturmgewehre eröffnete das G11 völlig neue Möglichkeiten. Es verwendete hülsenlose Munition im Kaliber 4,73 mm. Statt in einer Patronenhülse war das Geschoss in einem gepressten Treibmittelkörper untergebracht, sodass Ausziehen und Auswurf der Hülse entfielen. Das G11 war als Gasdrucklader mit zylindrischem, auch als Kammer dienendem Drehverschluss (Walze) konzipiert. Bei Dauerfeuer betrug die (theoretische) Kadenz 600 Schuss/min. Um eine hohe Trefferquote im 3-Schuss-Modus (theoretische Kadenz 2200 Schuss/min) zu erreichen, wurden die Projektile so schnell hintereinander abgefeuert, dass der Schütze nur einen Rückstoß spürte. Obwohl die deutsche Bundeswehr 1990 die Truppentauglichkeit bescheinigte, wurde das G11 nicht eingeführt.

Heckler & Koch G11

Herkunftsland:	Deutschland
Jahr:	1990
Kaliber:	4,73 x 33 DM11 (hülsenlos)
Funktionsweise:	Rückstoßlader
Gewicht:	3,8 kg
Gesamtlänge:	752 mm
Lauflänge:	537 mm
Münd.geschwind.:	930 m/s
Feuerrate:	600/2200 Schuss/min
Zuführung:	Kastenmagazin zu 45 Patronen

Mauser 86

Das Mauser 86 ist ein weiteres Scharfschützengewehr höchster Qualität aus dem Haus Mauser, allerdings viel preiswerter als das SP66. Verglichen mit dem SP66 ist die Verstellbarkeit der Schulterstütze begrenzt. Es gibt eine höhenverstellbare Schaftbacke, und die Distanz zwischen Abzug und Kolbenkappe kann vom Schützen individuell angepasst werden. Da auch der Abzugswiderstand einstellbar ist, kann der Schütze den Druckpunkt individuell regulieren. Eine Mündungsbremse mindert den Rückstoß, und es kann eine Vielzahl von Zielfernrohren montiert werden. In Europa dient das Mauser 86 bei Polizeiformationen und in Israel bei Spezialeinheiten.

Mauser 86
Herkunftsland:	Deutschland
Jahr:	1990
Kaliber:	7,62 x 51 mm NATO
Funktionsweise:	Zylinderverschluss
Gewicht:	4,9 kg
Gesamtlänge:	1210 mm
Lauflänge:	730 mm
Münd.geschwind.:	868 m/s
Feuerrate:	Einzelschuss
Zuführung:	Ansteckmagazin (9 Pat.)

AN-94 Abakan

Ursprünglich war das AN-94, das eine völlig neue Konstruktion darstellt, als Nachfolger der AK-Sturmgewehre vorgesehen. Seine Funktionsweise „mit versetztem Impuls" ist eine Mischung aus Gasdruck- und Rückstoßlader. Bei Dauerfeuer werden die ersten beiden Schüsse in hoher und die folgenden in langsamerer Kadenz abgegeben. Beim Zweischussfeuerstoß bewirkt die hohe Kadenz (1800 Schuss/min), das der Rückstoß erst spürbar wird, wenn beide Geschosse den Lauf bereits verlassen haben; daraus resultiert eine hohe Schusspräzision. Die Dauerfeuerkadenz beträgt 600 Schuss/min. Größter Nachteil des Abakan ist seine hochkomplizierte und teure Konstruktion. Dies erklärt, warum nur sowjetische Eliteeinheiten das AN-94 führen.

AN-94 Abakan
Herkunftsland:	Russland
Jahr:	1994
Kaliber:	5,45 x 39 mm M74
Funktionsweise:	Rückstoßlader mit versetztem Impuls
Gewicht:	3,85 kg
Gesamtlänge:	mit ausgeklapptem Schaft 943 mm, eingeklappt 728 mm
Lauflänge:	405 mm
Münd.geschwind.:	keine Angabe
Feuerrate:	600/1800 Schuss/min
Zuführung:	Kurvenmagazin zu 20 oder 30 Patronen

Heckler & Koch G36

Das Sturmgewehr G36 ist ein vollkommen neues modulares Waffensystem im Kaliber 5,56 x 45 mm NATO und die Standardinfanteriewaffe der deutschen Bundeswehr. Beim G36 kommen durchweg modernste Materialien zum Einsatz. So bestehen wesentliche Bauteile der Waffe aus glasfaserverstärktem Kunststoff mit Einlagen aus Edelstahl. Dank selbstregulierender Gasabnahme arbeitet das auf dem Funktionsprinzip des Gasdruckladers basierende System äußerst zuverlässig. Das duale, im Tragebügel installierte Hauptkampfvisier besteht aus Zielfernrohr und Reflexvisier (Rotpunktvisier für Schnellfeuer auf kurze Entfernungen). Zum schnellen Nachladen können mehrere Magazine miteinander verbunden werden.

Heckler & Koch G36

Herkunftsland:	Deutschland
Jahr:	1995
Kaliber:	5,56 x 45 mm NATO
Funktionsweise:	Gasdrucklader
Gewicht:	3,6 kg
Gesamtlänge:	mit ausgeklapptem Schaft 998 mm, eingeklappt 758 mm
Lauflänge:	480 mm
Münd.geschwind.:	920 m/s
Feuerrate:	750 Schuss/min
Zuführung:	Stangenmagazin zu 30 Patronen

SiG SG550-1 Sniper

Grundlage dieses Scharfschützengewehrs war das Sturmgewehr SG550, allerdings ist das Sniper nur für Einzelfeuer eingerichtet. Die Munition wird aus 20- oder 30-Schuss-Magazinen zugeführt. Der schwere Lauf hat ein konisch gehämmertes Zugprofil. Es gibt weder Kimme noch Korn, sondern nur eine Montagevorrichtung für Zielfernrohre. Schulterstütze und Pistolengriff können auf die individuellen Erfordernisse des Schützen abgestimmt werden. Ein am Vorderschaft montiertes, umklappbares Zweibein dient als stabile Schießplattform. Ein außergewöhnliches Merkmal ist ein Flimmerband oberhalb von Schaft und Lauf. Es verhindert, dass vom heiß geschossenen Lauf aufsteigende Hitzeschlieren die Visierung des Schützen beeinträchtigen.

SiG SG550-1 Sniper

Herkunftsland:	Schweiz
Jahr:	1996
Kaliber:	5,56 x 45 mm
Funktionsweise:	Gasdrucklader
Gewicht:	7,3 kg
Gesamtlänge:	mit ausgeklapptem Schaft 1130 mm
Lauflänge:	650 mm
Münd.geschwind.:	900 m/s
Feuerrate:	Halbautomat
Zuführung:	Kurvenmagazin zu 20 oder 30 Patronen

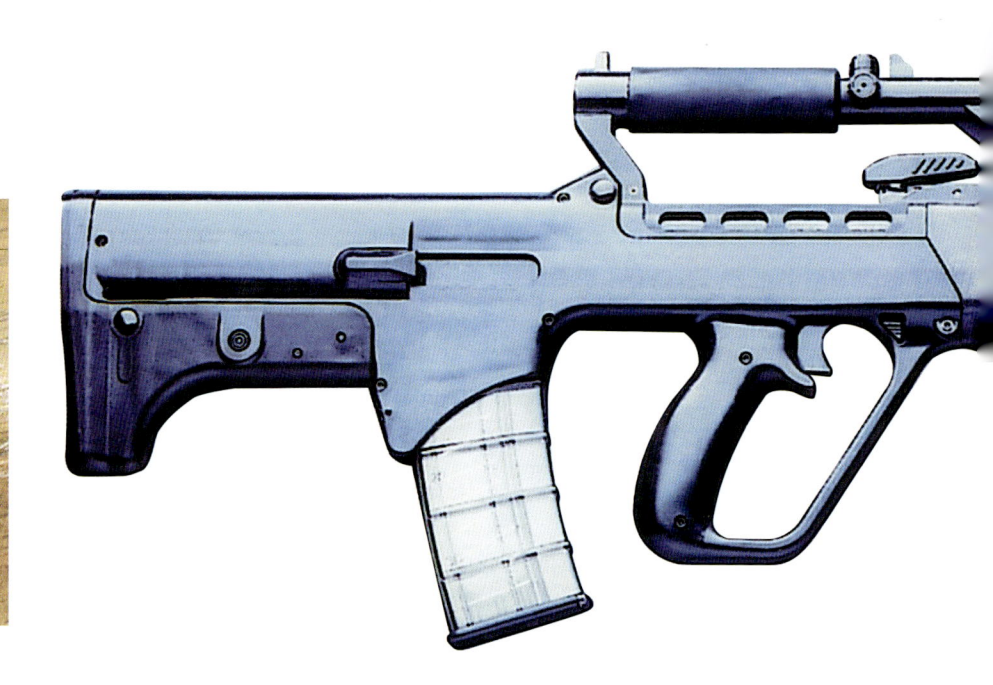

Remington Modell 597

Herkunftsland:	USA
Jahr:	1997
Kaliber:	.22 LR
Funktionsweise:	Rückstoßlader
Gewicht:	2,5 kg
Gesamtlänge:	1016 mm
Lauflänge:	510 mm
Münd.geschwind.:	530 m/s
Feuerrate:	Halbautomat
Zuführung:	Kastenmagazin zu 10 Patronen

BRNO 98

Herkunftsland:	Tschechien
Jahr:	1998
Kaliber:	verschiedene
Funktionsweise:	Zylinderverschluss
Gewicht:	3,3 kg
Gesamtlänge:	abhängig von der Lauflänge
Lauflänge:	605 mm
Münd.geschwind.:	abhängig vom Munitionstyp
Feuerrate:	Einzelschuss
Zuführung:	Kastenmagazin

BRNO 98

Diese klassische Büchse aus der tschechischen Waffenfabrik Brünn (Zbrojovka Brno) beruht auf dem Mauser-Verschluss und ist von besonderer Eleganz. Der Jagdschaft mit bayerischer Backe bietet dem Schützen größere Stabilität und die Riffelung der glatten Holzflächen einen sicheren Griff. Zur Auswahl stehen Schnabel oder Biberschwanz als Vorderschaft oder eine bis zur Mündung reichende Vollschäftung. Das Brno 98 ist je nach Kundenwunsch für mehr als zehn Kaliber eingerichtet erhältlich. Die riesige Kaliberpalette reicht von .270 Win (7 x 64,5 mm) bis .300 Win Mag (7,62 x 67 mm). Die offene Visierung besteht aus Sattelkorn und verstellbarer Kimme.

SAR 21

Herkunftsland:	Singapur
Jahr:	1999
Kaliber:	5,56 x 45 mm NATO
Funktionsweise:	Gasdrucklader
Gewicht:	3,82 kg
Gesamtlänge:	805 mm
Lauflänge:	460 mm
Münd.geschwind.:	900 m/s
Feuerrate:	450–650 Schuss/min
Zuführung:	Kurvenmagazin zu 30 Patronen

Remington Modell 597

Remingtons Modell 597 ist eine Kleinkaliber-Selbstladebüchse, ein Rückstoßlader für Randfeuerpatronen im Kaliber .22 LR (5,6 x 15R). Das Gewehr ist preiswert und für Jagd und Schießstand (bei Schussweiten unter 150 m) gleichermaßen beliebt. Das Zuführungssystem ist robust und aufgrund der Metallmagazine äußerst zuverlässig. Dank der Teflon- und Nickelbeschichtung von Verschluss, Abzugsstange und Schlagstück ist der Schlossgang weich, geräuscharm und zuverlässig. Nach dem Verfeuern der letzten Patrone bleibt der Verschluss offen und meldet dem Schützen, dass nachgeladen werden muss. Außer der Standardversion des Modells 597 bietet Remington weitere ausgeklügelte Varianten an, wie zum Beispiel mit freilagernden Läufen und dem neuen Kaliber .17 HMR.

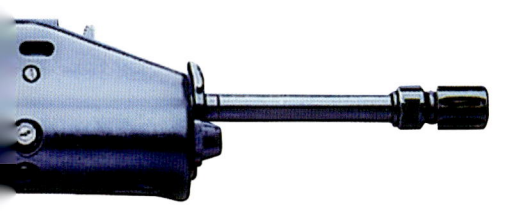

SAR 21

1999 präsentierte Singapore Technologies Kinetics das revolutionäre Sturmgewehr SAR 21. Es ist für das Kaliber 5,56 mm eingerichtet und gemäß dem Bullpup-Prinzip konstruiert. Das SAR 21 ähnelt sowohl dem SA80 als auch dem Steyr AUG. Wie für dieses Konstruktionsprinzip typisch ist das SAR 21 bei einer Lauflänge von 508 mm mit nur 805 mm Gesamtlänge äußerst kurz. Es ist leicht zu pflegen und bei nur fünf Baugruppen sehr schnell zu demontieren. Im Tragegriff ist ein Zielfernrohr mit 1,5-facher Vergrößerung installiert. Bei den Versionen P-Rail und RIS sind die Tragegriffe durch Picantinny-Schienen ersetzt, sodass eine breite Palette anderer Visiere (unter anderem Nachtsicht- und Wärmebildgeräte) installiert werden können.

TECHNIK DER HANDFEUERWAFFEN – OFFENE VISIERUNG

Mit Ausnahme der mit optischen Zielmitteln ausgerüsteten Jagd- und Scharfschützengewehre sind Feuerwaffen meistens mit offener Visierung (Kimme und Korn) ausgestattet. Offene Visierungen können als primäre Zieleinrichtungen verwendet werden, besonders bei Waffen kurzer Schussweite (z. B. Pistolen oder Kleinkalibergewehren), wo die Ausstattung mit einem Zielfernrohr zu kostspielig wäre. Aber auch bei vielen Zielfernrohrwaffen werden Kimme und Korn als wichtige Notvisierung beibehalten, falls die optischen Zielmittel versagen oder beschädigt werden sollten.

Die Grundform der offenen Visierung besteht aus dem Korn, einer runden, eckigen oder punktförmigen Erhebung nahe der Mündung, und der V- oder U-Kimme näher am Schützen. Zum Anvisieren muss der Schütze seine Waffe so einrichten, dass Auge, Kimme, Korn und Ziel (Haltepunkt) in einer Linie (Visierlinie) liegen. In der einfachsten Anordnung (häufig bei Pistolen und Revolvern) ist die Kimme starr montiert und nicht verstellbar. Bei den meisten Gewehren kann die Zielentfernung jedoch durch eine verstellbare Kimme (z. B. Visierklappen oder Steuerkurven) justiert und die Mündung durch Einstellung auf die zu treffende Entfernungsmarke so angehoben werden, dass die Geschossbahn den anvisierten Punkt trifft. Das Korn ist nicht verstellbar, kann aber teilweise durch Korntunnel oder Seitenflügel abgeblendet oder geschützt werden.

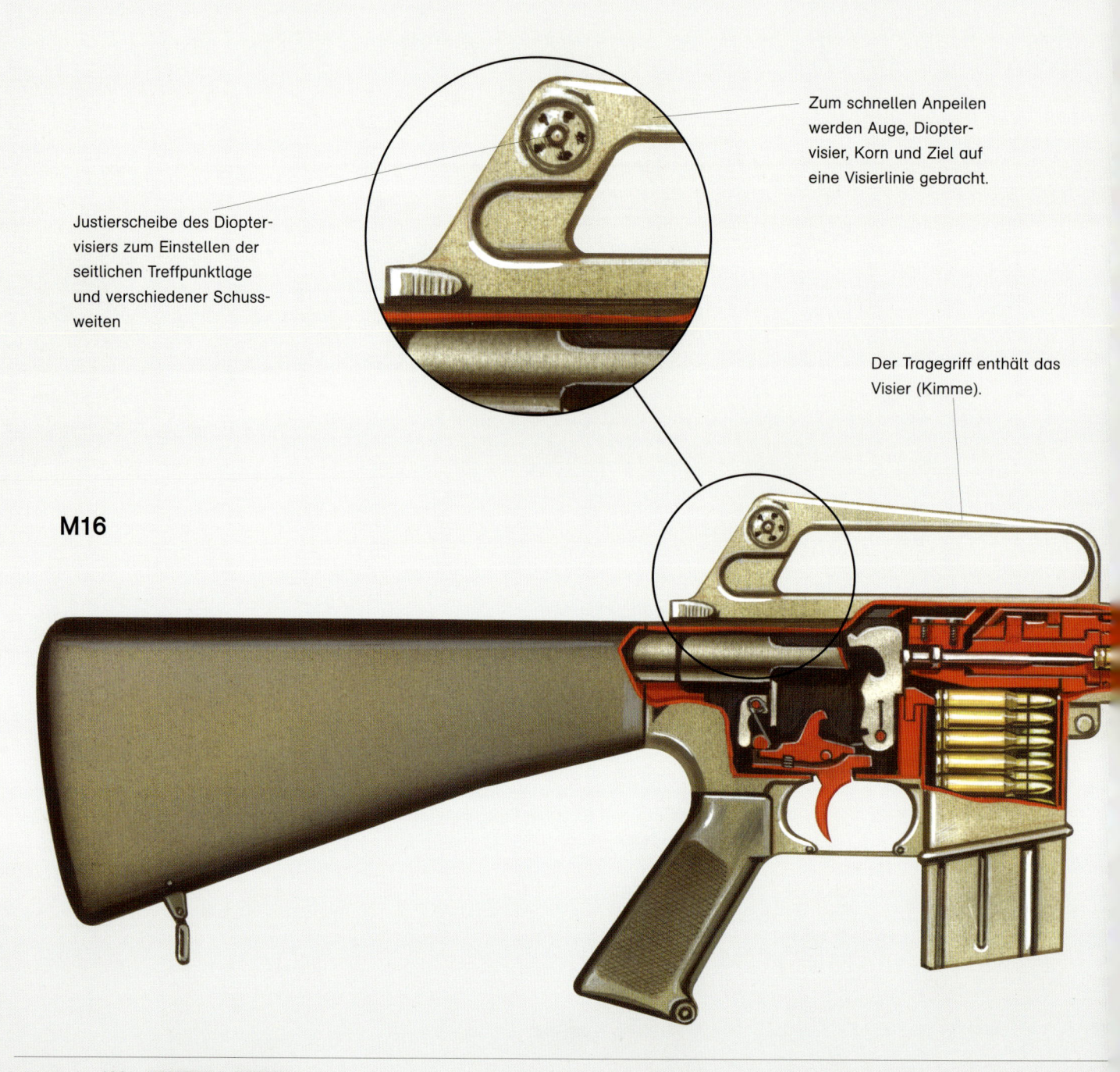

Justierscheibe des Dioptervisiers zum Einstellen der seitlichen Treffpunktlage und verschiedener Schussweiten

Zum schnellen Anpeilen werden Auge, Dioptervisier, Korn und Ziel auf eine Visierlinie gebracht.

Der Tragegriff enthält das Visier (Kimme).

M16

Die Kimme ist seiten- und höhenverstellbar.

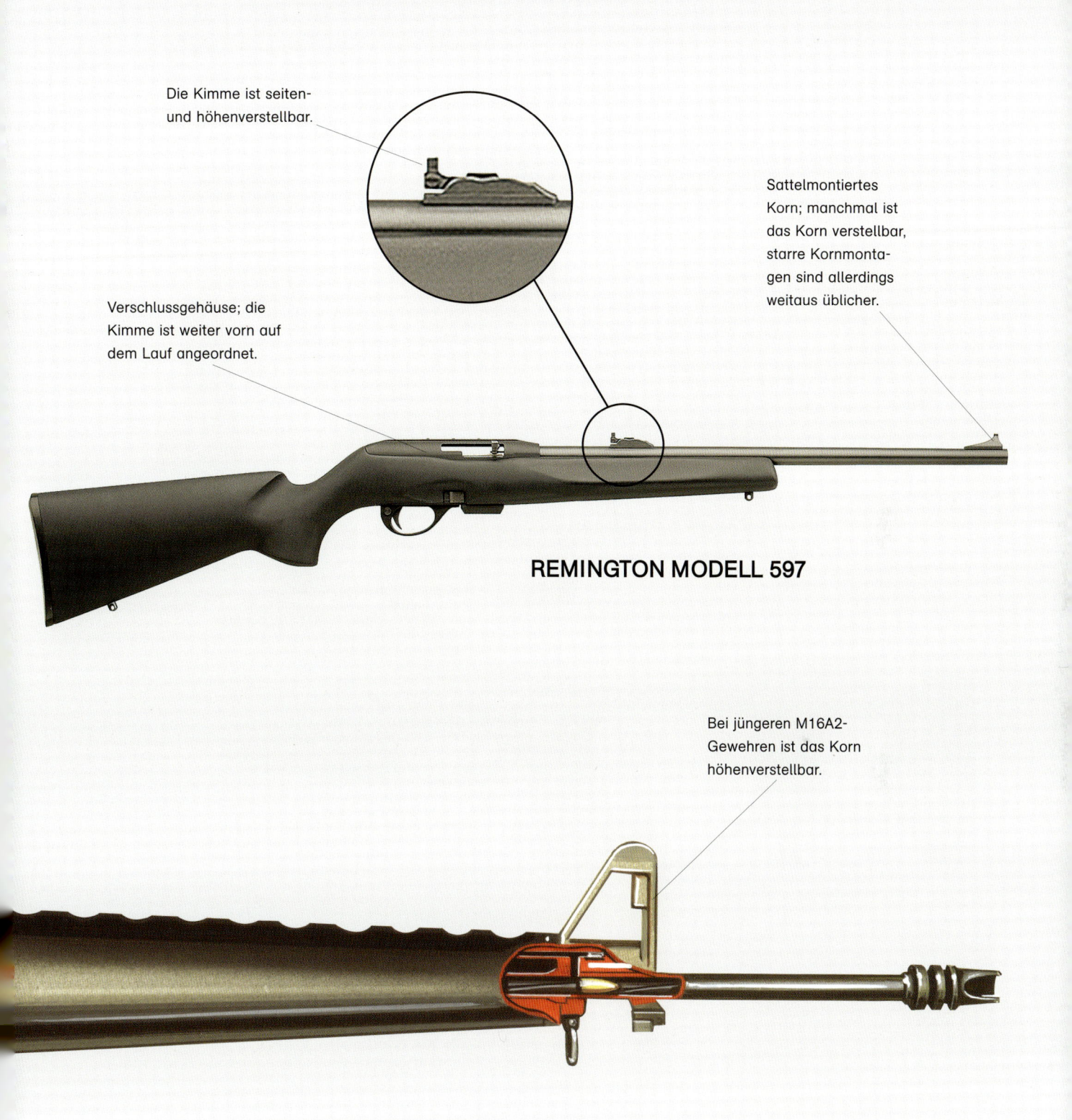

Sattelmontiertes Korn; manchmal ist das Korn verstellbar, starre Kornmontagen sind allerdings weitaus üblicher.

Verschlussgehäuse; die Kimme ist weiter vorn auf dem Lauf angeordnet.

REMINGTON MODELL 597

Bei jüngeren M16A2-Gewehren ist das Korn höhenverstellbar.

orrekt eingerichtet, gewährleisten Kimme d Korn bis auf mehrere Hundert Meter te Treffergebnisse. Es gibt bei der offe- n Visierung allerdings ein grundsätzli- es Problem: Da das menschliche Auge ch immer nur auf eine Entfernung scharf stellen kann, ist es unmöglich, Kimme, orn und Ziel gleichzeitig scharf zu sehen.

Folglich tastet das Auge die unterschiedlich entfernten Punkte schnell nacheinander ab. Ein prinzipiell unzulänglicher Prozess, der sich bei schlechten Lichtverhältnissen noch schwieriger gestaltet. Viele moderne Feuerwaffen sind deshalb mit Nacht- oder Leuchtkorn ausgestattet. Weitaus einfacher und präziser zu handhaben als Kimme und

Korn sind Waffen mit Diopter, Korntunnel und Ringkorn. Mit variabler Irisblende ist ein Diopter an unterschiedliche Lichtverhältnisse anpassbar. Für den Präzisionsschuss auf unterschiedliche Entfernungen werden oft turmartige Diopter verwendet.

OFFENE VISIERUNG

INSAS-Sturmgewehr

Das INSAS (Indian Small Arms System) – Indiens erstes im Land produziertes Sturmgewehr – kann die Ähnlichkeit mit dem israelischen Galil und anderen modernen Konstruktionen nicht verleugnen. So ist beispielsweise der Spanngriff von Heckler & Koch entlehnt. Das Magazin für die NATO-Patrone 5,56 x 45 mm stammt vom M16, obwohl es aus transparentem Kunststoff gefertigt wurde. Wenn auch der Drehverschluss dieses Gasdruckladers vieles mit dem AK-47 gemein hat, besitzt er abweichend vom AK einen manuell zu betätigenden Gasdruckregler. In seiner Basisversion ist das INSAS für Einzelfeuer und Feuerstöße von drei Schuss eingerichtet. Ein INSAS-lMG mit schwerem Lauf kann auch Dauerfeuer schießen.

Heym Express Magnum

Heym Express Magnum	
Herkunftsland:	Deutschland
Jahr:	1990er-Jahre
Kaliber:	bis .600 Nitro Express (15,7 x 76 mm)
Funktionsweise:	Zylinderverschluss
Gewicht:	4,5 kg
Gesamtlänge:	1150 mm
Lauflänge:	610 mm
Münd.geschwind.:	abhängig vom Munitionstyp
Feuerrate:	Einzelschuss
Zuführung:	Einsteckmagazin zu 4–6 Patronen

Der Hersteller Heym hat die Repetierbüchse Express Magnum speziell für die Großwildjagd geschaffen und für den Verschluss das bewährte Mauser-System gewählt. Der Zylinderverschluss mit 2-Warzen-Verriegelung im Hülsenkopf ist solide konstruiert. Bei gespanntem Schloss rückt der nach unten gedrehte Kammerstängel in eine Aussparung im Verschluss und bildet ein drittes Verriegelungselement. Da das Express Magnum als Großwildbüchse konzipiert ist, rangiert die Munition im oberen Kaliberbereich – von der vielseitig verwendbaren .300 Win.Mag. (7,62 x 66 mm) bis zu so schweren Patronen wie die .500 Jeffrey (12,7 x 70 mm) und .600 Nitro Express (15,7 x 76 mm). Sogar mit Gummischaftkappe muss der Rückstoß derart großkalibriger Munition noch außerordentlich stark sein. Serienmäßig ist das Gewehr mit Kimme und Korn ausgestattet, es wird aber so ausgeliefert, dass auch ein Zielfernrohr montiert werden kann.

INSAS-Sturmgewehr

Herkunftsland:	Indien
Jahr:	1999
Kaliber:	5,56 x 45 mm NATO
Funktionsweise:	Gasdrucklader
Gewicht:	3,2 kg
Gesamtlänge:	990 mm
Lauflänge:	464 mm
Münd.geschwind.:	885 m/s
Feuerrate:	650 Schuss/min
Zuführung:	Kurvenmagazin zu 20 oder 30 Patronen

Sako TRG 22

Das TRG 22 ist als Zylinderverschlussbüchse konstruiert und gilt als eines der präzisesten Scharfschützengewehre. Das Verschlusssystem mit drei Verriegelungswarzen verriegelt hinter dem Kammerstoßboden. Der Öffnungswinkel der Kammer beträgt 60 Grad, was einen extrem kurzen Verschlusshebelweg ermöglicht. An der Mündung des schweren Laufs kann ein abnehmbarer Mündungsfeuer- oder Schalldämpfer montiert werden. Auf Wunsch wird ein höhenverstellbares Zweibein am Vorderschaft montiert. Die Schulterstütze ist ebenso variabel wie der Abzugswiderstand und kann den Wünschen des Schützen angepasst werden. Auf einer Schiene kann das Zielfernrohr montiert werden.

Sako TRG 22

Herkunftsland:	Finnland
Jahr:	1999
Kaliber:	7,62 x 51 mm NATO
Funktionsweise:	Zylinderverschluss
Gewicht:	4,7 kg
Gesamtlänge:	1150 mm
Lauflänge:	660 mm
Münd.geschwind.:	850 m/s
Feuerrate:	Einzelschuss
Zuführung:	Kastenmagazin zu 10 Patronen

MUSKETEN & GEWEHRE

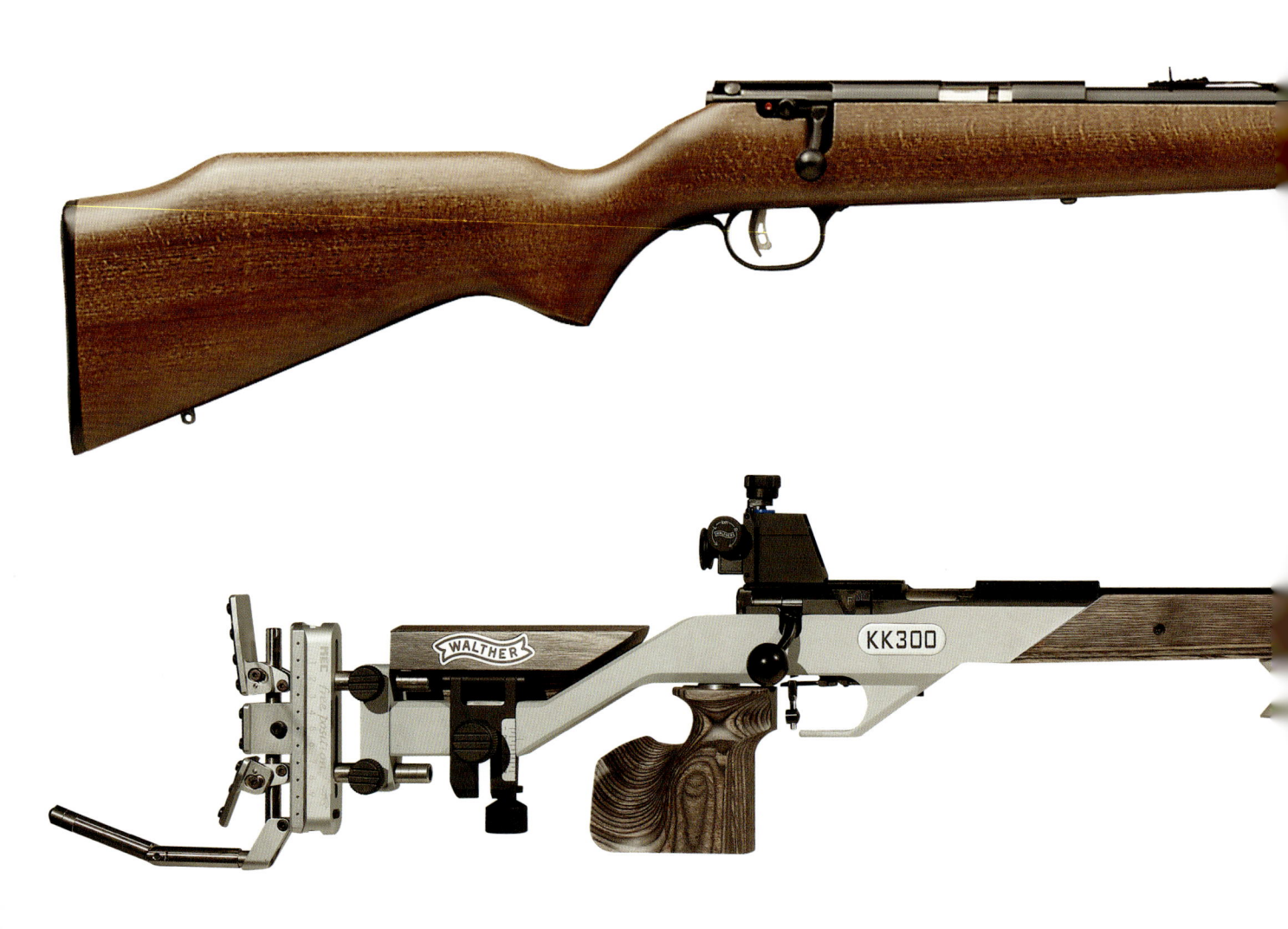

Accuracy International Varminter

Dieses Gewehr ist ein „Ableger" der Scharfschützengewehr-Serie Arctic Warfare der Firma Accuracy International. Als Jagdgewehr ist es wahlweise für Munition vom Kaliber .223 Rem (5,56 x 45 mm NATO) bis .243 (6,1 x 52 mm) ausgelegt und mit der gleichen Sorgfalt gebaut wie die Militär- und Polizeigewehre. Der Abzugswiderstand ist von 1,1 bis 1,6 kg regulierbar. Die Läufe werden in Wettkampfqualität gefertigt und sind zur Gewichtsersparnis kanneliert. Mithilfe der Kolbenkappe kann die Distanz zwischen Abzug und Schulterstütze auf die Erfordernisse des Schützen abgestimmt werden. Alle Bauteile sind leicht austauschbar – auch der Lauf. Um die Abmessungen des Magazins zu minimieren, liegen die Patronen zweireihig.

Accuracy International Varminter

Herkunftsland:	Großbritannien
Jahr:	2000
Kaliber:	bis max. 6,1 x 52 mm
Funktionsweise:	Zylinderverschluss
Gewicht:	6 kg
Gesamtlänge:	1155 mm
Lauflänge:	660 mm
Münd.geschwind.:	abhängig vom Munitionstyp
Feuerrate:	Einzelschuss
Zuführung:	Einsteckmagazin zu 8 Patronen

Savage Modell Mk 1 Youth

Savage-Gewehre mit Zylinderverschluss gelten seit Langem als optimale Anfängerwaffen für Jungschützen. Und speziell für diese Zielgruppe entwickelte Savage das Mk 1 Youth. Entsprechend kurz sind die Abmessungen (Gesamtlänge 940 mm), und bei einem Gewicht von nur 2,27 kg ist die Handhabung für Jugendliche und zierliche Schützinnen geradezu ideal. Es ist eingerichtet für Kleinkalibermunition (.22 S, .22 L und LR), sodass der Rückstoß unerheblich ist. Da Sicherheit besonders bei Waffen für Anfänger und Jugendliche von höchster Bedeutung ist, wurde das Youth mit dem AccuRelease-Abzugssystem ausgestattet, das eine ungewollte Schussauslösung verhindert und Unfälle vermeiden hilft. Auch der Druckpunkt (Weg und Gewicht) ist justierbar.

Savage Modell Mk 1 Youth

Herkunftsland:	USA
Jahr:	2000
Kaliber:	von 5,6 x 10,5R bis 5,6 x 15R
Funktionsweise:	Zylinderverschluss
Gewicht:	2,27 kg
Gesamtlänge:	940 mm
Lauflänge:	480 mm
Münd.geschwind.:	abhängig von Munition
Feuerrate:	Einzelschuss
Zuführung:	manuell, Einzellader

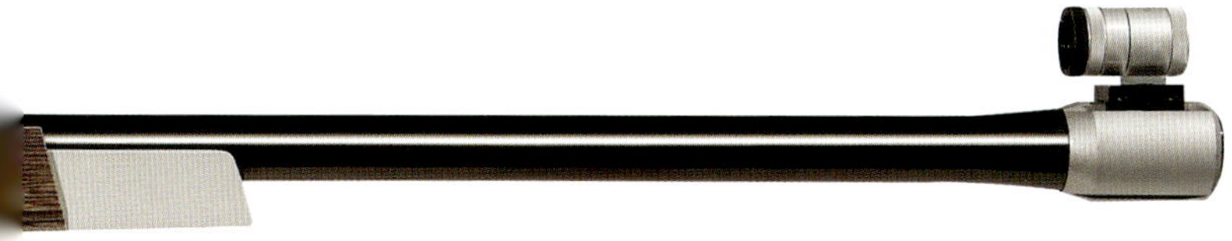

Walther KK300

Der Schaft professioneller Kleinkaliber-Sportgewehre muss in jeder Beziehung auf die anatomischen Gegebenheiten des Schützen einstellbar sein. Das KK300 erfüllt diese Anforderung bestens und übertrifft in der Verstellbarkeit von Kappe, Backe, Griff und Handstütze alle gegenwärtig verfügbaren Sportgewehre. Ein Schichtholzrahmen nimmt das KK-System auf und sorgt für eine optimale Bettung. Der geringe Abzugswiderstand von 50 bis 130 g ist regulierbar. Kombiniert mit schneller Mechanik und vibrationsfreier Funktion, ermöglicht der Matchabzug blitzschnelle Schussauslösung und verhindert, dass das KK300 beim Schießen aus dem Ziel wandert. KK300 sind serienmäßig mit Diopter und geschütztem Korn ausgestattet.

Walther KK300

Herkunftsland:	Deutschland
Jahr:	2000
Kaliber:	5,6 x 15R
Funktionsweise:	Zylinderverschluss
Gewicht:	5,9 kg
Gesamtlänge:	keine Angabe
Lauflänge:	650 mm
Münd.geschwind.:	keine Angabe
Feuerrate:	Einzelschuss
Zuführung:	manuell, Einzellader

Mauser 98

Herkunftsland:	Deutschland
Jahr:	2005
Kaliber:	verschiedene
Funktionsweise:	Zylinderverschluss
Gewicht:	3,5 kg
Gesamtlänge:	keine Angabe
Lauflänge:	600 mm
Münd.geschwind.:	abhängig vom Munitionstyp
Feuerrate:	Einzelschuss
Zuführung:	Magazinkasten

Mauser 98

Diese Repetierbüchse ist eine hervorragende Jagdwaffe und ein modernisiertes Mauser-Gewehr 98 aus dem späten 19. Jahrhundert. Herzstück der Waffe ist der seit über 100 Jahren bewährte Zylinderverschluss, dessen zwei starke und sehr robuste Warzen nicht nur sicher verriegeln, sondern auch optimalen Schutz bei Hülsenreißern oder ähnlichen Unfällen bieten. Auch verhindert eine Sicherung, die direkt auf den Schlagbolzen wirkt, zuverlässig eine unbeabsichtigte Schusslösung. Im Gegensatz zum alten Mauser-Gewehr verschießt diese moderne Repetierbüchse Munition verschiedener Kaliber. So ist das Basismodell für Patronen von 5,6 x 49 mm bis 9,3 x 62 mm ausgelegt, wohingegen das Magnum-Modell, das primär für die Großwildjagd konzipiert ist, für Kaliber von 9,5 x 72 mm bis 12,7 x 70 eingerichtet ist.

Tikka T3

Weltweit erfreut sich der Jagdrepetierer Tikka T3 größter Beliebtheit. Das T3 ist für eine breite Kaliberpalette – .222 Rem. (5,7 x 43 mm) bis .338 Win.Mag. (8,6 x 63 mm) – eingerichtet und wird besonders wegen seines starken Verschlusssystems (Kammeröffnungswinkel 70 Grad, zwei Verriegelungswarzen) geschätzt. Allerdings bewirkt das geringe Gewicht einen spürbaren Rückstoß. Auf Wunsch wird das T3 nicht mit Kombiabzug (Direktabzug mit Rückstecher), sondern nur mit Direktabzug geliefert. Zum Spannen des Stechschlosses wird der Rückstecher nach vorn gedrückt, dann hat das Gewehr nur noch einen minimalen Abzugswiderstand. Das T3 wird in verschiedenen Ausführungen, insbesondere mit unterschiedlichen Schäftungen und Läufen, angeboten.

Tikka T3

Herkunftsland:	Finnland
Jahr:	2003
Kaliber:	von 5,7 x 43 mm bis 8,6 x 63 mm
Funktionsweise:	Zylinderverschluss
Gewicht:	bis 3,2 kg
Gesamtlänge:	1080 mm
Lauflänge:	520 mm, 620 mm
Münd.geschwind.:	abhängig vom Munitionstyp
Feuerrate:	Einzelschuss
Zuführung:	herausnehmbares Magazin zu 4–5 Patronen

CZ 452 American Classic

Dieses von Česká Zbrojovka (CZ) gebaute Gewehr ist eine schlichte, preisgünstige Repetierbüchse. Sie gehört zur umfangreichen 452-Serie, deren Einsatz aufgrund des kleinen Kalibers auf Scheinwerferjagd und Schießstand beschränkt ist. Ihren Namen verdankt die Büchse der Tatsache, dass sie ursprünglich für den nordamerikanischen und australischen Markt gebaut wurde, und zwar mit etwas kürzerem Lauf, weil Waffen dort häufig in Trucks mitgeführt werden. Kimme und Korn fehlen, stattdessen besitzt die Büchse eine Prismenschiene zur Zielfernrohrmontage. Alle CZ 452 besitzen schwere, kaltgehämmerte Läufe und herausnehmbare Magazine.

CZ 452 American Classic

Herkunftsland:	Tschechien
Jahr:	2005
Kaliber:	von 4,32 x 45 mm bis 5,6 x 27R
Funktionsweise:	Zylinderverschluss
Gewicht:	bis 2,68 kg
Gesamtlänge:	1021 mm
Lauflänge:	570 mm
Münd.geschwind.:	abhängig vom Munitionstyp
Feuerrate:	Einzelschuss
Zuführung:	Ansteckmagazin zu 10 Patronen

Winchester Modell 1885

Winchester Modell 1885	
Herkunftsland:	USA
Jahr:	2005
Kaliber:	verschiedene
Funktionsweise:	Unterhebelrepetierer
Gewicht:	3,8 kg
Gesamtlänge:	1117 mm
Lauflänge:	710 mm
Münd.geschwind.:	abhängig vom Munitionstyp
Feuerrate:	Einzelschuss
Zuführung:	manuell

Das Modell 1885 ist Nostalgie pur – Winchesters Erinnerung an das einschüssige Gewehr mit Fallblockverschluss, das Ende des 19. Jahrhunderts in Zusammenarbeit mit John M. Browning entwickelt worden war. Zwei Versionen – High Wall Hunter und Low Wall Hunter – wurden 2005 in begrenzter Stückzahl gefertigt. Sie verschießen rauchlose Munition, sind als Unterhebelrepetierer konstruiert und wurden in je vier Kalibern angeboten (High Wall: von 9,65 x 54R bis 11,4 x 82,3R, Low Wall: 5,6 x 35R bis 6,1 x 52 mm). Der Kunde konnte wählen, ob die leeren Hülsen nach rechts oder links ausgeworfen oder sogar manuell entnommen werden sollten. Das Modell Low Wall wurde serienmäßig mit Kimme und Korn ausgestattet, während das High Wall auch für eine Zielfernrohrmontage eingerichtet ist.

SiG SSG 3000

SiG SSG 3000	
Herkunftsland:	Schweiz
Jahr:	2005
Kaliber:	7,62 x 51 mm NATO
Funktionsweise:	Zylinderverschluss
Gewicht:	5,4 kg
Gesamtlänge:	1180 mm
Lauflänge:	610 mm
Münd.geschwind.:	830 m/s
Feuerrate:	Einzelschuss
Zuführung:	Einsteckmagazin zu 5 Patronen

Dieses Scharfschützengewehr wurde primär für Polizei- und Spezialeinheiten entwickelt, ist aber auch für Sportschützen interessant. Sein Zylinderverschluss verriegelt mit sechs Verriegelungswarzen. Der starkwandige Matchlauf ruht in einem ausgekehlten Vorderschaft mit Ventilationsschlitzen, die für gute Luftzirkulation sorgen und verhindern, dass sich die Treffpunktlage bei Erhitzung des Laufs negativ verändert. Hauptmerkmal des SSG 3000 ist sein verzugsfreier Schichtholzschaft mit verstellbarer Backe und Kappe. Als Zusatzausstattung ist ein Zweibein verfügbar, und ein Flimmerband (Stoffüberzug) verhindert, dass vom heiß geschossenen Lauf aufsteigende Hitzeschlieren die Sicht des Schützen beeinträchtigen.

Winchester Wildcat 22

Winchester Wildcat 22	
Herkunftsland:	USA
Jahr:	2005
Kaliber:	5,6 x 15R
Funktionsweise:	Zylinderverschluss
Gewicht:	bis 2 kg
Gesamtlänge:	975 mm
Lauflänge:	530 mm
Münd.geschwind.:	347 m/s
Feuerrate:	Einzelschuss
Zuführung:	Schaftmagazin zu 5 oder 10 Patronen

Das Wildcat 22 zählt zu Winchesters erfolgreichsten Zylinderverschlussgewehren. Es verbindet exzellente Treffsicherheit mit einem robusten System und ist preiswert. Das Wildcat ist für die Standardpatrone .22 LR (5,6 x 15R) eingerichtet und trifft bis rund 100 m zuverlässig. Durch Betätigung des Zylinderverschlusses werden die Patronen aus dem unmittelbar vor dem Abzugsbügel angeordneten Magazin entnommen und sicher eingeführt. Das Magazin fasst fünf oder zehn Patronen und kann durch leichten Knopfdruck entnommen werden. Der dunkle, in einen Schnabel auslaufende Holzschaft ist schlicht, aber elegant verarbeitet. Das Wildcat ist serienmäßig mit offener Visierung ausgestattet und die Systemhülse für Zielfernrohrmontagen vorbereitet.

TECHNIK DER HANDFEUERWAFFEN – DRALL UND PRÄZISION

Der Drall des Projektils wird durch die spiralförmig ins Laufinnere geschnittenen Züge verursacht. Sie versetzen das Geschoss in Rotation, stabilisieren seine Flugbahn und verbessern die Präzision. Egal ob Rechts- oder Linksdrall, wichtig ist allein, dass die Züge exakt in das Geschoss einschneiden, damit es über die gesamte Lauflänge gleichmäßig rotiert. Die erhöhten Teile der Laufinnenwand heißen dagegen Felder. Der Geschossdurchmesser entspricht dem Außenkaliber, das heißt dem Durchmesser zwischen den Zügen. Bei der Lauffertigung unterscheidet man drei Verfahren: Beim traditionellen „Ziehen" muss für jeden einzelnen Zug ein Ziehmesser durch den Laufrohling gezogen werden, während beim „Knopfziehen" ein Hartmetallwerkzeug durch den Rohling getrieben wird. Dieser Rohling ist so weit vorgebohrt, dass der „Knopf" alle Züge gleichzeitig ziehen kann. Beim „Hämmern" wird der Rohling mit größerem Innendurchmesser vorgebohrt, innen feingeschliffen und danach ein Dorn eingebracht, der außen das Negativprofil der Felder und Züge trägt. Anschließend wird der Rohling so lange gehämmert, bis sich die Felder und Züge im Innern abdrücken.

CZ 550

Verschluss: Zum Schutz vor Korrosion wird er aus Edelstahl gefertigt.

Der gezogene Lauf versetzt das Geschoss in Rotation.

Die Laufherstellung beginnt mit Stahlrohlingen, die exakt verarbeitet schließlich das gewünschte Kaliber und den vorgegebenen Drall erhalten. Nur makellose Läufe gewährleisten optimale Schussleistungen und verhindern Unfälle.

Ein roter Stift signalisiert: Die Waffe ist feuerbereit.

Das Verschlusssystem führt die Patrone in die Kammer und gewährleistet eine sichere Verbindung zwischen Geschoss und gezogenem Lauf.

ntscheidend bei der Fertigung ist, dass ie Feuerwaffe für die gewählte Munition ie richtige Zahl der Züge und die korrekte otationsgeschwindigkeit erhält. Gezoge- e Läufe haben gewöhnlich zwei bis acht Züge; es können aber auch mehr sein. estes Beispiel sind Marlins Micro-Groove- äufe, bei denen bis zu 16 weichkantige üge (sogar für Kaliber .22) Deformierun- en des Geschosses vermeiden sollen.

Die Kimme ist auf dem Lauf und vor dem Patronenlager montiert.

Die Dralllänge besagt, welche Strecke ein Geschoss für eine Drehung benötigt. Wie stark das Geschoss in Rotation versetzt wird, ist entscheidend für die Treffsicherheit. Ist der Drall zu schwach, werden Geschoss und Flugbahn ungenügend stabilisiert. Bei zu starkem Drall (zu enge Züge) besteht die Gefahr, dass das Geschoss nicht korrekt geführt wird, über die Züge rutscht und Geschoss sowie Laufinnenwand beschädigt werden. Als allgemeine Regel gilt: je schneller das Geschoss, desto weniger Drall wird zur Stabilisierung benötigt. Aber auch die Geschossform beeinflusst den Drall: Lange und spitze Geschosse benötigen zur Stabilisierung einen stärkeren

Drall als kurze Geschosse. So verschießt beispielsweise das M16A2 ein sehr instabiles 5,56-mm-Geschoss und hat daher mit 305 mm eine kürzere Dralllänge als das M2HB, das zur Stabilisierung seines 7,62-mm-Geschosses nur 380 mm Dralllänge benötigt. Die Züge führen das Geschoss vom Patronenlager bis zur Mündung. Verengen sich die Züge in Richtung zur Mündung, spricht man von „progressivem Drall". Diese Verengung ist gewöhnlich nur sehr gering und soll verhindern, dass die Rotationsgeschwindigkeit des Geschosses auf dem Weg zur Mündung abnimmt, was die Treffsicherheit verhängnisvoll beeinflussen würde.

Je dickwandiger der Lauf, desto weniger wird die Treffpunktlage durch Umwelteinflüsse beeinträchtigt.

er Lauf lagert im artholzvorderschaft.

n Büchsenmacher bei der Laufherstellung. e Qualität der Laufseele ist die erste Vo- ussetzung für die Schussleistung und er- dert höchstes handwerkliches Geschick. er werden die Läufe einer Bockflinte akt auf den Zielpunkt ausgerichtet.

196 MUSKETEN & GEWEHRE

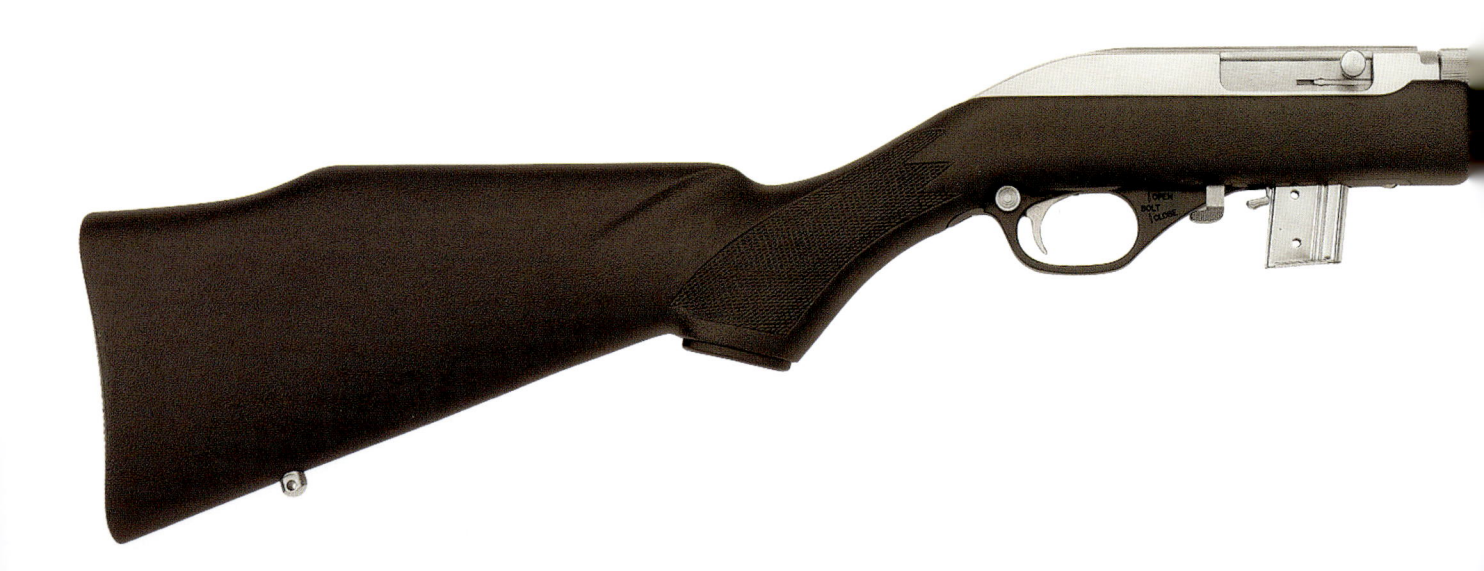

Benelli R1

Das Benelli, ein Gasdrucklader mit Drehverschluss, gehört zu den modernsten Selbstladebüchsen auf dem zivilen Markt. Der Firma Benelli zufolge verkürzt das automatisch regulierende Gasdrucksystem (ARGO) die Nachladezeit im Vergleich zu vielen anderen Selbstladebüchsen um rund 50 Prozent. Darüber hinaus reduziert der ComforTech-Schaft den empfundenen Rückstoß um 47 Prozent und die Mündungsbewegung um 32 Prozent. Dank dieser modernen Technik ist die Schussfolge hoch und das Auswandern aus dem Ziel minimal. Eine Picatinny-Schiene auf dem Verschlussgehäuse ermöglicht die Montage unterschiedlicher Zieloptiken.

Benelli R1

Herkunftsland:	Italien
Jahr:	2006
Kaliber:	verschiedene, von 7,62 x 51 bis 7,62 x 63 mm
Funktionsweise:	Gasdrucklader
Gewicht:	bis 3,3 kg
Gesamtlänge:	1111 mm (abhängig von der Lauflänge)
Lauflänge:	510 mm, 560 mm, 610 mm
Münd.geschwind.:	abhängig vom Munitionstyp
Feuerrate:	Halbautomat
Zuführung:	Kastenmagazin zu 3–4 Patronen

Marlin XLR

Mit dem XLR schuf Marlin eine Serie moderner Unterhebelrepetierer. Insgesamt handelt es sich um vier Versionen für jeweils einen anderen Munitionstyp: Kaliber .30-30 (7,62 x 52R), .444 Marlin (10,7 x 56SR), .45/70 Govt. (11,4 x 53,5R), .450 Marlin (11,65 x 53,1 mm). Das XLR ist schlicht und robust gestaltet, und der Kontrast zwischen Metall und Holz verleiht der Waffe eine gewisse Eleganz. Serienmäßig ist das Gewehr mit offener Visierung ausgestattet (als Kimme dient ein Schmetterlingsvisier), darüber hinaus ist das Verschlussgehäuse für Zielfernrohrmontagen vorbereitet. Riemenhalter sind an Vorderschaft und Kolben angebracht. Eine Besonderheit ist seine Munition „LEVERevolution Flexi-Tip" – die roten Elastomerspitzen des Teilmantel-Spitzgeschosses sind so flexibel, dass zwei Patronen gefahrlos sogar eng hintereinanderliegen können.

Marlin XLR

Herkunftsland:	USA
Jahr:	2006
Kaliber:	bis 11,65 x 53,1 mm
Funktionsweise:	Unterhebelrepetierer
Gewicht:	3,2 kg
Gesamtlänge:	1078 mm
Lauflänge:	610 mm
Münd.geschwind.:	640 m/s
Feuerrate:	Einzelschuss
Zuführung:	Röhrenmagazin zu 4 Patronen

Marlin Modell 70PSS

Als sogenanntes Survival Rifle wurde Marlins Modell 70PSS speziell für mehrtägige Jagdtouren, Pirsch in unwegsamem Gelände und militärische Kommandounternehmen entwickelt. Diese Kleinkaliberwaffe wurde als Rückstoßlader konzipiert und lässt sich schnell zerlegen und einfach in Rucksack oder Fahrzeug mitführen. Die Munition wird aus einem Ansteckmagazin (Kapazität: sieben Patronen) zugeführt. Zerlegt besteht das Modell 70PSS aus drei Baugruppen: Lauf, Verschluss, Schaft. Lauf und Verschluss können in einer absolut wasserdichten, schwimmfähigen Spezialtasche transportiert werden.

Marlin Modell 70PSS

Herkunftsland:	USA
Jahr:	2006
Kaliber:	5,6 x 15R
Funktionsweise:	Rückstoßlader
Gewicht:	1,5 kg
Gesamtlänge:	940 mm
Lauflänge:	410 mm
Münd.geschwind.:	keine Angabe
Feuerrate:	Halbautomat
Zuführung:	Ansteckmagazin zu 7 Patronen

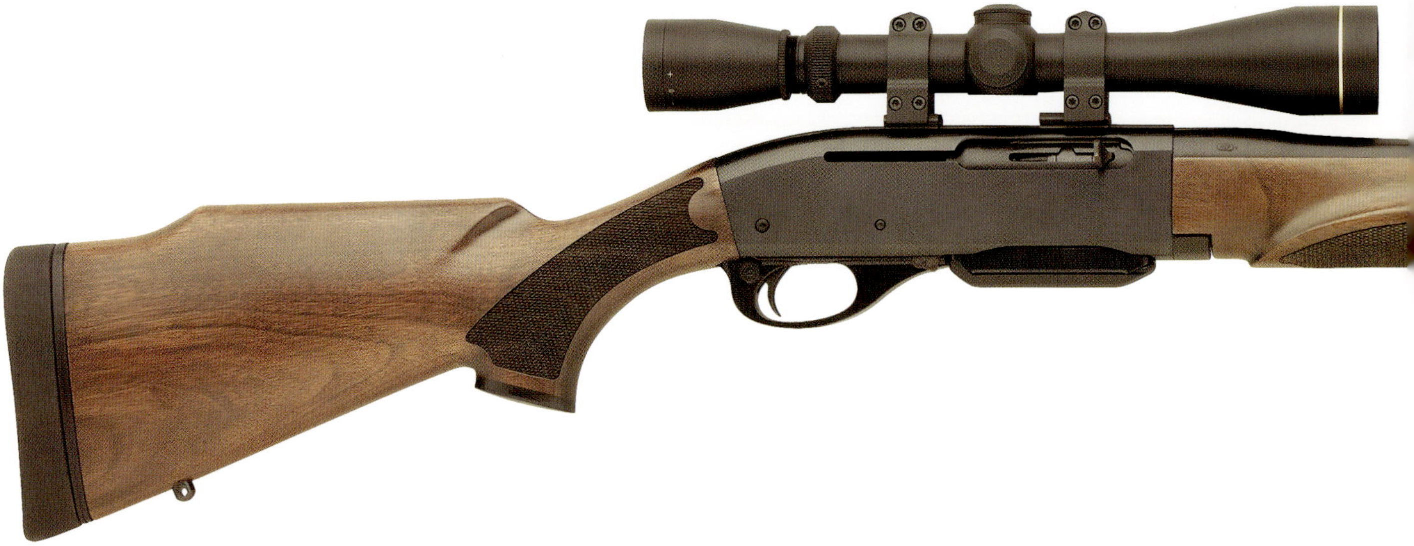

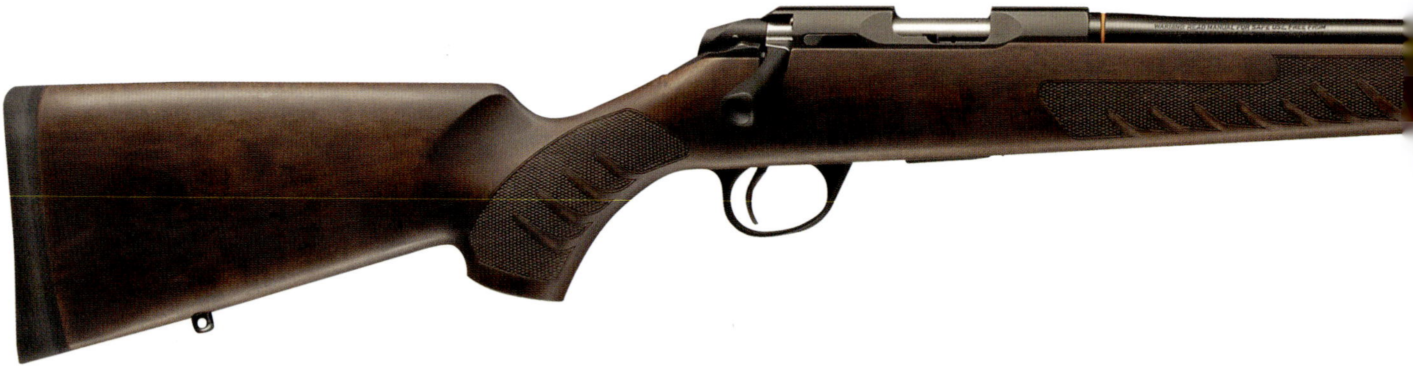

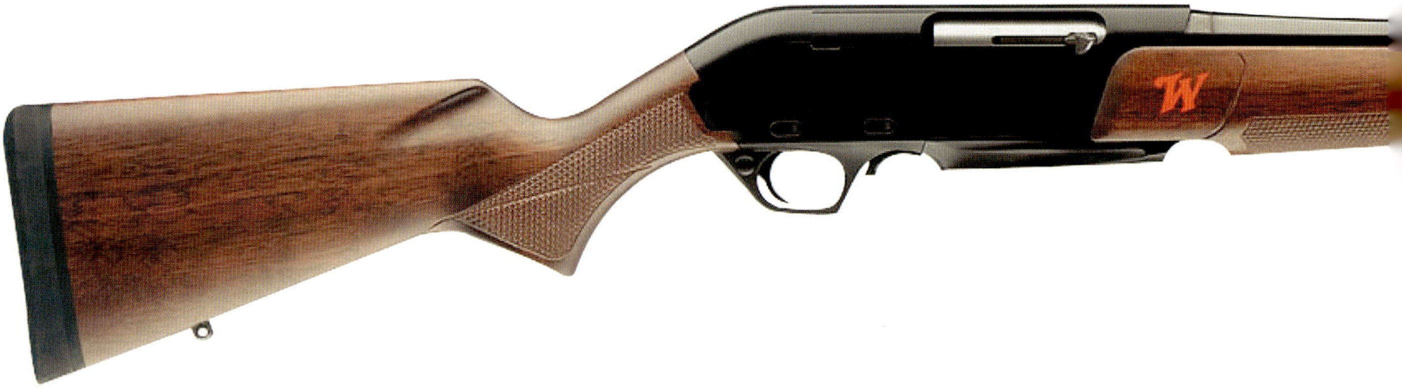

Remington Modell 750 Woodsmaster

Bei der Jagd auf schnelles Wild (z. B. Schwarzwild) auf kurze Distanz sind schnelle Reaktionen und eine wirkungsvolle, führige Waffe gefordert, so wie Remingtons Woodsmaster. Dieser moderne Gasdrucklader ist für acht Kaliber eingerichtet – von .243 Win (6,1 x 52 mm) bis .35 Whelen (8,9 x 63 mm). Dank eines modernen Gasdruckmechanismus und fortschrittlich gestalteten, luftgepolsterten Kolbenkappen wird der Rückstoß stark gemindert. Das Gewehr ist mit amerikanischem Walnussholz geschäftet und serienmäßig mit Kimme und Korn ausgestattet, darüber hinaus ist das Verschlussgehäuse bereits für eine Zielfernrohrmontage vorbereitet. Auf Wunsch wird das Modell 750 mit Kunststoffschaft geliefert.

Remington Modell 750 Woodsmaster	
Herkunftsland:	USA
Jahr:	2006
Kaliber:	verschiedene
Funktionsweise:	Gasdrucklader
Gewicht:	bis 3,4 kg
Gesamtlänge:	1082 mm
Lauflänge:	560 mm
Münd.geschwind.:	abhängig vom Munitionstyp
Feuerrate:	Halbautomat
Zuführung:	Schaftmagazin zu 4 Patronen

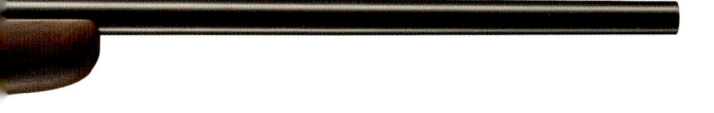

Sako Quad

„Quad" steht für „vier" und besagt, dass dieses Kleinkalibergewehr für vier Kaliber konstruiert wurde: .17 Mach 2 (4,32 x 45R), .17 HMR (5,6 x 27R), .22 LR (5,6 x 15R), .22 WMR (5,6 x 27R). Die Waffe kann mit allen vier Läufen erworben werden. Damit der richtige Lauf stets zum richtigen Kaliber montiert wird, sind die Läufe mit farbigen Ringen gekennzeichnet. Zum Laufwechsel muss nur der Verschluss geöffnet und kontrolliert werden, dass die Waffe nicht geladen ist, und schon kann der Schütze mittels Spezialwerkzeug (Zubehör des Quad) die Läufe wechseln. Die im Vorderschaft freischwingend gelagerten Läufe lassen sich leicht und mit absoluter Passgenauigkeit innerhalb weniger Sekunden austauschen. Das Sako Quad verkauft sich gut, bietet es doch vier Gewehre in einem.

Sako Quad	
Herkunftsland:	Finnland
Jahr:	2006
Kaliber:	verschiedene
Funktionsweise:	Zylinderverschluss
Gewicht:	2,6 kg
Gesamtlänge:	1016 mm
Lauflänge:	560 mm
Münd.geschwind.:	abhängig vom Munitionstyp
Feuerrate:	Einzelschuss
Zuführung:	Wechselmagazin zu 5 Patronen

Winchester Super X

Das Super X ist ein Jagdrepetierer von höchster Qualität. Es ist als Gasdrucklader konstruiert, und sein Drehverschluss sowie kaltgehämmerter Lauf sind stärksten Belastungen gewachsen. Die Waffe trägt weder Kimme noch Korn, ist jedoch zur Montage verschiedener Zielfernrohre vorbereitet. Sie kann die Kaliber .30-06 Spfld. (7,62 x 63 mm), .300 Win.Mag. (7,62 x 66 mm), .300 WSM (7,62 x 53 mm) und .270 WSM (7 x 64,5 mm) verschießen. Die Patronen werden aus einem Wechselmagazin zugeführt (vor dem Abzugsbügel angeordnet). Vorteilhaft ist, dass die Abzugsgruppe mit Querriegelsicherung als Einheit ausgebaut werden kann, was die Reinigung erleichtert. Der Abzugsbügel ist groß konstruiert, um auch mit behandschuhter Hand schießen zu können.

Winchester Super X	
Herkunftsland:	USA
Jahr:	2006
Kaliber:	verschiedene
Funktionsweise:	Gasdrucklader
Gewicht:	bis 3,3 kg
Gesamtlänge:	1050 mm mit einem Lauf von 560 mm
Lauflänge:	560 mm, 610 mm
Münd.geschwind.:	abhängig vom Munitionstyp
Feuerrate:	Halbautomat
Zuführung:	Wechselmagazin zu 3-4 Patronen

TECHNIK DER HANDFEUERWAFFEN – ZYLINDERVERSCHLUSS

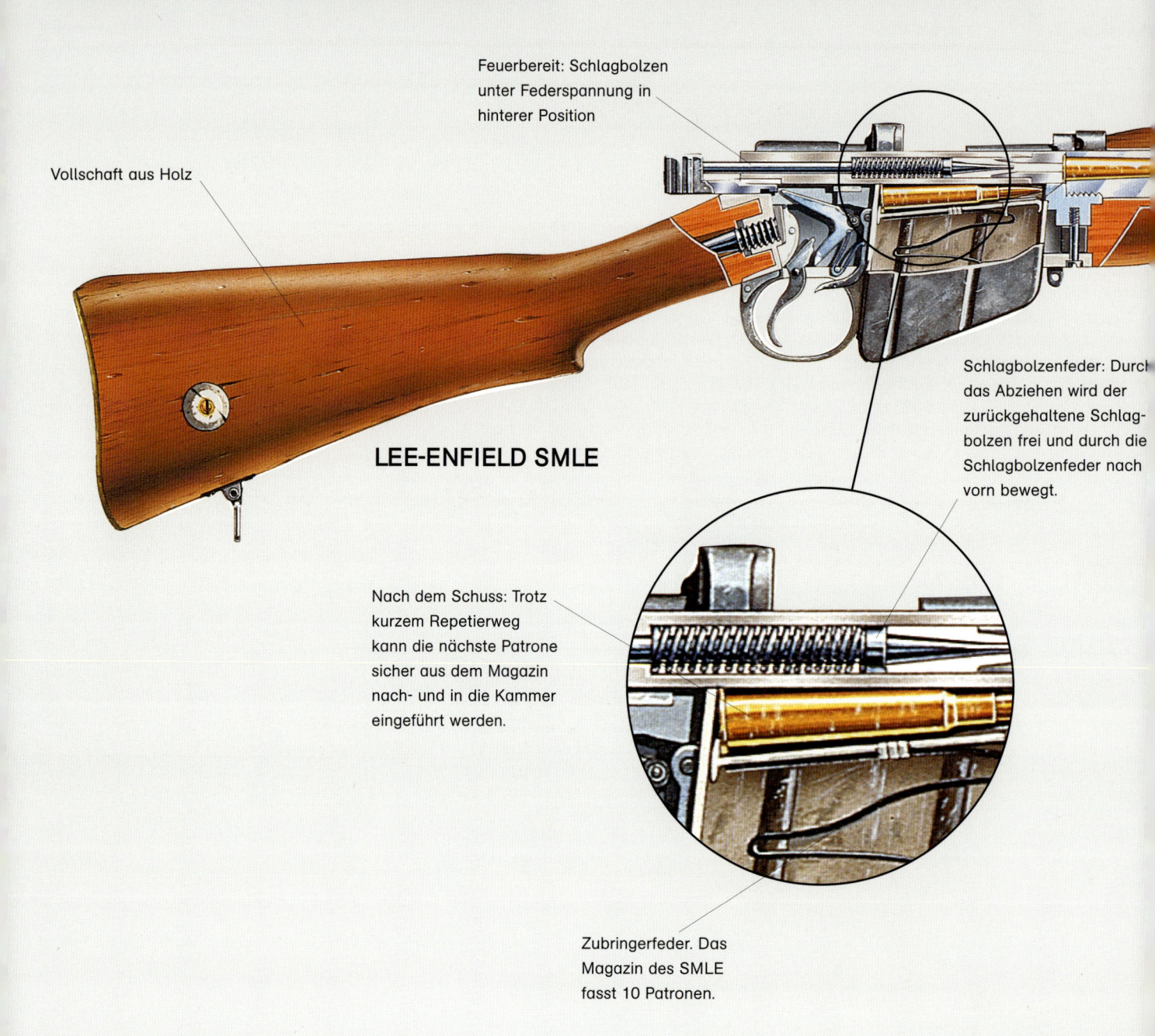

Feuerbereit: Schlagbolzen unter Federspannung in hinterer Position

Vollschaft aus Holz

LEE-ENFIELD SMLE

Schlagbolzenfeder: Durch das Abziehen wird der zurückgehaltene Schlagbolzen frei und durch die Schlagbolzenfeder nach vorn bewegt.

Nach dem Schuss: Trotz kurzem Repetierweg kann die nächste Patrone sicher aus dem Magazin nach- und in die Kammer eingeführt werden.

Zubringerfeder. Das Magazin des SMLE fasst 10 Patronen.

Zweifellos ist der Zylinderverschluss (auch Kammer-, Dreh- oder Drehkopfverschluss genannt) die zuverlässigste, bis auf den heutigen Tag fast unveränderte Verschlussart. Schusswaffen mit Zylinderverschluss sind automatischen bzw. halbautomatischen Systemen in einigen Bereichen überlegen. Erstens sind Patronenzuführung und Auswurf der leeren Hülsen so einfach konstruiert, dass Störungen selten sind. Zweitens werden Patronen beim Zylinderverschluss weitaus behutsamer zugeführt als bei automatischen Waffen, da der Schütze selbst den Verschluss betätigt. Verbeulte Patronen und daraus resultierende Ladestörungen sowie schlechte Treffsicherheit sind folglich selten. Hinzu kommt, dass die Visiereinrichtung durch den verhältnismäßig leichten Verschlussgang kaum beeinträchtigt wird. Allerdings kann es geschehen, dass die Hand des Schützen bei hastiger Verschlussbetätigung an das Zielfernrohr stößt und die Visierlinie verschiebt.

Bekannt ist das von den Brüdern Paul und Wilhelm Mauser in den 1870er-Jahren entwickelte System. Beim Mauser-System bildet die Kammer den üblichen Verschluss. Sie wird durch zwei Kammerwarzen, die sich in Ausfräsungen im Hülsenkopf einschrauben, symmetrisch verriegelt. Eine rückwärtig gelegene dritte Kammerwarze lehnt sich an eine Ausfräsung in der Hülse an und dient als Reserveverriegelung, falls die Hauptverriegelungswarzen abreißen sollten.

imme: Die Visierklappe ist
eiten- und höhenverstellbar.

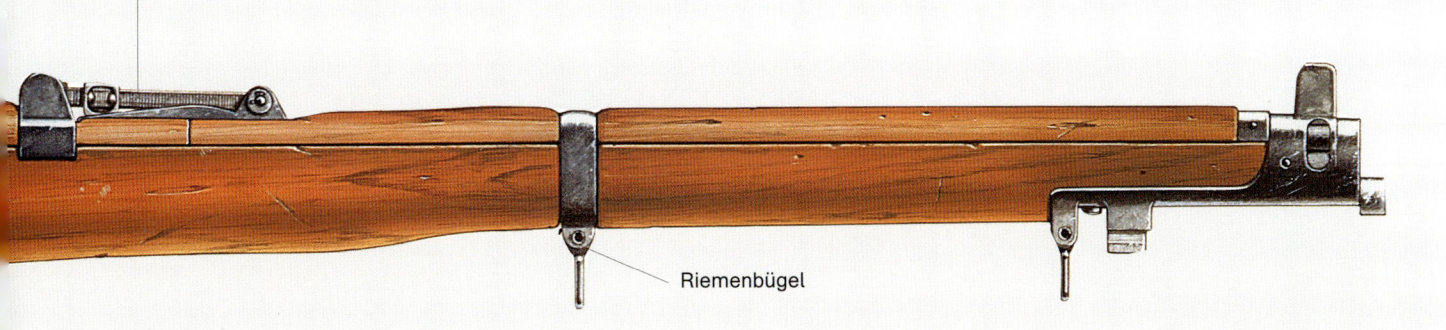

Riemenbügel

Gegensatz zum Mauser-System hat der
ee-Enfield-Verschluss eine Griffleiste, die
h beim geschlossenen Verschluss an die
egrenzung der Patroneneinlage anlehnt,
d weit hinten am Verschlusskolben eine
arze, die in eine Quernut des Gehäuses
t. Der bewegliche Verschlusskopf kann
tfernt und ausgetauscht sowie der Ver-
schlussabstand variiert werden. Dieses System gewährt einen kurzen Repetierweg (kaum länger als eine Patrone) und eine geringe Drehung des sanft und schnell gleitenden Verschlusses. Der Lee-Enfield-Verschluss hat sich im Gefecht als robust und schmutzunempfindlich erwiesen und auch bei Scharfschützengewehren bewährt.

Ein drittes System ist der Geradezugverschluss von Mannlicher und Schmidt-Rubin. Hier erfolgt die Verschlussfunktion ohne die bei Repetierern übliche axiale Drehung durch den Kammerstängel, sondern durch eine lineare Bewegung des Verschlussstücks. Die axiale Drehung zur Verriegelung des Systems besorgt eine Steuerkurve.

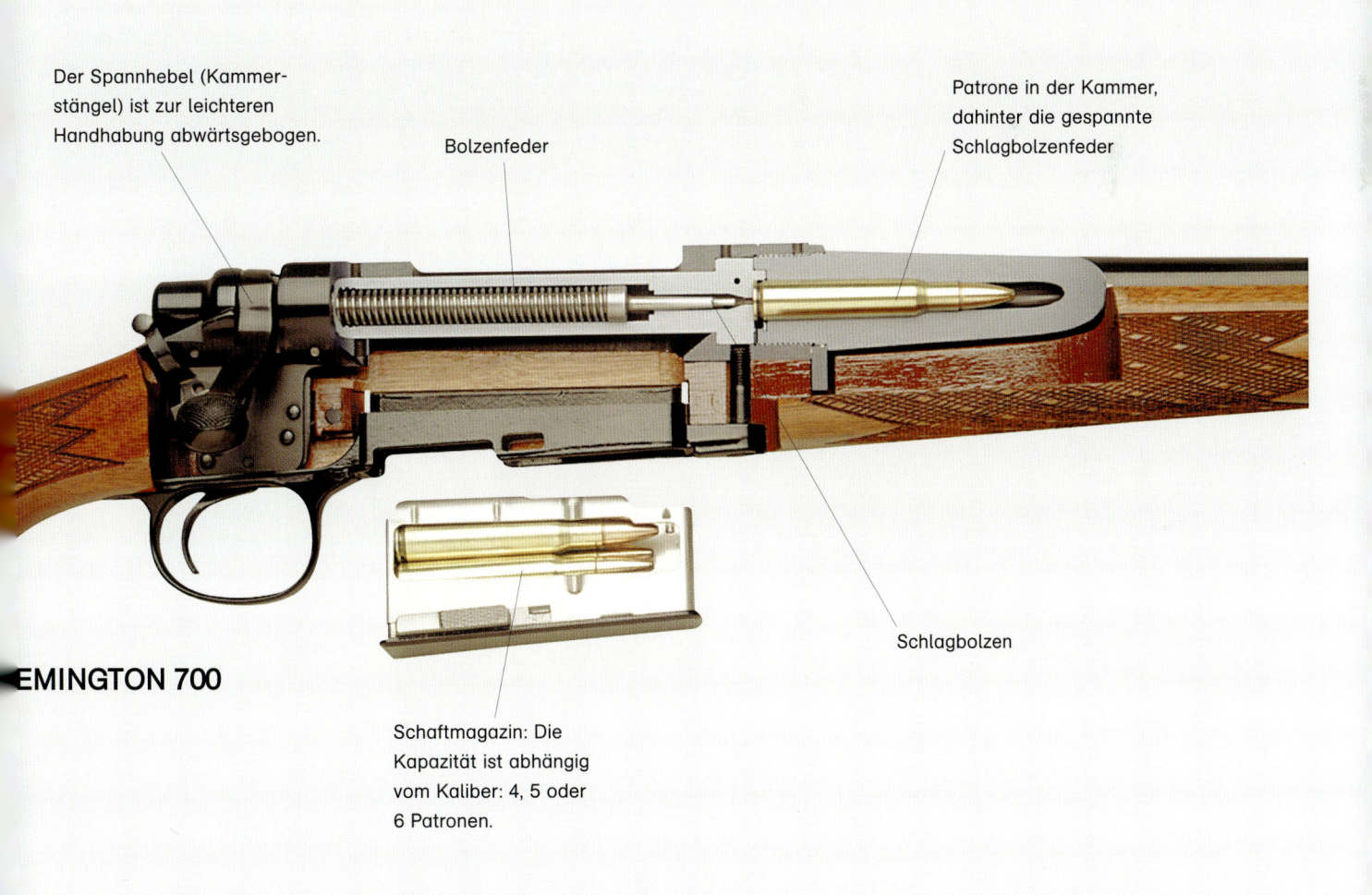

Der Spannhebel (Kammerstängel) ist zur leichteren Handhabung abwärtsgebogen.

Bolzenfeder

Patrone in der Kammer, dahinter die gespannte Schlagbolzenfeder

Schlagbolzen

EMINGTON 700

Schaftmagazin: Die Kapazität ist abhängig vom Kaliber: 4, 5 oder 6 Patronen.

ZYLINDERVERSCHLUSS 201

Walther G22

Walther G22	
Herkunftsland:	Deutschland
Jahr:	2000er-Jahre
Kaliber:	5,6 x 15R
Funktionsweise:	Rückstoßlader
Gewicht:	2,7 kg
Gesamtlänge:	720 mm
Lauflänge:	508 mm
Münd.geschwind.:	526 m/s
Feuerrate:	Halbautomat
Zuführung:	2-Schuss- und 10-Schuss-Magazin

Die Konstruktion eines zivilen Gewehrs nach dem Bullpup-Prinzip ist außergewöhnlich. Walther wagte diesen Schritt und schuf mit dem G22 eine KK-Waffe für Sportschützen und Jäger. Die Verriegelungsart ist ein Feder-Masse-Verschluss. Trotz einer Gesamtlänge von nur 720 mm ist der Lauf – dank Bullpup – 508 mm lang und verleiht dem G22 eine präzise Schussweite von über 150 m. Bei der serienmäßig offenen Visierung können unterschiedliche Schussweiten eingestellt werden, indem die Kimmenscheibe gedreht und in sechs verschiedene Höheneinstellungen justiert wird. Für ein Zielfernrohr oder ähnliches Zubehör ist ein Weaver-Profil angebracht.

CZ 511

Auch die CZ 511 ist ein Verkaufsschlager der Česká Zbrojovka (CZ). Diese unauffällige, automatische Kleinkaliberwaffe ist für die klassische Patrone Kaliber .22 LR (5,6 x 15R) eingerichtet und bei Sportschützen unter anderem wegen ihres Preises beliebt. Ihr kaltgehämmerter Lauf ist von vorzüglicher Qualität und der Nussholzschaft elegant gestaltet. Das serienmäßige Visier besteht aus zwei Klappen für 50 bzw. 100 m, während das Korn mit einem Kornschutz versehen ist. Das Verschlussgehäuse ist zur Zielfernrohrmontage vorbereitet. Ein Wechselmagazin ist unter dem Verschluss und vor dem Abzugsbügel so angeordnet, dass es auch mit behandschuhten Händen gewechselt werden kann.

CZ 511	
Herkunftsland:	Tschechien
Jahr:	2006
Kaliber:	5,6 x 15R
Funktionsweise:	Rückstoßlader
Gewicht:	2,6 kg
Gesamtlänge:	978 mm
Lauflänge:	530 mm
Münd.geschwind.:	335 m/s
Feuerrate:	Halbautomat
Zuführung:	Wechselmagazin zu 8 Patronen

Objective Individual Combat Weapon (OICW)

In den 1990er-Jahren sollte im Rahmen des amerikanischen Small Arms Master Plan die Infanteriewaffe der Zukunft entwickelt werden. Unter anderem war ein Sturmgewehr (OICW) geplant, das zwei Funktionen – Granatwerfer und Sturmgewehr – kombinieren sollte. Zuerst entstand ein „fast" konventionelles 5,56-mm-Sturmgewehr mit aufgesetztem 20-mm-Granatwerfer. Ein integrierter Laser-E-Messer berechnete die Entfernung zum Ziel und stellte den Granatzünder so ein, dass er über dem Ziel in der Luft zündete und den Feind hinter seiner Deckung bekämpfte. Die Idee war genial, letztendlich scheiterte das OICW aber an den Kosten und einigen technischen Problemen – seine Zukunft ist völlig ungewiss.

OICW	
Herkunftsland:	USA
Jahr:	2000er-Jahre
Kaliber:	5,56 x 45 mm / 20 mm
Funktionsweise:	Gasdrucklader
Gewicht:	5,5 kg
Gesamtlänge:	890 mm
Lauflänge:	Gewehr 250 mm, Granatwerfer 460 mm
Münd.geschwind.:	keine Angabe
Feuerrate:	keine Angabe
Zuführung:	Kastenmagazine: 20 oder 30 Patronen für Sturmgewehr, 6 Granaten für Granatwerfer

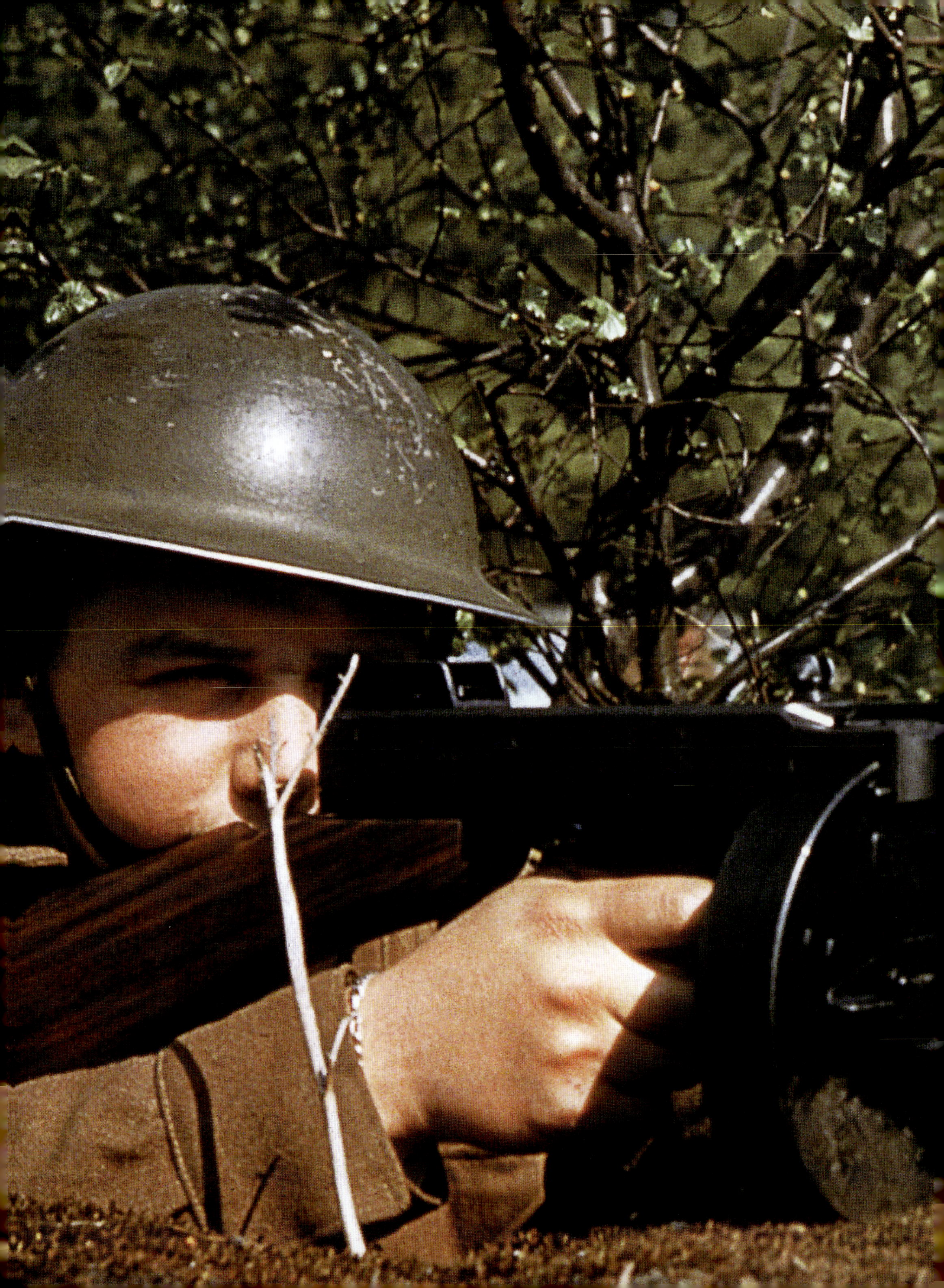

MASCHINEN-PISTOLEN

Maschinenpistolen wurden während des Ersten Weltkriegs als feuerstarke Waffen zum Kampf auf Kurzdistanzen entwickelt. Sie revolutionierten den Nahkampf maßgeblich, da nun jeder Jnfanterist über eine vollautomatische Waffe verfügte.

MP 18/MP 28

Herkunftsland:	Deutschland
Jahr:	1918
Kaliber:	9 mm Parabellum
Funktionsweise:	Masseverschluss
Gewicht:	4,19 kg
Gesamtlänge:	812 mm
Lauflänge:	196 mm
Münd.geschwind.:	380 m/s
Feuerrate:	350–450 Schuss/min
Zuführung:	32-Schuss-Trommelmagazin, später 20- oder 32-Schuss-Stangenmagazin

MP 18/MP 28

Die MP 18 war die erste Maschinenpistole; sie hatte das Kaliber 9 mm Parabellum, das zum Standardkaliber für Maschinenpistolen wurde. Die MP 18 hatte einen einfachen Feder-Masse-Verschluss, mit dem sie eine Kadenz von 450 Schuss/min erreichte. Die Zuführung der Patronen erfolgte aus einem Trommelmagazin. Die MPi, die erst zum Ende des Ersten Weltkriegs in etwas größeren Stückzahlen ausgegeben wurde, errang schnell den Ruf, eine besonders zuverlässige automatische Waffe zu sein. 1928 folgte eine verbesserte Version, die MP 28, die auch Einzelfeuer schoss und ein seitlich angebrachtes Stangenmagazin hatte.

M1928 Thompson

Herkunftsland:	USA
Jahr:	1928
Kaliber:	.45 ACP
Funktionsweise:	Masseverschluss
Gewicht:	4,88 kg
Gesamtlänge:	857 mm
Lauflänge:	266 mm
Münd.geschwind.:	280 m/s
Feuerrate:	700 Schuss/min
Zuführung:	18-/20-/30-Schuss-Stangen- oder 50-/100-Schuss-Trommelmag.

M1928 Thompson

Die Thompson M1928A1, auch Tommy-Gun genannt, wurde vor allem als Waffe der amerikanischen Gangster in der Prohibitionszeit bekannt. Ein verzögerter, zuschießender Feder-Masse-Verschluss sorgt für die zuverlässige Funktion der MPi mit dem starken Kaliber .45 ACP. Die Verschlussverzögerung wurde durch zwei Stahlblöcke bewerkstelligt, die im schiefen Winkel übereinanderliefen. Es konnten sowohl Stangen- als auch Trommelmagazine geladen werden; von Letzteren gab es auch Magazine für 100 Patronen. Die Waffe war vergleichsweise aufwendig in der Herstellung.

Steyr-Solothurn S1-100

Die technisch und optisch deutlich an die deutsche MP 28 angelehnte Maschinenpistole Steyr-Solothurn S1-100 war eine österreichische Konstruktion aus den 1920er-Jahren und wurde vornehmlich in der Schweiz hergestellt; durch die Produktion von Waffen in einem neutralen Land konnte Deutschland den Vertrag von Versailles umgehen, der die Herstellung automatischer Waffen verbot. Die S1-100 wies kaum technische Neuerungen auf, besaß einen einfachen Feder-Masse-Verschluss, und ihr 32-Schuss-Stangenmagazin wurde seitlich in die Waffe eingeführt. Die größte Verbesserung im Vergleich zur MP 28 war die gesteigerte Kadenz von 500 Schuss/min sowie eine verbesserte Magazinzuführung, die einen erheblich schnelleren Magazinwechsel ermöglichte.

Steyr-Solothurn S1-100

Herkunftsland:	Österreich/Schweiz
Jahr:	1930
Kaliber:	9 mm Parabellum
Funktionsweise:	Masseverschluss
Gewicht:	3,87 kg
Gesamtlänge:	851 mm
Lauflänge:	196 mm
Münd.geschwind.:	380 m/s
Feuerrate:	500 Schuss/min
Zuführung:	32-Schuss-Stangenmagazin

Suomi M/1931

Große technische Unterschiede im Vergleich zu anderen, zwischen den beiden Weltkriegen hergestellten Maschinenpistolen mit ihrem zuschießenden Feder-Masse-Verschluss wies die nach 1920 entwickelte finnische MPi Suomi M/1931 nicht auf. Doch diese Waffe bestach durch ihre exzellente Fertigungsqualität, die jener der englischen Maschinenpistole Lanchester (siehe S. 214) entsprach. Die Suomi M/1931 hatte einen ungewöhnlich langen Lauf, der auch weitere Schussentfernungen ermöglichte, und eine hohe Feuerkadenz von 900 Schuss/min. Sie konnte mit einem 30- oder 50-Schuss-Stangenmagazin oder einem großen 71-Schuss-Trommelmagazin geladen werden.

Suomi M/1931

Herkunftsland:	Finnland
Jahr:	1931
Kaliber:	9 mm Parabellum
Funktionsweise:	Masseverschluss
Gewicht:	4,87 kg
Gesamtlänge:	875 mm
Lauflänge:	318 mm
Münd.geschwind.:	395 m/s
Feuerrate:	900 Schuss/min
Zuführung:	30-/50-Schuss-Stangen- oder 71-Schuss-Trommelmagazin

PPD-34/38

Während der 1930er-Jahre begann man in der UdSSR, eigene Maschinenpistolen herzustellen. Das erste Produkt war die PPD-34/38, eine kostengünstig produzierte Waffe für das russische Pistolenkaliber 7,62 x 25 mm mit zuschießendem Feder-Masse-Verschluss. Der Konstrukteur, Vasily A. Alexeyewich Degtyarev, übernahm viele technische Details sowohl der finnischen Suomi-MPi (daher das 71-Schuss-Trommelmagazin) als auch der deutschen MP 18/28, die Waffe wies aber auch einige neue Eigenschaften auf. So war der Lauf der PPD-34/38 innen hartverchromt, was in der damaligen Zeit unüblich war. Ein Nachteil der russischen MPi war allerdings die schwache Patrone, die im Vergleich zur 9 mm Parabellum weit weniger effektiv war.

PPD-34/38
Herkunftsland:	UdSSR/Russland
Jahr:	1934
Kaliber:	7,62 x 25 mm
Funktionsweise:	Masseverschluss
Gewicht:	3,76 kg
Gesamtlänge:	775 mm
Lauflänge:	272 mm
Münd.geschwind.:	500 m/s
Feuerrate:	800 Schuss/min
Zuführung:	25-Schuss-Stangen- o. 71-Schuss-Trommelmag.

Beretta M38A

Zwar hatte die italienische Firma Beretta bereits gegen Ende des Ersten Weltkriegs mit dem Bau von Maschinenpistolen begonnen, aber ihr Modell 38A aus den 1930er-Jahren war bis dahin ihre beste MPi. Wie bei den meisten frühen automatischen Handfeuerwaffen üblich war auch die MPi 38A aus Stahl gearbeitet. Die Maschinenpistole war sehr zuverlässig und erfreute sich bei den italienischen Truppen großer Beliebtheit. Das Besondere an der als Beutewaffe auch von den Deutschen und den Rumänen verwendeten MPi war ihr Doppelzüngelabzug: mit dem vorderen Züngel wurde Einzelfeuer und mit dem hinteren Dauerfeuer geschossen.

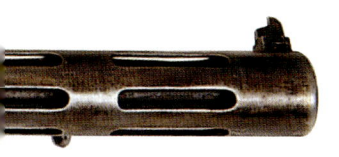

MAS Modell 1938

Die französische MPi MAS 38 war technisch zwar gut konstruiert, ihr großer Nachteil war aber die verwendete schwache Munition im Kaliber 7,65 x 19,5 mm; für die in Europa weitverbreitete, merklich stärkere Patrone 9 mm Parabellum war die Waffe nicht ausgelegt. Einige Eigenschaften der MAS 38 sind durchaus bemerkenswert. So wiegt die Waffe nur 2,87 kg, weil alle unnötigen Anbauteile weggelassen wurden. Und durch ihre Gestaltung, bei der der Schaft mit dem Lauf fast in einer Linie steht, wird bei einem Feuerstoß fast der gesamte Rückstoß und damit auch Hochschlag der ohnehin schwachen Patrone absorbiert.

MAS Modell 1938

Herkunftsland:	Frankreich
Jahr:	1938
Kaliber:	7,65 x 19,5 mm
Funktionsweise:	Masseverschluss
Gewicht:	2,87 kg
Gesamtlänge:	734 mm
Lauflänge:	224 mm
Münd.geschwind.:	351 m/s
Feuerrate:	600 Schuss/min
Zuführung:	32-Schuss-Stangenmagazin

Beretta M38A

Herkunftsland:	Italien
Jahr:	1938
Kaliber:	9 mm Parabellum
Funktionsweise:	Masseverschluss
Gewicht:	4,19 kg
Gesamtlänge:	953 mm
Lauflänge:	318 mm
Münd.geschwind.:	417 m/s
Feuerrate:	600 Schuss/min
Zuführung:	10-, 20-, 30- oder 40-Schuss-Stangenmag.

ZK383

Die Maschinenpistole ZK383 wurde in den späten 1930er-Jahren in der Tschechoslowakei entwickelt und drei Jahrzehnte lang hergestellt. Bei der Waffe handelte es sich um eine Kombination aus Maschinenpistole und Maschinengewehr; sie besaß mehrere Eigenschaften, etwa ein abklappbares Zweibein oder einen besonders leicht auswechselbaren Lauf, die eigentlich mehr einem Maschinengewehr zuzuschreiben sind. Zudem konnte die Feuerkadenz der Waffe von 500 auf 700 Schuss/min verstellt werden. Die Munition konnte allerdings nicht mit einem Gurt, sondern nur mit dem 32-Schuss-Stangenmagazin zugeführt werden. Auf die Ursprungskonstruktion folgten das Modell ZK383H mit einem modifizierten Magazin sowie das Modell ZK383P, bei dem das Zweibein entfiel.

MP 38

MP 38	
Herkunftsland:	Deutschland
Jahr:	1938
Kaliber:	9 mm Parabellum
Funktionsweise:	Masseverschluss
Gewicht:	3,97 kg
Gesamtlänge:	mit ausgeklapptem Schaft 832 mm, eingeklappt 629 mm
Lauflänge:	248 mm
Münd.geschwind.:	380 m/s
Feuerrate:	500 Schuss/min
Zuführung:	32-Schuss-Stangenmagazin

Deutschlands Aufrüstung während der 1930er-Jahre führte zur Entwicklung einer der bekanntesten Maschinenpistolen der Geschichte. Die MP 38, Kaliber 9 mm Parabellum, wurde von Heinrich Vollmer von den Erma-Werken entwickelt und war in vieler Hinsicht bahnbrechend: Sie war komplett aus Metall gefertigt und hatte einen metallenen Skelettklappschaft, was gerade beim Führen der Waffe in Fahrzeugen ein großer Vorteil war. Ihr zuschießender Feder-Masse-Verschluss arbeitete einwandfrei, allerdings gab es öfter Probleme mit dem recht langen, einreihigen 32-Schuss-Stangenmagazin. Zudem verschmutzte die in der Produktion relativ teure Waffe leicht, insbesondere durch das große Auswurffenster hindurch, was zu Versagern führte.

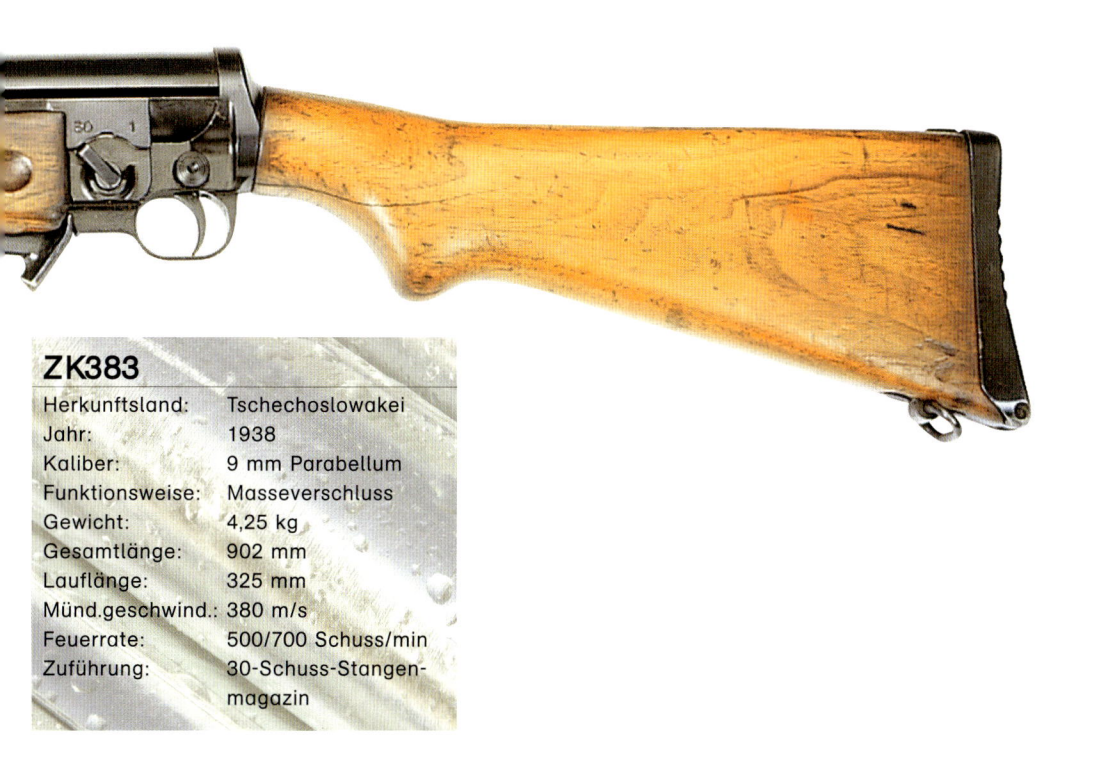

ZK383

Herkunftsland:	Tschechoslowakei
Jahr:	1938
Kaliber:	9 mm Parabellum
Funktionsweise:	Masseverschluss
Gewicht:	4,25 kg
Gesamtlänge:	902 mm
Lauflänge:	325 mm
Münd.geschwind.:	380 m/s
Feuerrate:	500/700 Schuss/min
Zuführung:	30-Schuss-Stangenmagazin

MP 40

Während des Zweiten Weltkriegs wurde bald klar, dass Handfeuerwaffen billig und schnell produziert werden mussten. Da die deutsche MP 38 überwiegend aus Teilen bestand, die aufwendig aus dem vollen Stahl gefräst wurden, gestaltete man die Waffe 1939/40 so um, dass viele Bauteile nun im Blechprägeverfahren hergestellt werden konnten. Das Ergebnis, die MP 40, war genauso solide wie die MP 38, konnte nun aber viel günstiger und rascher hergestellt werden. Allerdings übernahm man bei der schließlich millionenfach verbreiteten MP 40 auch einige Mängel des Vorgängermodells, insbesondere das Magazin.

MP 40

Herkunftsland:	Deutschland
Jahr:	1940
Kaliber:	9 mm Parabellum
Funktionsweise:	Masseverschluss
Gewicht:	3,97 kg
Gesamtlänge:	mit ausgeklapptem Schaft 832 mm, eingeklappt 629 mm
Lauflänge:	248 mm
Münd.geschwind.:	380 m/s
Feuerrate:	500 Schuss/min
Zuführung:	32-Schuss-Stangenmagazin

TECHNIK DER HANDFEUERWAFFEN – DER MASSEVERSCHLUSS

Für Handfeuerwaffen in relativ schwachen Kalibern – Pistolen und auch Maschinenpistolen – wird häufig ein reiner Feder-Masse-Verschluss verwendet. Die Masse (das Gewicht) des Schlittens, kombiniert mit der Kraft der Verschlussfeder, sorgt hierbei dafür, dass Lauf und Schlitten bei der Schussauslösung kurzfristig eine unbewegliche Einheit bilden. Während des Abfeuerns der Patrone entsteht ein in alle Richtungen wirkender, enormer Gasdruck. Dieser presst nach vorn das Geschoss durch den Lauf und nach hinten die nun leere Patronenhülse aus dem Patronenlager. Die Verschlussfederkraft und Masse des Schlittens, der die Patronenhülse hinten abschließt, sind so berechnet, dass die Kraft des in der zurückdrängenden Hülse entstehenden Gasdrucks den Schlitten erst zurückschleudert, wenn das Geschoss den Lauf bereits verlassen hat. Dabei wird gleichzeitig der Hahn der Waffe bzw. deren Schlagbolzen gespannt. In der Schlussphase des Schlittenrücklaufs wird die ausgezogene, leere Hülse durch das Auswurffenster ausgeworfen. Sobald der Schlitten ganz hinten ist, treibt die Kraft der Verschlussfeder den Schlitten wieder nach vorn. Bei seiner Vorwärtsbewegung streift der Stoßboden des Schlittens eine neue Patrone aus dem Magazin, führt sie ins Patronenlager ein, und es kann ein neuer Schuss abgegeben werden.

STERLING L2

Gaszapflöcher der kombinierten Lauf-Schalldämpfer-Einheit der Sterling-MPi

Bereich des Schalldämpfers, in den sich die aus dem Lauf austretenden Pulvergase ausbreiten

Schalldämpfer-Expansionskammer mit Blechschnecke zur weiteren Schallabsorption

9-mm-Parabellum-Patronen im gebogenen Magazin der MPi

Der Verschluss wird lediglich durch die Kraft der Verschlussfeder fixiert.

Abzugsstange – das Verbindungsglied zwischen Abzug und Schlagbolzen

MP 40

Spannhebel, mit dem der Verschluss in seine hinterste Position gebracht wird und dort arretiert

Verschlussstück mit Schlagbolzen

Einführung für das 30-Schuss-Stangenmagazin

MASCHINENPISTOLEN

Die Verschlussfeder drückt den Schlitten gegen das Patronenlager.

Kimme als Teil des Visiers, hier einstellbar auf Entfernungen von 100 m und 200 m

Patrone, Kaliber 9 mm Parabellum, im Patronenlager

Der metallene Klappschaft ist zur Verkürzung der Waffe unter dem Lauf angebracht.

Der vorn am Verschluss fest angebrachte Schlagbolzen

Die manuelle Sicherung wirkt bei dieser Waffe nur auf die Abzugsgruppe.

Maschinenpistolen mit diesem Nachlademechanismus nennt man Rückstoßlader mit aufschießendem Feder-Masse-Verschluss. Allerdings haben die meisten Maschinenpistolen einen sogenannten zuschießenden Verschluss. Hierbei ist der Schlitten, an dessen Vorderseite sich gleich ein fester Schlagbolzen befindet, hinten arretiert und wird erst durch das Betätigen des Abzugs von der Verschlussfeder mit Effekt nach vorn geschleudert. Dabei schiebt er auch die erste Patrone aus dem Magazin ins Patronenlager. Am Ende der Vorwärtsbewegung des Schlittens trifft der Schlagbolzen auf das Zündhütchen der Patrone und zündet diese. Diese vor allem für einfache militärische Maschinenpistolen verwendete Technik ist zwar einfach und kostengünstig herzustellen, polizeiliche und militärische Spezialeinheiten bevorzugen allerdings verständlicherweise die präziser schießenden aufschießenden Waffen. So ist etwa die MP5 von Heckler & Koch mit ihrem aufschießenden, abgestützten Rollenverschluss, also einem verzögerten, halbverriegelten Feder-Masse-Verschluss, seit Jahrzehnten die Standardbewaffnung von polizeilichen Sondereinheiten weltweit. Einige Maschinenpistolen, wie etwa die MP7, ebenfalls von Heckler & Koch, mit ihrem aufschießenden, durch abgezapfte Pulvergase verriegelten Drehkopfverschluss, sind auch keine Rückstoß-, sondern Gasdrucklader.

Lanchester

Die englische MPi Lanchester war sehr teuer in der Herstellung. Sie basierte auf der MP 28/II von Hugo Schmeisser und wurde von der Firma Sterling Armaments produziert. Die Waffe war sehr aufwendig verarbeitet und hatte daher kaum Ladehemmungen, selbst wenn ihr 50-Schuss-Magazin mit einem einzigen Feuerstoß geleert wurde. Die erste Version der Lanchester, die Mk 1, konnte voll- und halbautomatisch geschossen werden, die Mk 2 besaß keinen Feuerwahlhebel mehr und schoss nur mehr Dauerfeuer. Die MPi wurde dann durch die kostengünstigere Sten-Maschinenpistole abgelöst und nur in geringen Stückzahlen bei der britischen Marine eingesetzt.

Lanchester

Herkunftsland:	Großbritannien
Jahr:	1940
Kaliber:	9 mm Parabellum
Funktionsweise:	Masseverschluss
Gewicht:	4,34 kg
Gesamtlänge:	850 mm
Lauflänge:	203 mm
Münd.geschwind.:	380 m/s
Feuerrate:	600 Schuss/min
Zuführung:	50-Schuss-Stangenmagazin

Owen Gun

Die nicht sehr ansprechende Optik der Owen Gun schmälert keinesfalls ihre Qualitäten als Waffe. Obwohl Evelyn Owen die MPi bereits in den späten 1930er-Jahren entwickelt hatte, begann die Serienproduktion erst 1942, weil man sich nicht über ihr Kaliber, schließlich 9 mm Parabellum, einigen konnte. Zwar hatte die Waffe nur einen einfachen zuschießenden Feder-Masse-Verschluss, doch wies sie einige ungewöhnliche Eigenschaften auf. Der Magazinschacht und auch das Stangenmagazin waren oben angebracht. Der Verschluss war speziell gegen Verschmutzung abgeschirmt, was die Owen-MPi sehr zuverlässig machte. Zudem war der Lauf leicht auszuwechseln. Die Waffe wurde im Zweiten Weltkrieg von der australischen Armee genutzt und noch bis in die 1960er-Jahre im pazifischen Raum eingesetzt.

Owen Gun

Herkunftsland:	Australien
Jahr:	1940
Kaliber:	9 mm Parabellum
Funktionsweise:	Masseverschluss
Gewicht:	4,21 kg
Gesamtlänge:	813 mm
Lauflänge:	247 mm
Münd.geschwind.:	380 m/s
Feuerrate:	700 Schuss/min
Zuführung:	33-Schuss-Stangenmagazin

Reising Model 50/55

Das Model 50 der Firma Reising ist ein typisches Beispiel für eine technisch zu komplizierte Waffe. Im Gegensatz zu nahezu allen Maschinenpistolen der frühen 1940er-Jahre hatte die Reising keinen zuschießenden, sondern einen aufschießenden Verschluss. Zwar ermöglicht diese Technik erheblich präzisere Schussergebnisse, weil der Schuss nicht durch den vorschnellenden Verschluss verrissen wird, für die damalige Zeit war ein verzögerter Masseverschluss aber noch sehr kompliziert und vor allem bei Verschmutzung störungsanfällig. Die Waffe wurde auch bald aus dem militärischen und teils auch polizeilichen Einsatz verbannt. Als Model 55 hatte sie einen metallenen Skelettschaft und einen Pistolengriff.

Reising Model 50/55

Herkunftsland:	USA
Jahr:	1940
Kaliber:	.45 ACP
Funktionsweise:	Masseverschluss
Gewicht:	3,1 kg
Gesamtlänge:	907 mm
Lauflänge:	279 mm
Münd.geschwind.:	280 m/s
Feuerrate:	550 Schuss/min
Zuführung:	12- oder 20-Schuss-Stangenmagazin

M3/M3A1

Die US-amerikanische M3 war eine der vielen billigen Maschinenpistolen, die während des Zweiten Weltkriegs entwickelt wurden. Obwohl die Waffe aus kaum behandelten Blechprägeteilen zusammengesetzt war und einen Einschiebeschaft aus billigem Draht hatte, galt sie als recht zuverlässig und wurde von den GIs gern geführt. Die M3, die ab 1944 als M3A1 in einer verbesserten Version ausgegeben wurde (von dieser wurden mehr als 700 000 Stück produziert), wurde in zwei Varianten hergestellt – in 9 mm Parabellum und .45 ACP. Der einzige Schwachpunkt der Waffe war ihr schlecht konstruiertes und deshalb störungsanfälliges Stangenmagazin.

M3/M3A1

Herkunftsland:	USA
Jahr:	1941
Kaliber:	9 mm, .45 ACP
Funktionsweise:	Masseverschluss
Gewicht:	3,71 kg
Gesamtlänge:	mit ausgeklapptem Schaft 756 mm, eingeklappt 577 mm
Lauflänge:	203 mm
Münd.geschwind.:	275 m/s
Feuerrate:	400 Schuss/min
Zuführung:	30-Schuss-Stangenmagazin

PPSh-41

Der Umstand, dass während des Zweiten Weltkriegs fünf Millionen PPSh-41 hergestellt wurden, zeigt bereits die ungemeine Popularität dieser Maschinenpistole. Sie wurde eingeführt, um den Mangel an vollautomatischen Handfeuerwaffen zu beheben. Nachdem die Sowjetunion nach der deutschen Invasion 1941 einen erheblichen Teil ihrer Industriestandorte verloren hatte, legte man Wert auf eine unkomplizierte Fertigung. Die unter allen klimatischen Bedingungen stets zuverlässige Waffe war zwar sehr einfach, entwickelte sich aber schnell zum Albtraum der deutschen Armee. Die PPSh-41 schoss ausschließlich Dauerfeuer und hatte ein 35-Schuss-Stangen- oder ein 71-Schuss-Trommelmagazin.

PPSh-41

Herkunftsland:	UdSSR/Russland
Jahr:	1941
Kaliber:	7,62 x 25 mm
Funktionsweise:	Masseverschluss
Gewicht:	3,64 kg
Gesamtlänge:	838 mm
Lauflänge:	266 mm
Münd.geschwind.:	500 m/s
Feuerrate:	900 Schuss/min
Zuführung:	35-Schuss-Stangen/71-Schuss-Trommelmag.

Beretta M38/42

In der Kriegszeit war auch die Firma Beretta gezwungen, ihre Herstellungsprozesse zugunsten einer günstigen Massenproduktion zu ändern. Man begann mit der Maschinenpistole 38. Beim neuen Modell 38/42 war das Verschlussgehäuse nicht mehr gefräst, sondern bestand aus Blechprägeteilen, ihr verkürzter Lauf hatte keinen mit Kühlbohrungen versehenen Mantel mehr, und der Holzschaft war vereinfacht und verkürzt worden. Dennoch leistete das Modell 38/42 den Italienern während des Zweiten Weltkriegs gute Dienste.

Beretta M38/42
Herkunftsland:	Italien
Jahr:	1942
Kaliber:	9 mm Parabellum
Funktionsweise:	Masseverschluss
Gewicht:	3,26 kg
Gesamtlänge:	800 mm
Lauflänge:	216 mm
Münd.geschwind.:	380 m/s
Feuerrate:	550 Schuss/min
Zuführung:	20- oder 40-Schuss-Stangenmagazin

M1/M1A1 Thompson

Die M1 Thompson war eine Weiterentwicklung der M1928A1 von Savage Arms; dabei sollte vor allem eine kostengünstigere Herstellung gewährleistet werden. Der verzögerte, zuschießende Feder-Masse-Verschluss der M1928A1 wurde gegen einen billigeren reinen Feder-Masse-Verschluss ausgetauscht, und man verzichtete auf die Laufkühlrippen, die Mündungsfeuerbremse und das sperrige Trommelmagazin. Der zwischengeschaltete Schlaghahn verschwand zugunsten eines festen Schlagbolzens vorn auf dem Verschlussstück. Die immer noch ungemein schwere, zuverlässige Thompson-MPi wurde teils bis in die 1960er-Jahre bei diversen militärischen und polizeilichen Einheiten der Welt verwendet.

M1/M1A1 Thompson
Herkunftsland:	USA
Jahr:	1942
Kaliber:	.45 ACP
Funktionsweise:	Masseverschluss
Gewicht:	4,82 kg
Gesamtlänge:	813 mm
Lauflänge:	266 mm
Münd.geschwind.:	280 m/s
Feuerrate:	700 Schuss/min
Zuführung:	20- oder 30-Schuss-Stangenmagazin

PPS-42 und PPS-43

Herkunftsland:	UdSSR/Russland
Jahr:	1942–1943
Kaliber:	7,62 x 25 mm
Funktionsweise:	Masseverschluss
Gewicht:	3,36 kg
Gesamtlänge:	mit ausgeklapptem Schaft 820 mm, eingeklappt 615 mm
Lauflänge:	254 mm
Münd.geschwind.:	500 m/s
Feuerrate:	650 Schuss/min
Zuführung:	35-Schuss-Stangenmagazin

PPS-42 und PPS-43

Mit der Ausgabe der sowjetischen MPi PPS-42 sollte im Zweiten Weltkrieg der Mangel an automatischen Waffen in der Roten Armee verringert werden. Obwohl großer Wert auf extrem unkomplizierte Produktionsprozesse gelegt wurde, war die PPS-42 mit ihrem einfachen, zuschießenden Feder-Masse-Verschluss eine hervorragend funktionierende Konstruktion. Bereits ein Jahr nach ihrer Einführung wurde sie vom Modell PPS-43 abgelöst, das nahezu identisch war, bei dem die Produktionskosten aber weiter gesenkt wurden. Die PPS-43 hatte anstelle eines Holzschaftes einen metallenen Klappschaft; auch wurden Sicherung und Lauf modifiziert. Stalin ließ nach dem Krieg sämtliche PPS-MPi-Bestände an Nordkorea abgeben.

Sten Mk II

Herkunftsland:	Großbritannien
Jahr:	1942
Kaliber:	9 mm Parabellum
Funktionsweise:	Masseverschluss
Gewicht:	2,95 kg
Gesamtlänge:	895 mm
Lauflänge:	196 mm
Münd.geschwind.:	380 m/s
Feuerrate:	550 Schuss/min
Zuführung:	32-Schuss-Stangenmagazin

Sten Mk II

Die englische Sten-MPi wurde in den frühen 1940er-Jahren entwickelt und bestand eigentlich aus nicht mehr als einem Tubus, der einen einfachen Feder-Masse-Verschluss enthielt und aus dem Lauf und Magazin sowie der Waffengriff herausragten. Die sehr schnell und einfach herzustellende Waffe – von der Mk-II-Version wurden mehr als zwei Millionen Stück gebaut – war genau das, was die britischen Streitkräfte damals benötigten. Der Begriff „Sten Gun" war bald ein Synonym für billige Feuerkraft. Zwar hatte die Sten diverse Nachteile, von dem schlecht verarbeiteten Stangenmagazin bis hin zu Schüssen, die sich aus der Waffe lösten, wenn sie zu Boden fiel, doch die britischen Infanteristen schätzten ihre „Firepower".

Type 100

Japanische Handfeuerwaffen hatten während des Zweiten Weltkriegs einen schlechten Ruf. Die Maschinenpistole Type 100 bildete diesbezüglich jedoch eine Ausnahme. Sie hatte einen einfachen Feder-Masse-Verschluss und verschoss relativ schwache 8-mm-Patronen, die aufgrund ihrer flaschenförmigen Hülse Zuführungsprobleme verursachten. Die erste, 1942 eingeführte Variante hatte eine Kadenz von 450 Schuss/min, das Nachfolgemodell von 1944 erreichte 800 Schuss/min. Die Waffe wurde während des Kriegs verschiedentlich modifiziert. So hatte eine Fallschirmspringerversion einen Metallklappschaft, und es gab einige Waffen mit montiertem Klappzweibein, die dann als leichtes Maschinengewehr fungierten. Die Waffe wurde in vergleichsweise geringer Stückzahl gebaut.

Type 100
Herkunftsland:	Japan
Jahr:	1942
Kaliber:	8 x 21,5 mm Nambu
Funktionsweise:	Masseverschluss
Gewicht:	3,83 kg
Gesamtlänge:	890 mm
Lauflänge:	228 mm
Münd.geschwind.:	355 m/s
Feuerrate:	800 Schuss/min
Zuführung:	30-Schuss-Stangenmagazin

United Defense M42

Die Maschinenpistole M42 von United Defense wurde um 1940 entwickelt und sollte ursprünglich Widerstandsgruppen in Europa und in Ostindien zur Verfügung gestellt werden. Die nur in recht kleiner Stückzahl hergestellte Waffe funktionierte einwandfrei. Es war eine MPi 9 mm Parabellum – einige der Waffen wurden auch in .45 ACP gebaut – mit einem zuschießenden Feder-Masse-Verschluss. Ein Vorteil der M42 war ihr Verschlusshebel, der sich nicht mit dem Verschluss hin- und herbewegte und an dem ein Schiebedeckel saß, der den Verschluss vor Schmutz schützte. Die Waffe, die von der M1 Thompson völlig in den Schatten gestellt wurde, konnte mit zwei gekoppelten Magazinen sehr schnell nachgeladen werden.

United Defense M42
Herkunftsland:	USA
Jahr:	1942
Kaliber:	9 mm Parabellum
Funktionsweise:	Masseverschluss
Gewicht:	4,11 kg
Gesamtlänge:	820 mm
Lauflänge:	279 mm
Münd.geschwind.:	400 m/s
Feuerrate:	700 Schuss/min
Zuführung:	20-Schuss-Stangenmagazin

Austen

Herkunftsland:	Australien
Jahr:	1943
Kaliber:	9 mm Parabellum
Funktionsweise:	Masseverschluss
Gewicht:	3,98 kg
Gesamtlänge:	mit ausgeklapptem Schaft 845 mm, eingeklappt 552 mm
Lauflänge:	196 mm
Münd.geschwind.:	380 m/s
Feuerrate:	500 Schuss/min
Zuführung:	28-Schuss-Stangenmagazin

Austen

Die australische MPi Austen sieht nicht nur wie eine Kopie der Sten aus, sondern man übernahm tatsächlich die technischen Grundprinzipien der britischen Waffe. Allerdings wurden bei ihrer Entwicklung Anfang der 1940er-Jahre auch einige Verbesserungen durchgeführt; insbesondere Verschluss und Verschlussfeder basierten eher auf der deutschen MP 40. Die neben der Owen-MPi bei der australischen Armee weitverbreitete Waffe war aber ebenso störungsanfällig wie die Sten, weshalb die australischen Soldaten, wenn sie die Wahl hatten, lieber eine Owen benutzten.

Carl Gustav M/45

Herkunftsland:	Schweden
Jahr:	1945
Kaliber:	9 mm Parabellum
Funktionsweise:	Masseverschluss
Gewicht:	3,9 kg
Gesamtlänge:	mit ausgeklapptem Schaft 808 mm, eingeklappt 552 mm
Lauflänge:	213 mm
Münd.geschwind.:	410 m/s
Feuerrate:	600 Schuss/min
Zuführung:	36-Schuss-Stangenmagazin

Sten Mk V

Die alte „Sten Gun" hatte den Ruf, primitiv und unausgereift zu sein. Deshalb unternahm man 1944 den nur teilweise erfolgreichen Versuch, sie zu verbessern und eine professionellere Waffe aus ihr zu machen. Das Ergebnis, die Sten Mk V, unterschied sich technisch kaum von der Mk II, war aber qualitativ besser gefertigt und optisch anspruchsvoller gestaltet. Das Visier stammte nun vom Gewehr Lee-Enfield No. 4, war aber hinsichtlich der Schussweite angepasst worden. Die neue MPi erhielt einen Holzanschlagschaft sowie zwei Pistolengriffe. Verschiedene britische Einsatzkräfte verwendeten die Sten Mk V bis in die 1950er-Jahre, dann wurde sie endgültig von der Sterling-Maschinenpistole ersetzt.

Sten Mk V

Herkunftsland:	Großbritannien
Jahr:	1944
Kaliber:	9 mm Parabellum
Funktionsweise:	Masseverschluss
Gewicht:	3,86 kg
Gesamtlänge:	762 mm
Lauflänge:	196 mm
Münd.geschwind.:	380 m/s
Feuerrate:	600 Schuss/min
Zuführung:	32-Schuss-Stangenmagazin

Carl Gustav M/45

Schweden stellte seine MPi Carl Gustav M/45 erst im letzten Jahr des Zweiten Weltkriegs vor. Die Waffe, deren Lauf von einem ventilierten Mantel umgeben war und die einen simplen Klappschaft aus Stahldraht hatte, verwendete einen einfachen, zuschießenden Verschluss. Zunächst wurde sie mit dem 50-Schuss-Magazin der Suomi-MPi geladen, ab 1948 fand dann ein doppelreihiges 36-Schuss-Magazin Verwendung. Dieses Magazin war hervorragend konstruiert und gefertigt, sodass die Patronenzuführungsprobleme, die seinerzeit das Manko vieler Maschinenpistolen waren, bei der Carl Gustav M/45 nicht auftraten.

Madsen M/45

Herkunftsland:	Dänemark
Jahr:	1945
Kaliber:	9 mm Parabellum
Funktionsweise:	Masseverschluss
Gewicht:	3,17 kg
Gesamtlänge:	mit ausgeklapptem Schaft 800 mm, eingeklappt 545 mm
Lauflänge:	196 mm
Münd.geschwind.:	380 m/s
Feuerrate:	500 Schuss/min
Zuführung:	32-Schuss-Stangenmagazin

MAT 49

Herkunftsland:	Frankreich
Jahr:	1949
Kaliber:	9 mm Parabellum
Funktionsweise:	Masseverschluss
Gewicht:	3,5 kg
Gesamtlänge:	mit ausgeklapptem Schaft 720 mm; eingeklappt 460 mm
Lauflänge:	228 mm
Münd.geschwind.:	390 m/s
Feuerrate:	600 Schuss/min
Zuführung:	20- oder 30-Schuss-Stangenmagazin

MAT 49

Trotz ihrer eckigen und plumpen Erscheinung war die MAT 49 eine sehr zuverlässige MPi, die nach dem Zweiten Weltkrieg von den französischen Truppen gern geführt wurde. Die unkomplizierte, zuschießende Waffe war schmutzunempfindlich und sehr benutzerfreundlich. Ihr einfacher Anschlagschaft aus Stahldraht war einschiebbar, und sie hatte einen anklappbaren Magazinschacht, was einen leichten Transport ermöglichte. Der einzige Nachteil der MAT 49 war ihr einreihiges, zu Zuführungsstörungen neigendes Magazin. Den Konstrukteuren war es nicht gelungen, die technischen Unzulänglichkeiten, die von den MPi-Magazinen aus dem Zweiten Weltkrieg bekannt waren, zu beheben.

Madsen M/45

Die 1945 entwickelte und sehr gut verarbeitete MPi Madsen M/45 aus Dänemark wurde außer von dänischen auch von südamerikanischen Truppen und der thailändischen Armee eingesetzt. Die 9-mm-Parabellum-Waffe hatte zwar nur einen zuschießenden Feder-Masse-Verschluss, wies aber einige Besonderheiten auf, zum Beispiel eine Sicherung hinter dem Magazinschacht, die beim Schießen eingedrückt sein musste. Außerdem konnte die linke Seite des Gehäuses leicht abgenommen werden, sodass auch die interne Mechanik der Waffe einfach gereinigt werden konnte.

SA 23 und SA 25

Die tschechische SA 23/25, eine Pionierleistung im Maschinenpistolenbau der Nachkriegszeit, wurde während der 1940er-Jahre entwickelt und hatte einige Gemeinsamkeiten mit der späteren, legendären Uzi-Maschinenpistole. Wie die Uzi hatte auch diese Waffe bereits einen Verschluss, der vorn hohl war und den hinteren Teil des Laufs umschloss, wodurch die Gesamtlänge der MPi trotz des relativ langen Laufs sehr kurz gehalten werden konnte. Die SA 23 mit ihrem Holzanschlagschaft – die SA 25 hatte einen Metallklappschaft – war nur 686 mm lang. Wie bei der Uzi wurde das Magazin in den Waffengriff eingesetzt.

SA 23 und SA 25

Herkunftsland:	Tschechoslowakei
Jahr:	1949
Kaliber:	9 mm Parabellum
Funktionsweise:	Masseverschluss
Gewicht:	3,06 kg
Gesamtlänge:	686 mm
Lauflänge:	285 mm
Münd.geschwind.:	380 m/s
Feuerrate:	600 Schuss/min
Zuführung:	24- oder 40-Schuss-Stangenmagazin

Uzi

Uzi	
Herkunftsland:	Israel
Jahr:	1953
Kaliber:	9 mm Parabellum
Funktionsweise:	Masseverschluss
Gewicht:	3,7 kg
Gesamtlänge:	mit ausgeklapptem Schaft 650 mm, eingeklappt 470 mm
Lauflänge:	260 mm
Münd.geschwind:	400 m/s
Feuerrate:	600 Schuss/min
Zuführung:	25- oder 32-Schuss-Stangenmagazin

Die Uzi ist eine der bekanntesten Maschinenpistolen der Nachkriegszeit. Sie vereinte zwei Innovationen: einen Verschluss, der vorn hohl war sowie hinten den Lauf umschloss und daher sehr kurz war; hinzu kam der Magazinschacht im Waffengriff. Das Magazin im Griff war zwar bei Selbstladepistolen üblich, bei Maschinenpistolen befand sich dieses aber üblicherweise vor dem Abzugsbügel. Trotz ihrer hohen Kadenz wandert die gut ausgewogene Uzi beim Dauerfeuerschießen kaum nach oben aus. Sie wurde und wird immer noch von der israelischen Armee geführt, darüber hinaus fand sie bei zahlreichen anderen Armeen schnell Verbreitung. Die nach ihrem Erfinder Uziel Gal benannte MPi schießt mit ihrem zuschießenden Verschluss zwar weniger präzise als andere Konstruktionen, erfreut sich aber immer noch größter Beliebtheit.

Sterling

Die Sterling, bis in die 1980er-Jahre Standardbewaffnung der britischen Armee, basiert auf der Patchett-MPi, die während des Zweiten Weltkriegs entwickelt wurde, um die Sten-MPi abzulösen. Den seitlichen Magazinschacht behielt man bei der Sterling bei. Die Fertigungsqualität wurde im Vergleich zur Sten, die bereits als sehr zuverlässig und wegen ihrer Verschlusskonstruktion als gut geschützt gegen Verschmutzung galt, noch verbessert. Der Lauf der Sterling war von einem ventilierten Laufmantel umgeben. Überdies konnte ein Bajonett an der Waffe montiert werden, was bei modernen Maschinenpistolen ungewöhnlich ist.

Beretta M12

Mit dem Modell 12 ging Beretta neue Wege bei der Konstruktion von Maschinenpistolen. Man verabschiedete sich von teuren Fertigungsprozessen und verwendete nur noch Blechprägeteile. Dennoch konnte die Qualität der bisherigen Produkte gewährleistet werden. Wie die Uzi hat auch das Modell 12 einen hohlen, den Lauf teils umschließenden Verschluss. Die Beretta M12 wird mit einem Klapp- oder einem festen Anschlagschaft produziert. Durch einen vor dem Magazin befindlichen zusätzlichen Pistolengriff kann sie im Feuerstoß besonders sicher gehalten werden. Die seit 1961 von der italienischen Armee verwendete Waffe, die in Lizenz auch in Brasilien hergestellt wurde, kann mit unterschiedlich langen Magazinen geladen werden.

Sterling

Herkunftsland:	Großbritannien
Jahr:	1955
Kaliber:	9 mm Parabellum
Funktionsweise:	Masseverschluss
Gewicht:	2,72 kg
Gesamtlänge:	mit ausgeklapptem Schaft 690 mm, eingeklappt 483 mm
Lauflänge:	198 mm
Münd.geschwind.:	390 m/s
Feuerrate:	550 Schuss/min
Zuführung:	34-Schuss-Stangenmagazin

Beretta M12

Herkunftsland:	Italien
Jahr:	1959
Kaliber:	9 mm Parabellum
Funktionsweise:	Masseverschluss
Gewicht:	2,95 kg
Gesamtlänge:	mit ausgeklapptem Schaft 645 mm, eingeklappt 416 mm
Lauflänge:	203 mm
Münd.geschwind.:	380 m/s
Feuerrate:	550 Schuss/min
Zuführung:	20-, 32- oder 40-Schuss-Stangenmagazin

TECHNIK DER HANDFEUERWAFFEN –
NEUE TECHNIKEN BEI MASCHINENPISTOLEN

Nach 1945 suchten die Waffenhersteller verschiedener Länder nach Möglichkeiten, Maschinenpistolen kompakter zu bauen, damit sie etwa im polizeilichen Personenschutz verdeckt getragen werden konnten. Maschinenpistolen waren bis dahin lang und unhandlich, da ihr Magazin vor dem Abzugsbügel lag und da sie, um störungsfrei zu funktionieren, hinter dem Patronenlager ein relativ langes Verschlussstück mit einem nicht unerheblichen Gewicht haben mussten. An diesen beiden Punkten setzte das tschechische Unternehmen CZ an und läutete damit ein neues MPi-Zeitalter ein. Bei der Maschinenpistole SA 23 wurde – wie bei halbautomatischen Selbstladepistolen – das Magazin in einen im Griff befindlichen Magazinschacht

UZI

Spannhebel, mit dem das System vor Abgabe des ersten Schusses gespannt wird

Lauffixiermutter und -arretierhebel

Leere 9-mm-Parabellum-Patronenhülse unmittelbar nach dem Abschuss

Verschlusskopf und Schlagbolzen unmittelbar nach dem Zünden der Patrone

AT/AERO 088

Verschluss, der über das Patronenlager reicht

Waffengriff mit integriertem Magazinschacht

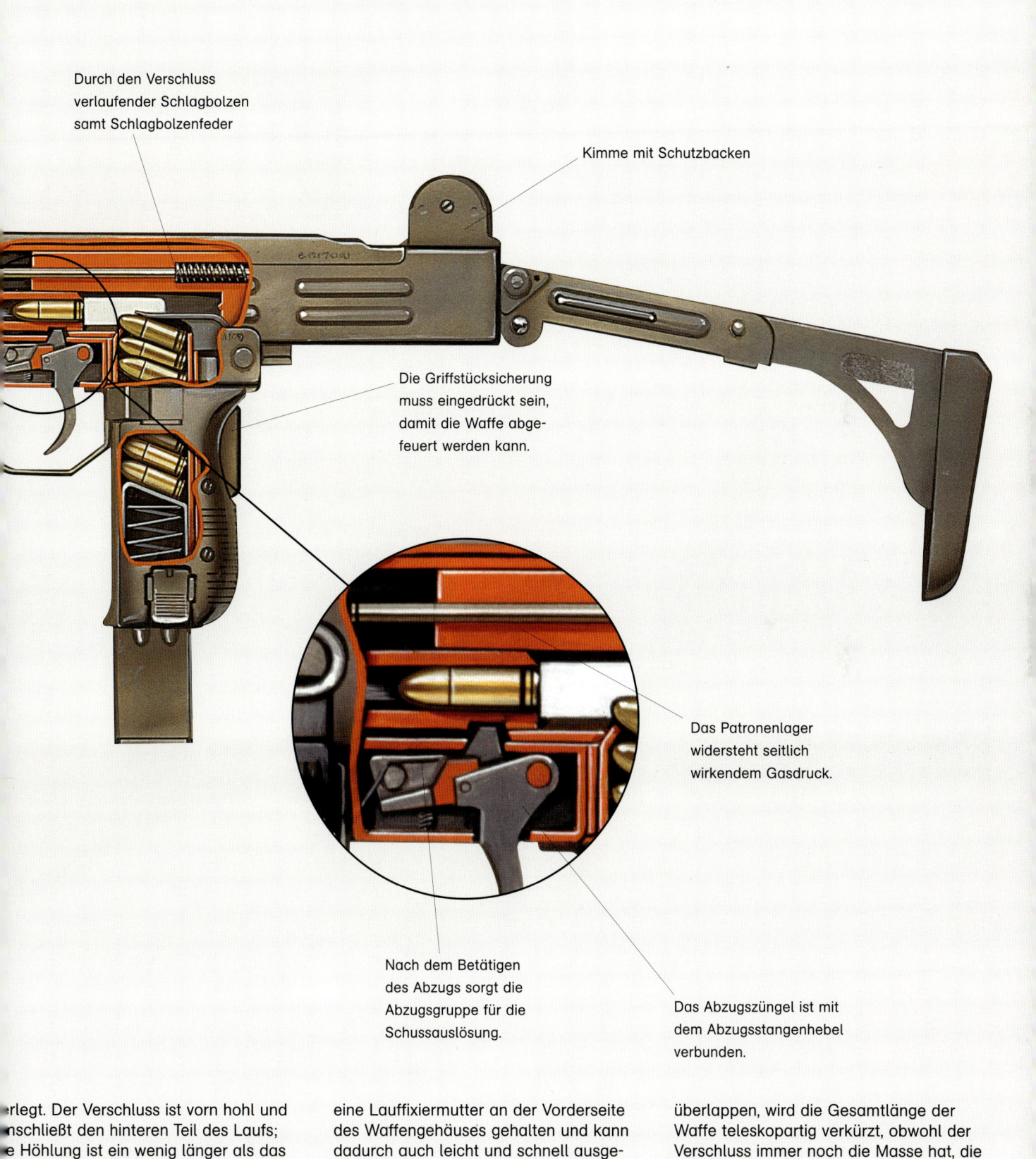

Durch den Verschluss verlaufender Schlagbolzen samt Schlagbolzenfeder

Kimme mit Schutzbacken

Die Griffstücksicherung muss eingedrückt sein, damit die Waffe abgefeuert werden kann.

Das Patronenlager widersteht seitlich wirkendem Gasdruck.

Nach dem Betätigen des Abzugs sorgt die Abzugsgruppe für die Schussauslösung.

Das Abzugszüngel ist mit dem Abzugsstangenhebel verbunden.

rlegt. Der Verschluss ist vorn hohl und nschließt den hinteren Teil des Laufs; e Höhlung ist ein wenig länger als das tronenlager des Laufs. Wie etwa bei r Uzi wird der Lauf dabei zumeist durch

eine Lauffixiermutter an der Vorderseite des Waffengehäuses gehalten und kann dadurch auch leicht und schnell ausgewechselt werden. Weil der „überhängende" Verschluss und der Lauf beinahe

überlappen, wird die Gesamtlänge der Waffe teleskopartig verkürzt, obwohl der Verschluss immer noch die Masse hat, die nötig ist, um den Nachladevorgang ohne Probleme ablaufen zu lassen.

NEUE TECHNIKEN BEI MASCHINENPISTOLEN 227

CZ vz 61 Skorpion

Zu den kleinsten Maschinenpistolen zählt die tschechische Skorpion. Mit eingeklapptem Anschlagschaft ist sie gerade einmal 270 mm lang und eine ungemein führige, aber dennoch feuerstarke Waffe. Die Skorpion wurde Ende der 1950er-Jahre als Handfeuerwaffe für Panzerbesatzungen entwickelt. Die geringen Abmessungen machen die Waffe aber auch für Kriminelle interessant. Durch einen Mechanismus zur Begrenzung der Kadenz wird dafür gesorgt, dass die – theoretische – Feuergeschwindigkeit nicht mehr als 700 Schuss/min beträgt und die kleine MPi daher auch im Dauerfeuer noch gut beherrscht werden kann.

CZ vz 61 Skorpion

Herkunftsland:	Tschechoslowakei
Jahr:	1960
Kaliber:	7,65 x 17 mm
Funktionsweise:	Masseverschluss
Gewicht:	1,31 kg
Gesamtlänge:	mit ausgeklapptem Schaft 520 mm, eingeklappt 270 mm
Lauflänge:	115 mm
Münd.geschwind.:	295 m/s
Feuerrate:	700 Schuss/min
Zuführung:	10- oder 20-Schuss-Stangenmagazin

F1

Die F1 ersetzte in den 1960er-Jahren die Owen Gun als Maschinenpistole der australischen Streitkräfte. Fast wäre die englische Sterling eingeführt worden, man entschied sich dann aber für eine Eigenkonstruktion, die Elemente der Sterling, der Owen und des L1A1-Selbstladegewehrs vereinte. Von der Sterling übernahm man den ventilierten Laufmantel und viel der internen Technik, das oben befindliche Magazin kam von der Owen (deren Wechsellauf aber nicht übernommen wurde), und der Spannhebel sowie der Handgriff der Waffe ist an das Gewehr L1A1 angelehnt. Das oben liegende Magazin machte das Zielen mit der ansonsten recht zuverlässigen F1 schwierig. 1987 führten die Australier dann stattdessen das österreichische Sturmgewehr Steyr AUG ein.

F1

Herkunftsland:	Australien
Jahr:	1962
Kaliber:	9 mm Parabellum
Funktionsweise:	Masseverschluss
Gewicht:	3,26 kg
Gesamtlänge:	715 mm
Lauflänge:	203 mm
Münd.geschwind.:	380 m/s
Feuerrate:	600 Schuss/min
Zuführung:	34-Schuss-Stangenmagazin

Ingram Model 10

Die Ingram Model 10 oder Mac 10 erlangte vor allem in den 1970er- und 1980er-Jahren als Waffe von Straßengangs in den USA traurige Berühmtheit. Trotz ihrer hohen Kadenz von fast 1100 Schuss/min ist die Mac 10, deren Magazin sich im Pistolengriff befindet und die deshalb sehr kurz gebaut ist, auch im Dauerfeuer recht gut handhabbar. Die Waffe hat einen einfachen, zuschießenden Feder-Masse-Verschluss, der – wie bei der Uzi und ähnlichen Konstruktionen – teilweise den Lauf umschließt, was ebenfalls zur ausgesprochen guten Führigkeit der kleinen MPi beiträgt. Die Ingram Mac 10 (die Mac 11 bildet noch eine kleinere Variante) hat einen Metallklappschaft, ihr Laufende ist außen mit einem Gewinde zur Anbringung eines Schalldämpfers versehen.

Ingram Model 10

Herkunftsland:	USA
Jahr:	1965
Kaliber:	9 mm Parabellum
Funktionsweise:	Masseverschluss
Gewicht:	2,84 kg
Gesamtlänge:	mit ausgeklapptem Schaft 548 mm, eingeklappt 269 mm
Lauflänge:	146 mm
Münd.geschwind.:	366 m/s
Feuerrate:	1090 Schuss/min
Zuführung:	32-Schuss-Stangenmagazin

MP5A2

Herkunftsland:	Deutschland
Jahr:	1966
Kaliber:	9 mm Parabellum
Funktionsweise:	Rollenverschluss
Gewicht:	2,55 kg
Gesamtlänge:	680 mm
Lauflänge:	225 mm
Münd.geschwind.:	400 m/s
Feuerrate:	800 Schuss/min
Zuführung:	15- oder 30-Schuss-Stangenmagazin

MP5A2

Die MP5 von Heckler & Koch ist die bei militärischen und polizeilichen Spezial- und Anti-Terror-Einheiten weltweit meisteingesetzte Maschinenpistole. Aufgrund ihres patentierten zuschießenden Rollenverschlusses, der sich auch bei einigen anderen Waffen dieses Herstellers bewährt hat, schießt die MP5 extrem präzise. Zudem ist sie so ausgewogen, dass auch Feuerstöße sehr treffsicher abgegeben werden können (einige Varianten haben auch 3-Schuss-Feuerstoß-Unterbrecher). Die aktuelle Basisversion MP5A2 hat einen festen Anschlagschaft, insgesamt verfügt die MP5-Serie aber über recht unterschiedliche Erscheinungsbilder (siehe auch MP5K auf S. 230).

MPi 69

Sowohl optisch als auch technisch ist die österreichische MPi 69 nahezu mit der israelischen Uzi identisch. Sie wurde in den späten 1960er-Jahren von Steyr-Daimler-Puch entwickelt und hat den Ruf, sehr zuverlässig zu sein. Wie die Uzi hat auch diese 9-mm-Parabellum-Waffe einen hohlen und daher recht kurzen Verschlussblock. Man kann mit der Waffe auch halbautomatisch feuern. Hierzu wird der Abzug nur zur Hälfte nach hinten gezogen; voll durchgezogen schießt die Waffe Dauerfeuer mit einer Kadenz von 550 Schuss/min. Bei der MPi 69 kann der Trageriemen vorn am Spannhebel befestigt werden; durch Zurückziehen des Riemens kann die MPi gespannt werden.

MPi 69	
Herkunftsland:	Österreich
Jahr:	1969
Kaliber:	9 mm Parabellum
Funktionsweise:	Masseverschluss
Gewicht:	3,13 kg
Gesamtlänge:	mit ausgeklapptem Schaft 670 mm, eingeklappt 465 mm
Lauflänge:	260 mm
Münd.geschwind.:	380 m/s
Feuerrate:	550 Schuss/min
Zuführung:	25- oder 32-Schuss-Stangenmagazin

MP5K

Aus der ersten MP5 entstanden im Laufe der Zeit diverse, auf die jeweilige Einsatzintention zugeschnittene Varianten. Für Personenschützer der Polizei entwickelte Heckler & Koch die MP5K, die im Vergleich zu den anderen MP5-Versionen deutlich kleinere Ausmaße hat: Während die MP5A2 insgesamt 680 mm lang ist, hat die MP5K, bei der man auch auf einen Anschlag- oder Klappschaft verzichtete, eine Gesamtlänge von nur 325 mm und einen lediglich 115 mm langen Lauf. Um die Waffe, für die ein spezielles Holster zum verdeckten Tragen erhältlich ist, bei Feuerstößen besser kontrollieren zu können, erhielt sie vorn einen zusätzlichen Pistolengriff.

MP5K	
Herkunftsland:	Deutschland
Jahr:	1972
Kaliber:	9 mm Parabellum
Funktionsweise:	Rollenverschluss
Gewicht:	2,1 kg
Gesamtlänge:	325 mm
Lauflänge:	115 mm
Münd.geschwind.:	375 m/s
Feuerrate:	900 Schuss/min
Zuführung:	15- oder 30-Schuss-Stangenmagazin

FMK-3

Die Ursprünge der FMK-3 liegen in den 1960er-Jahren, als Argentinien seine Maschinenpistole PAM1 (in vieler Hinsicht eine Kopie der amerikanischen M3A1) in eine Waffe in Form der Uzi veränderte. Das Ergebnis, die PA-3DM, war wie die Uzi eine 9-mm-Parabellum-MPi mit einem zuschießenden Verschluss. Die Waffe hatte einen fest montierten Anschlagschaft, wahlweise aus Holz oder aus Kunststoff. Bei der hieraus entstandenen FMK-3 verzichtete man auf den Anschlagschaft zugunsten einer einfachen, einschiebbaren Schulterstütze aus Stahldraht. Zudem wurde die Feuerrate von 650 auf 600 Schuss/min verringert und die Magazinkapazität auf 40 Schuss erhöht. Die FMK-3 wird bis heute produziert.

FMK-3

Herkunftsland:	Argentinien
Jahr:	1975
Kaliber:	9 mm Parabellum
Funktionsweise:	Masseverschluss
Gewicht:	3,4 kg
Gesamtlänge:	mit ausgeklapptem Schaft 690 mm, eingeklappt 520 mm
Lauflänge:	290 mm
Münd.geschwind.:	400 m/s
Feuerrate:	600 Schuss/min
Zuführung:	40-Schuss-Stangenmagazin

AKSU-74

Eine der unzähligen Varianten, die auf der technischen (und optischen) Basis des legendären Sturmgewehrs AK-47 Kalaschnikow entstanden, war die AKSU-74, Kaliber 5,45 x 39 mm, eine Waffe in Maschinenpistolengröße. Sie wurde in den frühen 1980er-Jahren als Waffe für sowjetische Spezialeinheiten vorgestellt. Die AKSU-74 hat mit eingeklapptem Anschlagschaft eine Länge von lediglich 420 mm, und ihr Lauf ist nur 200 mm lang, was jedoch die Mündungsgeschwindigkeit im Vergleich zur Standardwaffe um etwa 100 m/s verringert. Bemerkenswert ist bei der Waffe ihr großer Mündungsfeuerdämpfer.

AKSU-74

Herkunftsland:	UdSSR/Russland
Jahr:	1981
Kaliber:	5,45 x 39 mm
Funktionsweise:	Gasdrucklader
Gewicht:	2,7 kg
Gesamtlänge:	mit ausgeklapptem Schaft 675 mm, eingeklappt 420 mm
Lauflänge:	200 mm
Münd.geschwind.:	800 m/s
Feuerrate:	800 Schuss/min
Zuführung:	30-Schuss-Stangenmagazin

Spectre M4

Ab den 1980er-Jahren wurden Waffen speziell für den Einsatz der Sicherheitsbehörden gegen die immer stärker werdende terroristische Bedrohung entwickelt, dazu gehörte auch die Spectre M4. Die recht innovative Waffe verfügt über einen aufschießenden Feder-Masse-Verschluss, der sehr präzises Schießen erlaubt. Nach dem Durchladen kann sie entspannt werden, hat also einen für Maschinenpistolen atypischen Spannabzug, wodurch ein sofort schussbereites, aber absolut gefahrloses Führen der Waffe ermöglicht wird. Interessant ist überdies ihr vierreihiges Magazin, das 30 und sogar 50 Patronen fasst, obwohl es vergleichsweise kurz ist.

Spectre M4
Herkunftsland:	Italien
Jahr:	1983
Kaliber:	9 mm Parabellum
Funktionsweise:	Masseverschluss
Gewicht:	2,9 kg
Gesamtlänge:	mit ausgeklapptem Schaft 580 mm, eingeklappt 350 mm
Lauflänge:	130 mm
Münd.geschwind.:	400 m/s
Feuerrate:	850 Schuss/min
Zuführung:	30- oder 50-Schuss-Stangenmagazin

Z84

Auch die spanische Firma Star konstruierte während der 1980er-Jahre eine Maschinenpistole und stellte ihr Modell Z84 im Kaliber 9 mm Parabellum vor. Die Waffe verfügt über einen zuschießenden sowie ausgehöhlten und daher sehr kompakten Feder-Masse-Verschluss und einen Magazinschacht im Pistolengriff nach Uzi-Art, weist aber keine maßgeblichen Neuerungen auf. Im Gegensatz zur Spectre M4 mit ihrem nach oben einzuklappenden Schaft hat die Z84 einen einfacheren, nach unten einzuklappenden Metallschaft. Die Waffe ist so ausgewogen, dass sie trotz ihrer Kadenz von 600 Schuss/min auch bei Feuerstößen gut zu beherrschen ist.

BXP

Auf den ersten Blick ist die BXP nur eine Uzi-Kopie, hergestellt in Südafrika zur Apartheidszeit, als das Land vom Rest der Welt mit Embargos belegt war. Wie die Uzi und diverse andere Maschinenpistolen der Nachkriegszeit hat auch die in den 1980er-Jahren eingeführte BXP einen zuschießenden Feder-Masse-Verschluss, einen kurzen Verschlussblock sowie einen Metallklappschaft, und ihr Magazin befindet sich im Pistolengriff. Die BXP ist sehr gut verarbeitet und weist einige ausgeklügelte Features auf. So ist etwa beidseitig ein Sicherungs- und Feuerwahlhebel angebracht, und die Schulterstütze des eingeklappten Schafts kann als zweiter Griff verwendet werden. Trotz ihrer weit überdurchschnittlichen Feuerkadenz ist die gut ausgewogene Waffe, deren Laufende mit einem Schalldämpfergewinde versehen ist, gut beherrschbar.

BXP

Herkunftsland:	Südafrika
Jahr:	1984
Kaliber:	9 mm Parabellum
Funktionsweise:	Masseverschluss
Gewicht:	2,5 kg
Gesamtlänge:	mit ausgeklapptem Schaft 607 mm, eingeklappt 387 mm
Lauflänge:	208 mm
Münd.geschwind.:	370 m/s
Feuerrate:	1200 Schuss/min
Zuführung:	22- oder 32-Schuss-Stangenmagazin

Z84

Herkunftsland:	Spanien
Jahr:	1985
Kaliber:	9 mm Parabellum
Funktionsweise:	Masseverschluss
Gewicht:	3 kg
Gesamtlänge:	mit ausgeklapptem Schaft 615 mm, eingeklappt 410 mm
Lauflänge:	215 mm
Münd.geschwind.:	400 m/s
Feuerrate:	600 Schuss/min
Zuführung:	25- oder 30-Schuss-Stangenmagazin

Colt 9 mm

Zwar bieten verschiedene Hersteller stark verkleinerte Versionen ihrer 5,56-mm-Sturmgewehre an, dieses Kaliber ist für typische Maschinenpistolendistanzen aber eigentlich zu durchschlagsstark. Daher entwickelte die Firma Colt in den späten 1980er-Jahren eine Variante ihres M16-Sturmgewehrs im Kaliber 9 mm Parabellum – in der gleichen Baugruppenaufteilung wie das ursprüngliche M16. Anstelle des gasdruckverzögerten Verschlusses verwendete man für die MPi, die eine relativ hohe Kadenz von 800 bis 1000 Schuss/min hat, einen Feder-Masse-Verschluss. Dieser ist zur Steigerung der Präzision aber im Gegensatz zum Verschluss anderer Waffen aufschießend.

FN P90

Die belgische P90, eine sogenannte Personal Defense Weapon (PDW), die in manchen militärischen Einheiten zukünftig sowohl die Pistole als auch das Sturmgewehr ersetzen soll, ist zweifellos eine futuristisch anmutende Waffe. Zusammen mit der P90 stellte FN mit der 5,7 x 28 mm eine neue Munition vor, deren Geschosse leichte schusssichere Westen durchdringen. Eine der Besonderheiten der P90 ist das oben auf der Waffe horizontal liegende Magazin; die Patronen liegen quer zur Schussrichtung und werden ins Patronenlager gedreht. Die abgeschossenen Hülsen werden nach unten aus der MPi ausgeworfen. Die Waffe ist für Rechts- und Linkshänder problemlos verwendbar, alle Bedienelemente sind beidseitig angebracht, ebenso wie die beiden offenen Visiere neben dem optischen Visier.

FN P90

Herkunftsland:	Belgien
Jahr:	1990
Kaliber:	5,7 x 28 mm FN
Funktionsweise:	Masseverschluss
Gewicht:	2,8 kg
Gesamtlänge:	400 mm
Lauflänge:	263 mm
Münd.geschwind.:	850 m/s
Feuerrate:	800–1000 Schuss/min
Zuführung:	50-Schuss-Stangenmagazin, horizontal

Colt 9 mm

Herkunftsland:	USA
Jahr:	Ende 1980er-Jahre
Kaliber:	9 mm Parabellum
Funktionsweise:	Masseverschluss
Gewicht:	2,59 kg
Gesamtlänge:	mit ausgeklapptem Schaft 730 mm, eingeklappt 650 mm
Lauflänge:	260 mm
Münd.geschwind.:	397 m/s
Feuerrate:	800–1000 Schuss/min
Zuführung:	20- oder 32-Schuss-Stangenmagazin

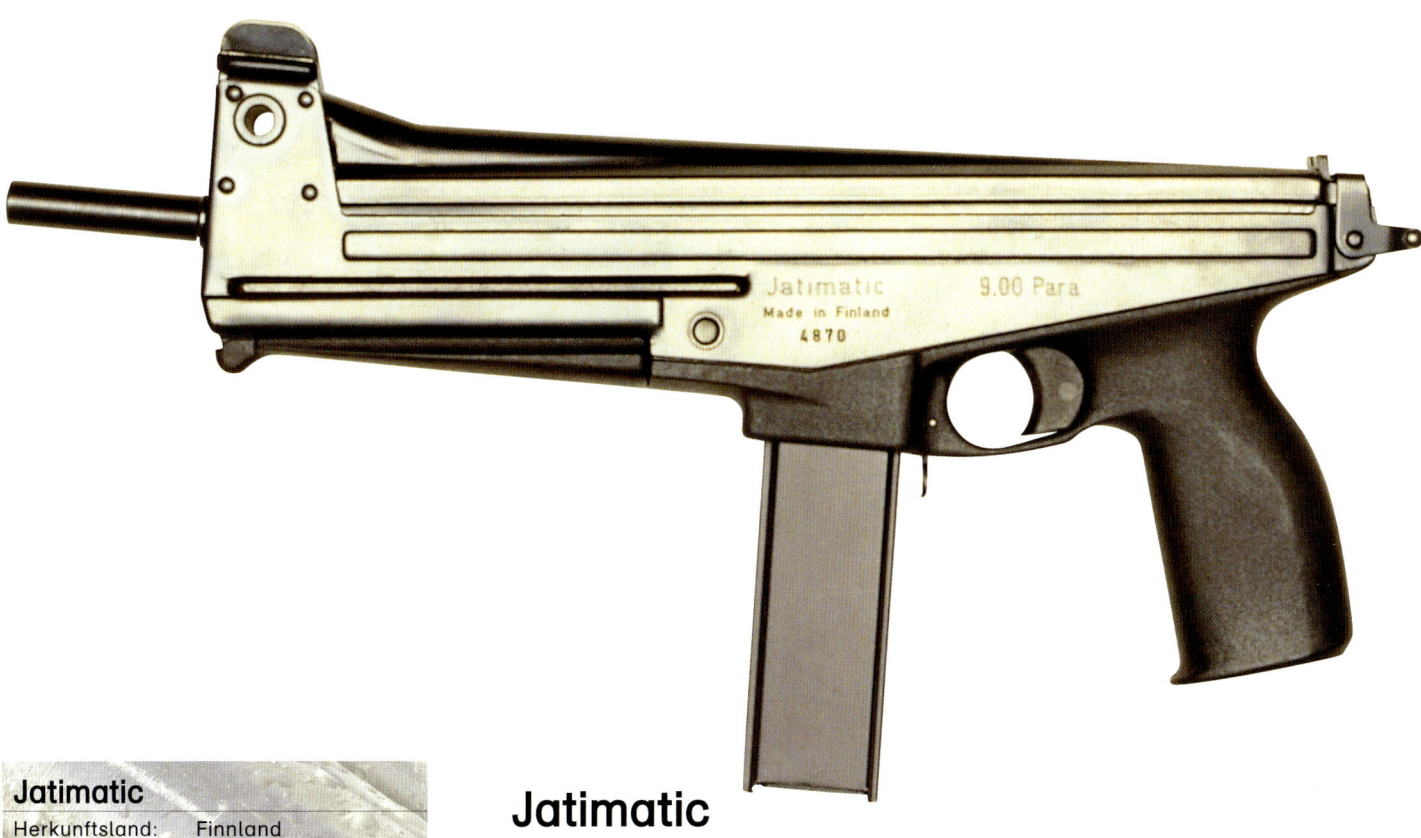

Jatimatic

Herkunftsland:	Finnland
Jahr:	1983
Kaliber:	9 mm Parabellum
Funktionsweise:	Masseverschluss
Gewicht:	1,65 kg
Gesamtlänge:	400 mm
Lauflänge:	203 mm
Münd.geschwind.:	keine Angabe
Feuerrate:	650 Schuss/min
Zuführung:	20- oder 40-Schuss-Stangenmagazin

Jatimatic

Die Jatimatic mit ihrem vermeintlich schräg nach oben gerichteten Lauf wirkt zwar seltsam, ihr Design ist aber durchaus logisch: Der nach der Schussabgabe schräg nach oben zurücklaufende Verschluss der MPi verlangsamt die Dauerfeuerkadenz. Der Griff befindet sich wegen der schrägen Anordnung der Bauteile in direkter Linie mit dem Lauf, wodurch der Waffenhochschlag beim Schießen, stets ein Problem bei Maschinenpistolen, im Fall der Jatimatic fast völlig eliminiert wird. Die Umstellung zwischen Dauer- und Einzelfeuer erfolgt über den Abzug: Halb durchgezogen bedeutet Einzel- und voll durchgezogen Dauerfeuer. Die in den 1980er-Jahren entwickelte MPi hat auch außerhalb Finnlands einige Bewunderer gefunden. 1995 erschien kurzzeitig eine weitere Version dieser Waffe.

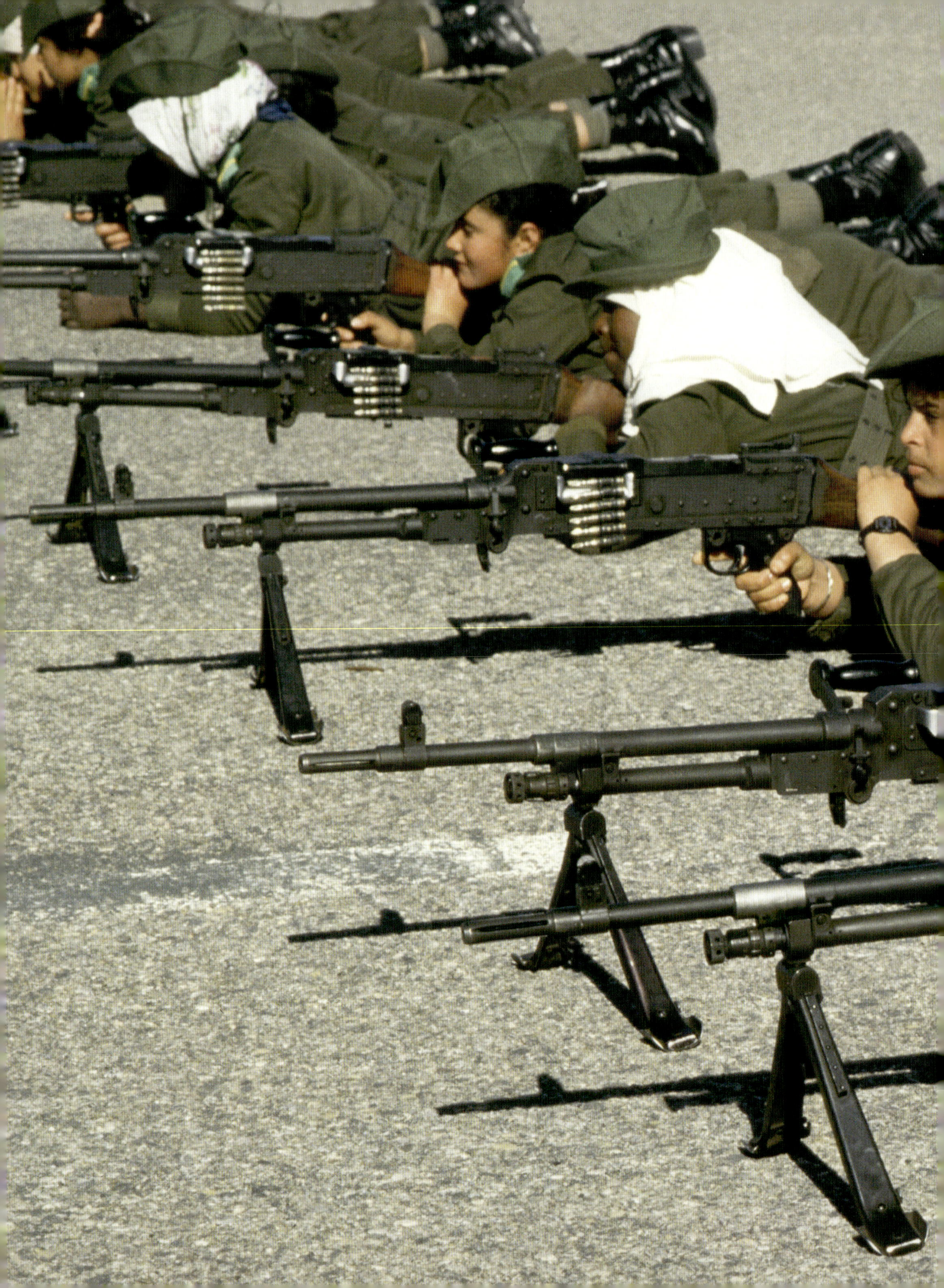

MASCHINEN-GEWEHRE

Die ersten Maschinengewehre wurden Ende des 19. Jahrhunderts entwickelt und erreichten bereits im Ersten Weltkrieg ihre grausame, vernichtende Wirkung. Bei einer Feuergeschwindigkeit von mehreren Tausend Schuss in der Minute sind Maschinengewehre die verheerendsten Schusswaffen überhaupt.

Puckle Repeating Gun

Die 1718 von dem Engländer James Puckle entwickelte Puckle Repeating Gun erhebt durchaus berechtigten Anspruch auf den Titel, das erste manuell zu betätigende Maschinengewehr zu sein. Sie bestand aus einem 914 mm langen Lauf im Kaliber 2,54 cm. Hinter dem Lauf angeordnet war eine runde Scheibe mit neun Kammern, die von vorn mit Pulver und Geschoss geladen wurden. Wurde die Scheibe von hinten auf die Achse geschoben, drang der vordere Teil einer Kammer in den Lauf ein. Eine auf das Achsgewinde geschraubte Kurbel sicherte die Scheibe. Über der Scheibe befand sich ein Steinschloss, das von Hand gespannt und durch Niederdrücken eines Hebels abgefeuert wurde. Nach dem Schuss wurde die Kurbel etwas aufgedreht, die Scheibe zurückgezogen und die nächste Kammer in den Lauf geschoben. 1722 wurden bei einer Vorführung 63 Schuss in sieben Minuten abgegeben. Dennoch zeigte das britische Militär kein Interesse an der Puckle Gun.

Puckle Repeating Gun	
Herkunftsland:	Großbritannien
Jahr:	1718
Kaliber:	2,54 cm
Funktionsweise:	manuell betätigt
Gewicht:	keine Angabe
Gesamtlänge:	991 mm
Lauflänge:	914 mm
Münd.geschwind.:	keine Angabe
Feuerrate:	keine Angabe
Zuführung:	drehbare Scheibe mit 9 Kammern

Gatling Gun

Mit der Gatling Gun von Richard Jordan Gatling wurde die manuell zu bedienende Maschinenwaffe erheblich verbessert. Bis zu zehn Läufe und Verschlüsse konnten um eine Achse drehbar gelagert werden. Über den Verschlüssen befand sich das Magazin für die Metallpatronen. Durch eine Handkurbel wurden die Läufe um die Achse gedreht, wobei ein System von schiefen Ebenen nacheinander die Verschlüsse öffnete, die Schlagbolzen spannte, die Patronen durch die Schwerkraft in das nächste leere Lager fallen ließ, die Verschlüsse schloss, abfeuerte und die leeren Hülsen auswarf. Wurde ein abgeschossener Lauf neu geladen, wurden die anderen abgefeuert oder wieder schussfertig gemacht. Mit Feuergeschwindigkeiten von 400–600 Schuss/min erregte die Gatling-Maschinenwaffe einige Aufmerksamkeit.

Gatling Gun	
Herkunftsland:	USA
Jahr:	1875
Kaliber:	.45
Funktionsweise:	manuell betätigt
Gewicht:	64 kg
Gesamtlänge:	1220 mm
Lauflänge:	626 mm
Münd.geschwind.:	400 m/s
Feuerrate:	ca. 400 Schuss/min
Zuführung:	Schwerkraftzuführung aus Kastenmagazin

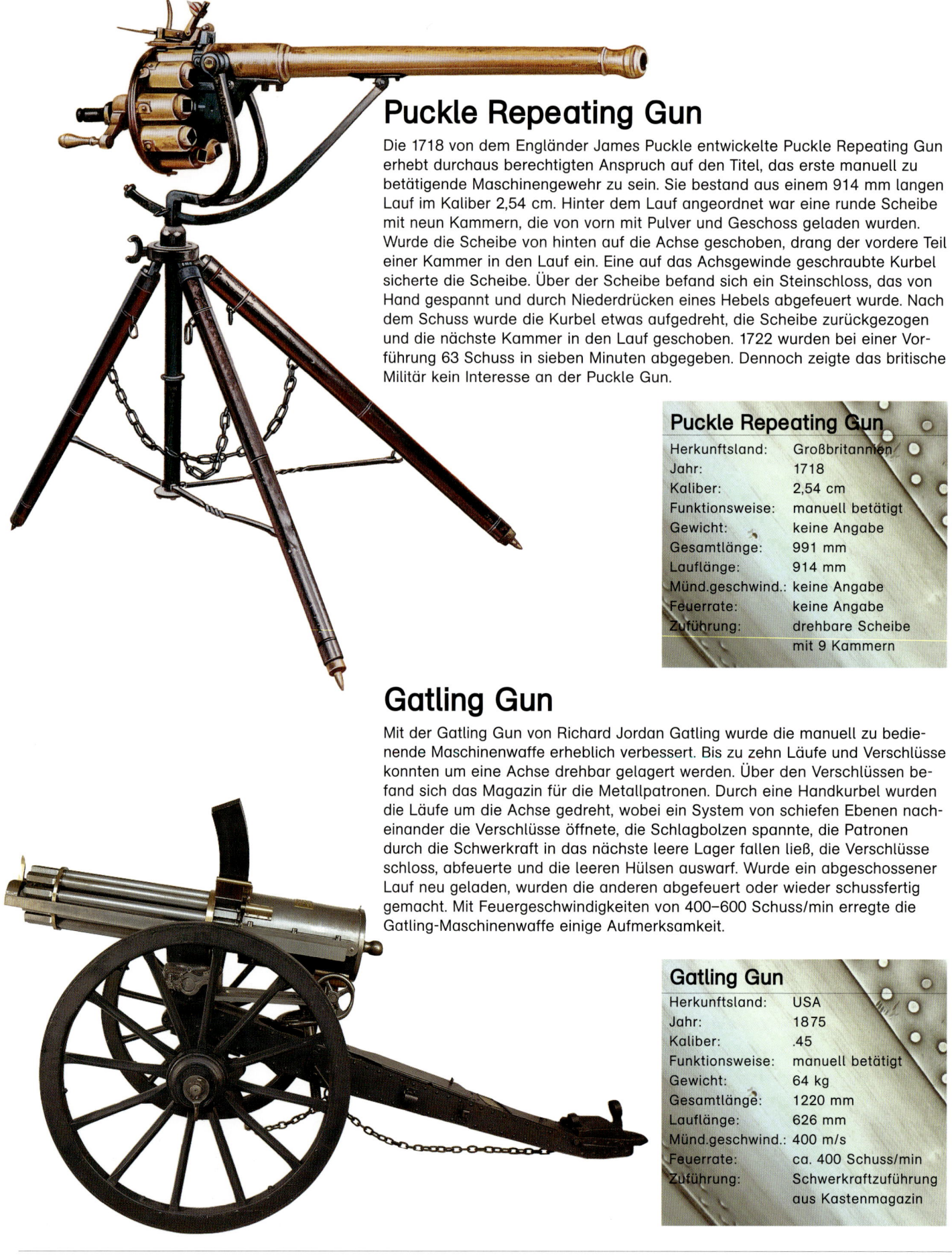

Vickers-Maxim

Das Vickers-Maxim war der Vorläufer des legendären Vickers-MG. Die in den 1880er-Jahren konstruierte Waffe verwendete dasselbe Rückstoßprinzip wie das spätere Vickers-MG, war allerdings sehr viel schwerer. Vor allem das Gewicht des Kühlmantels aus Messing (das spätere Vickers-MG erhielt einen Stahlmantel), der als Wassertank konzipiert war, machte diese Waffe sehr unhandlich. Ohne Kühlflüssigkeit wog es 27,2 kg, während mit der massigen Radlafette das Gesamtgewicht auf 80,7 kg stieg. (Von den damaligen Fachleuten wurden Maschinengewehre der Feldartillerie zugeordnet.) Dennoch funktionierte das Vickers-Maxim außerordentlich gut und hatte in den Kolonialkriegen Ende des 19. und Anfang des 20. Jahrhunderts in Afrika eine verheerende Wirkung.

Vickers-Maxim

Herkunftsland:	Großbritannien
Jahr:	1892
Kaliber:	.303
Funktionsweise:	kurzer Rückstoßlader
Gewicht:	27,2 kg
Gesamtlänge:	1079 mm
Lauflänge:	673 mm
Münd.geschwind.:	744 m/s
Feuerrate:	550 Schuss/min
Zuführung:	Stoffgurt

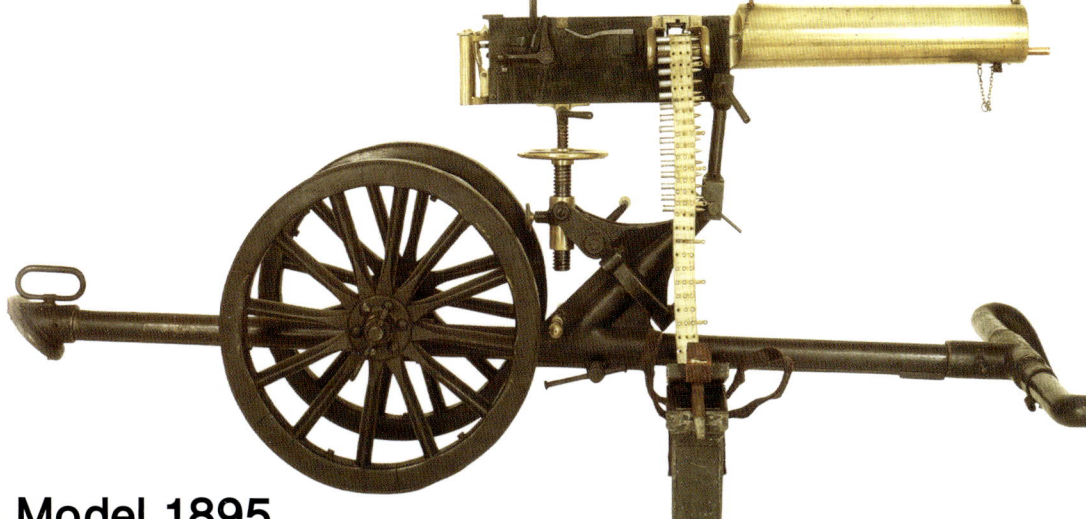

Colt-Browning Model 1895

Als einer der frühen Gasdrucklader wurde das Colt-Browning Model 1895 unter zwei der berühmtesten Namen in der Büchsenmacherzunft konstruiert und gebaut. John Browning entwickelte ein Maschinengewehr mit Gurtzuführung, bei dem der Gasdruck über einen Zylinder unter dem Lauf abgezapft wurde. Dadurch wurde ein schwerer Hebel bewegt, der dann alle nötigen Aktionen zum automatischen Nachladen bewirkte. Seinem Arm am Gasdrucksystem, der sich beim Schießen nach unten und hinten bewegte, verdankte das Model 1895 seinen Spitznamen „Potato Digger" (Kartoffelroder). Das Model 1895 wurde luftgekühlt und neigte zu Überhitzung. Später wurden verbesserte Muster – Model 1904 und Model 1917 – gebaut und im Ersten Weltkrieg eingesetzt.

Colt-Browning Model 1895

Herkunftsland:	USA
Jahr:	1895
Kaliber:	.30
Funktionsweise:	Gasdrucklader
Gewicht:	15,9 kg
Gesamtlänge:	1035 mm
Lauflänge:	712 mm
Münd.geschwind.:	855 m/s
Feuerrate:	480 Schuss/min
Zuführung:	Stoffgurt

Nordenfelt-Bündelgewehr

Herkunftsland:	Großbritannien
Jahr:	1887
Kaliber:	.303 und .45
Funktionsweise:	manuell betätigt
Gewicht:	mit zwei Läufen 42,2 kg
Gesamtlänge:	1054 mm
Lauflänge:	724 mm
Münd.geschwind.:	411 m/s
Feuerrate:	2 Läufe/300 Schuss/min
Zuführung:	27 Schuss in Kastenmagazin

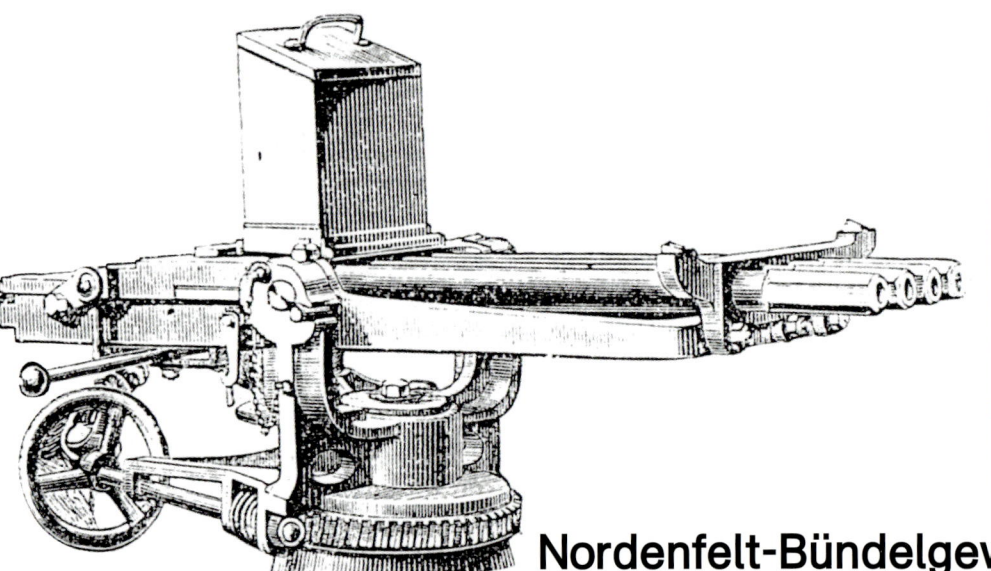

Nordenfelt-Bündelgewehr

Diese Waffe wurde in den frühen 1870er-Jahren in Schweden von Helge Palmcrantz entwickelt. Der schwedische Stahlproduzent Thorsten Nordenfelt baute die Waffe dann Ende der 1880er-Jahre in seiner Fabrik in England. Die Zahl der in einem gemeinsamen Kasten nebeneinander angeordneten Läufe variierte von zwei bis zwölf. Die Patronen waren in einem Kastenmagazin oben auf der Waffe untergebracht. Die Patrone fiel durch ihr Eigengewicht in den Laderaum und wurde durch den Verschluss in den jeweiligen Lauf eingeführt und gleichzeitig abgefeuert. Jeder Lauf besaß einen eigenen Schlagbolzen. Die Bewegung der Schlossteile für Zuführung, Abfeuern und Auswerfen der leeren Hülsen erfolgte durch einen rechts liegenden Hebel, der bei der Betätigung vor und zurück bewegt wurde.

Schwarzlose-MG

Herkunftsland:	Österreich-Ungarn
Jahr:	1902
Kaliber:	8 x 56R Mannlicher
Funktionsweise:	verzögerter Rückstoßlader
Gewicht:	19,9 kg
Gesamtlänge:	1066 mm
Lauflänge:	526 mm
Münd.geschwind.:	625 m/s
Feuerrate:	400 Schuss/min
Zuführung:	250 Schuss in Stoffgurt

Schwarzlose-MG

Sein erstes Maschinengewehr stellte Andreas Schwarzlose 1902 vor; weitere Modelle folgten in den folgenden zwei Jahrzehnten. Basismodelle waren die M/05 und M/07 von 1905 bzw. 1907. Das Ungewöhnliche dieser Waffen war der verzögerte Masseträgheitsverschluss. Ihre Funktion beruhte auf Eigenantrieb durch unmittelbaren Gasdruck, Verzögerung des Verschlussblocks durch seine träge Masse und einer starken Feder. Dank dieser Feder und kurzem Lauf verharrte der Verschluss so lange, bis das Geschoss den Lauf fast verlassen hatte und die gefettete Patronenhülse dem Pulvergasdruck noch widerstehen konnte. Das starke Mündungsfeuer wurde durch einen großen, konischen Trichter gedämpft. Bei späteren Modellen entfiel die Schmierung der Patronen. Schwarzlose-MG wurden in Deutschland, den Niederlanden, Griechenland, Italien und Ungarn noch im Zweiten Weltkrieg eingesetzt.

Madsen-MG

Herkunftsland:	Dänemark
Jahr:	1903
Kaliber:	8 mm
Funktionsweise:	Rückstoßlader
Gewicht:	10 kg
Gesamtlänge:	1145 mm
Lauflänge:	596 mm
Münd.geschwind.:	825 m/s
Feuerrate:	450 Schuss/min
Zuführung:	20 Schuss in Kastenmagazin

Madsen-MG

Das Madsen gilt als das erste leichte Maschinengewehr. Mit seinem bogenförmigen Kastenmagazin und 10 kg Gewicht war es so leicht und handlich, dass es von einem Mann bequem mitgeführt und auf seinem Zweibein mit einer Feuerleistung von 450 Schuss/min schnell in Stellung gebracht werden konnte. Die Serienfertigung des ersten Musters (Kaliber 8 mm) begann 1903. Spätere Versionen wurden für jede beliebige Militärpatrone zwischen 6,5 und 8 mm gefertigt. Bei dem als Rückstoßlader konstruierten Gewehr basierte das Funktionsprinzip auf einer Variante des Martini-Henry-Gewehrs. Das Madsen-MG hatte keinen vor und zurück gehenden Verschluss, sondern einen auf und nieder wippenden Fallblockverschluss. Obwohl das Gewehr mechanisch schon komplizierter gebaut war, funktionierte das Madsen-MG einwandfrei. Es wurde von zahlreichen Staaten angeschafft und noch zwischen den Weltkriegen und in den 1940er-Jahren von vielen europäischen Streitkräften genutzt.

Saint-Étienne Mle 1907

Das Mle 1907 war Frankreichs Versuch, aus politischen Gründen einen Ersatz für das Hotchkiss-MG zu entwickeln. Um dessen Patente für Gasdrucklader zu umgehen, wurde das Mle 1907 um einen Mechanismus konstruiert, der den Gaskolben nicht nach hinten, sondern nach vorn stieß, wobei die Kraftübertragung über eine Zahnstange erfolgte. Dieses System war allerdings kompliziert, verschmutzte schnell und erwies sich als sehr unzuverlässig. Bei Dauerfeuer brachen Verschlussteile, und häufig erlahmte die Schließfeder. Erschwerend kam hinzu, dass die unter dem Lauf angeordnete Schließfeder zu Überhitzung neigte. Ladehemmungen waren unvermeidlich, und als kampfwertsteigernde Nachbesserungen missglückten, wurde das Mle 1907 bald ausgemustert.

Saint-Étienne Mle 1907

Herkunftsland:	Frankreich
Jahr:	1907
Kaliber:	8 x 50R Lebel
Funktionsweise:	Gasdrucklader
Gewicht:	25,73 kg
Gesamtlänge:	1180 mm
Lauflänge:	710 mm
Münd.geschwind.:	700 m/s
Feuerrate:	500 Schuss/min
Zuführung:	24 oder 30 Schuss in Laderahmen

Maxim MG 08	
Herkunftsland:	Deutschland
Jahr:	1908
Kaliber:	7,92 x 57 mm Mauser
Funktionsweise:	kurzer Rückstoßlader
Gewicht:	26,44 kg
Gesamtlänge:	1175 mm
Lauflänge:	719 mm
Münd.geschwind.:	829 m/s
Feuerrate:	300/450 Schuss/min
Zuführung:	250 Schuss in Stoffgurt

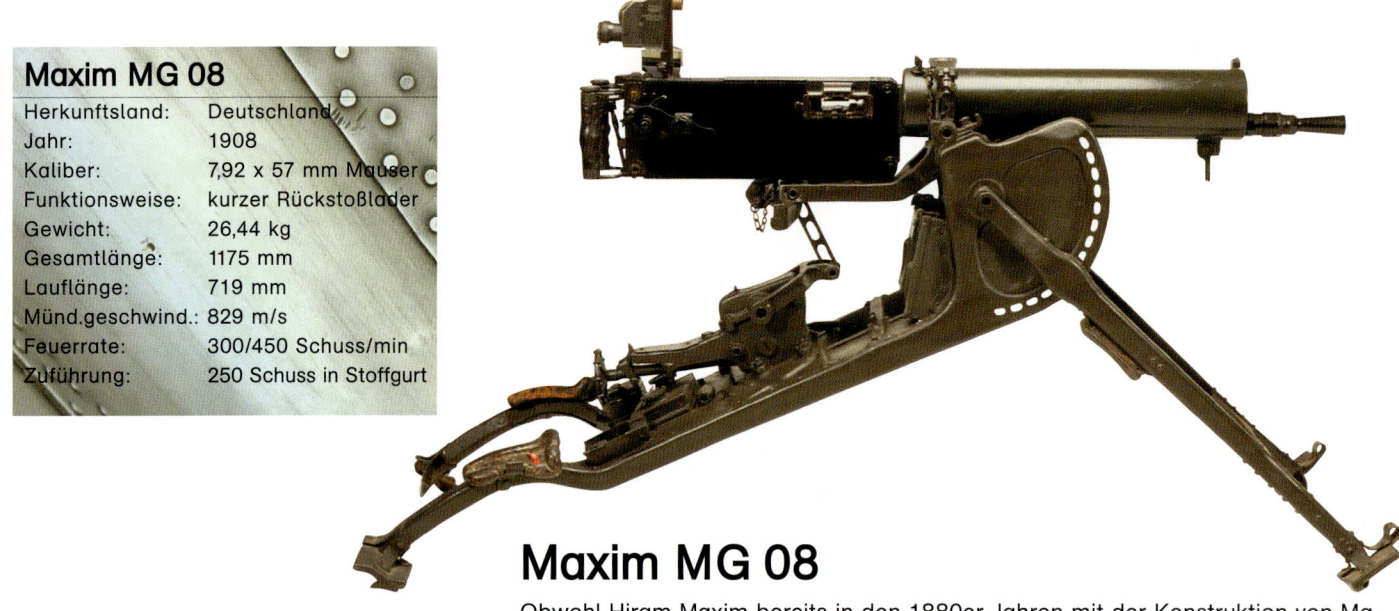

Maxim MG 08

Obwohl Hiram Maxim bereits in den 1880er-Jahren mit der Konstruktion von Maschinengewehren begonnen hatte, wurde erst sein MG 08 der uneingeschränkte Herrscher über das Schlachtfeld. Das MG 08 war ein kurzer Rückstoßlader mit halbstarr verriegeltem Kniegelenkverschluss. Ein solches System erreichte zwar nur eine langsame Schussfolge (300, später 450 Schuss/min), war jedoch zuverlässig und ermöglichte mit einem 250-schüssigen Patronengurt verheerendes Dauerfeuer. Versuche, den großen wassergefüllten Kühlmantel beim späteren MG 08/18 durch Luftkühlung zu ersetzen, waren nicht befriedigend. Einziger Mangel der Waffe war ihr großes Gewicht. Während das MG 08 im Ersten Weltkrieg noch in großer Zahl eingesetzt worden war, versah es im Zweiten Weltkrieg nur noch in Reserveeinheiten seinen Dienst.

Hotchkiss Mle 1909

Das Hotchkiss-MG wurde als Gasdrucklader konzipiert und revolutionierte mit seiner hohen Kadenz die Gefechtstaktik, wenn auch nicht jedes Experiment erfolgreich war. Obwohl es ursprünglich als leichtes Maschinengewehr gedacht war, passte das Mle 1909 mit seinen 11,7 kg nur noch knapp in diese „Gewichtsklasse" und endete letztendlich als ortsfeste Verteidigungswaffe. Das Festhalten an starren, durch bewegliche Gelenke miteinander verbundenen Stahlblech-Ladestreifen verursachte überdies andauernde Schwierigkeiten. Sie verschmutzten leicht und hatten dadurch häufig Ladehemmungen. Später wurde auch eine Art Gurt für 250 Patronen verwendet. Eine leichte Dreibein-Lafette war an der Waffe fest angebracht. Die britischen Streitkräfte verschossen mit der Hotchkiss 7,62-mm-Patronen.

Hotchkiss Mle 1909	
Herkunftsland:	Frankreich
Jahr:	1909
Kaliber:	8 mm
Funktionsweise:	Gasdrucklader
Gewicht:	11,7 kg
Gesamtlänge:	1190 mm
Lauflänge:	600 mm
Münd.geschwind.:	740 m/s
Feuerrate:	500 Schuss/min
Zuführung:	30 Schuss in Stahlblech-Ladestreifen

Vickers

Herkunftsland:	Großbritannien
Jahr:	1912
Kaliber:	7,62 mm
Funktionsweise:	kurzer Rückstoßlader
Gewicht:	9,4 kg
Gesamtlänge:	1155 mm
Lauflänge:	723 mm
Münd.geschwind.:	745 m/s
Feuerrate:	450–600 Schuss/min
Zuführung:	250 Schuss in Stoffgurt

Vickers

Das Vickers-MG war eine weiterentwickelte, auf dem Maxim-Prinzip basierende Waffe von außergewöhnlicher Zuverlässigkeit. Es bewährte sich im Ersten Weltkrieg und wurde von den britischen Streitkräften bis in die 1960er-Jahre genutzt. Bemerkenswert ist, dass der Kniegelenkverschluss – im Gegensatz zum Maxim – nach oben knickte und das Vickers deshalb kleiner, leichter und handlicher konstruiert werden konnte als sein deutscher Vorläufer. Es wurde für das Kaliber 7,62 mm konstruiert und verfeuerte 450–600 Schuss/min. Zeitlich unbegrenztes Schießen war möglich, sofern das Kühlwasser regelmäßig ersetzt und der Laufwechsel (bei ununterbrochener Feuerfolge stündlich) strikt eingehalten wurde. Da verdampfendes Kühlwasser im Gefecht verräterisch sein konnte, wurde der Wasserdampf durch ein Ventil zu einem Auffangbehälter geleitet und nach dem Kondensieren in den Kühlmantel zurückgeführt.

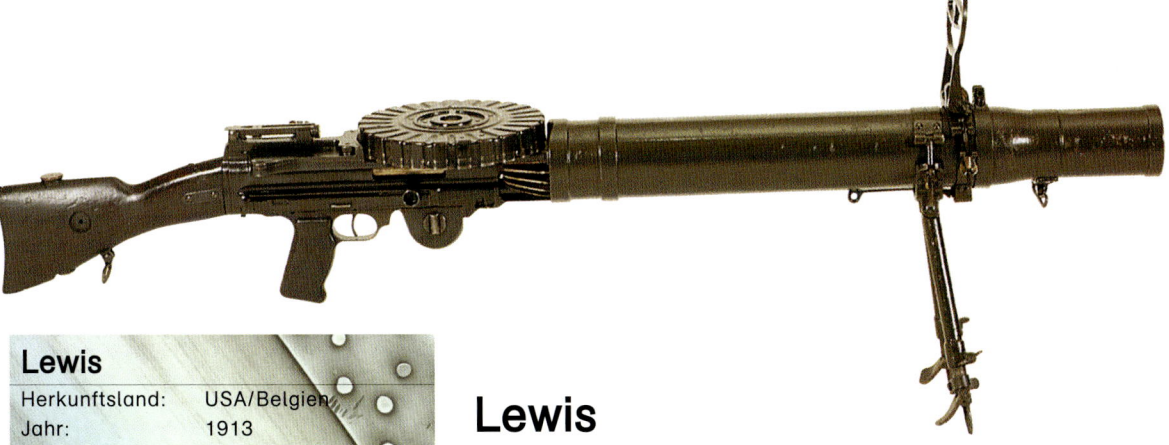

Lewis

Herkunftsland:	USA/Belgien
Jahr:	1913
Kaliber:	7,62 mm
Funktionsweise:	Gasdrucklader
Gewicht:	11,8 kg
Gesamtlänge:	1250 mm
Lauflänge:	661 mm
Münd.geschwind.:	744 m/s
Feuerrate:	500 Schuss/min
Zuführung:	Tellermagazin für 47 oder 97 Patronen

Lewis

Dieses Maschinengewehr wurde 1913 von dem Amerikaner Isaac Lewis nach Belgien gebracht und nur in Europa gebaut. Was für die USA ein Verlust war, wurde für Europa zum Gewinn. Es war das erste leichte Maschinengewehr, das in größerer Zahl in einem Krieg eingesetzt wurde. In der britischen Armee diente das Lewis ab 1915 als Standardmaschinengewehr der Infanterie. Das Lewis war ein Gasdrucklader mit Drehkopfverschluss, wobei das Gas einen Kolben bewegte, der den Verschlussblock rückwärts gegen eine Rückholfeder trieb. Lewis-Gewehre zeigten äußerlich zwei auffällige Merkmale: den sehr großen Kühlmantel sowie Tellermagazine für 47 oder 97 Patronen. Die Tellermagazine bewährten sich nicht und verursachten häufige Ladehemmungen. In den 1930er-Jahren wurden die Lewis durch das Bren und andere leichte Maschinengewehre abgelöst.

TECHNIK DER HANDFEUERWAFFEN – KNIEGELENKVERSCHLUSS

Obwohl der Kniegelenkverschluss bei modernen Feuerwaffen ziemlich selten geworden ist, darf er bei einem Rückblick auf die Geschichte dieser Waffen nicht unerwähnt bleiben. Sowohl das erste mechanisch betätigte Maschinengewehr (Maxim) als auch die erste Selbstladepistole (Borchardt) verwendeten ebenso Kniegelenkverschlüsse wie andere wegweisende Waffen, beispielsweise das britische Vickers und die deutsche Parabellum (Pistole 08).

Die Technik des Kniegelenkverschlusses ist verbunden mit dem kurzen Rohrrücklaufsystem. Sie ermöglichte eine starre Verriegelung der schussfertigen Waffe und einen glatten, zuverlässigen Rücklauf. Der Kniegelenkverschluss besteht in seinem Kern aus einem Vorder- und Hintergelenk. Das vordere Gelenk ist beweglich mit dem Verschluss, das hintere ist am Rohransatz bzw. an der Kammer angebracht. Beide Gelenke sind durch ein Mittelscharnier miteinander verbunden, das nach dem Schuss nach oben knickt. Bei der verriegelten Waffe wird der Verschlussblock fest gegen das Patronenlager gedrückt, das Kniegelenk knickt ein und gleitet minimal unterhalb der Ebene von Vorder- und Hintergelenk. In dieser Position ist der Verschluss perfekt verriegelt. Beim Schuss bewegen sich Lauf und Verschluss gemeinsam zurück, wobei das Kniegelenk noch verriegelt bleibt. Schon nach kurzem Rücklauf wird das Kniegelenk jedoch nach oben gedrückt und der

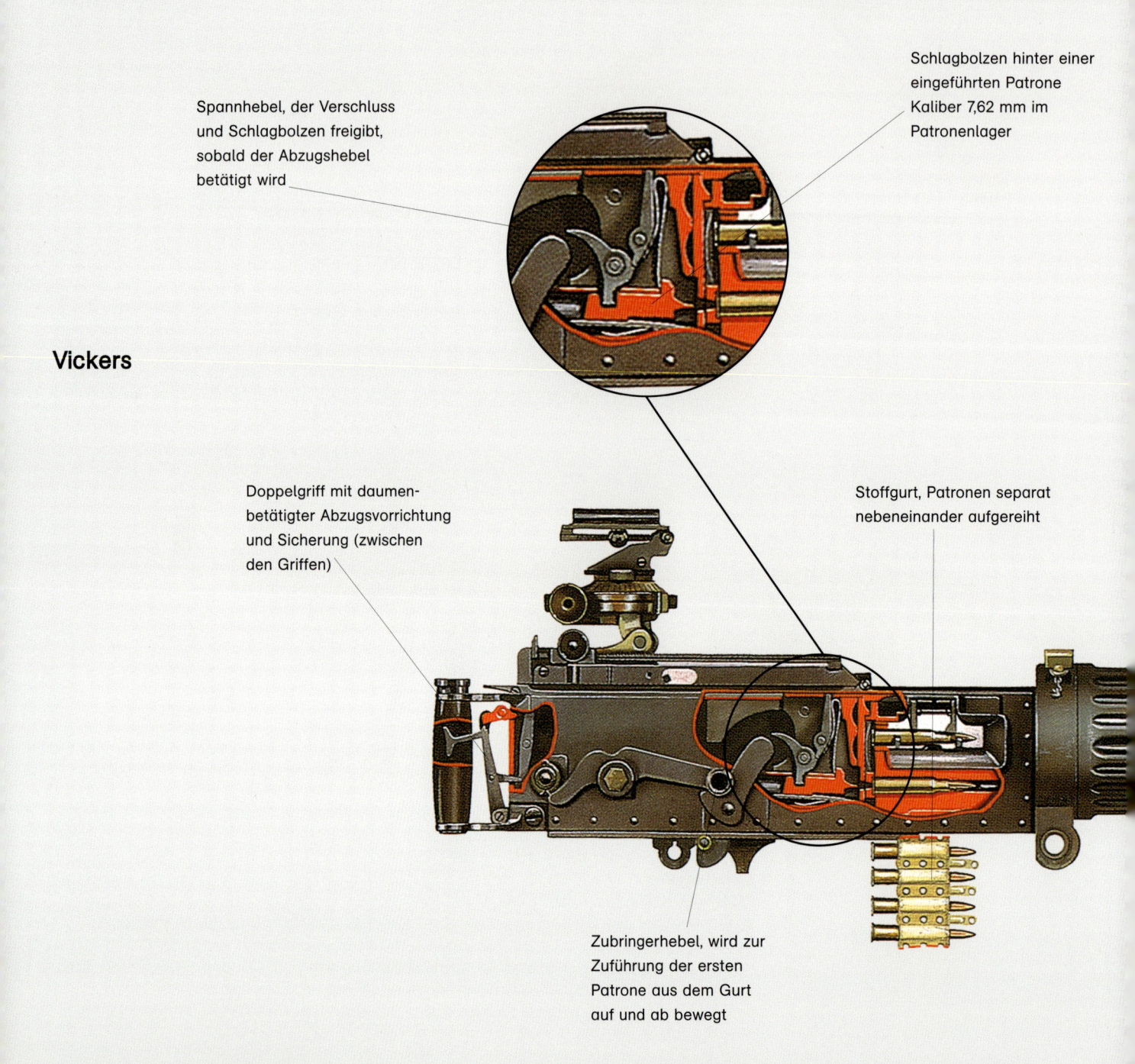

Vickers

Spannhebel, der Verschluss und Schlagbolzen freigibt, sobald der Abzugshebel betätigt wird

Schlagbolzen hinter einer eingeführten Patrone Kaliber 7,62 mm im Patronenlager

Doppelgriff mit daumenbetätigter Abzugsvorrichtung und Sicherung (zwischen den Griffen)

Stoffgurt, Patronen separat nebeneinander aufgereiht

Zubringerhebel, wird zur Zuführung der ersten Patrone aus dem Gurt auf und ab bewegt

SELBSTLADEPISTOLE BORCHARDT

...rschluss entriegelt. Auch beim Vickers-
MG knickte der Kniegelenkverschluss zur
Entriegelung nach oben. Anders verhält es
sich bei der Luger Parabellum: Hier gehen
Lauf und Verschluss so lange gemeinsam
zurück, bis zwei Kurven das Kniegelenk
in die Höhe schlagen und knicken lassen,
wodurch sich der dann entriegelte Verschluss öffnen kann. Ist das Kniegelenk
hochgedrückt, trennen sich Verschluss und
Lauf. Der Verschluss gleitet weiter zurück,
während die leere Hülse der abgefeuerten
Patrone ausgezogen und ausgeworfen
wird. Sobald das Kniegelenk seine größt-
mögliche rückwärtige Position eingenom-
men hat (d. h. wenn das Mittelscharnier die
maximale höchste Stellung erreicht hat),
wird der Verschluss von der Schließfeder
vorwärtsgedrückt, wobei die nächste Patrone aus dem Magazin entnommen wird
und das Kniegelenk erneut verriegelt.
Der Kniegelenkverschluss war robust und
zuverlässig. Bei Pistolen hatte diese Verschlusskonstruktion den großen Vorteil,
dass beim Rückstoß die Bewegungen von
Lauf und Verschluss auf einer Achse
bleiben – anders als beim Colt-Browning-
System: Nach dem Schuss bleibt der Lauf
beim Rückstoß anfänglich durch oben
liegende Nuten fest mit dem Verschluss
verbunden. Aber nach kurzem Rücklauf
zieht ein Scharnier den Lauf nach unten
aus den Nuten und löst ihn dadurch vom
Verschluss, der anschließend allein zurück-
läuft, die leere Patrone auswirft und eine
neue nachlädt.

Die Borchardt war die erste fabrikmäßig hergestellte Selbstladepistole.

Kniegelenkverschluss offen (hier das hochgeknickte Vordergelenk)

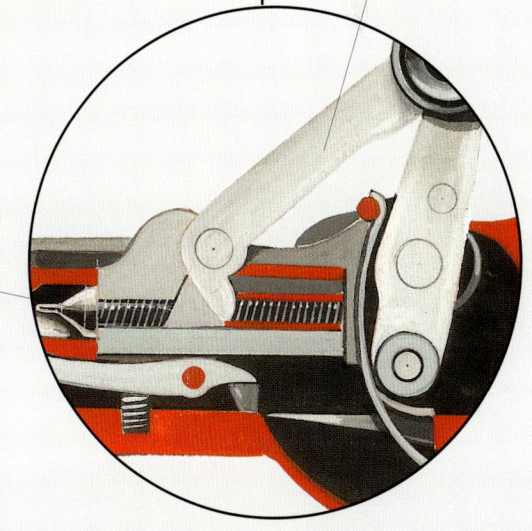

Schlagbolzen und Kniegelenk gehen unter Spiralfederdruck zurück, der Verschluss verriegelt erneut, und die Waffe ist wieder feuerbereit.

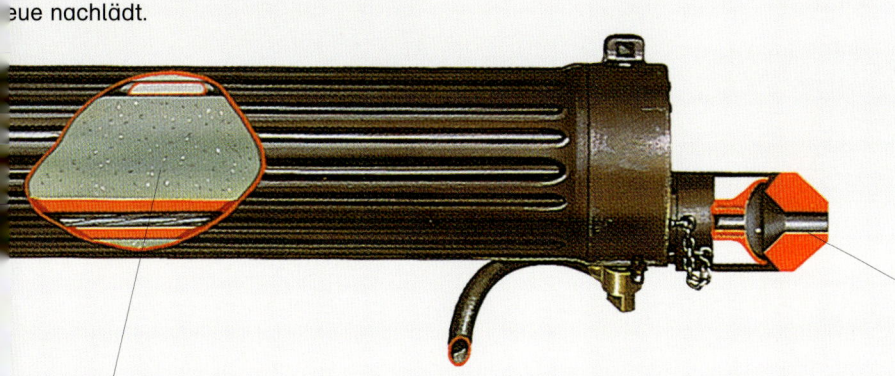

Kühlwassermantel: Hohlzylinder, der den heißen Lauf mit einer Wasserfüllung umschließt

Ein Mündungskegel drängt Treibgase gegen Lauf und Schluss zurück und verstärkt die Rückstoßkraft.

KNIEGELENKVERSCHLUSS 245

Hotchkiss Mle 1914

Das Hotchkiss Mle 1914 hatte sich als das französische Standardmaschinengewehr im Ersten Weltkrieg bewährt und kam – obwohl längst veraltet – auch im Zweiten Weltkrieg noch zum Einsatz. Im Ersten Weltkrieg diente das Mle 1914 auch dem amerikanischen Expeditionskorps sowie den Armeen einiger Balkanstaaten. Das Mle 1914 ähnelte den älteren Hotchkiss-Modellen sehr und war dementsprechend als Gasdrucklader konstruiert. Allerdings ließen die Funktionssicherheit und Handhabung sehr zu wünschen übrig. Als größter Mangel erwies sich die Munitionszuführung mittels Metallladerahmen zu 24 oder 30 Patronen. Sie verdreckten schnell, und da die verwendete Gewehrpatrone Kaliber 8 mm Lebel (bauchig, mit Patronenrand) völlig ungeeignet war, blieben Ladehemmungen unvermeidlich.

Hotchkiss Mle 1914

Herkunftsland:	Frankreich
Jahr:	1914
Kaliber:	8 mm
Funktionsweise:	Gasdrucklader
Gewicht:	23,58 kg
Gesamtlänge:	1270 mm
Lauflänge:	775 mm
Münd.geschwind.:	725 m/s
Feuerrate:	600 Schuss/min
Zuführung:	Metallladerahmen zu 24 oder 30 Patronen

Chauchat

Das französische Fusil Mitrailleur Mle 1915 – nach einem seiner Konstrukteure auch als Chauchat bekannt – war schlecht konstruiert, ging überstürzt in Fertigung und war bei den Soldaten unbeliebt (auch in den USA, wo es M1918 hieß). Der lange Verschlussweg verursachte starke Vibrationen und eine geringe Schusspräzision. Das Chauchat wurde in mehreren Fabriken gefertigt, die möglichst schnell und kostengünstig produzieren mussten. Da die meisten Teile aus Blech geprägt waren, entstand eine wenig stabile Waffe, und nicht selten knickte das Dreibein beim Feuern ein. Da die verwendeten Lebel-Patronen einen sehr großen Boden hatten, musste das Magazin fast halbkreisförmig gestaltet werden. Dennoch waren Ladehemmungen an der Tagesordnung, und es hat bei Streitkräften wohl nie ein schlechteres Maschinengewehr gegeben.

Chauchat

Herkunftsland:	Frankreich
Jahr:	1915
Kaliber:	8 x 50R Lebel
Funktionsweise:	Rückstoßlader mit langem Rohrrücklauf
Gewicht:	9,07 kg
Gesamtlänge:	1143 mm
Lauflänge:	496 mm
Münd.geschwind.:	700 m/s
Feuerrate:	250 Schuss/min
Zuführung:	Magazin zu 24 Patronen

MG 08/15 und MG 08/18

MG 08/15 und MG 08/18	
Herkunftsland:	Deutschland
Jahr:	1915
Kaliber:	7,92 x 57 mm Mauser
Funktionsweise:	kurzer Rückstoßlader
Gewicht:	18 kg
Gesamtlänge:	1398 mm
Lauflänge:	719 mm
Münd.geschwind.:	900 m/s
Feuerrate:	450 Schuss/min
Zuführung:	Stoffgurt zu 50, 100 oder 250 Patronen

Zweifellos war das Maxim MG 08 eine gute Waffe, aber mit 62 kg (Waffe, Schlitten, Ersatzläufe) zur Verwendung in der vordersten Kampflinie zu schwer und zu unhandlich. Um den schnell wechselnden Situationen bei Angriff und Verteidigung gewachsen zu sein, forderte die Infanterie ein leichtes Maschinengewehr (lMG). Die neue, 1915 fertiggestellte, auf dem Maxim-System basierende Waffe kam als MG 08/15 an die Front. Es war ein lMG mit kleinerem Wassermantel, Gabelstütze als Lafette, Anschlagkolben sowie Pistolenabzugsgriff und wog leer nur noch 18 kg. Seine Weiterentwicklung, das luftgekühlte MG 08/18, wog feldmäßig ausgestattet 16 kg, wurde erst zum Kriegsende fertig und soll versuchsweise noch bei Jagdflugzeugen verwendet worden sein.

Browning Automatic Rifle

Browning Automatic Rifle	
Herkunftsland:	USA
Jahr:	1917
Kaliber:	.30-06
Funktionsweise:	Gasdrucklader
Gewicht:	7,26 kg
Gesamtlänge:	1194 mm
Lauflänge:	610 mm
Münd.geschwind.:	853 m/s
Feuerrate:	550 Schuss/min
Zuführung:	Kastenmagazin zu 20 Patronen

Man kann darüber streiten, ob es sich beim Browning Automatic Rifle (BAR) um ein leichtes Maschinengewehr handelt. Das sehr sorgfältig produzierte BAR wurde als Gasdrucklader konzipiert und war ein voller Erfolg. Anfänglich war vorgesehen (weshalb Browning auf ein Zweibein verzichtete), dass der Schütze das BAR allein tragen und beim Angriff aus der Hüfte schießen sollte. Mit dem später nachgerüsteten Zweibein erhielt das BAR dann endgültig die Merkmale und die Verwendung eines leichten Maschinengewehrs. Das BAR konnte Einzel- oder Dauerfeuer schießen, wobei beim Dauerfeuer (abhängig von der Einstellung des Gasdruckkolbens) Kadenzen von 350 oder 550 Schuss/min möglich waren. Im Gefecht waren solche theoretischen Feuerraten unmöglich, da das Magazin nur 20 Patronen fasste und der Schütze beim umständlichen Magazinwechsel sogar beide Hände benötigte. Das bei den US-Streitkräften beliebte BAR kam noch im Koreakrieg zum Einsatz.

Browning M1917

Browning hatte das M1917 schon lange vor Ausbruch des Ersten Weltkriegs entwickelt. Aber erst als die USA zum Eintritt in den Krieg bereit waren, wurde die Massenproduktion eiligst aufgenommen. Im Gegensatz zu seinen Vorläufern hatte das M1917 ein kurzes Rohrrücklaufsystem: Nach dem Schuss gehen Lauf und Verschluss zusammen nach hinten, der Gasdruck fällt ab, und die Verriegelungswarzen werden nach unten gedrückt. Der Verschlussblock läuft allein weiter zurück, dabei wird eine neue Patrone aufgenommen sowie eingeführt und die leere Patrone nach unten ausgestoßen. Dieses System war überaus zuverlässig und wurde für alle nachfolgenden Browning-Modelle übernommen.

Browning M1917	
Herkunftsland:	USA
Jahr:	1917
Kaliber:	.30-06
Funktionsweise:	kurzer Rückstoßlader
Gewicht:	14,97 kg
Gesamtlänge:	978 mm
Lauflänge:	610 mm
Münd.geschwind.:	853 m/s
Feuerrate:	500 Schuss/min
Zuführung:	Stoffgurt (250 Patronen)

Browning M1919

Obwohl das M1917 eine erfolgreiche Waffe war, sollte das luftgekühlte M1919 Brownings Ruf als Maschinengewehrkonstrukteur endgültig festigen. Im Wesentlichen nutzte das M1919 denselben Mechanismus wie sein Vorgänger. Allerdings wurde der sperrige Kühlwasserbehälter durch einen schwereren Lauf in einem perforierten Mantel ersetzt. Problematisch war nur der Wechsel eines heißen Laufs, weil dazu ein Asbest-Handschützer nötig war, der oft verloren ging. Das M1919 war eine exzellente Waffe und erschien vielfach modifiziert auf zahlreichen Lafetten sogar in Panzern und Flugzeugen. Die bei den US-Streitkräften längst ausgemusterten M1919 dienen heute noch in zahlreichen Armeen rund um den Globus.

Browning M1919	
Herkunftsland:	USA
Jahr:	1919
Kaliber:	.30-06
Funktionsweise:	kurzer Rückstoßlader
Gewicht:	14,05 kg
Gesamtlänge:	1041 mm
Lauflänge:	610 mm
Münd.geschwind.:	853 m/s
Feuerrate:	500 Schuss/min
Zuführung:	Stoffgurt (250 Patronen)

Browning M2

Browning M2	
Herkunftsland:	USA
Jahr:	1921
Kaliber:	.50 US (12,7 x 99 mm)
Funktionsweise:	kurzer Rückstoßlader
Gewicht:	45,36 kg
Gesamtlänge:	1653 mm
Lauflänge:	1143 mm
Münd.geschwind.:	898 m/s
Feuerrate:	500 Schuss/min
Zuführung:	Metallgurt (im Kasten) zu 110 Patronen

Das Browning M2 ist vermutlich das erfolgreichste schwere Maschinengewehr aller Zeiten. Als es Anfang der 1920er-Jahre erstmals als M1921 erschien, wurde es im Hinblick auf eine Einsatzschussweite von 1400 m für die Patrone Kaliber .50 US (12,7 x 99 mm) konstruiert, die auf große Entfernung außerordentlich durchschlagkräftig war. Die nächste Entwicklungsstufe war das Modell Browning M2. Seinen Lauf umschloss ein Tank mit einer Kühlflüssigkeit, die aus Frostschutzgründen ein Gemisch aus Wasser und Alkohol war. Da sich der sperrige Tank schnell als sehr hinderlich erwies, wurde eine luftgekühlte Version konstruiert. Verwirrenderweise trug auch diese luftgekühlte Version die Bezeichnung M2. Mit ihr legte Browning jedoch den Grundstein für die nachfolgende M2HB (siehe S. 254), die besonders als Bordwaffe in Flugzeugen und Fahrzeugen Verwendung fand.

Vickers-Berthier

Vickers-Berthier	
Herkunftsland:	Großbritannien
Jahr:	1925
Kaliber:	7,62 mm
Funktionsweise:	Gasdrucklader
Gewicht:	9,4 kg
Gesamtlänge:	1180 mm
Lauflänge:	607 mm
Münd.geschwind.:	745 m/s
Feuerrate:	450–500 Schuss/min
Zuführung:	aufgestecktes Kurvenmagazin zu 30 Patronen

Das Vickers-Berthier basiert zwar auf einer Konstruktion des Franzosen Adolphe Berthier aus den 1920er-Jahren, da Vickers aber 1925 die Herstellungsrechte erwarb, wird dieses Maschinengewehr als britisch kategorisiert. Äußerlich dem Bren auffallend ähnlich, bewährte sich der Gasdrucklader Vickers-Berthier als außerordentlich zuverlässiges leichtes Maschinengewehr. Tatsächlich verhinderte nur die Einführung des Bren als Standardwaffe der britischen Armee eine noch längere Dienstzeit des Vickers-Berthier. Von 1928 bis Mitte der 1930er-Jahre in fünf verschiedenen Mustern gebaut, wurden viele Vickers-Berthier von den in Indien stationierten Formationen eingesetzt. Als Version Mk 2 erhielt die Waffe neben dem üblichen vorderen Zweibein zur Verbesserung der Schusspräzision eine zusätzliche Stütze unter der Schulterstütze.

DP 28

DP 28	
Herkunftsland:	UdSSR/Russland
Jahr:	1926
Kaliber:	7,62 x 54R
Funktionsweise:	Gasdrucklader
Gewicht:	9,12 kg
Gesamtlänge:	1290 mm
Lauflänge:	605 mm
Münd.geschwind.:	840 m/s
Feuerrate:	600 Schuss/min
Zuführung:	Tellermagazin zu 47 Patronen

Das DP Degtjarjow gilt als das erste leichte sowjetische Maschinengewehr. Es war für die sowjetische Gewehrpatrone 7,62 x 54R eingerichtet und erwies sich als äußerst zuverlässig. Wie das Lewis-MG aus dem Ersten Weltkrieg ist das DP leicht an seinem unverwüstlichen flachen 47-schüssigen Tellermagazin zu erkennen. Dank seiner unkomplizierten Funktionsweise war das DP unempfindlich und leicht zu handhaben – eine typisch sowjetische Konstruktion. Es war eine zuschießende Waffe, ein Gasdrucklader mit feststehendem Lauf und starr verriegeltem Stützklappenverschluss. Dieser Verschluss wurde durch die Verlängerung des Gasdruckzylinders gesteuert und durch zwei Zapfen verriegelt. Zum Entriegeln wurden diese Zapfen nach dem Schuss durch den Gasdruckzylinder mechanisch nach außen gedrückt und griffen in die Verriegelungsnuten im Gehäuse.

Lehky Kulomet ZB vz 26 und vz 30

Lehky Kulomet ZB vz 26 und vz 30	
Herkunftsland:	Tschechoslowakei
Jahr:	1926
Kaliber:	7,92 x 57 mm Mauser und andere
Funktionsweise:	Gasdrucklader
Gewicht:	9,6 kg
Gesamtlänge:	1161 mm
Lauflänge:	672 mm
Münd.geschwind.:	762 m/s
Feuerrate:	500 Schuss/min
Zuführung:	aufgestecktes Kurvenmagazin zu 30 Patronen

Das vz 26 wurde in den 1920er- und 1930er-Jahren in der Waffenfabrik AG Brno gefertigt. Bei der Produktion wurde größter Wert auf hochwertiges Material gelegt und Gaskolben sowie -zylinder zum Schutz vor Korrosion und Schmutz aus rostfreiem Stahl gefertigt. Der Laufwechsel war leicht und schnell möglich. Das vz 26 war eine zuschießende Waffe, ein luftgekühlter Gasdrucklader mit starr verriegeltem Kippverschluss und feststehendem Lauf. Nahe der Mündung wurden Pulvergase entnommen und teilweise auf den Verschlussriegelkolben geleitet. Der Gasdruck öffnete den Riegel, und die Hülse wurde aus der Kammer entfernt. Verglichen mit dem vz 26, war das vz 30 äußerlich kaum verändert, von der Konstruktion her jedoch erheblich verbessert.

Fusil Mitrailleur Mle 1924/29

Nach dem Misserfolg mit dem im Ersten Weltkrieg eingesetzten Chauchat gelang den Franzosen mit dem Fusil Mitrailleur Mle 1924/29 ein Durchbruch. Der Gasdrucklader begann seine Karriere als Mle 1924 im Kaliber 7,5 mm. Für dieses Maschinengewehr hatte das Browning Automatic Rifle Pate gestanden. Das Fusil Mitrailleur war eine geglückte Konstruktion, bei der beim Verriegeln ein Gelenk den Verschlussblock nach oben in die Nuten am Gehäuse drückte. Pannen mit der Munition (die Patrone war zu lang!) führten zum Modell Mle 1929, bei dem die Hülse der Patrone verkürzt wurde und auch Verbesserungen an der Waffe vorgenommen wurden. Das Modell 1924/29 diente der französischen Infanterie bis zur deutschen Besetzung 1940 und wurde auch von der Wehrmacht in großer Zahl eingeführt. Nach Kriegsende wurden Exemplare des Modells 1924/29 in Frankreich bis in die 1950er-Jahre eingesetzt.

Fusil Mitrailleur Mle 1924/29

Herkunftsland:	Frankreich
Jahr:	1929
Kaliber:	7,5 x 54 mm
Funktionsweise:	Gasdrucklader
Gewicht:	9,24 kg
Gesamtlänge:	1082 mm
Lauflänge:	500 mm
Münd.geschwind.:	823 m/s
Feuerrate:	500 Schuss/min
Zuführung:	aufgesetztes Kastenmagazin zu 25 Patronen

Breda Modello 30

Unter den hochqualitativen, zwischen den Weltkriegen entwickelten italienischen Handfeuerwaffen gilt das Modello 30 als völlige Fehlkonstruktion. Im Gegensatz zu den meisten lMG seiner Zeit war das Modello 30 als Rückstoßlader konstruiert. Damit sein Mechanismus funktionierte, wurde eine Ölpumpe benutzt, welche die Patronen schmieren und den Auswurf der leeren Hülsen erleichtern sollte – ein System, das theoretisch funktionierte, im Schmutz des Gefechtsfeldes aber andauernd zu Störungen führte. Erschwerend kam hinzu, dass zur Patronenzuführung Ladestreifen benutzt wurden, die in das fest an der Waffe befestigte, klappbare Magazin mit empfindlichem Scharnier eingeführt wurden. War das Magazin beschädigt, war die komplette Waffe unbrauchbar. Die Schwachstellen des Modello 30 wurden schnell erkannt, und es wurde durch das bessere, aber auch nicht fehlerfreie Modello 37 ersetzt.

Breda Modello 30

Herkunftsland:	Italien
Jahr:	1930
Kaliber:	6,5 x 52 mm Mannlicher-Carcano u.a.
Funktionsweise:	Rückstoßlader
Gewicht:	10,2 kg
Gesamtlänge:	1230 mm
Lauflänge:	520 mm
Münd.geschwind.:	610 m/s
Feuerrate:	475 Schuss/min
Zuführung:	kastenförmiges Magazin zu 20 Patronen

TECHNIK DER HANDFEUERWAFFEN – GASDRUCKLADER

Das Gasdruckladeprinzip ist eine der populärsten Methoden, die Bewegungsvorgänge automatischer Feuerwaffen zu beschleunigen. Die Vorzüge des Gasdruckladeprinzips sind hohe Schussfolge, geminderter Rückstoß (daher höhere Schusspräzision) und eine allgemeine hohe Funktionssicherheit. Darüber hinaus sind Gasdruckladesysteme verglichen mit anderen Ladesystemen viel leichter, da die einzelnen Teile nicht so stark beansprucht werden, folglich weniger robust sein müssen und damit kleiner ausgeführt werden können. Obwohl der Begriff „Gasdruckladeprinzip" zahlreiche technische Varianten umfasst, ist die folgende Beschreibung eine hilfreiche Einführung in die Funktionsweise des gasbetätigten Ladesystems.

Die Waffe ist geladen und der Verschluss verriegelt. Beim Schuss treiben die Pulvergase das Geschoss Richtung Laufmündung, werden jedoch – bevor das Geschoss an der Mündung austritt – durch einen Gasregler teilweise in einen Gaszylinder abgeleitet. Die Positionierung des Reglers ist dabei ausschlaggebend. Liegt er nahe der Mündung, ist der Gasdruck geringer und die Temperatur niedriger; dementsprechend wird auch der Gasregler weniger belastet. Allerdings verschleimt das Rohr stärker, sodass zur Beibehaltung der Feuergeschwindigkeit ein stärkerer Gasdruck erforderlich ist. Werden Gasregler näher am Verschlussstück platziert, sind Druck und Temperatur sehr viel höher; sie müssen widerstandsfähiger konzipiert werden. Dennoch ermöglicht dieses System höhere Schussfolgen und wird deshalb bevorzugt für Maschinengewehre gewählt, während bei Schnellfeuergewehren die Pulvergase meistens in Mündungsnähe entnommen werden.

Die entnommenen Pulvergase werden in einen Gaszylinder abgeleitet, wo sie einen Kolben zurücktreiben. Seinerseits über ein Gestänge mit dem Verschlussträger verbunden, entriegelt der Kolben auf seinem Weg nach hinten den Verschluss und drängt ihn gegen den Widerstand einer Schließfeder zurück. Dabei wird die leere Patronenhülse ausgezogen und ausgeworfen. Schließlich überwindet die Spannkraft der zusammengepressten Schließfeder den rückwärtsgerichteten Impuls und drängt den Verschluss erneut vorwärts, wobei eine neue Patrone geladen wird.

Munitionszuführung aus flachem Tellermagazin: Tellermagazine mit gefederten Krallen bewährten sich nicht. Die Krallen brachen leicht und verursachten häufig Ladehemmungen.

Nach jedem Schuss wurde das Magazin einen Schritt weitergedreht und brachte eine neue Patrone vor das Patronenlager.

Das Magazin fasste 47 Patronen im Kaliber 7,62 mm.

LEWIS-MG

Spannschieber

MASCHINENGEWEHRE

BREN-MG

Gasregler, wo Pulvergase dem Lauf entnommen werden

Schließfeder im Kolben

Gaskolben: Unter dem Druck der beim Feuern entstandenen Gase liefert der Kolben die Kraft zur Betätigung des Verschlusses.

Senkrecht aufgesetztes Kurvenmagazin zu 30 Patronen

Gasdrucklader müssen peinlich sauber gehalten werden. Bei der Gasentnahme gelangen auch Pulverrückstände aus dem Lauf in die beweglichen Teile des Gewehrs. Werden diese Teile nicht regelmäßig gereinigt, sind Funktionsstörungen – besonders bei Kolben und Verschluss – unvermeidlich. Außerdem besitzen manche automatische Waffen – in erster Linie Maschinengewehre – gasregulierte Kammern, die besonders bei Dauerfeuer einen höheren Gasdruck benötigen. Um beispielsweise bei hoher Schussfolge oder bei der Verwendung eines ungewöhnlich langen Patronengurts eine stärkere und schnellere Verschmutzung durch Pulverrückstände zu vermeiden, kann der Gasregler weiter geöffnet und damit der Gasdruck erhöht werden.

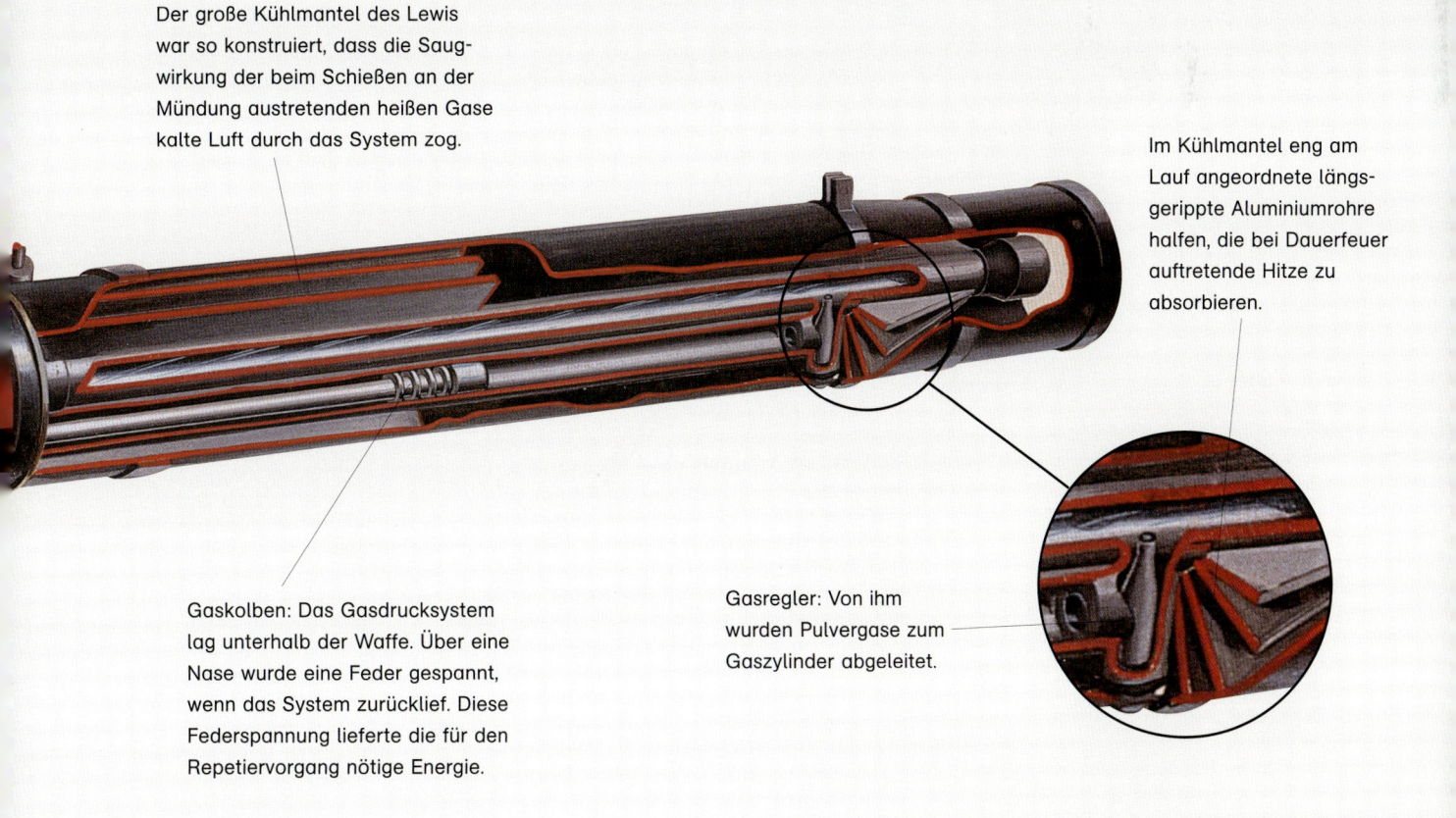

Der große Kühlmantel des Lewis war so konstruiert, dass die Saugwirkung der beim Schießen an der Mündung austretenden heißen Gase kalte Luft durch das System zog.

Im Kühlmantel eng am Lauf angeordnete längsgerippte Aluminiumrohre halfen, die bei Dauerfeuer auftretende Hitze zu absorbieren.

Gaskolben: Das Gasdrucksystem lag unterhalb der Waffe. Über eine Nase wurde eine Feder gespannt, wenn das System zurücklief. Diese Federspannung lieferte die für den Repetiervorgang nötige Energie.

Gasregler: Von ihm wurden Pulvergase zum Gaszylinder abgeleitet.

GASDRUCKLADER

Browning M2HB

Das Browning M2 hatte sich als leistungsstarke Waffe bewährt, nur sein Kühlsystem ließ noch zu wünschen übrig. Der für die BMG-Patrone (Browning Machine Gun) .5 US (Kaliber 12,7 mm) eingerichtete Lauf überhitzte so schnell, dass der Schütze nach maximal 100 Schuss Dauerfeuer eine Feuerpause einlegen musste, damit die Waffe abkühlen konnte. Daher wurde die modifizierte Version M2HB (Heavy Barrel: schwerer Lauf) entwickelt, die endgültige Form des überschweren Browning-MG. Der neue Lauf kompensierte die Hitze und ermöglichte längeres Dauerfeuer. Dank der vernichtenden Kraft des Kalibers und der Funktionssicherheit der Waffe wird das M2HB immer noch seriengefertigt und dient den US-Streitkräften und in vielen anderen Ländern rund um den Globus als überschweres Standardmaschinengewehr.

Browning M2HB
Herkunftsland:	USA
Jahr:	1933
Kaliber:	.5 BMG
Funktionsweise:	kurzer Rückstoßlader
Gewicht:	38,2 kg
Gesamtlänge:	1653 mm
Lauflänge:	1143 mm
Münd.geschwind.:	898 m/s
Feuerrate:	500 Schuss/min
Zuführung:	Metallgurt zu 110 Patronen

MG 34

Bei Kriegsausbruch 1939 war das MG 34 die modernste Waffe dieser Art. Die komplizierten und teuren Fertigungsmethoden ermöglichten eine exzellente Funktionssicherheit und hohe Schusspräzision (sogar bei Dauerfeuer mit 800–900 Schuss/min). Der Verschlussweg war kurz, und der Verschluss hatte einen drehbaren Kopf mit einer dünnen, in die Laufaussparungen einrastenden Halterung. Die Kadenz konnte später unter anderem durch einen Rückstoßverstärker bis 1700 Schuss/min gesteigert werden. Zur Munitionszuführung bevorzugte die Infanterie Gurte zu 250 Patronen. Als Bordwaffe für Flugzeuge, Panzer und Fahrzeuge kamen 75-schüssige Doppeltrommelmagazine in Sattelform zum Einsatz. Der Abzug erlaubte Einzelfeuer, wenn er oben (unter dem Gehäuse) betätigt wurde, und Dauerfeuer, wenn das untere Ende des Abzugs bedient wurde.

MG 34
Herkunftsland:	Deutschland
Jahr:	1934
Kaliber:	7,92 x 57 mm Mauser
Funktionsweise:	kurzer Rückstoßlader
Gewicht:	12,1 kg
Gesamtlänge:	1219 mm
Lauflänge:	627 mm
Münd.geschwind.:	762 m/s
Feuerrate:	800–900 Schuss/min
Zuführung:	Gurt (250 Pat.)/Doppeltrommelmag. (75 Pat.)

Modell 96

Das Modell 96 basiert auf dem 6,5-mm-lMG-Modell Nambu Taisho 11 von 1922. Das Modell 11 hatte linksseitig einen Kasten mit sechs Gewehrladestreifen zu je fünf Patronen, die mit Federkraft geladen wurden. Beim Nachfolgemodell Modell 96 von 1936 wurde der störungsanfällige Kasten durch ein Kurvenmagazin ersetzt, das die Munition von oben zuführte. Wie beim Vorgänger mussten auch beim Modell 96 die Patronen vor dem Laden geschmiert werden, allerdings nicht mehr mit Öl und im Gehäuse der Waffe, sondern mit Fett im Magazin. Obwohl es der Waffe an Präzision mangelte, konnte zusätzlich zum normalen Visier ein Zielfernrohr installiert werden. Nach Ende des Kriegs wurde 1945 auch die Produktion des Taisho 11 und des Modell 96 eingestellt.

Modell 96

Herkunftsland:	Japan
Jahr:	1936
Kaliber:	6,5 x 50 mm Arisaka
Funktionsweise:	Gasdrucklader
Gewicht:	9,07 kg
Gesamtlänge:	1054 mm
Lauflänge:	552 mm
Münd.geschwind.:	732 m/s
Feuerrate:	550 Schuss/min
Zuführung:	Kurvenmagazin zu 30 Patronen

Bren

Den deutschen MG 34 und MG 42 war das Bren vielleicht bei der Feuergeschwindigkeit unterlegen, aber es konnte diesen Nachteil durch außerordentliche Schusspräzision und hohe Funktionssicherheit ausgleichen. Das Bren basierte auf dem tschechischen lMG ZB vz 26, war jedoch für die britische Gewehrpatrone .303 eingerichtet. (Da diese Patrone einen Rand hatte, musste das Magazin als Kurvenmagazin ausgelegt werden.) Der Rückstoß des Gasdrucklader war nie problematisch und verlieh der Bren eine einzigartige Schusspräzision über die gesamte Einsatzschussweite. Nach Kriegsende wurde das Bren als L4 für die NATO-Patrone 7,62 x 51 mm eingerichtet und kam bei den britischen Streitkräften bis in die 1980er-Jahre zum Einsatz.

Bren

Herkunftsland:	Großbritannien
Jahr:	1937
Kaliber:	.303
Funktionsweise:	Gasdrucklader
Gewicht:	10,15 kg
Gesamtlänge:	1150 mm
Lauflänge:	635 mm
Münd.geschwind.:	731 m/s
Feuerrate:	500 Schuss/min
Zuführung:	Kurvenmagazin zu 30 Patronen

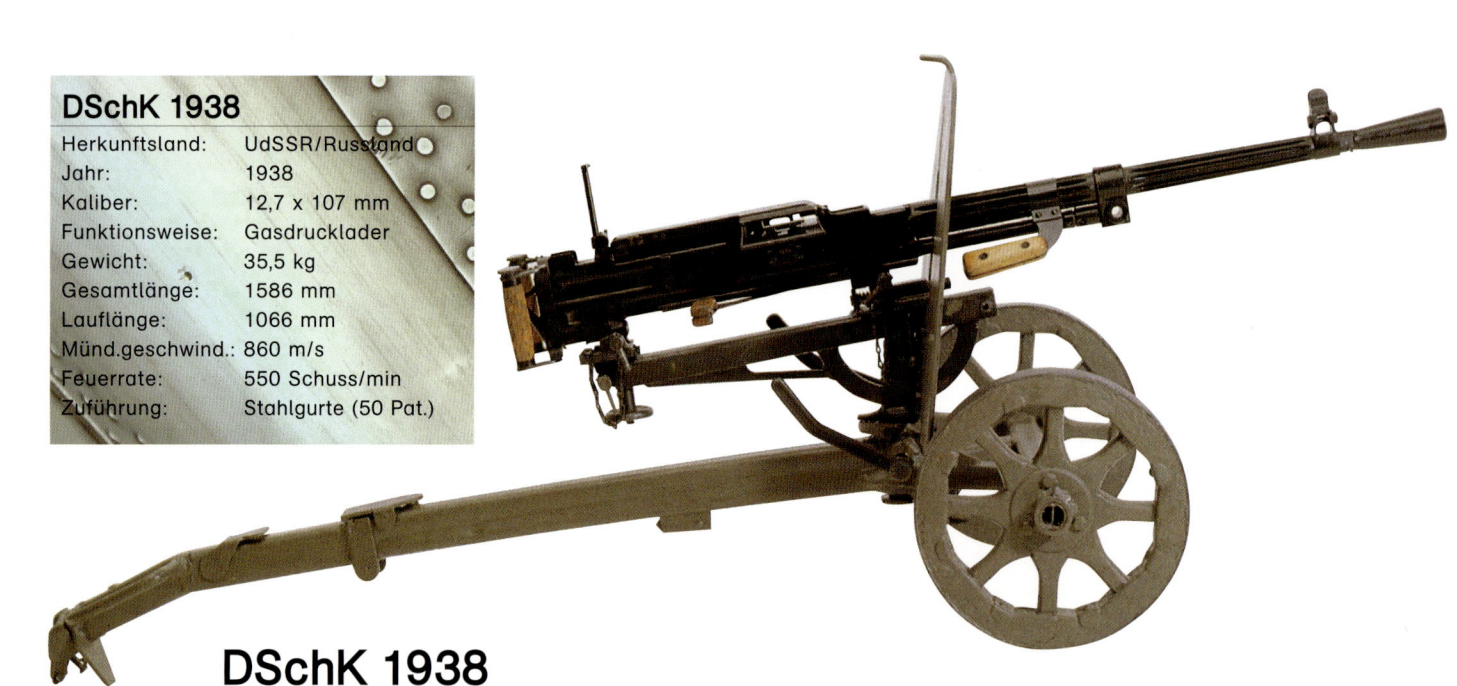

DSchK 1938

Herkunftsland:	UdSSR/Russland
Jahr:	1938
Kaliber:	12,7 x 107 mm
Funktionsweise:	Gasdrucklader
Gewicht:	35,5 kg
Gesamtlänge:	1586 mm
Lauflänge:	1066 mm
Münd.geschwind.:	860 m/s
Feuerrate:	550 Schuss/min
Zuführung:	Stahlgurte (50 Pat.)

DSchK 1938

Das DSchK 1938 war mehr oder weniger die sowjetische Variante des Browning M2HB. Mit seiner Patrone im Kaliber 12,7 x 108 mm hatte es eine Visiereinstellung und Gebrauchsschussweite gegen Erdziele von 3500 m, durchschlug eine Panzerplatte von 16 mm aus 300 m und hatte eine maximale Flugweite von 7000 m. Die Munitionszuführung über Stahlgurte zu 50 Patronen erfolgte mit rotierendem, walzenförmigem Zuführer von links oder rechts. Trotz langsamer Feuerfolge war das DSchK 1938 vergleichbaren Waffen mehr als ebenbürtig. Gegen Kriegsende wurde das überschwere Maschinengewehr mit verbessertem Zuführmechanismus und widerstandsfähigeren Bauteilen grundlegend modifiziert und erhielt die Bezeichnung DSchK 1938/46. DSchK-Waffen sind seit langer Zeit im Einsatz – besonders als Bordwaffe in Fahrzeugen – und werden stark modifiziert heute noch bei einigen gepanzerten Verbänden ehemaliger Ostblockstaaten verwendet.

MG 42

Herkunftsland:	Deutschland
Jahr:	1938
Kaliber:	7,92 x 57 mm Mauser
Funktionsweise:	kurzer Rückstoßlader
Gewicht:	11,5 kg
Gesamtlänge:	1219 mm
Lauflänge:	533 mm
Münd.geschwind.:	755 m/s
Feuerrate:	1200 Schuss/min
Zuführung:	Gurt zu 50 Patronen

MG 42

Da das MG 34 wegen seines aufwendigen Fertigungsprozesses den Bedarf der kämpfenden Truppe nicht decken konnte, wurde das schneller und kostengünstiger zu produzierende Einheits-MG 42 entwickelt. Bei diesem Gewehr wurden sogar Hauptteile aus geprägten und punktgeschweißten Blechteilen gefertigt. Das MG 42 gilt als bestes Universalmaschinengewehr des Zweiten Weltkriegs. Es war als Rückstoßlader mit kurz zurückgleitendem Lauf und beweglichem Rollenverschluss konstruiert. Der Verschluss verriegelte durch zwei von Zapfen nach außen gedrückte Rollen mit der Laufverlängerung. Nach dem Schuss glitten Lauf und Verschluss gemeinsam so weit zurück, bis die Rollen erneut nach innen gedrückt wurden und den Verschluss verriegelten. Die Feuerleistung dieser „Kugelspritze" war mörderisch. Das beim Gegner gefürchtete Gewehr wurde von den Deutschen wegen seiner ratternden Feuerstöße auch „singende Säge" genannt.

Besa

Die Briten verdankten nicht nur ihr Bren dem tschechischen vz 26, auch ein anderes tschechisches Modell – das vz 53 – lieferte die Grundlage für das Besa. Das überschwere MG wurde 1939 eingeführt und anfangs nur in Panzern eingebaut. Es handelte sich dabei um einen luftgekühlten Gasdrucklader mit kurz zurückgleitendem Lauf. Obwohl vom Gasdruck getrieben, liefen Lauf und Verschluss auch durch den Rückstoß nach hinten. Dort betätigte der Rückstoß eine Feder, die an einem Beschleuniger saß. Kurz bevor der Verschluss öffnete, setzte die Federkraft ein und drehte den Verschluss aus seiner Halterung. Dank dieser Konstruktion mit Federspannung wurde der Rückstoß reduziert. Das mehrfach modifizierte Besa blieb bis in die 1960er-Jahre im Dienst und erwies sich als schusskräftige und präzise schießende Waffe. Bemerkenswert ist die Besa-Patrone. Hatten die Briten das Bren noch auf die britische Randpatrone .303 umrüsten können, war dies beim Besa technisch nicht möglich. Das Besa behielt daher das Kaliber Mauser 7,92 x 57 mm, und die Briten bauten eigens für diese Patrone eine spezielle Munitionsfabrik.

Besa

Herkunftsland:	Tschechoslowakei/Großbritannien
Jahr:	1940
Kaliber:	7,92 x 57 mm Mauser
Funktionsweise:	kurzer Rückstoßlader
Gewicht:	21,64 kg
Gesamtlänge:	1105 mm
Lauflänge:	736 mm
Münd.geschwind.:	823 m/s
Feuerrate:	450–850 Schuss/min
Zuführung:	Gurt zu 225 Patronen

Modell 99

1939 wurde das japanische Maschinengewehr Modell 99 für die neue randlose Patrone Kaliber 7,7 mm konstruiert. Bei diesem Gewehr handelte es sich lediglich um eine Weiterentwicklung des Modell 96. Während die japanischen Maschinenwaffen im Zweiten Weltkrieg im Allgemeinen nicht besonders leistungsfähig waren, bildete das Modell 99 eine Ausnahme. Schussweite und Präzision sowie die Funktionssicherheit waren gut (dank verstellbarem Verschlussabstand brauchten die Patronen weder geölt noch gefettet zu werden), und es feuerte mit einer Kadenz von 850 Schuss/min. Die Munition wurde aus einem aufsteckbaren Kurvenmagazin zugeführt. Das Modell 99 verfügte über ein Zweibein und eine in der Praxis kaum nützliche abklappbare Kolbenstütze.

Modell 99

Herkunftsland:	Japan
Jahr:	1939
Kaliber:	7,7 x 58 mm Modell 99
Funktionsweise:	Gasdrucklader
Gewicht:	10,43 kg
Gesamtlänge:	1181 mm
Lauflänge:	545 mm
Münd.geschwind.:	715 m/s
Feuerrate:	850 Schuss/min
Zuführung:	Kurvenmagazin zu 30 Patronen

MASCHINENGEWEHRE

Gorjunow SG43/SGM

1943 wurde der robuste, außergewöhnlich zuverlässige und treffsichere Gorjunow-Gasdrucklader SG 43 eingeführt. Ungewöhnlich war sein Funktionsprinzip mit feststehendem Lauf und seitlich abkippendem Stützriegelverschluss. Das Schloss griff beim Verriegeln rechtsschwenkend mit seinem Stützriegel in die Verriegelungsaussparung des Gehäuses ein. Beim Schuss wirkten die Gase teilweise auf den Kolbenkopf, drückten die beweglichen Teile nach hinten, spannten die Schließfeder, das Schloss schwenkte nach links, wurde entriegelt, und die sich entspannende Schließfeder drückte die beweglichen Teile nach vorn. Da neben der Schließfeder auf weitere Federn verzichtet wurde, funktionierte die Patronenzuführung in jeder Stellung einwandfrei – sogar wenn die Waffe seitlich oder kopfüber gekippt wurde. In einer modifizierten Form wurde das SG43 zum SGM weiterentwickelt. Ferngesteuerte Versionen dienten als Panzerbordwaffe.

Gorjunow SG43/SGM

Herkunftsland:	UdSSR/Russland
Jahr:	1943
Kaliber:	7,62 x 54R
Funktionsweise:	Gasdrucklader
Gewicht:	13,6 kg
Gesamtlänge:	1120 mm
Lauflänge:	719 mm
Münd.geschwind.:	850 m/s
Feuerrate:	650 Schuss/min
Zuführung:	Gurt zu 250 Patronen

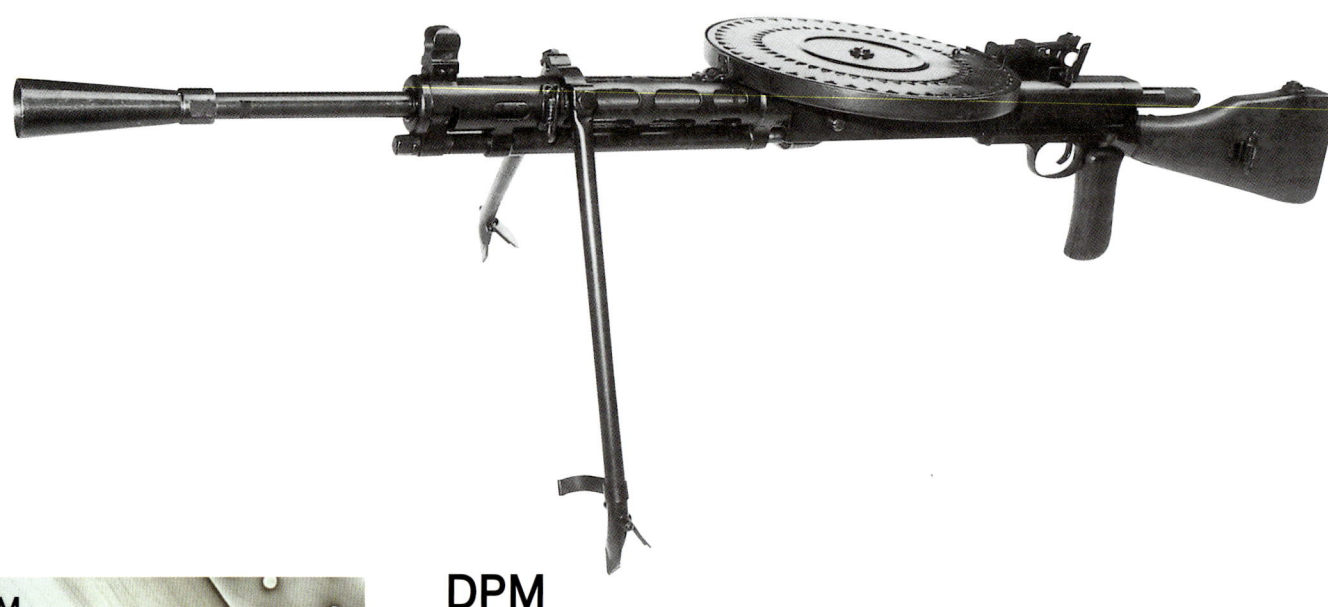

DPM

Das Degtjarjows DP hatte sich zwar im Zweiten Weltkrieg durchaus bewährt, doch waren immer noch Verbesserungen nötig, und so entstand – nach zahlreichen Versuchen – 1944 das lMG DPM. Beim DP war die Schließfeder nahe am Lauf angeordnet und litt dort unter extremer thermischer Beanspruchung, weshalb sie beim DPM hinter den Verschluss in ein Schutzrohr über dem Kolbenhals verlagert wurde. Das Zweibein wurde erheblich verstärkt, weil es sich am DP im Kampfeinsatz als nicht standsicher erwiesen hatte. Zur Munitionszuführung wurde das Tellermagazin mit einer Kapazität von 47 Gewehrpatronen im sowjetischen Kaliber 7,62 x 54R beibehalten. Auch eine neue Sicherung war entwickelt worden. Obwohl das DPM keine radikale Erneuerung des DP darstellte, erlaubten die Verbesserungen die Nutzung des DPM bis weit in die Zeit des Kalten Kriegs.

DPM

Herkunftsland:	UdSSR/Russland
Jahr:	1944
Kaliber:	7,62 x 54R
Funktionsweise:	Gasdrucklader
Gewicht:	12,2 kg
Gesamtlänge:	1265 mm
Lauflänge:	605 mm
Münd.geschwind.:	845 m/s
Feuerrate:	580 Schuss/min
Zuführung:	Tellermagazin zu 47 Patronen

SIG 710-3

Das SIG 710-3 war ein Schweizer Nachkriegsmaschinengewehr, ein Rückstoßlader mit feststehendem Lauf und beweglich abgestütztem Rollenverschluss. In seiner Funktionsweise erinnerte das SIG 710-3 an Waffen wie das Heckler & Koch G3 und das MG 42. Gestützt auf diese bewährten Konstruktionsprinzipien und hochwertige Fertigungsmethoden, erreichte das SIG 710-3 eine außerordentliche Zuverlässigkeit, gepaart mit exzellenter Schusspräzision – sogar bei der Maximalkadenz von 950 Schuss/min. Das mit Zweibein als lMG eingesetzte SIG 710-3 ist mit dem Standardlauf ausgerüstet, während es mit Dreibein als schweres Maschinengewehr dient und einen entsprechend schwereren Lauf erhält. Dank eines Schnellwechselsystems kann der Schütze die Waffe blitzschnell umrüsten. Trotz dieser Vorzüge kommt das SIG 710-3 heute nur noch in einigen wenigen lateinamerikanischen Ländern zum Einsatz.

SIG 710-3

Herkunftsland:	Schweiz
Jahr:	1945
Kaliber:	7,62 x 51 mm NATO
Funktionsweise:	Rückstoßlader
Gewicht:	11,75 kg
Gesamtlänge:	1143 mm
Lauflänge:	559 mm
Münd.geschwind.:	790 m/s
Feuerrate:	800–950 Schuss/min
Zuführung:	Zerfallgurt zu 200 Schuss

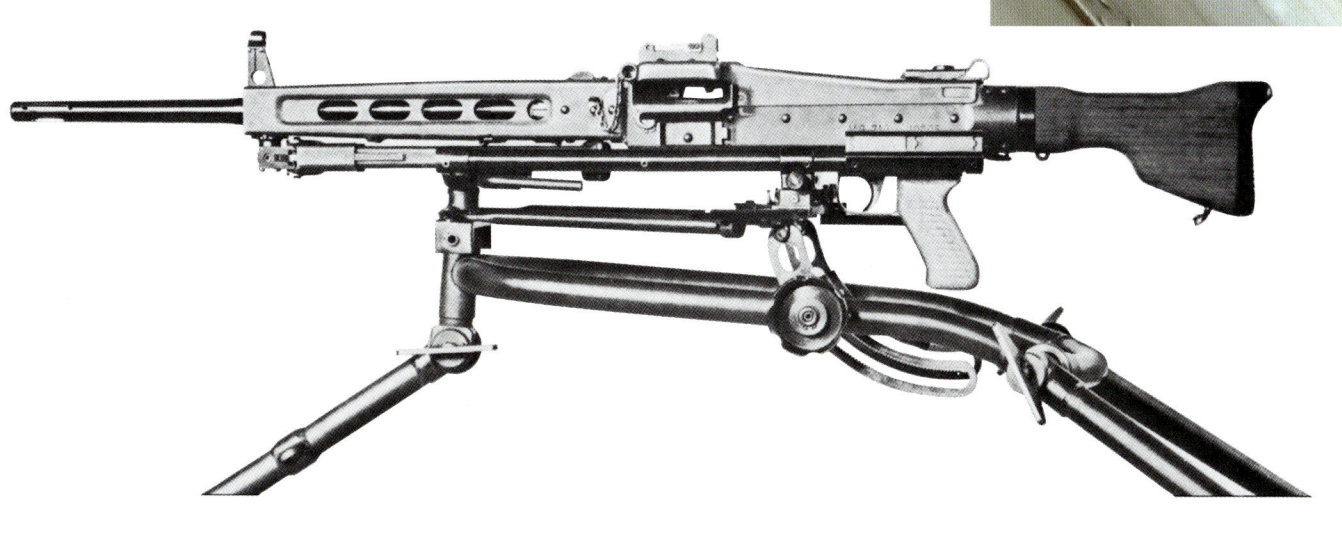

MAT AAT-52

Beeindruckt von den Leistungen des deutschen MG 42, waren die Europäer bemüht, die Feuerkraft ihrer Infanterie durch ein Universalmaschinengewehr zu stärken. Das AAT-52 wurde abhängig vom Einsatzprofil mit einem leichten oder schweren Lauf ausgerüstet und verschoss Einzel- oder Dauerfeuer. Ein Schnellwechselsystem ermöglichte einen sekundenschnellen Laufwechsel. Da die Franzosen ihre altbekannten Kastenmagazine ausmusterten und stattdessen den Zerfallgurt einsetzten, steigerte dies die Feuerleistung des AAT-52 auf 700 Schuss/min. Das AAT-52 war ein Rückstoßlader mit feststehendem Lauf und hatte einen halbstarren Hebelverschluss mit verzögertem Rücklauf. Ein kanneliertes Patronenlager verhinderte Ladehemmungen. Das AAT-52 wurde später für die NATO-Patrone Kaliber 7,62 mm eingerichtet und als AA 7.62 NF-1 bekannt.

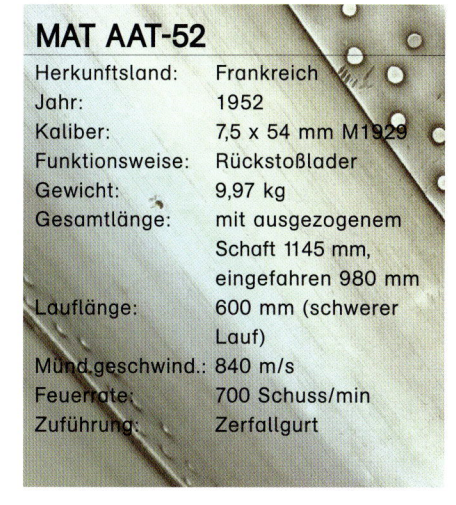

MAT AAT-52

Herkunftsland:	Frankreich
Jahr:	1952
Kaliber:	7,5 x 54 mm M1929
Funktionsweise:	Rückstoßlader
Gewicht:	9,97 kg
Gesamtlänge:	mit ausgezogenem Schaft 1145 mm, eingefahren 980 mm
Lauflänge:	600 mm (schwerer Lauf)
Münd.geschwind.:	840 m/s
Feuerrate:	700 Schuss/min
Zuführung:	Zerfallgurt

TECHNIK DER HANDFEUERWAFFEN – GURTZUFÜHRUNG

Gurtzuführung ist für ein Maschinengewehr die unabdingbare Voraussetzung zur Dauerfeuerabgabe. Während ein Schnellfeuergewehr gewöhnlich mit einem etwa 30-schüssigen Kastenmagazin ausgestattet ist, fasst ein Munitionsgurt für Maschinengewehre 250 Patronen oder mehr, und theoretisch könnten Gurte von unbegrenzter Länge verwendet werden. So besteht beispielsweise ein Metallgliedergurt aus Sektionen zu je 50 Patronen, die zu unbegrenzter Länge miteinander verbunden werden könnten, wenn das höhere Gewicht eines längeren Gurtes nicht die Zuführung der Patronen stören würde.

Munitionsgurte werden vor allem aus Stoff und Metall gefertigt. Stoffgurte wurden im Allgemeinen vom Ende des 19. Jahrhunderts bis zum Ende des Zweiten Weltkriegs verwendet und waren typisch für Waffen wie Vickers und Schwarzlose. Wie der Name verrät, war der Stoffgurt aus starkem Gewebe gefertigt und verfügte über individuelle Taschen für jede Patrone. Bei manchen Stoffgurten waren die Patronentaschen durch Messingglieder voneinander getrennt, während andere nur aus Gewebe bestanden. Stoffgurte waren verhältnismäßig kostengünstig zu fertigen,

M60

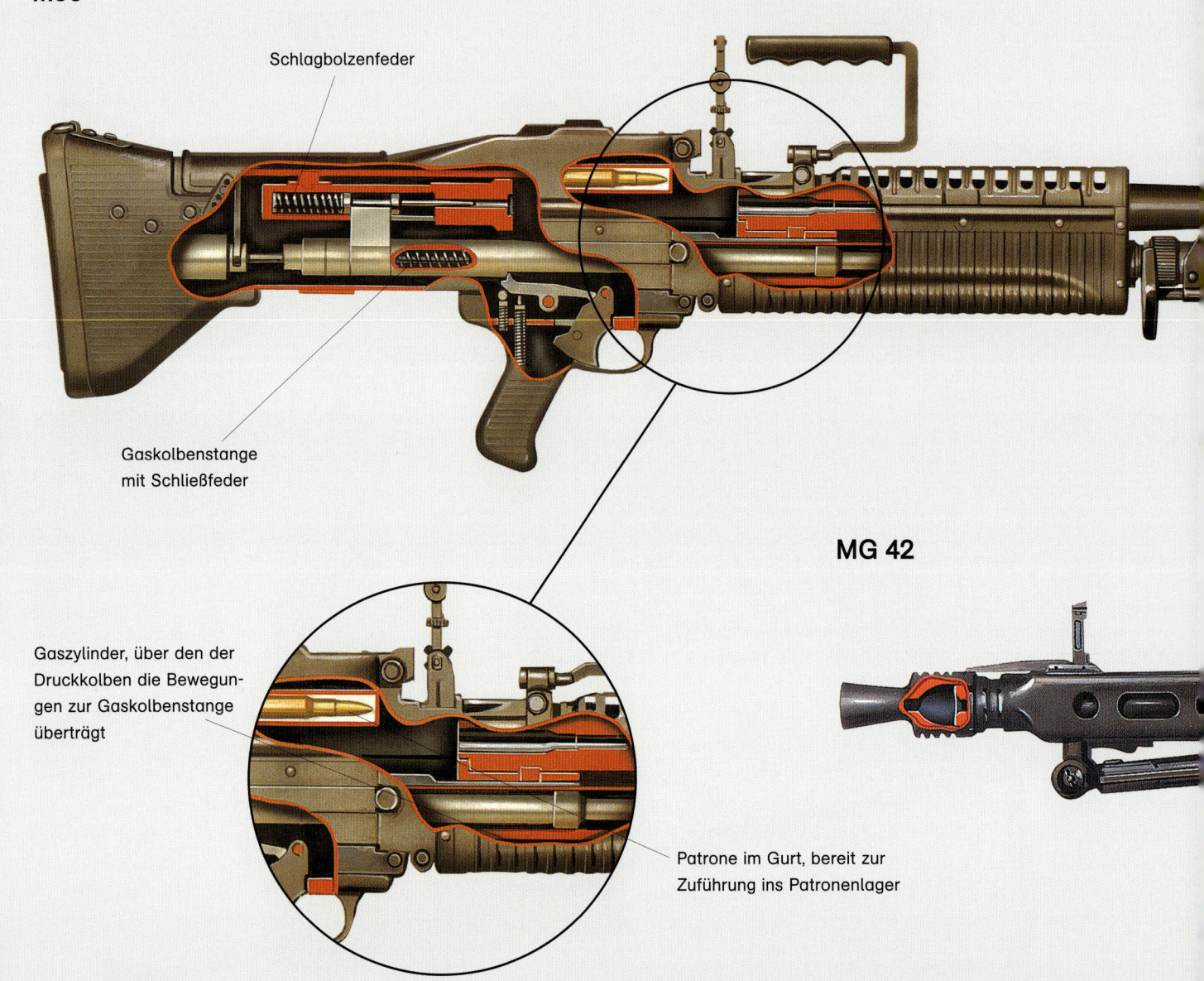

Schlagbolzenfeder

Gaskolbenstange mit Schließfeder

Gaszylinder, über den der Druckkolben die Bewegungen zur Gaskolbenstange überträgt

Patrone im Gurt, bereit zur Zuführung ins Patronenlager

MG 42

ten jedoch unter Nässe sowie Pilzbefall, errotteten und zerrissen dann schnell. atten sie einmal die Gurtzuführung der Waffe durchlaufen, waren sie meistens cht wiederverwendbar. Metallgliedergurte nd sehr viel strapazierfähiger, müssen ber auch sorgfältig gepflegt werden, um ostbildung zu vermeiden. Neben den etallgurten wurden auch Zerfallgurte (in er NATO inzwischen Standard) entwickelt,

die nach der Schussabgabe vom Gewehr entweder zertrennt werden oder von selbst zerfallen. Obwohl Metallgurte die vielleicht zuverlässigste Form der Munitionszuführung sind, kann ihre Funktion durch nur eine fehlerhafte Patrone gestört werden.

So unterschiedlich die Gurtführungssysteme auch sind, müssen sie doch alle dieselben Kriterien erfüllen. Erstens muss der Munitionsgurt mechanisch durch die Waffe geführt und mit der Kadenz synchronisiert werden. Zweitens muss gewährleistet sein, dass die Patronen einwandfrei vom Gurt entnommen und korrekt ins Patronenlager eingelegt werden, und drittens müssen die Systeme den schweren Gurt mit gleichbleibender Geschwindigkeit in das Maschinengewehr einziehen.

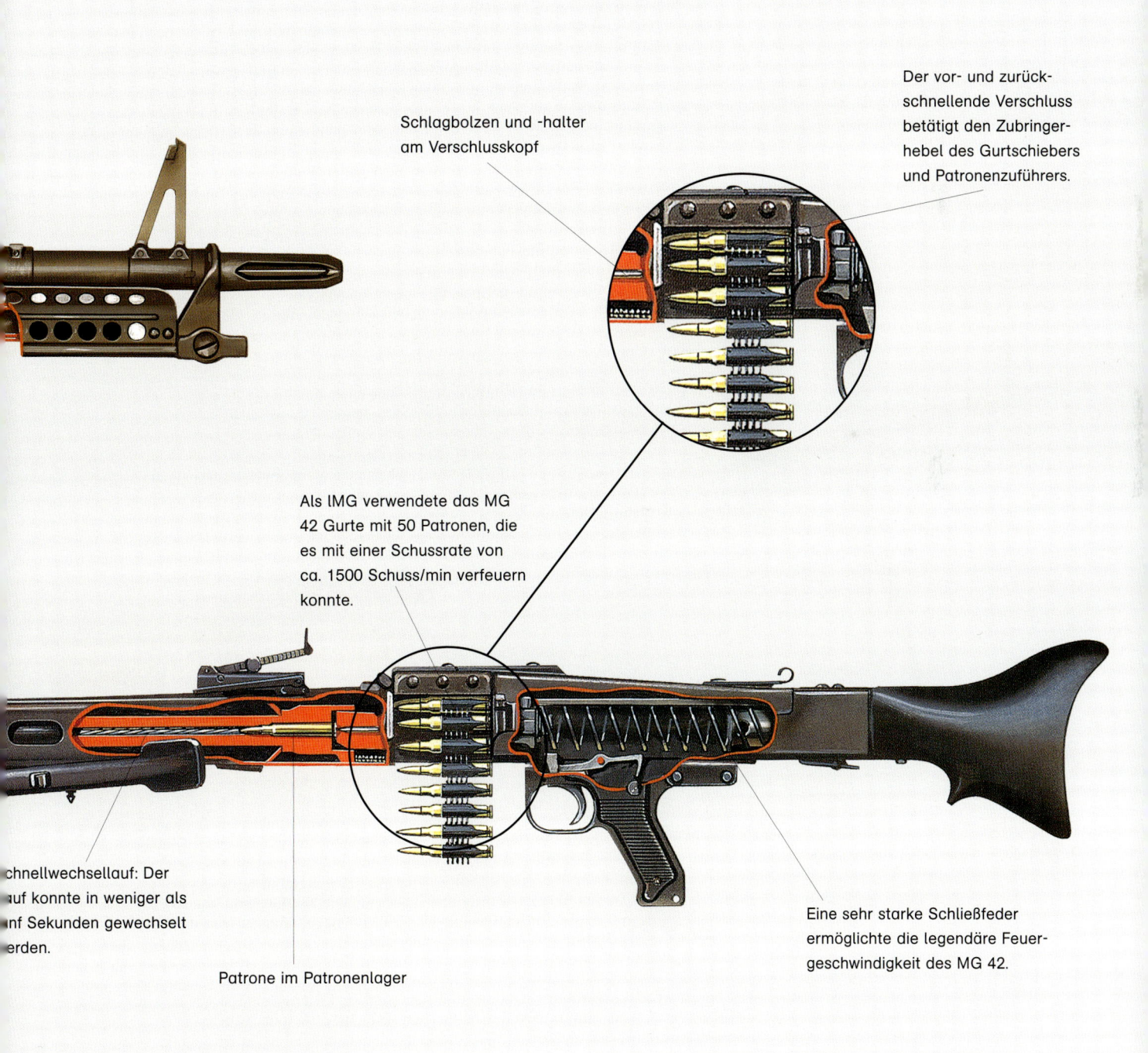

Schlagbolzen und -halter am Verschlusskopf

Der vor- und zurückschnellende Verschluss betätigt den Zubringerhebel des Gurtschiebers und Patronenzuführers.

Als lMG verwendete das MG 42 Gurte mit 50 Patronen, die es mit einer Schussrate von ca. 1500 Schuss/min verfeuern konnte.

chnellwechsellauf: Der auf konnte in weniger als nf Sekunden gewechselt erden.

Patrone im Patronenlager

Eine sehr starke Schließfeder ermöglichte die legendäre Feuergeschwindigkeit des MG 42.

GURTZUFÜHRUNG

FN MAG

FN MAG	
Herkunftsland:	Belgien
Jahr:	1955
Kaliber:	7,62 x 51 mm NATO
Funktionsweise:	Gasdrucklader
Gewicht:	10,15 kg
Gesamtlänge:	1250 mm
Lauflänge:	546 mm
Münd.geschwind.:	853 m/s
Feuerrate:	600–1000 Schuss/min
Zuführung:	Metallgliedergurte diverser Länge

Das FN MAG gilt als das erfolgreichste Universalmaschinengewehr der Nachkriegszeit: ein Gasdruckregler mit Stützriegelverschluss, der in den USA als M240 und in Großbritannien als Universalmaschinengewehr L7 A1 sowie in mehr als 80 anderen Ländern lizenzgefertigt wurde. Der Erfolg beruht auf den exzellenten Fertigungsmethoden der Fabrique Nationale sowie der perfekten Konstruktion im Hinblick auf die Aufgaben eines Universalmaschinengewehrs. Die theoretische Feuergeschwindigkeit der Waffe, die von einem vierstufigen Gasdruckregler reguliert wird (nützlich bei verschmutzter Waffe), schwankt zwischen 600–1000 Schuss/min. Die Patronen vom Kaliber 7,62 x 51 mm NATO werden mit Metallgliedergurten zu je 200 Schuss zugeführt. Der Gurtzuführmechanismus weist eine hohe Ähnlichkeit mit dem des MG 42 auf. Zwei- und Dreibein- bzw. Schwenklafetten verleihen abhängig vom Einsatzbereich die nötige Standfestigkeit.

L4 Bren

Als der Zweite Weltkrieg in den Kalten Krieg überging, suchten die NATO-Länder eine kleinkalibrige Einheitspatrone. Die Wahl fiel schließlich auf das Gewehr- und MG-Kaliber 7,62 x 51 mm. Folglich musste die britische Bren auf das NATO-Kaliber umgerüstet werden, und so entstand das lMG L4 A4 mit neuem Lauf, Verschluss und Magazin. Neue Magazine wurden nötig, weil die für die britische Randfeuerpatrone benutzten Kurvenmagazine nicht mehr geeignet waren für die neue randlose NATO-Patrone und deshalb gerade Stangenmagazine eingeführt werden mussten. Es traf sich gut, dass die Briten damals genügend geeignete Verschlüsse vorrätig hatten, die während des Kriegs von Kanada für eine chinesische 7,62-mm-Version des Bren gefertigt worden waren. Die Umrüstung bot die Gelegenheit, das L4 A4 mit einem verchromten Lauf auszustatten, was die Laufwechselphasen bedeutend verlängerte. Bei den britischen Streitkräften wurden die L4 A4 erst durch das FN MAG abgelöst.

L4 Bren	
Herkunftsland:	Großbritannien
Jahr:	1958
Kaliber:	7,62 x 51 mm NATO
Funktionsweise:	Gasdrucklader
Gewicht:	9,53 kg
Gesamtlänge:	1133 mm
Lauflänge:	536 mm
Münd.geschwind.:	823 m/s
Feuerrate:	500 Schuss/min
Zuführung:	Stangenmagazin mit 30 Patronen

Lehky Kulomet vz 59

Die Anfänge des tschechischen Lehky Kulomet vz 59 reichen – bei fast unverändertem Gasladesystem – zurück bis zum Modell vz 26 der 1920er-Jahre. Aber während das vz 26 noch Kastenmagazine verwendete, wurde die Munition (sowjetische Gewehrpatrone 7,62 x 54R) beim vz 59 durch Gurte zugeführt. Bei der als Universalmaschinengewehr konzipierten Waffe wurden gegeneinander austauschbare Läufe in leichter und schwerer Ausführung gefertigt. Mit leichtem Lauf und Zweibein kam die Waffe als lMG, mit schwerem Lauf als schweres Maschinengewehr zum Einsatz. Mit schwerem Lauf stieg die Mündungsgeschwindigkeit von 810 auf 830 m/s. Bemerkenswert ist, dass das vz 59 mit einem vierfach verstärkenden Zielfernrohr ausgestattet und als eine Art Scharfschützengewehr mit Einzelfeuer verwendet werden konnte. Auch wenn das vz 59 nicht mehr hergestellt wird, findet sich die Waffe immer noch in Krisengebieten der Dritten Welt.

Lehky Kulomet vz 59

Herkunftsland:	Tschechoslowakei
Jahr:	1959
Kaliber:	7,62 x 54R
Funktionsweise:	Gasdrucklader
Gewicht:	8,6 kg
Gesamtlänge:	1220 mm
Lauflänge:	694 mm
Münd.geschwind.:	830 m/s
Feuerrate:	750 Schuss/min
Zuführung:	Metallgliedergurt mit 50 oder 250 Patronen

M60

Ende der 1950er-Jahre konstruierten die USA das M60 als Universalmaschinengewehr. Obwohl das M60 in großer Stückzahl gefertigt wurde, war seine Konstruktion mangelhaft. So sind beispielsweise Zweibein, Lauf und Gaszylinder fest verbunden. Statt mit Schnellwechselgriff zum Austausch des heißgeschossenen Laufs erhielt die Truppe das M60 lediglich mit einem Asbest-Handschuh. Zum Herausschrauben des Laufs musste der Schütze den Handschuh überstreifen, dann den neuen Lauf einsetzen und die Waffe wieder in Schussposition bringen. Da die funktionalen Komponenten leicht verschmutzten, zeigte sich das M60 im Staub und Dreck des Schlachtfeldes sehr störanfällig. Nicht zuletzt deswegen und wegen seines hohen Gewichts gaben die US-Soldaten im Vietnamkrieg dem M60 den wenig schmeichelhaften Spitznamen „Pig" (Schwein). Ständige Verbesserungen – speziell beim M60E3 – machten das M60 schließlich doch noch zu einer brauchbaren Waffe.

M60

Herkunftsland:	USA
Jahr:	1960
Kaliber:	7,62 x 51 mm NATO
Funktionsweise:	Gasdrucklader
Gewicht:	10,4 kg
Gesamtlänge:	1110 mm
Lauflänge:	560 mm
Münd.geschwind.:	855 m/s
Feuerrate:	600 Schuss/min
Zuführung:	Metallgliedergurt mit 50 Patronen

PK

Das PK wurde als Universalmaschinengewehr in der UdSSR gebaut und 1964 eingeführt. Als typischer Gasdrucklader ähnelt die Waffe äußerlich dem FN MAG. Seine Konstruktion beruht allerdings auf dem Drehverschluss des AK-Sturmgewehrs, während Munitionszuführung und Schnelllaufwechselsystem vom Gorjunow SG43 stammen. Weitere konstruktive Details gehen auf das DP sowie das tschechische vz 52 zurück. Insgesamt kann das PK als gut konstruierte Waffe eingestuft werden und wird immer noch seriengefertigt. Kurios ist allerdings, dass das PK noch die Randpatrone 7,62 x 54R benutzt. Dieses sowjetische Gewehrgeschoss besitzt ähnliche Leistungen wie die randlose NATO-Patrone Kaliber 7,62 x 51 mm.

PK	
Herkunftsland:	UdSSR/Russland
Jahr:	1964
Kaliber:	7,62 x 54R
Funktionsweise:	Gasdrucklader
Gewicht:	9 kg
Gesamtlänge:	1160 mm
Lauflänge:	658 mm
Münd.geschwind.:	825 m/s
Feuerrate:	710 Schuss/min
Zuführung:	Gurt zu 100, 200 oder 250 Patronen

MG 3

Seine Verwandtschaft mit dem MG 42 kann das MG 3 kaum verbergen. So wie das britische L4 A4 in wesentlichen Teilen vom Bren abstammt, ist das MG 3 praktisch ein auf die NATO-Patrone Kaliber 7,62 x 51 mm umgerüstetes MG 42. Das MG 3, die neue seriengefertigte Version, besitzt alle Vorzüge seines Vorläufers, wie beispielsweise seine hohe Kadenz von 1200 Schuss/min. Die Feuergeschwindigkeit kann durch einen schwereren Verschluss und Einbau einer Verschlusssperre („NATO-Bremse") auf 700 Schuss/min herabgesetzt werden. Wie das MG 42 ist auch das MG 3 ein Rückstoßlader mit beweglichem Lauf und Rollenverschluss. Das MG 3 wurde von verschiedenen europäischen Streitkräften genutzt und ist in Ländern wie Chile, Pakistan und Spanien lizenzgefertigt worden.

MG 3	
Herkunftsland:	Deutschland
Jahr:	1966
Kaliber:	7,62 x 51 mm NATO
Funktionsweise:	kurzer Rückstoßlader
Gewicht:	11,05 kg
Gesamtlänge:	1225 mm
Lauflänge:	531 mm
Münd.geschwind.:	820 m/s
Feuerrate:	700–1300 Schuss/min
Zuführung:	Metallgliedergurt mit 50 Patronen

RPK

Dass man ein leichtes Maschinengewehr kostengünstig entwickeln kann, haben die Sowjets mit dem RPK bewiesen. Sie verlängerten den Lauf eines regulären Sturmgewehrs und versahen die Waffe mit einem Zweibein. Das RPK ist im Wesentlichen ein sowjetisches AKM-Sturmgewehr mit 598 mm langem Lauf und Zweibein. Mit dem längeren Lauf wurden eine höhere Mündungsgeschwindigkeit sowie eine längere Einsatzschussweite erreicht. Da Funktionsprinzip und Kaliber unverändert blieben, gab es keine Nachschubprobleme bei der Munitionsversorgung. Die Munition wird aus Magazinen verschiedenster Art und Kapazität zugeführt, wie etwa aus einem 40-schüssigen Kurvenmagazin oder einem Trommelmagazin mit 75 Patronen. Da der Lauf nicht ausgewechselt werden kann, besteht immer die Gefahr der Überhitzung.

RPK

Herkunftsland:	UdSSR/Russland
Jahr:	1966
Kaliber:	7,62 x 39 mm M1943
Funktionsweise:	Gasrückstoßlader
Gewicht:	4,76 kg
Gesamtlänge:	1041 mm
Lauflänge:	589 mm
Münd.geschwind.:	732 m/s
Feuerrate:	600 Schuss/min
Zuführung:	Kurven- mit 30/40 Pat./ Trommelmag. mit 75 Pat.

HK21 A1

Heckler & Kochs Maschinengewehre sind im Wesentlichen modifizierte Sturmgewehre dieses Unternehmens. Die Munition der Modelle wird sowohl durch Magazine als auch durch Gurte zugeführt – Letztere kommen bei dem HK21 A1 zum Einsatz. Im Gegensatz zu anderen Maschinengewehren, deren Konstruktion auf Sturmgewehren basiert, ist sein Lauf austauschbar. Statt Felder und Züge konventioneller Art setzt Heckler & Koch beim A1 ein polygones Laufprofil ohne scharfwinklige Zugkanten ein, was die Mündungsgeschwindigkeit bedeutend erhöht. Abhängig von der taktischen Verwendung kann die Waffe mit Zwei- oder Dreibein ausgestattet werden. Zur Verbesserung der Beweglichkeit im Gefecht kann der Metallgurt in einem Kasten unter der Waffe mitgeführt werden. Das HK21 E1, ein weiterentwickeltes A1, kann nicht nur Einzel- und Dauerfeuer, sondern auch 3-Schuss-Feuerstöße abgeben.

HK21 A1

Herkunftsland:	Deutschland
Jahr:	1970
Kaliber:	7,62 x 51 mm NATO
Funktionsweise:	Rückstoßlader
Gewicht:	8,3 kg
Gesamtlänge:	1030 mm
Lauflänge:	450 mm
Münd.geschwind.:	800 m/s
Feuerrate:	900 Schuss/min
Zuführung:	Metallgurt mit 100 Pat.

TECHNIK DER HANDFEUERWAFFEN – RÜCKSTOSSVERFAHREN

Das Rückstoßverfahren ist eine der wichtigsten Funktionsweisen bei den Verschluss- und Ladeoperationen automatischer Waffen. Rückstoßlader nutzen die Energie der beim Schuss entweichenden Pulvergase zum Auszug sowie Auswurf der Hülse und zum Laden einer neuen Patrone. Bevor die verschiedenen Rückstoßverfahren betrachtet werden, sollen hier die grundlegenden Konstruktionsprinzipien erläutert werden.

Eine scharfe Patrone im Patronenlager, unmittelbar hinter ihr der federbetätigte Schlagbolzen

Nach dem Schuss wird die leere Hülse zum Auswurf aus dem Patronenlager nach oben gedrückt.

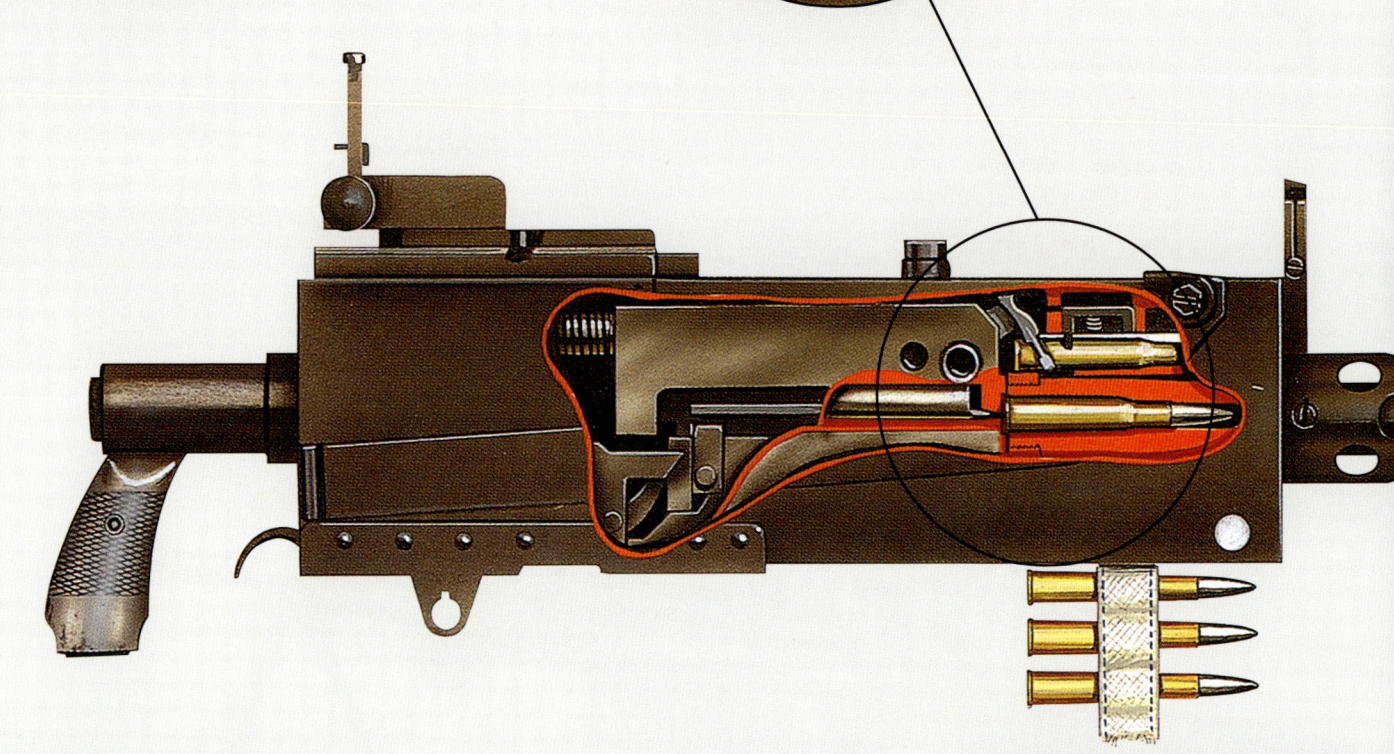

BROWNING M1919

Bei jedem Schuss wird eine Waffe gemäß den Regeln der Physik zurückgestoßen. Bei Waffen, deren Baugruppenteile im Verhältnis zueinander statisch bleiben – beispielsweise wenn der Lauf mit dem Vorderschaft fest verbunden ist –, wird die gesamte Waffe gleichmäßig zurückgestoßen. Bei Rückstoßladern kann sich der mit dem Verschluss verbundene Lauf jedoch selbstständig rückwärtsbewegen. (Der Lauf läuft auf Lagern im Innern des Gehäuses.) Lauf und Verschlussblock bewegen sich so lange rückwärts, bis sich der Verschlussblock an einem bestimmten Punkt vom Lauf trennt. Während sich der Verschlussblock dann allein weiter zurückbewegt, erfolgen Auszug sowie Auswurf der leeren Hülse, und der Lauf kehrt in seine vordere Position zurück. Nun verriegelt der Verschluss erneut, nachdem eine neue Patrone aus dem Gurt oder Magazin entnommen und ins Patronenlager eingeführt wurde. Damit ist die Waffe wieder schussfertig.

BROWNING M2HB

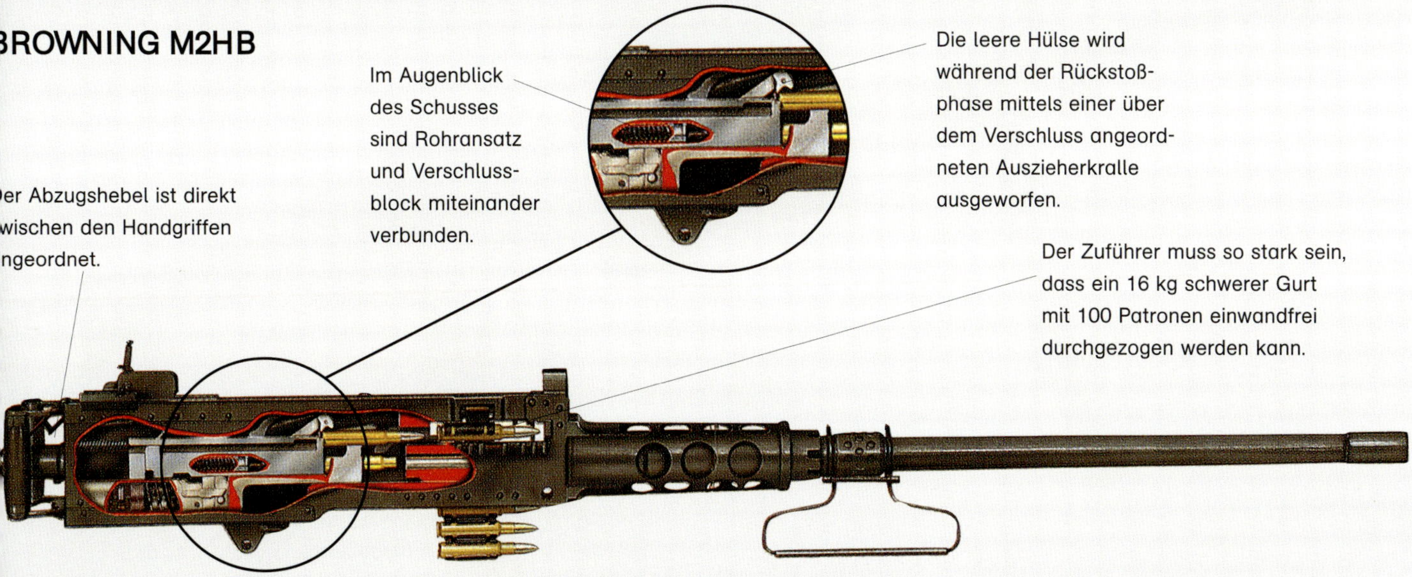

Im Augenblick des Schusses sind Rohransatz und Verschlussblock miteinander verbunden.

Die leere Hülse wird während der Rückstoßphase mittels einer über dem Verschluss angeordneten Auszieherkralle ausgeworfen.

Der Abzugshebel ist direkt zwischen den Handgriffen angeordnet.

Der Zuführer muss so stark sein, dass ein 16 kg schwerer Gurt mit 100 Patronen einwandfrei durchgezogen werden kann.

Das Rückstoßverfahren wird hauptsächlich bei Maschinen- und Faustfeuerwaffen angewendet, wobei zwischen Waffen mit langem und kurzem Rücklauf des Laufs unterschieden wird: Bei langem Rücklauf sind Lauf und Verschluss vor dem Schuss miteinander verriegelt und befinden sich unter dem Druck der Schließfeder in vorderster Stellung. Wird der Schuss ausgelöst, gleiten Lauf und Verschluss anfangs durch den Pulvergasdruck zurück, wobei sie die Schließfeder zusammenpressen. Nach Anstoß in der hintersten Stellung sowie anschließendem kurzen Vorlauf verharrt der Verschluss (vom Abzug fixiert) dort. Dagegen wird der Lauf von der Schließfeder wieder nach vorn geführt. Bei diesem Bewegungsablauf bleibt die leere Hülse zum Auswurf bereit zurück. Auch der Verschluss bewegt sich nach dem Auswurf der leeren Hülse nach vorn, führt die nächste Patrone in das Patronenlager ein und verriegelt den Lauf erneut. Bedingt durch die verhältnismäßig große Masse der beweglichen Teile und die Aufeinanderfolge von Lauf und Verschluss ist eine niedrige Feuergeschwindigkeit für Konstruktionen mit langem Rücklauf des Laufs typisch und erklärt, warum relativ wenige Waffen nach diesem Prinzip konzipiert werden und ein kurzer Rücklauf des Laufs bevorzugt wird. Bei diesem Verfahren wird der Verschluss schon nach kurzem Rücklauf entriegelt, und der Lauf bewegt sich – anders als der Verschluss – nur wenig (bei Waffen mit Gewehrkaliber meistens etwa 6 mm) zurück. Die Bewegungsenergie des Verschlussblocks wird für die wichtigsten Phasen des Ladevorgangs (Auszug und Auswurf der leeren Hülse, Einführung der nächsten Patrone) genutzt. Um sicher zu sein, dass sich der Verschluss weit und schnell genug zurückbewegt, werden oft sogenannte Beschleuniger eingebaut. Ein kurzer Rücklauf des Laufs garantiert zuverlässige Waffen und hohe Kadenz (bestes Beispiel: MG 42). Bei Faustfeuerwaffen, die gemäß dem Rückstoßladeverfahren entwickelt werden, sind Lauf und Spannschieber (mit integriertem Verschluss) verbunden und gehen so weit zurück, bis sie mechanisch getrennt werden.

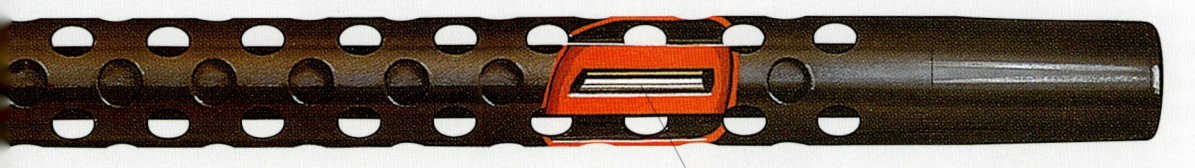

Der Lauf des M1919 ist von einem Schutzmantel mit Kühlöffnungen umhüllt.

RÜCKSTOSSVERFAHREN

FN Minimi

Das Minimi-MG der Fabrique Nationale ist praktisch zur Standard-Gruppenunterstützungswaffe der westlichen Welt geworden (in der US Army ist es als M249 SAW bekannt). Bei der Konstruktion dieses Gasdruckladers mit Drehverschluss haben die Belgier den Gasregler von ihrem früheren FN MAG übernommen. Da der Tragegriff Teil des Laufs ist, kann er schnell mit einer Hand ausgetauscht werden. Eine der vielen Neuerungen betrifft die Munitionszuführung, die sich problemlos von Gurt auf Magazin umstellen lässt. Die Gurte mit 100 oder 200 Patronen sind in Gurtkästen untergebracht. Da die Kästen durchsichtig sind, hat der Schütze den Munitionsverbrauch stets vor Augen. Es können aber auch herkömmliche Zerfallgurte oder M16-Magazine verwendet werden. Das Minimi verschießt Einzel- und Dauerfeuer sowie – nach Einstellung einer entsprechenden Automatik – Feuerstöße von drei oder sechs Schuss. Der einzige Nachteil der ansonsten äußerst gelungenen Konstruktion ist das kleine Kaliber 5,56 mm.

FN Minimi	
Herkunftsland:	Belgien
Jahr:	1974
Kaliber:	5,56 x 45 mm NATO
Funktionsweise:	Gasdrucklader
Gewicht:	6,83 kg
Gesamtlänge:	1040 mm
Lauflänge:	466 mm
Münd.geschwind.:	915 m/s
Feuerrate:	750–1000 Schuss/min
Zuführung:	Kastenmag. mit 30 o. Gurt mit 100/200 Pat.

Modell 81

In den 1960er-Jahren entwickelte China mit dem Modell 67 erstmals eine eigene Gruppenunterstützungswaffe. Dieses Gewehr war das erste einer großen Serie, die Anfang der 1980er-Jahre im Modell 81 ihren vorübergehenden Abschluss fand. Das Modell 81 basiert im Wesentlichen auf dem Sturmgewehr gleichen Namens und kann deshalb sowohl das 30-schüssige Gewehrmagazin als auch ein eigenes Trommelmagazin für 75 Patronen verwenden. Das Maschinengewehr verschießt die sowjetische Standardgewehrpatrone 7,62 x 39 mm. Auf große Distanzen wirkt diese Patrone zwar nicht besonders präzise, hat jedoch den großen Vorteil, dass diese Munition weitverbreitet ist und in großer Zahl zur Verfügung steht. Ein Zweibein ist fest am Vorderlauf installiert.

Modell 81	
Herkunftsland:	China
Jahr:	1981
Kaliber:	7,62 x 39 mm M1943
Funktionsweise:	Gasdrucklader
Gewicht:	5,3 kg
Gesamtlänge:	1024 mm
Lauflänge:	keine Angabe
Münd.geschwind.:	735 m/s
Feuerrate:	keine Angabe
Zuführung:	Kurvenmag. zu 30 o. Trommelmag. zu 75 Pat.

CETMA Ameli

Herkunftsland:	Spanien
Jahr:	1982
Kaliber:	5,56 x 45 mm NATO
Funktionsweise:	Rückstoßlader
Gewicht:	5,3 kg
Gesamtlänge:	900 mm
Lauflänge:	400 mm
Münd.geschwind.:	875 m/s
Feuerrate:	900–1200 Schuss/min
Zuführung:	Gurt zu 100 o. 200 Pat.

CETMA Ameli

Dieses leichte spanische Maschinengewehr ist für die Patrone 5,56 x 45 mm eingerichtet und kann – dank schnell auswechselbarem Lauf – auch Dauerfeuer schießen. Auf den ersten Blick erinnert es zwar an die deutschen MG 42 und MG 3, verwendet jedoch einen halbstarr verriegelten Verschluss mit rollenverzögertem Rücklauf nach dem Vorbild der Firma Heckler & Koch. Das Ameli schießt zuverlässig und treffsicher, wobei seine Kadenz abhängig von den Einsatzbedingungen mit leichtem bzw. schwerem Verschluss zwischen 1200 oder 900 Schuss/min variabel ist. Die Munitionszuführung erfolgt durch Gurte mit 100 oder 200 Patronen, die – ähnlich wie beim Minimi – aus einem unter dem Verschluss montierten Gurtkasten zugeführt werden.

CIS Ultimax 100

Herkunftsland:	Singapur
Jahr:	1982
Kaliber:	5,56 x 45 mm NATO
Funktionsweise:	Gasdrucklader
Gewicht:	4,9 kg
Gesamtlänge:	1024 mm
Lauflänge:	508 mm
Münd.geschwind.:	970 m/s
Feuerrate:	540 Schuss/min
Zuführung:	Trommelmagazin (100 Pat.) o. Kastenmagazin (20/30 Pat.)

CIS Ultimax 100

Das Ultimax gehört zu einer modernen Generation von Maschinengewehren im Kaliber 5,56 x 45 mm, die speziell als Gruppenunterstützungswaffe entwickelt wurden. Die in den 1980er-Jahren konstruierte Waffe wird in Singapur von CIS gefertigt. Das Ultimax wurde im Hinblick auf die oftmals kleineren südostasiatischen Soldaten kompakt und leicht konstruiert. Selbst mit vollem 100-Schuss-Trommelmagazin wiegt die Waffe nur 6,5 kg. Dank einfallsreicher Nutzung zahlreicher Federn ist der Rückstoß sehr gering. Mit dem vorderen Pistolengriff kann das Ultimax auch ohne Zweibein verwendet werden. Falls nötig, können für die Waffe auch Standard-M16-Magazine eingesetzt werden. Das innovative und qualitativ hochwertige Ultimax ist eine echte Alternative zu den besten westlichen lMGs.

M134 Minigun

Das M134 Minigun ist eine moderne Weiterentwicklung des Gatling-Prinzips. Seine Funktion beruht auf sechs um eine zentrale Achse rotierenden Läufen. Mit elektrischem Fremdantrieb wird eine Kadenz von maximal 6000 Schuss/min erreicht. Da der Fremdantrieb in zwei Geschwindigkeitsbereichen operiert, kann die Schussfolge dem jeweiligen Einsatzprofil angepasst (also auch reduziert) werden. Das Gewehr wurde in den 1960er-Jahren als Bordwaffe für Hubschrauber konstruiert, um die hohe Kadenz speziell zur Niederhaltung feindlicher, im dichten Dschungel verborgener Feindkräfte zu nutzen. Inzwischen dienen M134 Minigun häufig auch als ferngesteuerte fahrzeuggestützte Bordwaffen.

M134 Minigun

Herkunftsland:	USA
Jahr:	1986
Kaliber:	7,62 x 51 mm NATO
Funktionsweise:	elektrisch angetrieben
Gewicht:	15,9 kg
Gesamtlänge:	800 mm
Lauflänge:	559 mm
Münd.geschwind.:	869 m/s
Feuerrate:	bis 6000 Schuss/min
Zuführung:	Zerfallgurt (4000 Pat.)

L86A1 (leichte Unterstützungswaffe)

Die leichte Unterstützungswaffe L86A1 (Light Support Weapon: LSW) ist eigentlich nur ein L85A1 mit einem längeren, schwereren Lauf. Zur besseren Kontrolle bei Dauerfeuer dient der unten am Schulterkolben angebrachte Handgriff. Das LSW hat viele Mängel der Vorgängerwaffe geerbt, und viele Fachleute bezweifeln, dass es sich beim L86A1 wirklich um ein lMG handelt. Die logische Folge ist, dass das LSW bei der Truppe durch das FN Minimi als Gruppenunterstützungswaffe abgelöst wird. Allerdings muss eingeräumt werden, dass das LSW außerordentlich treffsicher ist – vermutlich zu präzise zur Niederhaltung des Feindes, bei der eine gewisse Projektilstreuung notwendig ist. Nichtsdestotrotz kann das LSW mit Zielfernrohr im Einzelfeuermodus in einem neuen Einsatzbereich als Scharfschützenwaffe Verwendung finden.

L86A1 (leichte Unterstützungswaffe)

Herkunftsland:	Großbritannien
Jahr:	1986
Kaliber:	5,56 x 45 mm NATO
Funktionsweise:	Gasdrucklader
Gewicht:	5,4 kg
Gesamtlänge:	900 mm
Lauflänge:	646 mm
Münd.geschwind.:	970 m/s
Feuerrate:	700–850 Schuss/min
Zuführung:	Stangenmagazin mit 30 Patronen

Negev

Herkunftsland:	Israel
Jahr:	1988
Kaliber:	5,56 x 45 mm NATO
Funktionsweise:	Gasdrucklader
Gewicht:	7,2 kg
Gesamtlänge:	mit ausgeklapptem Schaft 1020 mm, eingeklappt 780 mm
Lauflänge:	460 mm
Münd.geschwind.:	950 m/s
Feuerrate:	650–950 Schuss/min
Zuführung:	Magazin mit 30 Patronen, verschiedene Gurte und Trommelmagazine

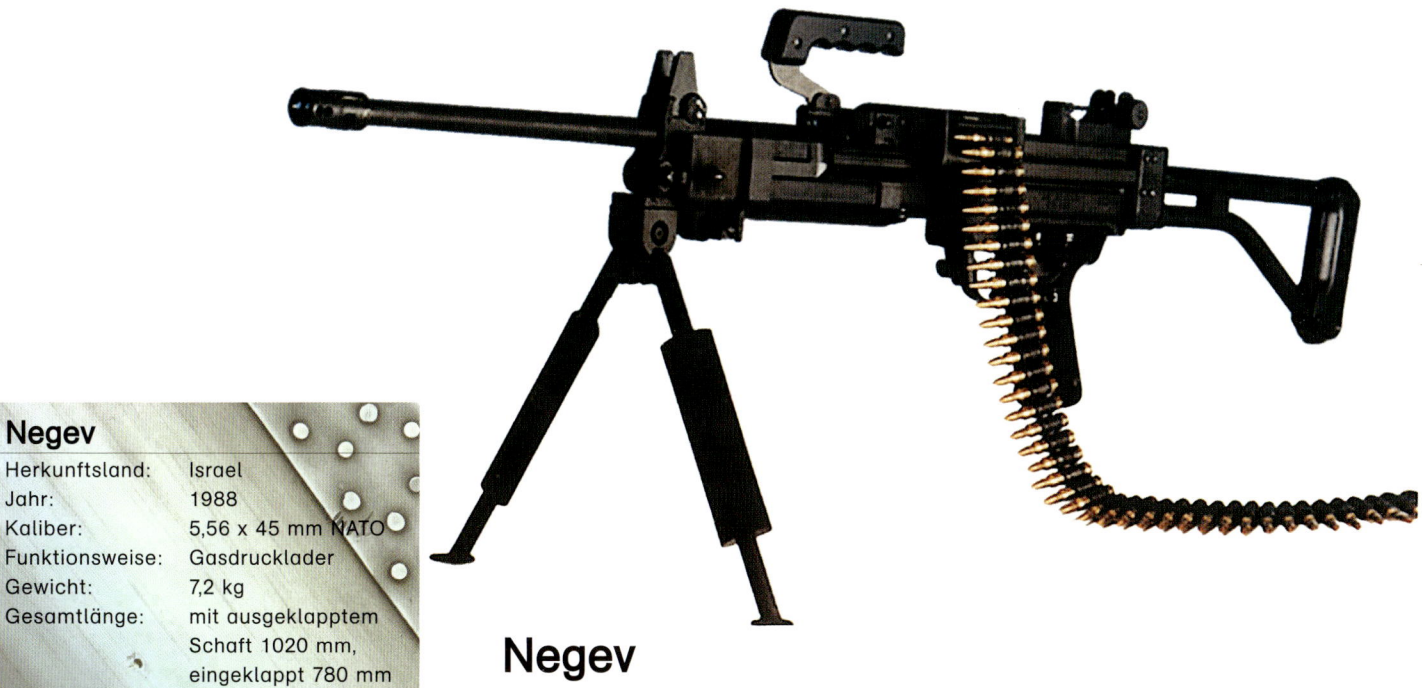

Negev

Das 1988 eingeführte Negev stellt Israels Alternative zum belgischen FN Minimi dar. Es wurde ebenfalls als Gruppenunterstützungswaffe entwickelt und verschießt die NATO-Standardpatrone 5,56 x 45 mm. Die Munitionszuführung erfolgt durch Magazine des Schnellfeuergewehrs Galil oder entsprechende NATO-STANAG-Magazine, Gurte oder Trommelmagazine. Das Negev ist ein Gasdrucklader, dessen Gasdruck in drei Stufen regelbar ist und Feuergeschwindigkeiten von 850–950 Schuss/min erlaubt. Auch Einzelfeuer ist möglich. Dank abklappbarer Metallschulterstütze ist das Negev nicht schwer und leicht zu handhaben. Das Zweibein kann einfach entfernt und so das MG in ein Sturmgewehr verwandelt werden.

Metal Storm

Das Metal-Storm-System basiert auf Munition, die aus einem oder mehreren Röhrenmagazinen zugeführt wird. In diesen liegen die Geschosse hintereinander, und zwischen jedem Projektil befindet sich eine Treibladung, die elektrisch gezündet wird. Die Hülsen herkömmlicher Patronen für die Treibladung fallen bei dieser Munition weg und damit auch deren zeitraubender Auswurf. Die elektrische Zündung ermöglicht es, aus jedem Lauf hintereinanderfolgend mehrere Geschosse abzufeuern und außergewöhnliche Feuergeschwindigkeiten zu erreichen. Tests mit 915 mm langen Läufen ergaben theoretische Schussfolgen von bis zu 1,62 Millionen Schuss/min. Außer den beweglich gelagerten Läufen besitzt Metal Storm keine beweglichen Teile. Das System ist auch für Waffensysteme mit geringerer Kadenz geeignet. Erste Verwendung wird Metal Storm vermutlich als Bordwaffe auf Schiffen und Fahrzeugen finden.

Metal Storm

Herkunftsland:	Australien
Jahr:	2000er-Jahre
Kaliber:	verschieden
Funktionsweise:	elektrische Zündung
Zuführung:	hülsenlose Munition

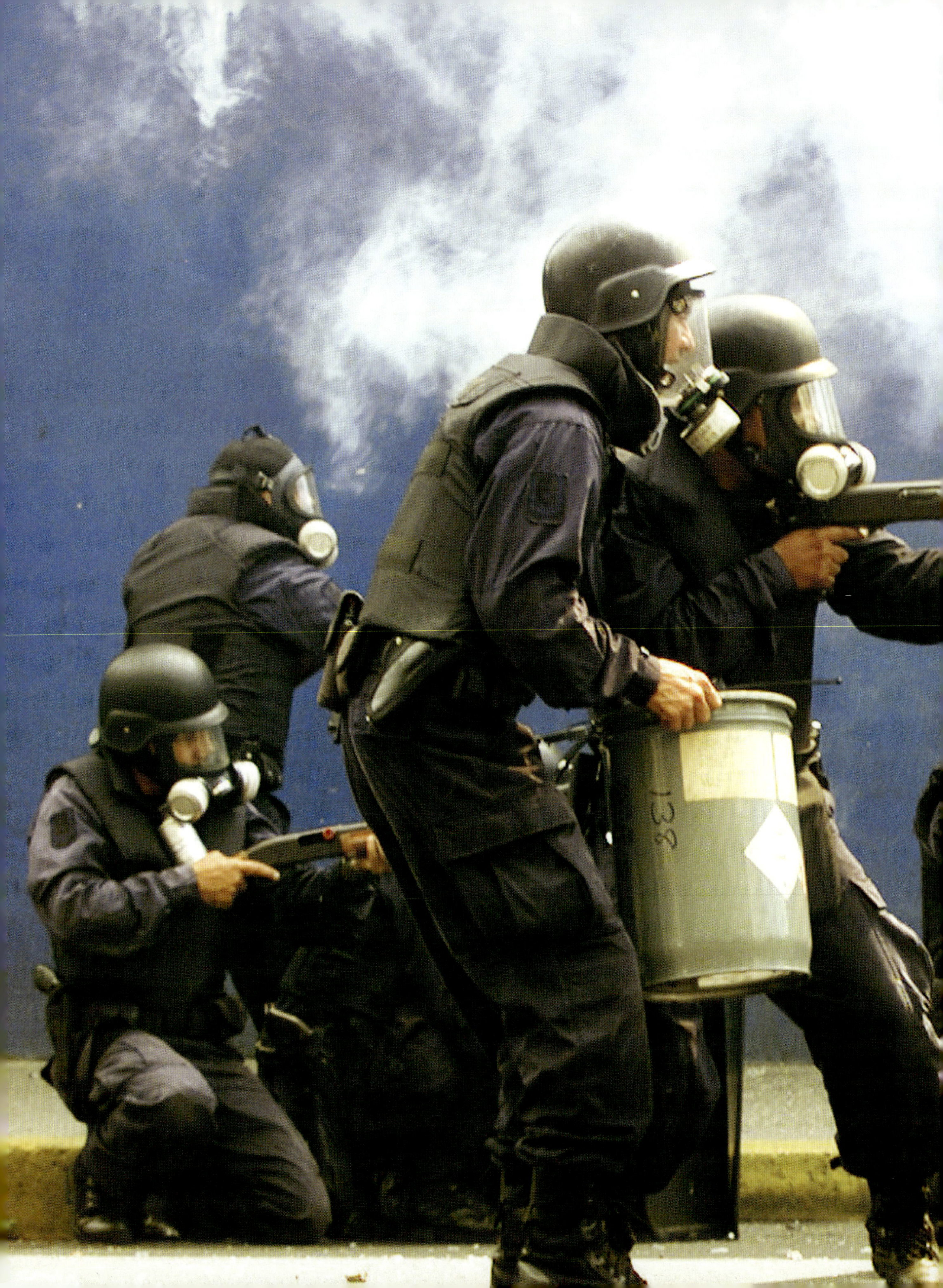
138

FLINTEN

Eine Flinte hat eine viel kürzer wirksame Schussweite als eine Kugelwaffe. Innerhalb ihrer Reichweite machen ihre Schnapp- und Streuschussqualitäten sowie die kontrollierbare Wirkung sie jedoch zu erstklassigen Jagd- und Einsatzwaffen.

Purdey-Hahngewehr

Der Name Purdey zählt auf dem Gebiet der Feuerwaffen zu den ganz großen. Das Unternehmen wurde 1814 in London gegründet und ist nicht nur für sein umfassendes Angebot, sondern auch für die Qualität seiner Jagdgewehre berühmt. Bei Purdey & Sons kaufen heute noch die Reichen und Promis sowie das britische Königshaus. Diese Ende des 19. Jahrhunderts gebaute Hahndoppelflinte hat Damastläufe. Beim Damast, einem feuerverschweißten Verbundverfahren, wurden dünne Stahldrähte oder -bänder über einen Rundstab gewickelt, verschweißt und gehämmert. Durch Polieren und/oder Ätzen (Damaszierung) erhielten die fertigen Läufe attraktive Musterungen. Damastläufe werden heute nur noch selten gefertigt, da sie wegen ihrer besonderen Materialeigenschaften für moderne Nitromunition speziell beschossen werden müssen.

Griffin-Steinschlossflinte

Trotz glattem Lauf konnten viele Jagdgewehre, je nachdem welche Ladung im Lauf platziert wurde, sowohl Kugeln als auch Schrotladungen verschießen. Dieses Jagdgewehr wurde 1780 in London von dem berühmten Büchsenmacher Benjamin Griffin und seinem Sohn Josef gefertigt. Die Waffe wurde mit einem sehr langen Lauf (914 mm) ausgestattet und trägt aufwendige Dekorationen – gravierte Seitenplatten sowie effektvolle Laufringe (Metallringe an Vorderschaft und Lauf). Die einschüssige Flinte ist mit einem herkömmlichen, aber sehr gut gefertigten Feuersteinschloss ausgestattet – hier mit abgeschlagenem Schloss, der Feuerstein ruht in der Pfanne.

Griffin-Steinschlossflinte
Herkunftsland:	Großbritannien
Jahr:	ca. 1760
Kaliber:	.68
Funktionsweise:	Steinschloss
Gewicht:	2,84 kg
Gesamtlänge:	1290 mm
Lauflänge:	914 mm
Münd.geschwind.:	je nach Pulverladung
Zuführung:	Vorderlader

Hadley-Doppelflinte

Diese Steinschloss-Doppelflinte wurde von dem Büchsenmacher Hadley um 1770 in England als Jagdwaffe gebaut. Da sie speziell für die Vogeljagd konzipiert wurde, ist ihr Lauf 902 mm lang. In Schwarzpulverzeiten ermöglichten lange Schrotläufe ausreichende Mündungsgeschwindigkeiten und höhere Präzision und waren daher für die Flugwildjagd ideal. Die Hahndoppelflinte besitzt zwei separate Feuersteinschlösser. Der hintere Hahn zündet das linke, der vordere das rechte Schloss. Bei dieser Flinte handelt es sich um eine kostbare, aufwendig dekorierte Waffe. Doch ihre vergoldeten Zündpfannen dienen nicht nur der Verzierung, sondern schützen auch vor Korrosion bei der Jagd in nassen und feuchten Revieren.

Hadley-Doppelflinte
Herkunftsland:	Großbritannien
Jahr:	1770
Kaliber:	.6
Funktionsweise:	Steinschloss
Gewicht:	2,55 kg
Gesamtlänge:	1290 mm
Lauflänge:	1310 mm
Münd.geschwind.:	je nach Pulverladung
Zuführung:	Vorderlader

Purdey-Hahngewehr
Herkunftsland:	Großbritannien
Jahr:	Ende 19. Jahrhundert
Kaliber:	Flintenkaliber 12
Funktionsweise:	Kipplaufhahnflinte
Gewicht:	keine Angabe
Gesamtlänge:	1257 mm
Lauflänge:	813 mm
Münd.geschwind.:	je nach Pulverladung
Feuerrate:	Einzelschuss
Zuführung:	Vorderlader

276 FLINTEN

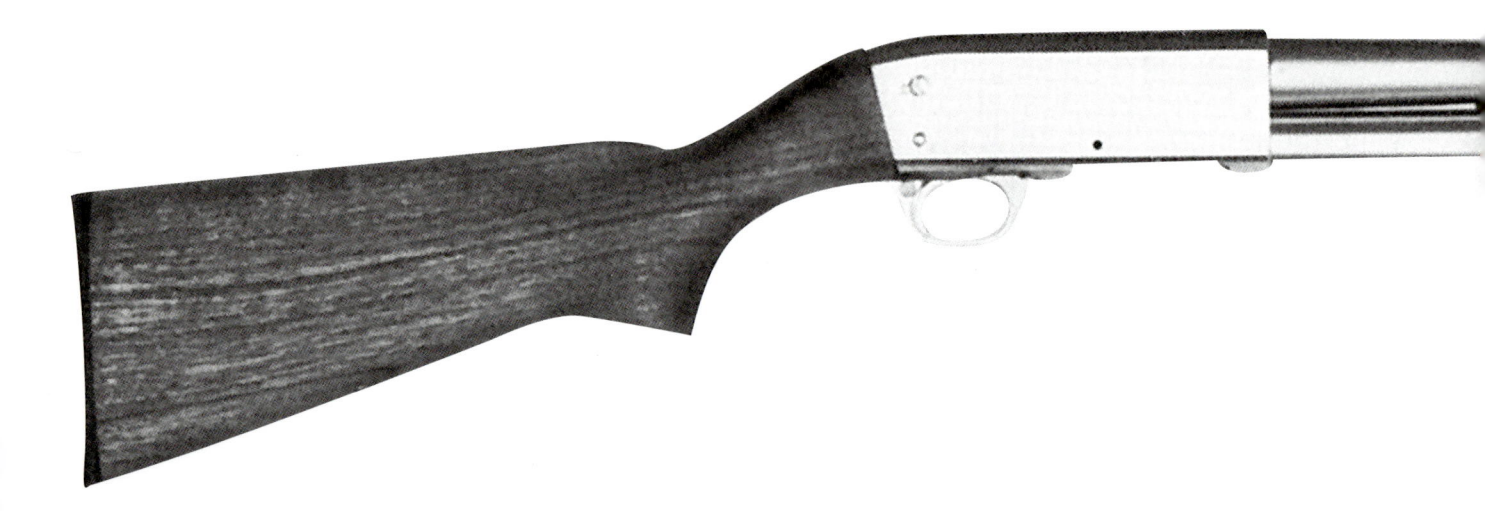

Browning Auto 5

Die erste von Browning entwickelte Selbstladeflinte, die Auto 5, war ein Rückstoßlader. Die für das Kaliber 12 eingerichtete Waffe wurde 1888 konstruiert und 1900 patentiert. Als Halbautomat eröffnete die Auto 5 den Jagdflinten neue Verwendungsmöglichkeiten. Das unten im Vorderschaft eingebaute Röhrenmagazin fasste fünf Patronen Kaliber 12. Seine Ladeöffnung mit einer Klappe war vor dem Abzugsbügel angebracht. Damit die Patronen geladen werden konnten, musste die Klappe hochgedrückt werden. Beim Schießen wurde die leere Hülse über dem Verschluss ausgeworfen, eine neue Patrone zugeführt und der Hahn für den nächsten Schuss gespannt. Da die Browning-Flinten robust und zuverlässig konstruiert waren, wurden sie auch militärisch eingesetzt, und zwar vom Ersten Weltkrieg bis zum Vietnamkrieg. Erst 1998 endete die Serienfertigung der Auto 5.

Browning Auto 5
Herkunftsland:	USA
Jahr:	1900
Kaliber:	Flintenkaliber 12
Funktionsweise:	Rückstoßlader
Gewicht:	geladen 4,1 kg
Gesamtlänge:	1270 mm
Lauflänge:	711 mm
Zuführung:	Röhrenmagazin zu 5 Patronen

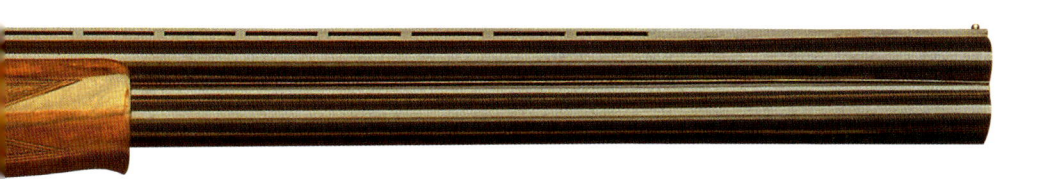

Browning 125

Die Browning 125 begründete eine der erfolgreichsten Serien von Bockflinten der Waffengeschichte und erfreut sich bis auf den heutigen Tag bei zahlreichen Jägern und Schützen großer Beliebtheit. Sie wurde in den 1920er-Jahren konzipiert, hatte ein solides Kastenschloss Kaliber 12 und war gleichermaßen für Tontaubenschießen als auch für die Jagd geeignet. Schaft und Vorderschaft der Browning 125 waren gewöhnlich aus Walnussholz gefertigt, auf dem Oberlauf lag eine ventilierte Schiene mit einem schlichten Perlkorn. Der Einabzug ist Standard, und der Schütze kann mittels eines unmittelbar hinter dem Oberhebelverschluss angeordneten kombinierten Sicherheits- bzw. Umschalthebels zwischen den beiden Läufen wählen. Spätere Weiterentwicklungen erhielten austauschbare Choke-Einsätze zur Verengung oder Aufweitung der Schrotgarbe an der Laufmündung.

Browning 125
Herkunftsland:	Belgien
Jahr:	1922
Kaliber:	Flintenkaliber 12
Funktionsweise:	Kipplaufflinte
Gewicht:	3,5 kg
Gesamtlänge:	1156 mm
Lauflänge:	710 mm
Münd.geschwind.:	abhängig vom Munitionstyp
Zuführung:	manuell

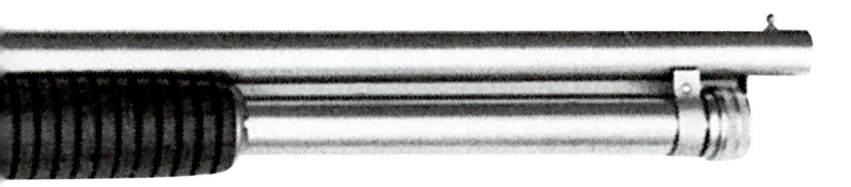

Ithaca 37

Längst hat die Ithaca 37 ihr 80-jähriges Dienstjubiläum gefeiert. Dennoch ist diese als Vorderschaftrepetierer konstruierte Flinte vor allem bei US-Spezialeinheiten (Polizei und Militär) bis auf den heutigen Tag populär. Ihr beweglicher Vorderschaft als Ladestutzen funktioniert praktisch immer – selbst unter schmutzigsten Bedingungen. Abhängig von der Patronenlänge (die Ithaca 37 hat Kaliber 12) fasst das Röhrenmagazin fünf bis acht Schrotpatronen, die innerhalb weniger Sekunden verschossen werden können. Die Lauflängen variieren und reichen von 470 bis 508 mm. Die jüngste der zahlreichen seit 1937 gefertigten Versionen ist die Homeland Security. Speziell für Polizeieinsätze ist die Stakeout entwickelt worden: eine kompakte Version dieser Flinte ohne Schulterstütze nur mit Pistolengriff.

Ithaca 37
Herkunftsland:	USA
Jahr:	1937
Kaliber:	Flintenkaliber 12
Funktionsweise:	Vorderschaftrepetierer
Gewicht:	3,06 kg
Gesamtlänge:	1016 mm (davon Lauf 508 mm)
Lauflänge:	470 mm oder 508 mm
Zuführung:	Röhrenmagazin zu 5–8 Patronen

Beretta RS200

Beretta RS200	
Herkunftsland:	Italien
Jahr:	1970
Kaliber:	Flintenkaliber 12
Funktionsweise:	Vorderschaftrepetierer
Gewicht:	3 kg
Gesamtlänge:	1030 mm
Lauflänge:	520 mm
Zuführung:	Röhrenmagazin zu 6 Patronen

Beretta ist einer der größten Flintenhersteller weltweit. Die wichtigste Zielgruppe des Unternehmens sind Jäger und Schützen, doch die RS200 wurde für den Militär- und Polizeieinsatz konstruiert. Dieser Vorderschaftrepetierer besitzt ein Röhrenmagazin für sechs Patronen (vor dem Schießen kann eine weitere Patrone in das Patronenlager eingelegt werden). Neben einer Vielzahl von Patronentypen verschießt die RS200 auch Flintenlauf- und Tränengasgeschosse. Da Sicherheit bei Polizeiwaffen höchste Priorität hat, installierte Beretta einen Gleithebelverschluss. Er garantiert, dass die Patrone vor dem Schuss korrekt eingelegt und verriegelt wird. Zu den Nachfolgemodellen gehören die RS202-M2 mit Klappschaft und perforiertem Laufmantel sowie die RS202-MI mit modifiziertem Verschluss.

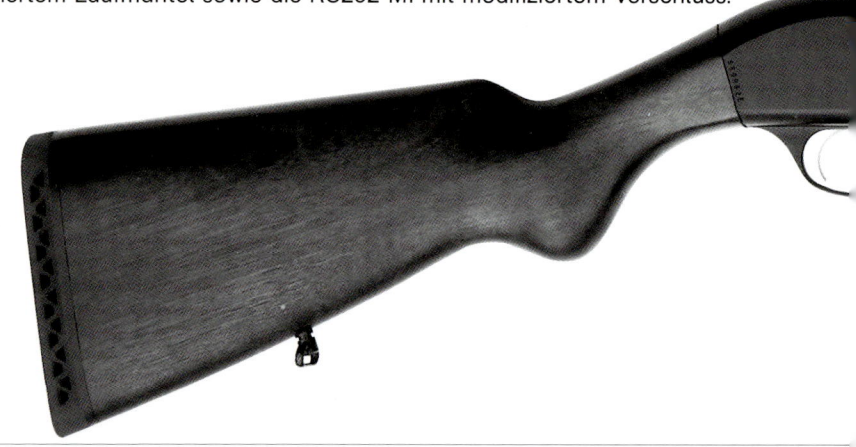

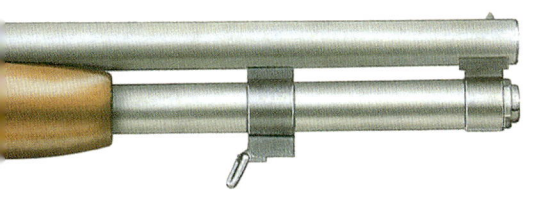

Mossberg 500

Mossberg 500	
Herkunftsland:	USA
Jahr:	1961
Kaliber:	Flintenkaliber 12
Funktionsweise:	Vorderschaftrepetierer
Gewicht:	3,85 kg
Gesamtlänge:	784 mm
Lauflänge:	508 mm
Zuführung:	Röhrenmagazin zu 6–8 Patronen

1961 wurde die Mossberg 500 als reine Jagdflinte auf den US-Markt gebracht und hat sich seitdem als vielseitige Waffe bewährt. Als Vorderschaftrepetierflinte ist sie bei Polizei, Militär und Jägern heute noch beliebt. Grundmodell ist eine schlichte, konventionell konstruierte, robuste Flinte mit Röhrenmagazin zu sechs bis acht Patronen. Moderne Mossberg 500 basieren immer noch auf demselben Prinzip, besitzen jedoch zahlreiche Verbesserungen, wie etwa austauschbare Choke-Einsätze. Es kann zwischen Holz- oder Kunststoffschäften gewählt werden, und alle Stahlteile können mit mattem reflexionsfreiem Finish versehen werden. Ungewöhnlich war die Bullpup 12, eine sehr kurze Konstruktion für Kampfeinsätze.

Remington Modell 870

Remington Modell 870	
Herkunftsland:	USA
Jahr:	1966
Kaliber:	Flintenkaliber 12
Funktionsweise:	Vorderschaftrepetierer
Gewicht:	3,6 kg
Gesamtlänge:	1060 mm
Lauflänge:	533 mm
Zuführung:	Röhrenmagazin zu 7 Patronen

Ein anderer Veteran unter den auch bei Militär und Polizei verwendeten Flinten ist diese Remington. Dank eines äußerst robusten Vorderschaftrepetiersystems wurde das Modell 870 Mitte der 1960er-Jahre vom US Marine Corps (USMC) als Standardflinte eingeführt. Ausschlaggebend für diese Wahl des USMC war in erster Linie die hohe Funktionssicherheit der Flinte. Beidseitige Gleitschienen garantieren weiches, rasches Repetieren und der Stützriegelverschluss eine solide Verriegelung. Das Röhrenmagazin fasst sieben Patronen, allerdings variiert diese Kapazität bei den unzähligen Varianten. Das Modell 870 ist eine der meistverkauften, besonders bei Sportschützen beliebten Flinten aller Zeiten; 1996 wurde das 7-millionste Exemplar verkauft.

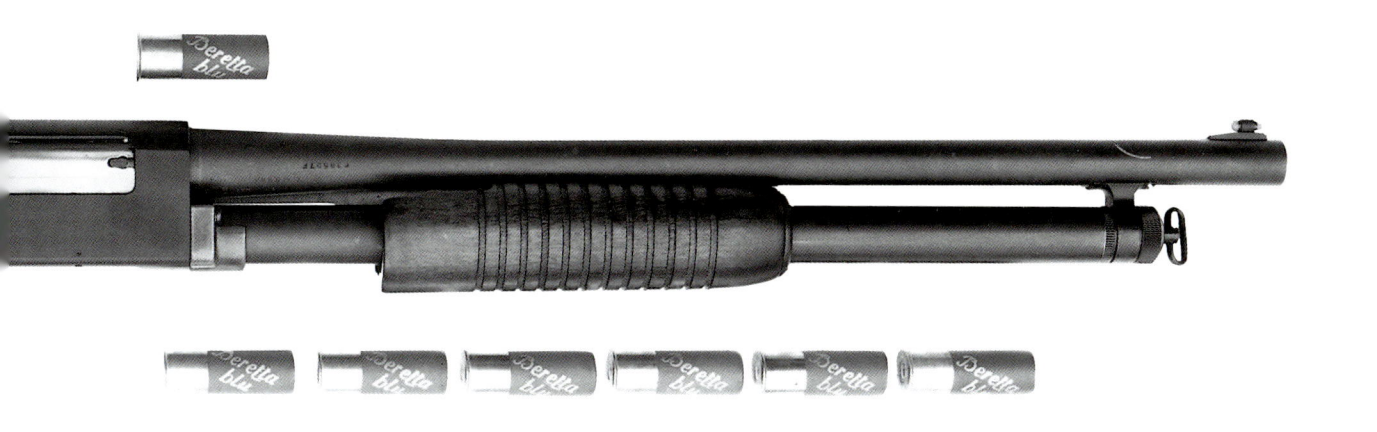

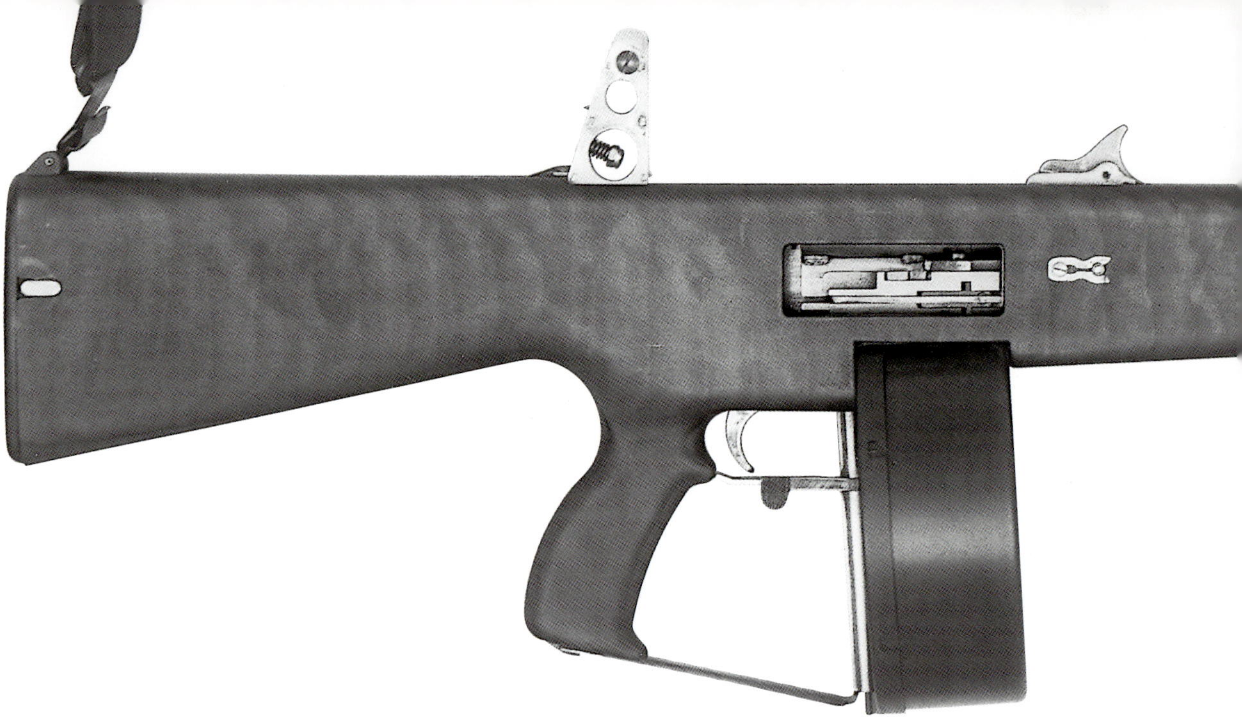

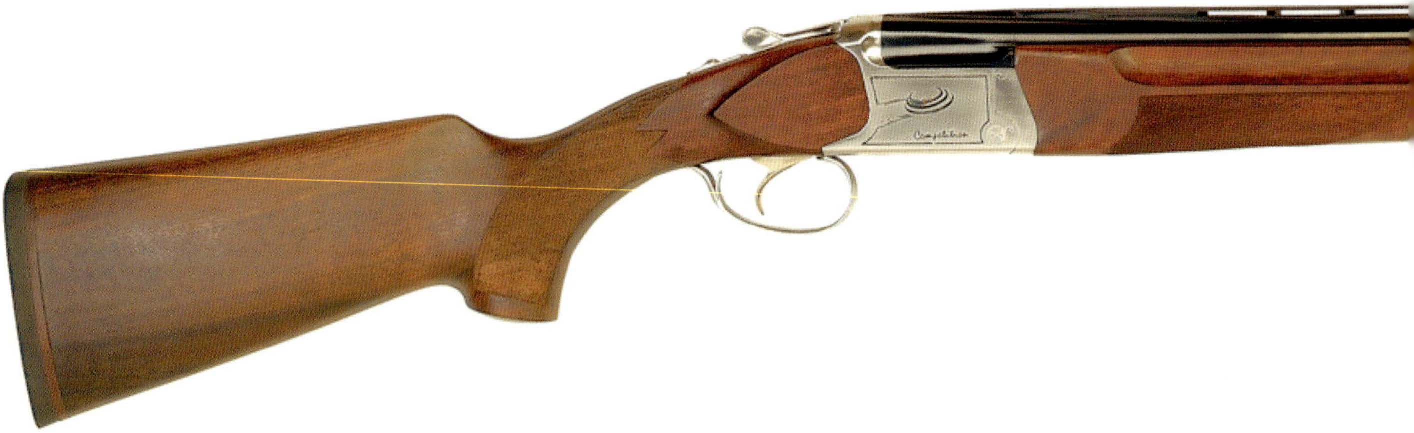

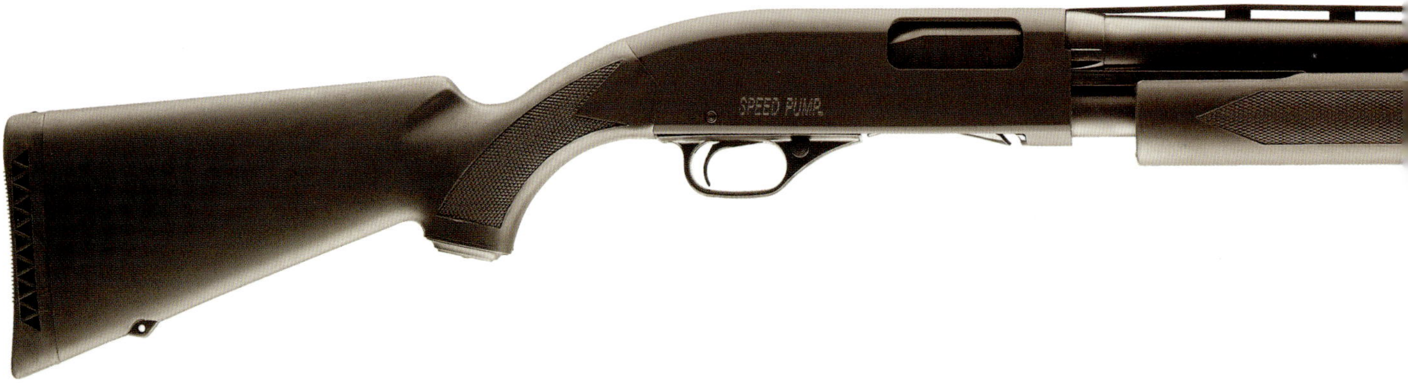
SPEED PUMP.

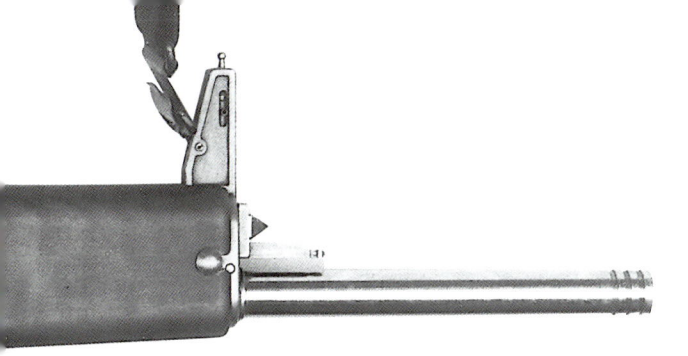

Atchisson Assault Shotgun

Die Atchisson Assault Shotgun ist eine leistungsstarke, Anfang der 1970er-Jahre speziell für den Häuser- und Dschungelkampf entwickelte Selbstladeschrotflinte. Sie schießt halb- oder vollautomatisch mit einer Kadenz von maximal 360 Schuss/min. Diese Sturmflinte war für eine ähnliche Verwendung wie das US-Waffensystem M16 geplant und als Gasdrucklader konstruiert. Die Munition wurde aus einem siebenschüssigen Kasten- oder einem 20-schüssigen Trommelmagazin zugeführt. Die Waffe konnte auch NATO-Gewehrgranaten verschießen, und es konnte sogar ein Seitengewehr aufgepflanzt werden. Von der US Army wurde die Atchisson nur begrenzt verwendet.

Atchisson Assault Shotgun

Herkunftsland:	USA
Jahr:	1972
Kaliber:	Flintenkaliber 12
Funktionsweise:	Gasdrucklader
Gewicht:	5,45 kg
Gesamtlänge:	991 mm
Lauflänge:	keine Angabe
Feuerrate:	360 Schuss/min
Zuführung:	Kastenmag. (7 Pat.) o. Trommelmag. (20 Pat.)

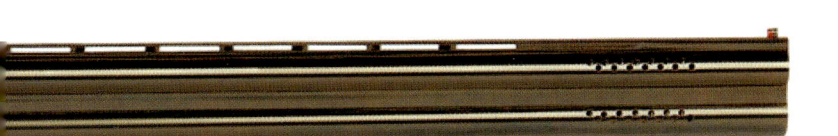

Baikal IZH-27

Der russische Waffenhersteller Baikal/Izhevsky Mekhanichesky Zavod ist für seine nicht sehr schönen, dafür aber umso strapazierfähigeren Jagdfeuerwaffen berühmt – eine der populärsten ist die IZH-27. Diese schlicht ausgeführte Bockflinte ist in allen gängigen Kalibern (12, 16, 20, 28 und .410) verfügbar. Für einen Preis von nur wenigen Hundert Euro bietet sie natürlich keine technischen Neuerungen, obschon die Laufinnenwandung zum Schutz gegen Korrosion serienmäßig verchromt ist. Dennoch hat die IZH-27 seit ihrem ersten Erscheinen einen großen Käuferkreis gefunden. In den USA wird sie – mit zusätzlichen Chokes – von Remington als SPR-310 lizenzgefertigt.

Baikal IZH-27

Herkunftsland:	UdSSR/Russland
Jahr:	1973
Kaliber:	Flintenkaliber 12, 16, 20, 28 und 36
Funktionsweise:	Kipplaufflinte
Gewicht:	3,4 kg
Gesamtlänge:	1168 mm (davon Lauf 660 mm)
Lauflänge:	660 mm und 71 cm
Zuführung:	manuell

Winchester Modell 1300

Das Modell 1300 ist eine vorzügliche Vorderschaftrepetierflinte und gleichermaßen bei Jägern, Schützen, Polizei und Militär (siehe Winchester Defender) beliebt. Charakteristisch für diese Baureihe ist, dass der Rückstoß den Rücklauf des Verschlusses unterstützt, wodurch – nach Herstellerangaben – in weniger als einer Sekunde drei Schüsse abgefeuert werden können. Verriegelt wird mittels einer vierfachen Verriegelungsklappe. Die modernen Versionen des Modells 1300 unterscheiden sich sehr stark. Dazu gehört die Baureihe Black Shadow Deer mit gezogenem Lauf für Flintenlaufgeschosse und die Reihe Short Turkey mit spezieller Trutwildvisierung.

Winchester Modell 1300

Herkunftsland:	USA
Jahr:	1978
Kaliber:	Flintenkaliber 12 und 20
Funktionsweise:	rückstoßunterstützter Vorderschaftrepetierer
Gewicht:	durchschnittlich 3,2 kg
Gesamtlänge:	unterschiedlich, je nach Lauflänge
Lauflänge:	660 mm, 710 mm
Zuführung:	Kastenmagazin zu 4 Patronen

FLINTEN

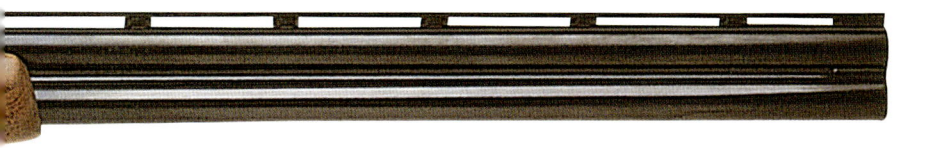

Ruger Red Label

1978 wurde die Red Label von der Firma Ruger auf den Markt gebracht und hat sich mit ihrer robusten Qualität für den Einsatz unter Extrembedingungen, aber auch als erste Flinte für Einsteiger bewährt. Diese Bockflintenbaureihe ist in den Kalibern 12, 20 und 28 erhältlich und – da zwischen Lauflängen von 660 bis 760 mm gewählt werden kann – bei Jägern besonders populär. Alle Läufe besitzen eine ventilierte Laufschiene und an der Mündung ein schlichtes Perlkorn. Die verschiedenen Versionen der Red Label unterscheiden sich im Wesentlichen durch ihre Oberflächenbearbeitung. So tragen die Stahlteile der Allwetter-Red-Label ein fotorealistisches, mattes reflexionsfreies und korrosionsschützendes Finish – ideal zur Verwendung im nassen Revier und bei der Flugwildjagd.

Ruger Red Label	
Herkunftsland:	USA
Jahr:	1978
Kaliber:	Flintenkaliber 12, 20 und 28
Funktionsweise:	Kipplaufflinte
Gewicht:	3,6 kg
Gesamtlänge:	1092 mm (davon Lauf 660 mm)
Lauflänge:	660/710/760 mm
Zuführung:	manuell

SPAS 12

Die SPAS 12 wurde in den 1970er-Jahren bei Luigi Franchi entwickelt und ist äußerlich eine der auffälligsten Einsatzflinten. Ihr unter dem Lauf integriertes Röhrenmagazin fasst bis zu acht Patronen im Flintenkaliber 12. Die SPAS 12 ist als halbautomatischer Gasdrucklader konstruiert und muss deshalb nicht nach jedem Schuss durchgeladen werden; sie bietet damit eine höhere Schussfolge als herkömmliche Flinten. Durch Betätigung eines Knopfes an der Vorderschaftunterseite lässt sich die gewünschte Funktion – Repetierer oder Selbstlader – wählen. Ein Haken an der klappbaren Schulterstütze kann, wenn er um den Arm des Schützen gelegt wird, beim einhändigen Schießen hilfreich sein. Die offene Visierung der Flinte ist auf eine Zielentfernung von rund 100 m eingerichtet. Die SPAS 12 wirkt nicht nur durch ihre geschwärzten Metallteile bedrohlich, sondern ist tatsächlich eine tödliche Waffe.

SPAS 12	
Herkunftsland:	Italien
Jahr:	1979
Kaliber:	Flintenkaliber 12
Funktionsweise:	Gasdrucklader/ Vorderschaftrepetierer
Gewicht:	4,2 kg
Gesamtlänge:	mit ausgeklapptem Schaft 1041 mm, eingeklappt 710 mm
Lauflänge:	460 mm
Zuführung:	Röhrenmag. zu 8 Pat.

Lanber Deluxe Sporter

Die Lanber Deluxe Sporter ist eine Bockflinte und speziell als erste Flinte für Einsteiger oder auch für Jäger und Schützen entwickelt worden, die eine Waffe für den Gebrauch unter widrigen Bedingungen wünschen. Sie ist als sogenannte Kastenschlossflinte konstruiert, bei der alle Systemteile in einem stählernen Kasten untergebracht sind. Leere Hülsen werden automatisch ausgeworfen. Alle Stahlbauteile der Flinte sind gegen Korrosion geschützt, und die Innenwandung der Läufe ist verchromt, was die Verschleimung durch Pulverrückstände verhindern soll. Die Läufe haben oben eine Schiene und ein schlichtes Perlkorn. Glatt abschließende Multichokes gehören zur Standardausstattung, es sind aber auch die zunehmend beliebteren auswechselbaren Choke-Aufsätze verfügbar.

Lanber Deluxe Sporter	
Herkunftsland:	Spanien
Jahr:	1980er-Jahre
Kaliber:	Flintenkaliber 12
Funktionsweise:	Kipplaufflinte
Gewicht:	3,5 kg
Gesamtlänge:	keine Angabe
Lauflänge:	720 mm, 760 mm
Zuführung:	manuell

TECHNIK DER HANDFEUERWAFFEN – FLINTEN

Flinten sind glattläufige Feuerwaffen, die statt Kugeln Schrotkörner verschießen, obwohl viele Flinten auch den gesamten Lauf ausfüllende Flintenlaufgeschosse einzeln abfeuern können. Im Wesentlichen unterscheidet man drei Verschlussprinzipien mit eigenen Unterkategorien. Zum ersten Typ gehören die Kipplaufwaffen, bei denen sich die Flintenläufe nach Betätigung eines Hebels um einen Scharnierbolzen abkippen lassen, wodurch die Patronenlager zum Laden freigegeben werden. Kipplaufwaffen sind entweder ein- oder – was weitaus häufiger ist – doppelläufig konstruiert. Doppelflinten besitzen entweder zwei exakt nebeneinanderliegende Läufe, die dann Querflinten genannt werden, oder zwei übereinander vertikal angeordnete Läufe, dann Bockflinten genannt. Bedingt durch die Anordnung der beiden Läufe (neben- oder übereinander) sind die Gesichtsfelder des Schützen bei Doppelflinten verschieden. So werden Querflinten bevorzugt für die Jagd und Bockflinten sowohl für die Jagd als auch zum Tontaubenschießen verwendet.

Der Oberhebel (auch „Toplever") dient zum Öffnen des Verschlusses.

Bei Flinten werden die Läufe vor dem Schuss durch unterschiedliche Verschlussmechanismen verriegelt, unter anderem durch Flanken- oder Greener-Querriegel-Verschluss.

Der Schaft muss zum Schützen passen. Bei komplett montierter Waffe muss die Kolbensenkung etwas unterhalb der Visierlinie liegen.

Der „Nacken" der Flinte sollte einen sicheren Griff bieten und die bequeme Betätigung des Abzugs gewährleisten.

Nach Ausbau des Vorderschaftes können die Läufe gereinigt werden.

BERETTA SO9

Hatten ältere Flinten meistens noch einen Doppelabzug, haben moderne Flinten fast ausnahmslos einen Einabzug.

Gravierte Seitenplatten betonen das allgemeine Erscheinungsbild dieser hochwertigen Waffe.

PANCOR
JACKHAMMER

Kombiniert: Tragegriff und Visier

Der freischwingende Lauf ist in Längsrichtung beweglich und wird beim Schuss durch Gasdruck nach vorn getrieben, wobei ein Hebel das Magazin um eine Kammer weiterdreht.

Trommelmagazin: Zehn Patronen sind wie in der Trommel eines Revolvers angeordnet.

Zur Gewichtsreduzierung wurde das Gehäuse größtenteils aus Kunststoff gefertigt.

Schließfeder hinter dem schweren Verschluss

Leere Hülsen werden nicht ausgeworfen, sondern verbleiben im Trommelmagazin.

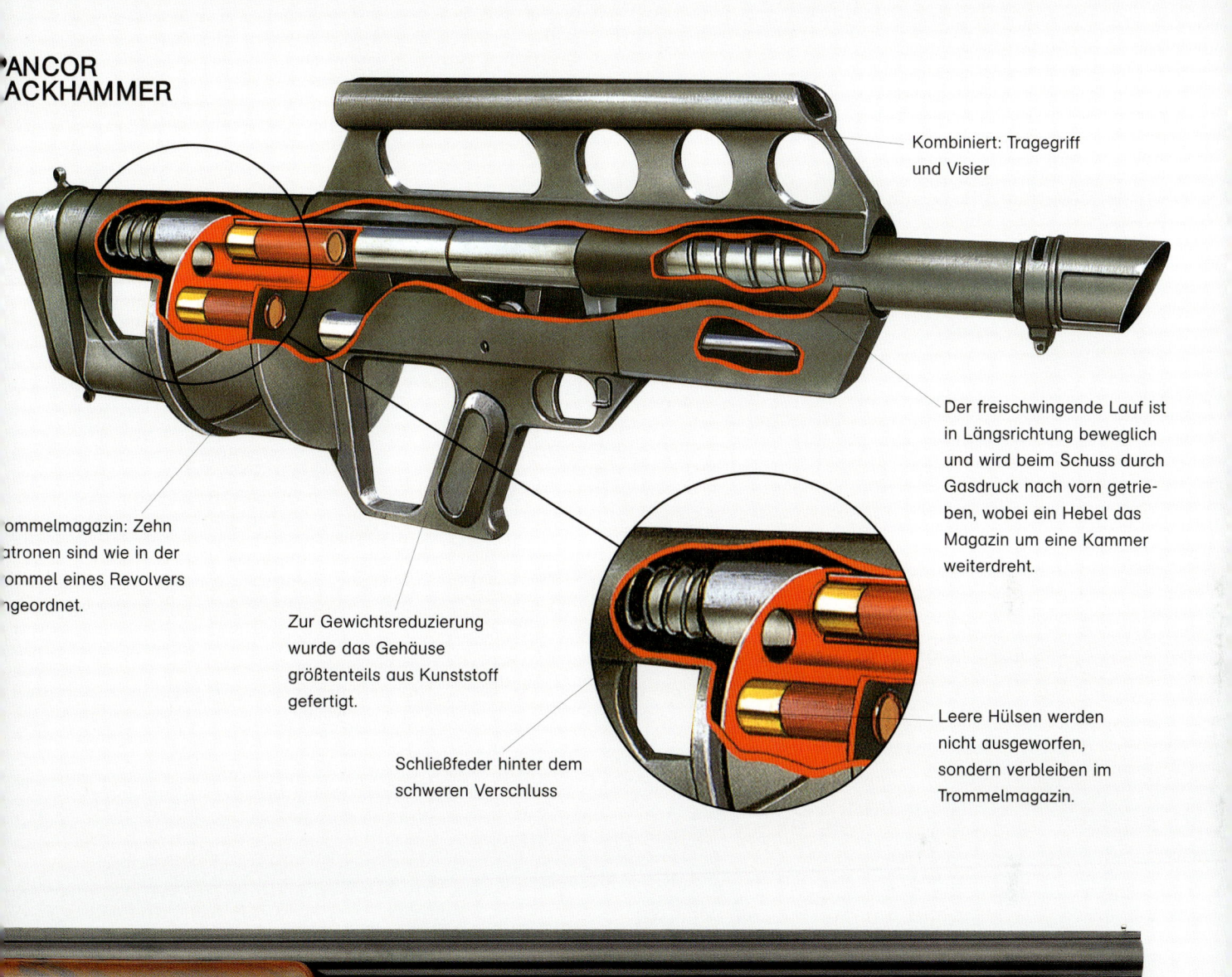

Der zweite Flintentyp ist die Vorderschaftrepetierflinte. Diese Flinten sind einläufig, erhalten ihre Patronen jedoch aus einem unter dem Lauf angebrachten Röhrenmagazin. Der Vorderschaft ist in der Längsachse beweglich und kann auf dem Magazin vor- und zurückgleiten. Wird der Vorderschaft zurückgezogen, öffnet sich der Verschluss, und die leere Hülse wird ausgeworfen. Bei der nachfolgenden Vorwärtsbewegung des Vorderschaftes wird eine neue Patrone ins Patronenlager eingeführt. Wegen ihres robusten Mechanismus und der zusätzlichen Magazinkapazität werden Vorderschaftrepetierflinten den Doppelflinten vor allem zur Jagd auf Nieder- und Flugwild vorgezogen.

Der dritte Typ ist die halbautomatische Flinte. Sie ist nach dem gleichen Prinzip wie Vorderschaftrepetierer konzipiert und lädt anhand der Schussenergie mittels Rückstoß oder Gasdruck die neue Patrone selbsttätig nach.

Für Jäger und Sportschützen gleichermaßen von entscheidender Bedeutung ist die sorgfältige Kontrolle der Schrotgarbenstreuung. Die Streuung der Schrotgarbe wird durch zwei Faktoren beeinflusst. Der erste Faktor ist die Größe des Schrotkorns: Je kleiner das Schrotkorn, desto stärker der Luftwiderstand. Folglich fliegen die Schrotkörner langsamer, und die Trefffläche (Durchmesser des Streukreises im Ziel)

der Garbe wird größer. Der zweite Faktor ist der Choke, die Würgebohrung, das heißt eine Laufbohrung mit Verengung vor der Mündung. Je enger der Choke ist, desto dichter ist die Schrotgarbe.

Flinten können einen fest eingebauten Choke (permanente Würgebohrung) haben oder über Wechsel-Choke-Einsätze verfügen, mit denen die Schrotgarbe den unterschiedlichen Gegebenheiten für Jagd oder Sport angepasst werden kann. Jäger verwenden bei Doppelflinten gewöhnlich Läufe mit unterschiedlichen Chokes. Beim ersten Schuss auf kurze Distanz wird in aller Regel mit weiterer, auf größere Distanz mit engerer Schrotgarbe geschossen.

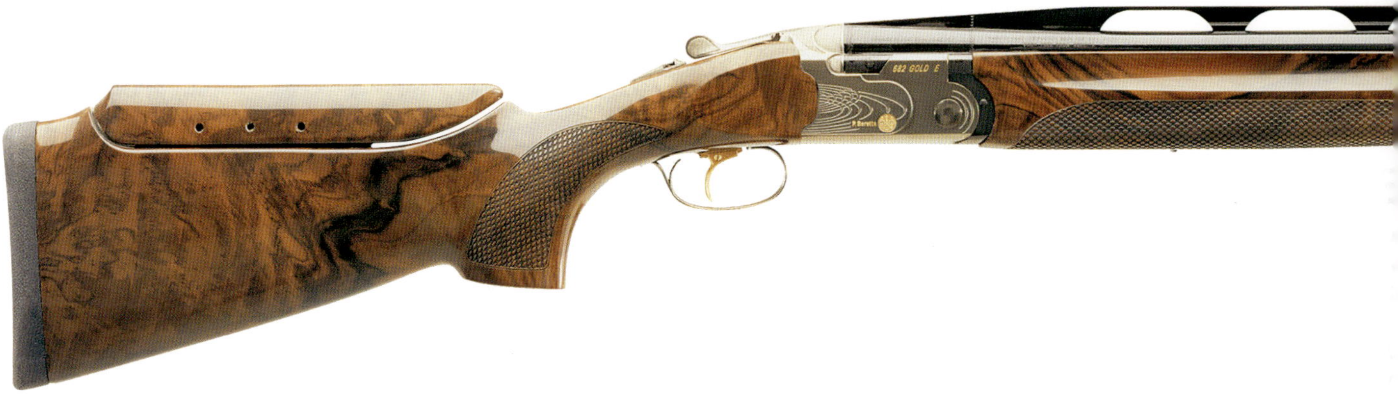
682 GOLD E

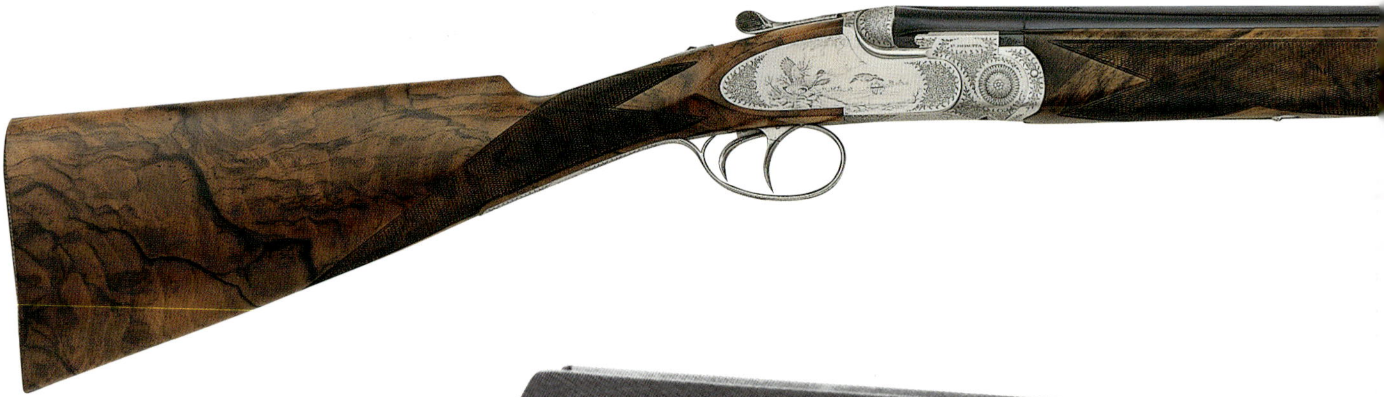

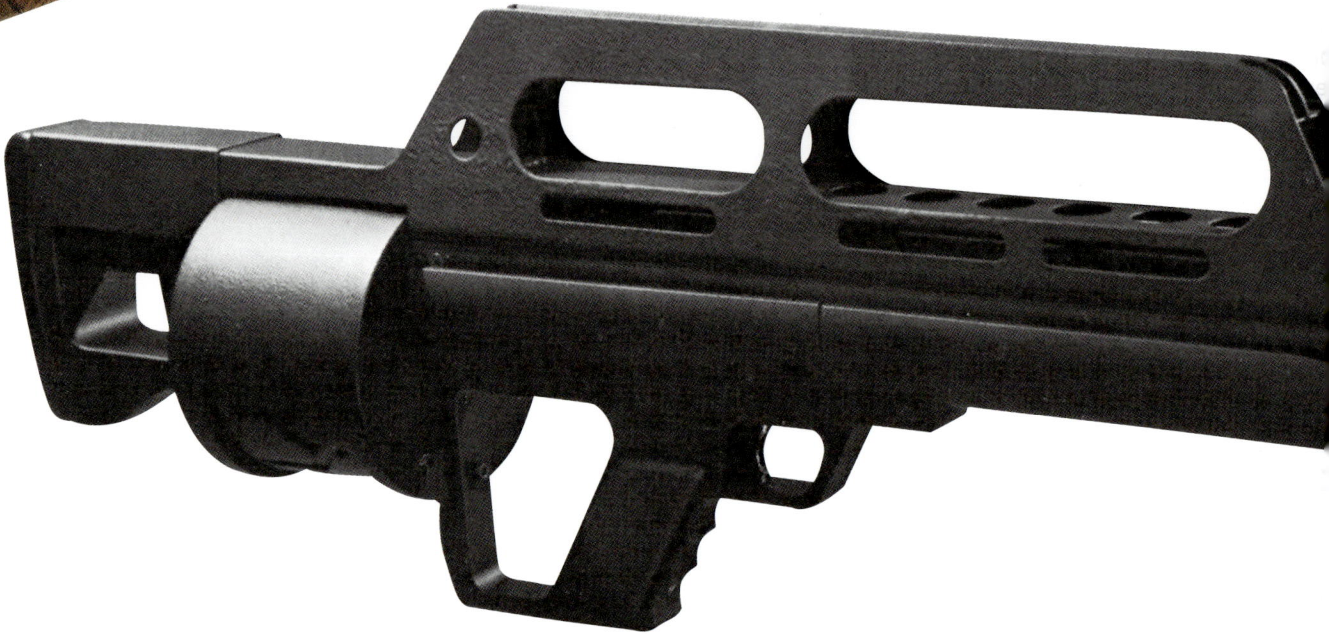

Beretta 682

Als eine der bekanntesten Bockflintenbaureihen wurde in den 1980er-Jahren die 682 von Beretta speziell für das Tontaubenschießen konstruiert und ist nur im Schrotkaliber 12 erhältlich. Viele Beretta-Bockflinten – die 682 ist keine Ausnahme – verwenden den besonders stabilen Flankenverschluss. Bei diesem Verschluss wird das hintere Laufende komplett seitlich in den Verschlusskasten geführt, auf zwei Zapfen gedreht und abgekippt. Lauf und Verschluss werden mit einem Verschlusskeil oder Riegel verschlossen. Automatische Auswerfer gewährleisten den sicheren Auswurf der leeren Hülsen, und die Mündung ist für verschiedene Chokes (auch Vollchoke) eingerichtet. Wie die meisten Beretta-Flinten kann auch die 682 auf Kundenwunsch mit individuell einstellbarer Schaftnase geliefert werden.

Beretta 682	
Herkunftsland:	Italien
Jahr:	1982
Kaliber:	Flintenkaliber 12
Funktionsweise:	Kipplaufflinte
Gewicht:	3,45 kg
Gesamtlänge:	abhängig vom Lauf und Schaft
Lauflänge:	720 mm, 760 mm, 81 mm
Feuerrate:	Einzelschuss
Zuführung:	manuell

Beretta SO9

Die exklusive, sehr teure und mit aufwendigen Gravuren geschmückte Beretta S09 ist als Seitenschlossflinte mit Greener-Verschluss konzipiert. Beim Seitenschloss sind die Funktionsteile seitlich an der Waffe angeordnet und können zur Wartung leicht ausgebaut werden. Für Seitenschlösser wird weitaus mehr Metall verarbeitet als für Kastenschlösser, folglich bieten sie viel mehr Platz für Gravuren. Aufwendige Dekorationen sind daher der Hauptgrund für den hohen Preis dieser Flinten. Die S09 bietet vorzügliche Qualität – vom luxuriösen, aus sorgfältig ausgewähltem Nussbaumholz handgefertigten Schaft bis zu den kaltgehämmerten Läufen. Serienmäßig ist sie nur mit Einabzug versehen, kann aber optional auch mit einem klassischen Doppelabzug (jeder Abzug ist für einen anderen Lauf zuständig) ausgestattet werden.

Beretta SO9	
Herkunftsland:	Italien
Jahr:	1985
Kaliber:	Flintenkaliber 12, 20, 28 und 36
Funktionsweise:	Kipplaufflinte
Gewicht:	3,25 kg
Gesamtlänge:	1116 mm
Lauflänge:	660 mm, 710 mm, 760 mm
Zuführung:	manuell

Pancor Jackhammer

Pancor Jackhammer, eine futuristische Konstruktion aus den 1980er-Jahren, war ein kurzer Gasdrucklader. Diese vollautomatische Einsatzflinte erreichte eine Feuerleistung von 240 Schuss/min. Beim Schuss wird der Lauf vom Gasdruck nach vorn gegen eine Rückholfeder getrieben. Für den nächsten Schuss greift ein Hebel in Steuerkurven ein und dreht die Munitionstrommel jeweils um eine Kammer weiter, der Lauf gleitet zurück, und das Schlagstück wird gespannt. Bemerkenswert ist, dass nicht die leeren Hülsen, sondern das leer geschossene Magazin komplett ausgeworfen wird. Da neue geladene Trommeln von links und rechts eingesetzt werden können, kann die Waffe leicht von links- und rechtshändigen Schützen bedient werden. Doch obwohl der Jackhammer technisch durchaus interessant war, ist er über den Status eines Prototyps nicht hinausgekommen.

Pancor Jackhammer	
Herkunftsland:	USA
Jahr:	1985
Kaliber:	Flintenkaliber 12
Funktionsweise:	Gasdrucklader
Gewicht:	geladen 4,57 kg
Gesamtlänge:	762 mm
Lauflänge:	457 mm
Feuerrate:	240 Schuss/min
Zuführung:	Trommelmagazin zu 10 Patronen

SPAS 15

SPAS 15	
Herkunftsland:	Italien
Jahr:	1985
Kaliber:	Flintenkaliber 12
Funktionsweise:	Gasdrucklader/ Vorderschaftrepetierer
Gewicht:	3,9 kg
Gesamtlänge:	mit ausgeklapptem Schaft 1000 mm, eingeklappt 750 mm
Lauflänge:	450 mm
Zuführung:	Kastenmagazin zu 6 Patronen

Obschon die SPAS 15 äußerlich stark an ein Sturmgewehr erinnert, ist sie eine halbautomatische Einsatzflinte für das Schrotkaliber 12, die als Gasdrucklader mit Drehverschluss konzipiert ist. Die Patronen werden aus einem abnehmbaren Kastenmagazin nachgeladen, das sechs Patronen enthält. Wie die SPAS 12 lässt sich auch die SPAS 15 – abhängig von dem verwendeten Patronentyp – vom halbautomatischen Schussmodus auf Vorderschaftrepetierer umschalten. (Da Patronen mit geringem Gasdruck, wie zum Beispiel Tränengasgeschosse, nicht genügend Energie zur Betätigung des Gasmechanismus liefern, muss dann die Vorderschaftrepetierung gewählt werden.) Abhängig vom Einsatz kann zwischen festem und Klappschaft gewählt werden, während der Schütze dank Wechsel-Choke-System die Streuung der Schrotgarbe variieren kann.

Striker

Die Striker wurde Anfang der 1980er-Jahre als „polizeiliches Sondereinsatzmittel" entwickelt und in den Jahren des Apartheidregimes in Südafrika eingesetzt. Die Striker ist nach dem Prinzip eines Spannabzugrevolvers entwickelt, und beim Betätigen des Abzugs wird die Schlagstückfeder gespannt. Dadurch dreht sich die Trommel unter Federdruck so weit, dass das nächste Patronenlager vor dem Lauf positioniert wird. Zum Drehen der klobigen Trommel zwischen den einzelnen Schüssen wird der Vordergriff nach rechts und dann zurück bewegt. Als fester Bestandteil der Waffe wird die Trommel durch eine Ladeklappe aufmunitioniert. Leere Hülsen werden durch Pulvergase automatisch ausgeworfen. Striker sind noch im Einsatz und verschießen Schrot- und Sondermunition.

Striker
Herkunftsland:	Südafrika
Jahr:	1985
Kaliber:	Flintenkaliber 12
Funktionsweise:	Spannabzug mit Trommel
Gewicht:	4,2 kg
Gesamtlänge:	mit ausgeklapptem Schaft 792 mm, eingeklappt 508 mm
Lauflänge:	304 mm oder 457 mm
Zuführung:	Trommelmagazin zu 12 Patronen

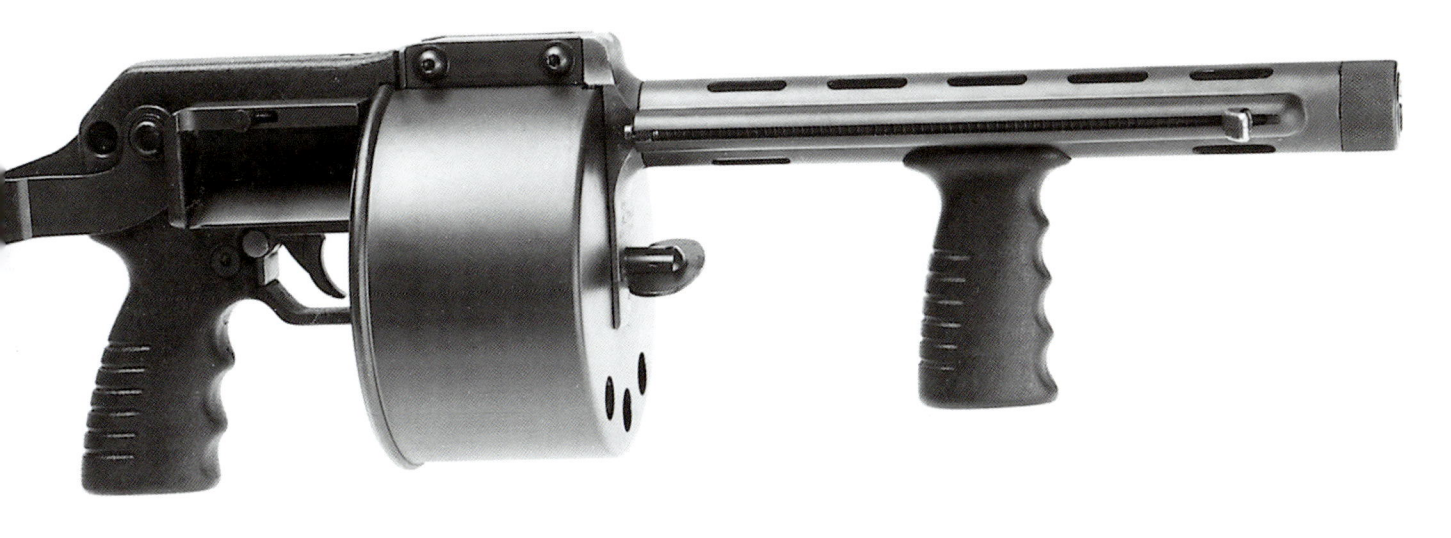

Winchester Defender

Die Defender wurde bis Ende März 2006 gefertigt und blickt mit zahlreichen Varianten auf eine lange Karriere im Polizeieinsatz zurück. Sie ist kostengünstig und robust, aber auch bei Jägern und Farmern beliebt. Die Defender ist als Vorderschaftrepetierflinte für Schrotpatronen Kaliber 12 konstruiert und besitzt entweder einen konventionellen Kolben oder nur einen Pistolengriff. Ihre Magazinkapazität (fünf bis sieben Patronen plus eine zusätzliche im Patronenlager) ist abhängig von der Länge der verwendeten Munition. Ihr Drehverschluss garantiert eine sehr solide Verriegelung. Der Repetiermechanismus wird durch die Rückstoßenergie unterstützt und ermöglicht eine Feuerkraft, die sich kaum von halbautomatischen Flinten unterscheidet.

Winchester Defender
Herkunftsland:	USA
Jahr:	1990
Kaliber:	Flintenkaliber 12
Funktionsweise:	Vorderschaftrepetierer
Gewicht:	ca. 3 kg, abhängig vom Modell
Gesamtlänge:	abhängig von der Ausführung
Lauflänge:	457 mm
Zuführung:	Röhrenmagazin zu 7 Patronen

FLINTEN

Browning B425

Verglichen mit den Berettas haben Brownings Bockflinten gewöhnlich ein breiteres Profil, und beide haben ihre jeweiligen „Liebhaber". Seit ihrer Einführung Mitte der 1990er-Jahre ist die B425 sehr populär. Obwohl es inzwischen zahlreiche Varianten gibt, basiert die Grundkonstruktion immer noch auf einem Kastenschloss mit automatischem Auswurf, hart verchromten Laufinnenwandungen und einem durch Masseträgheit wirkenden Verschluss. Während die meisten Mitglieder dieser Waffenfamilie Schrotpatronen Kaliber 12/76 verschießen, kann die B425 Waterfowl auf Wunsch für das besonders starke Kaliber 12/89 eingerichtet werden. Einige Modelle erhielten Mündungsbremsen, um die Anfangsgeschwindigkeit der Geschosse zu bremsen. Wechsel-Chokes sind im Lieferumfang enthalten.

Browning B425	
Herkunftsland:	USA
Jahr:	1995
Kaliber:	Flintenkaliber 12 o. 20
Funktionsweise:	Kipplaufflinte
Gewicht:	3,5 kg
Gesamtlänge:	1143 mm
Lauflänge:	710 mm, 760 mm, 810 mm
Feuerrate:	Einzelfeuer
Zuführung:	manuell

Browning Gold Hunter

Browning begründete seinen Ruf vor allem durch halbautomatische bzw. Doppelflinten. Wie der Name bereits andeutet, ist die Gold Hunter primär für die Feld- und Flugwildjagd entwickelt worden und in den Schrotflintenkalibern 12 oder 20 erhältlich. Die 12-Kaliber-Flinten gibt es in drei Lauflängen: 660, 710 und 760 mm; die 20-Kaliber-Flinte wird nur mit den beiden erstgenannten Läufen gefertigt. Die Gold Hunter ist ein Gasdrucklader mit Röhrenmagazin. Je nach Hülsenlänge schwankt die Magazinkapazität zwischen drei bis vier Patronen, denn die Gold Hunter kann 70, 76 und 89 mm lange Hülsen verschießen. Wechsel-Chokes gehören zur Standardausstattung und ermöglichen es dem Schützen, die Streuung (Trefffläche) der Schrotgarbe den Anforderungen der Jagd – von kurzer Distanz bis zum Weitschuss auf hoch fliegende Gänse – anzupassen.

Browning Gold Hunter	
Herkunftsland:	USA
Jahr:	1995
Kaliber:	Flintenkaliber 12 o. 20
Funktionsweise:	Gasdrucklader
Gewicht:	bis 3,5 kg
Gesamtlänge:	abhängig vom Lauf und Schaft
Lauflänge:	660 mm, 710 mm, 760 mm
Feuerrate:	Halbautomat
Zuführung:	Röhrenmagazin zu 3 oder 4 Patronen

Armscor M30-Flinten

Flinten des Typs M30 werden von der Arms Corporation of the Philippines (abgekürzt: Armscor) gefertigt. Ihre Grundkonstruktion ist eine Flinte im Kaliber 12 und mit einem Röhrenmagazin, das – je nach Hülsenlänge – bis zu sechs Patronen fasst. Der Vorderschaftrepetiermechanismus ist sehr zuverlässig, und so konnte es nicht ausbleiben, dass M30-Flinten auch bei Gesetzeshütern zum Einsatz kamen. Während die Basismodelle fest eingebaute Chokes haben, erhielt die M30 DI/C drei Wechsel-Chokes und ist folglich bei Jägern weitaus beliebter. Die Brünierung der Stahlteile ist schlicht, aber robust und passt farblich gut zu dem aus philippinischem Hartholz gefrästen Kolben und Vorderschaft. Mit der Version R6 wurde eine spezielle Einsatzflinte mit größerer Magazinkapazität geschaffen.

Armscor M30-Flinten	
Herkunftsland:	Philippinen
Jahr:	2000
Kaliber:	Flintenkaliber 12
Funktionsweise:	Vorderschaftrepetierer
Gewicht:	bis ca. 3,5 kg
Gesamtlänge:	bis 1193 mm
Lauflänge:	470 mm
Zuführung:	Röhrenmagazin zu 6 Patronen

Krieghoff KX-5

Krieghoff KX-5	
Herkunftsland:	Deutschland
Jahr:	2000
Kaliber:	Flintenkaliber 12
Funktionsweise:	Kipplaufflinte
Gewicht:	3,9 kg
Gesamtlänge:	abhängig von der Lauflänge
Lauflänge:	760 mm, 810 mm
Münd.geschwind.:	abhängig von eingesetzter Munition
Zuführung:	manuell

International werden Krieghoff-Flinten für ihre hochwertige Fertigungsqualität gerühmt und besonders von Trapschützen geschätzt. Auffälligstes Merkmal der KX-5 ist ihre erhöhte Laufschiene. Dank dieser Schiene kann der Schütze das Ziel sicher erfassen und – egal ob es sich seitlich, ober- oder unterhalb der Zielrichtung befindet – den optimalen Abkommpunkt finden. Die Waffe ist vom Hersteller serienmäßig so eingerichtet, dass 65 Prozent der Schrotgarbe nach oben und 35 Prozent nach unten streicht. Die Laufschiene kann aber auch so ausgerichtet werden, dass 90 Prozent der Garbe nach oben oder auch 50 Prozent nach unten streichen. Die KX-5 ist speziell als Trapwaffe entwickelt worden und daher einläufig. Ihre Schaftkappe ist einstellbar, und die Schaftbacke bietet dem Schützen den nötigen Halt für den Präzisionsschuss.

Perazzi MX 410

Perazzi MX 410	
Herkunftsland:	Italien
Jahr:	2000
Kaliber:	10,4 mm
Funktionsweise:	Kipplaufflinte
Gewicht:	keine Angabe
Gesamtlänge:	keine Angabe
Lauflänge:	660 mm, 680 mm, 710 mm, 740 mm
Münd.geschwind.:	abhängig von eingesetzter Munition
Zuführung:	manuell

In den vergangenen 20 Jahren hat das Kaliber .410 (10,4 mm) unter Flintenschützen eine Renaissance erlebt. Im Allgemeinen wird diese Jagdmunition für leichte Waffen und auf kurze Entfernungen gewählt. Die MX 410 ist eine weitere moderne Waffe von einem der besten Bockflintenhersteller – Perazzi aus Italien. Das Modell Standard Grade dieser Baureihe ist eine schlanke Bockflinte mit Kipplaufsystem und hochwertig gearbeitetem Schaft sowie solider Visierschiene. Im Rahmen der Waffenfamilie MX 410 bietet Perazzi noch weitere höher entwickelte Modelle mit ventilierten Laufschienen, luxuriös gravierten Seitenplatten, hochwertigem Walnussholz und edlem Finish an. Fest eingebaute oder auswechselbare Chokes werden ebenso angeboten wie viele verschiedene Lauflängen.

Beretta AL391 Teknys

Halbautomatische Flinten sind zwar technisch nicht so zuverlässig wie Kipplaufsysteme, haben jedoch in den vergangenen Jahren sehr hohe Standards erreicht. Dank ihrem selbstregulierenden Gasdrucksystem (stärkste Magnumladungen Kaliber 12 können verschossen werden) haben sie viele Anhänger in der Feldjagd und im Sportschießen. Eine solche Selbstladeflinte ist die Beretta AL 391 Teknys, ein Gasdrucklader im Kaliber 12 oder 20 und mit Lauflängen von 610 bis 760 mm. Ein neuartiges Dämpfungssystem (Gel-Tek) verleiht allen AL 391 ein angenehmes Rückstoßverhalten. Zum Schutz vor Korrosion durch Pulvergase werden viele Bauteile der internen Mechanik aus nicht oxidierendem Stahl gefertigt. Zur optimalen Kontrolle der Schrotgarbe liefert Beretta auswechselbare und fest eingebaute Chokes.

Beretta AL391 Teknys

Herkunftsland:	Italien
Jahr:	2001
Kaliber:	Flintenkaliber 12
Funktionsweise:	Gasdrucklader
Gewicht:	bis 3,3 kg
Gesamtlänge:	1295 mm (davon Lauf 711 mm)
Lauflänge:	610 mm, 660 mm, 71 mm, 760 mm
Münd.geschwind.:	abhängig von eingesetzter Munition
Zuführung:	Röhrenmagazin zu 2-3 Patronen

FN 303

Herkunftsland:	Belgien
Jahr:	2003
Kaliber:	Flintenkaliber 12
Funktionsweise:	Druckluft
Gewicht:	2,3 kg
Gesamtlänge:	740 mm
Lauflänge:	250 mm
Münd.geschwind.:	abhängig von eingesetzter Munition
Zuführung:	Magazin zu 15 Patronen

FN 303

Die FN 303 (Less Lethal Launcher) wurde speziell für Einsätze entwickelt, bei denen Personen auf Entfernungen von bis zu 100 m kampfunfähig gemacht, aber nicht getötet werden sollen, und ist für fünf verschiedene Geschossarten im Kaliber 12 geeignet. Als Treibmittel dient Druckluft, die aus einem parallel neben dem Lauf installierten Gasbehälter zugeführt wird. Der Gasvorrat reicht für ungefähr 100 Schüsse. Die Projektile werden aus einem 15-schüssigen Magazin in den Lauf geführt. Es können Tränengasgeschosse und andere Reizkampfstoffe, aber auch Farbmarkierer und Leuchtgranaten sowie Gummi- und andere Wuchtgeschosse verwendet werden.

Merkel 2001EL Sporter

Die 2001EL Sporter ist eine von Merkels Doppelflinten der 2000er-Reihe. Diese Jagdwaffe ist als Bockflinte konstruiert und primär für die Feldjagd entwickelt. Die Läufe sind für die Kaliber 12, 20 und 28 eingerichtet und können mit fest eingebauten oder Wechsel-Chokes ausgestattet werden. Bei den fest eingebauten Chokes kann der Kunde zwischen verbesserter Zylinderbohrung und Halbchoke (Verengung ca. 0,45 mm), Viertelchoke (Verengung ca. 0,25 mm) und Vollchoke (Verengung ca. 0,875 mm) wählen. Serienmäßig wird die 2001EL Sporter mit längenverstellbarem und umschaltbarem Ein- oder Doppelabzug und geradem Schaftrücken geliefert.

Merkel 2001EL Sporter	
Herkunftsland:	Deutschland
Jahr:	2001
Kaliber:	Flintenkaliber 12
Funktionsweise:	Kipplaufflinte
Gewicht:	3,1 kg
Gesamtlänge:	abhängig von der Lauflänge
Lauflänge:	710 mm, 760 mm
Münd.geschwind.:	abhängig von eingesetzter Munition
Zuführung:	manuell

Browning Cynergy

Brownings Cynergy ist eine völlig neu konzipierte Bockflinte. Mit dieser Waffe setzte Browning sowohl für eigene als auch die Konstruktionen anderer Hersteller neue Maßstäbe. Bezeichnend für die Cynergy ist eine extrem niedrige Basküle und das moderne Flankenverschlusssystem. Dieser sogenannte MonoLock-Verschluss bietet erheblich mehr Verriegelungsfläche, längere Lebensdauer und folglich auch mehr Sicherheit. Dank des Browning-Systems „Reverse Striker Ignition" ist die Zündzeit extrem kurz und benötigt nur den Bruchteil einer Sekunde. Die Umschaltung auf den zweiten Lauf geschieht automatisch. Andere Merkmale dieser oft als revolutionär bezeichneten Waffe sind ihr höhenverstellbarer Schaft und eine verlängerbare Rückstoßkappe, sie mindert den Rückstoß um ca. 25 Prozent. Zudem ist der Hochschlag beim Schuss dank linearem Rückstoß minimal.

Browning Cynergy	
Herkunftsland:	USA
Jahr:	2004
Kaliber:	Flintenkaliber 12
Funktionsweise:	Kipplaufflinte
Gewicht:	3,4 kg
Gesamtlänge:	1194 mm (davon Lauf 762 mm)
Lauflänge:	710 mm, 760 mm, 810 mm
Münd.geschwind.:	abhängig von eingesetzter Munition
Zuführung:	manuell

Perazzi MX 2005

Herkunftsland:	Italien
Jahr:	2005
Kaliber:	Flintenkaliber 12
Funktionsweise:	Kipplaufflinte
Gewicht:	4,2 kg
Gesamtlänge:	keine Angabe
Lauflänge:	812 mm
Münd.geschwind.:	abhängig von eingesetzter Munition
Zuführung:	manuell

Perazzi MX 2005

Trotz – oder vielleicht gerade wegen – ihrer vermutlich einzigartigen Visierschienengestaltung zählt die Bockflinte Perazzi MX 2005 zu den besten Trapwaffen. Die Visierschiene ist 2 cm über dem Oberlauf angeordnet, mittig drehbar gelagert und kann in Einkerbungen höher oder niedriger eingerichtet werden. Dank diesem Schienensystem kann der Trapschütze das Ziel optimal ansprechen. Trapflinten müssen lange Läufe haben und sind stark „gechokt". So bietet auch Perazzi die MX 2005 mit einer Kombination aus Wechselchokes und fest eingebauten Chokes an: der Oberlauf mit festem Vollchoke, der Unterlauf mit Wechselchokes. Das verstellbare Backenstück der MX 2005 kann den Kundenwünschen angepasst werden.

Mossberg 835 Ultimag

Die Ultimag ist eine weitere Repetierflinte im Kaliber 12 des Unternehmens Mossberg, das vor allem für seine Vorderschaftrepetierer und vollautomatischen Flinten berühmt ist. Ein herausragendes Merkmal der Ultimag – und das macht sie für Jäger sehr interessant – ist ihre Fähigkeit, Patronen im Magnum-Kaliber 89 mm verschießen zu können. Magnums verursachen einen enormen Rückstoß, den die Ultimag aber nicht nur durch ein dickes Schaftpolster, sondern auch durch Mündungsöffnungen mindert, die einen Teil der Pulvergase seitlich ableiten und wie eine Mündungsbremse wirken. Die leicht aufgebohrte Laufmündung bewirkt eine größere Streuung der Schrotgarbe und somit eine größere Trefferfläche. Die Ultimag wird unter anderem als „Thumbhole Turkey" für die Truthahnjagd angeboten.

Mossberg 835 Ultimag
Herkunftsland:	USA
Jahr:	2004
Kaliber:	Flintenkaliber 12
Funktionsweise:	Vorderschaftrepetierer
Gewicht:	3,5 kg
Gesamtlänge:	1024 mm
Lauflänge:	508 mm
Münd.geschwind.:	abhängig von eingesetzter Munition
Zuführung:	Röhrenmagazin zu 6 Patronen

Benelli Nova Pump

Nicht nur optisch, sondern auch technisch ist die Nova Pump eine sehr dynamische Vorderschaftrepetierflinte. Benelli fertigt sie unter ultramodernen Konstruktionsstandards in den Kalibern 12 und 20. Der Schaft aus extrem robustem Polymer-Verbundwerkstoff geht gerade in die Baskühle über und deckt viele Verbindungen ab, durch die Feuchtigkeit in die Flintenmechanik eindringen könnte. Ein Sicherungshebel befindet sich unmittelbar vor dem Abzugsbügel. Durch Betätigung eines unter dem Vorderschaft angebrachten Druckknopfs kann der Schütze das Nachladen aus dem Röhrenmagazin stoppen und eine Patrone auswerfen, ohne dass eine neue nachgeschoben wird. Die Nova Pump besitzt einen Drehverschluss und kann problemlos auch Magnum-Patronen Kaliber 89 mm verschießen.

Benelli Nova Pump
Herkunftsland:	Italien
Jahr:	2005
Kaliber:	Flintenkaliber 12 o. 20
Funktionsweise:	Vorderschaftrepetierer
Gewicht:	bis 3,68 kg
Gesamtlänge:	610 mm, 660 mm, 710 mm
Lauflänge:	1257 mm (davon Lauf 710 mm)
Münd.geschwind.:	abhängig von eingesetzter Munition
Zuführung:	Röhrenmagazin zu 4 Patronen

GLOSSAR

Bullpup
Gewehrschäftung. Um die Waffe – bei normaler Lauflänge – möglichst kurz zu halten, sind Magazin und Verschluss hinter das Abzugssystem in den Schaft verlegt.

Double Action
Bei diesem System wird durch Krümmen des Abzugs zunächst der Hahn gespannt, dann löst sich der Schuss. Ein vorheriges Spannen des Hahns ist nicht erforderlich. Bei Revolvern wird zusätzlich die Trommel weitergedreht.

Flechet
Ein pfeilförmiges, unterkalibriges Projektil. Flechet müssen aus Rohrwaffen mittels Treibspiegeln verschossen werden. Flechet-Geschosse erreichen sehr hohe Mündungsgeschwindigkeiten.

Gasdrucklader
Waffensystem, bei dem die Pulvergase durch einen Kanal auf einen Gaskolben wirken. Dieser Kolben entriegelt den Verschluss und führt ihn in die hinterste Stellung, und der Repetiervorgang beginnt erneut.

Hohlladung
Anordnung von brisantem Sprengstoff um eine kegelförmige Metalleinlage. Nach Zündung der Ladung bildet sich durch den hohen Druck ein Stachel, der massive Panzerungen durchschlägt.

Kadenz
Feuerrate einer Schusswaffe.

Kaliber
Projektilgröße. Diese kann in Gewichts- oder Längeneinheiten angegeben werden. So entspricht bei Kaliber 12 die Masse von zwölf Projektilen der eines englischen Pfunds (454 g). Bei amerikanischen Waffen wird das Kaliber als Bruchteil eines Zolls angegeben.

Kammer
In die Kammer am Laufende wird die Patrone eingeführt. Dieses Patronenlager entspricht in Form und Ausmaßen der verwendeten Munition.

Kammerstängel
Bedienhebel des Verschlusses bei Repetierwaffen. Nach Abgabe eines Schusses wird mittels des Kammerstängels der Verschluss zurückgezogen und die Patronenhülse ausgeworfen.

Karabiner
Diese ursprüngliche Reiterwaffe ist eine verkürzte Version eines Infanteriegewehrs.

Kompensator
An der Laufmündung angeordnet, reduzieren Kompensatoren das Hochschlagen und das seitliche Auswandern der Mündung bei der Schussabgabe.

lMG
Abkürzung für leichtes Maschinengewehr.

Masseverschluss
Verriegelungsart. Das Verschlussstück verriegelt nicht mit dem Lauf. Bei der Schussabgabe wird der Verschluss von den Pulvergasen zurückgeschoben, sodass die leere Patronenhülse ausgeworfen wird. Durch eine Feder wird der Verschluss wieder in seine Ruhestellung gebracht, dabei wird eine neue Patrone in die Kammer eingeführt.

Masseverschluss, verzögerter
Bei Rückstoßladern wird der Rücklauf des Masseverschlusses verzögert, bis das Geschoss den Lauf verlassen hat.

Mündungsbremse
Nachdem das Geschoss das Rohr verlassen hat, treten Verbrennungsgase aus. Sie werden durch Prallflächen abgelenkt und reduzieren dadurch den Rückstoß.

Personal Defence Weapon
Persönliche Verteidigungswaffe; kompakte Handfeuerwaffen, kleiner als ein reguläres Sturmgewehr, aber mit höherer Kadenz als eine Pistole. PDWs sind für Kampfunterstützungstruppen konzipiert, die nur in Ausnahmefällen in Gefechte verwickelt werden.

Rücklauf, langer
Ein Funktionsprinzip des Rückstoßladers. Lauf und Verschluss werden durch den Druck der Pulvergase etwas mehr als eine Patronenlänge zurückbewegt. Gleichzeitig wird die leere Hülse ausgeworfen und eine neue Patrone geladen.

Rückstoßlader
Funktionsprinzip. Die Energie der Pulvergase (Rückstoß) wird genutzt für Auswurf der leeren Hülse, Laden und Spannen.

Selbstlader
Funktionsprinzip. Mehrschüssige, selbsttätig (durch Betätigung des Abzugs) repetierende Waffe.

Verschluss
Hinterer Laufabschluss.

Verschluss, freier
Der Verschluss ist beim Schießen nicht mit dem Lauf verbunden, sondern wird durch die Schließfeder lediglich an den Lauf gedrückt. Dieses Funktionsprinzip soll eine bessere Kühlung der Waffe zwischen den Schüssen ermöglichen.

Verschluss, gebremster (halbfreier)
Der Verschluss ist beim Schuss mit dem Lauf verbunden und wird durch den Druck der Pulvergase auf den Hülsenboden (der Patrone) gelöst. Verschluss und Hülse beginnen ihre Rückwärtsbewegung unter dem Druck der Pulvergase im Lauf.

Verschlussgehäuse
Das Verschlussgehäuse nimmt die wichtigsten Teile des Verschlusses und gegebenenfalls des Schlosses auf.

Verschlussstück
Dem Verschlusszylinder ähnliches Bauteil bei halb- oder vollautomatischen Feuerwaffen. Konstruktionsbedingter unterschiedlicher Aufbau bei verriegelnder bzw. unverriegelnder Konstruktion.

REGISTER

A

Accuracy International 178
Accuracy International Varminter 189
Adams, Robert 24, 57
Adams-Selbstspannerrevolver 57
AK-47 43, 44, 144, 150
AK-74 45, 166
AKSU-74 231
Allin 123
Amerikanischer Bürgerkrieg 25, 26, 28
Amerikanischer Unabhängigkeitskrieg 16, 18
AN-94 Abakan 180
Apache-Revolver 63
AR-15 (M16) 150, 152
Arkebuse 10
Armalite AR-15 44, 150, 152
Armalite AR-18 156
Armscor (Arms Corporation of the Philippines) 291
Armscor M30-Flinten 291
AT/AERO 088 226
Atchisson Assault Shotgun 281
Austen 220
Auswerfer 138–139
Auszieher 138–139
Automatische Waffen 33–42
Awtomat 44

B

Bacon, Roger 7
Baikal IZH-27 281
Baikal/Izhevsky Mekhanichesky Zavod 281
Baker Rifle 18, 19, 113
Baker, Ezekiel 18, 113
Barrett M82A1 171
Benelli
    Benelli Nova Pump 297
    Benelli R1 197
Bentley, Joseph 58
Bentley-Revolver, fünfschüssig 58
Bentley-Revolver, sechsschüssig 55
Berdan, Hiram 28, 31, 115
Beretta
    Beretta 1934 86
    Beretta 1951 92
    Beretta 501 176
Beretta 682 287
Beretta 92 100
Beretta 93R 103
Beretta AL391 Teknys 293
Beretta AR70 165
Beretta BM59 Mk 1 149
Beretta M12 224
Beretta M38/42 217
Beretta M38A 208
Beretta Modello 1915 79
Beretta RS200 278
Beretta SO9 287
Bergmann 41
Berthier mle 1907/15 133
Berthier, Adolphe 249
Berthier, André 133
Besa 257
Blakeslee Cartridge Box 121
Blakeslee, Erastus 121
Bockflinte 284
Borchardt, Hugo 41
Borchardt-Selbstladepistole 68, 244, 245
Bourgeoys, Marin le 15
Boxer, Edward Mounier 31
Brandywine, Schlacht von 18
Breda Modello 30 251
Bren-MG 37, 39, 253, 255
BRNO 98 182
Brown Bess (Muskete Long Land Pattern) 16, 111
Brown Bess India Pattern 111
Browning
    Browning Modell 1910 76
    Browning 125 277
    Browning Auto 5 277
    Browning Automatic Rifle (BAR) 39, 158, 247
    Browning B425 291
    Browning BL-22 163
    Browning Buck Mark 176
    Browning Cynergy 295
    Browning Gold Hunter 291
    Browning HP 87
    Browning M1917 248
    Browning M1919 248, 266
    Browning M2 249
    Browning M2HB 46, 254, 267
    Browning Modell 1900 72
    Browning Modell 1903 73
Browning, John Moses 36, 60, 72, 87, 192, 239
Brunswick Rifle 18, 20, 113
Bündelrevolver 21
BXP 233
Bye, Martin 67

C

Carbine M1 138–139, 141
Carcano, Salvatore M. 125
Carl Gustav M/45 221
CETMA Ameli 269
CETME 58 149
Chamelot-Delvigne 1874 64
Charleville-Pistole 16
Chassepot mle 66 121
Chassepot, Antoine Alphonse 27, 28, 121
Chauchat 39, 246
Chaumette, Isaac de la 26
Choke 285
CIS Ultimax 100 269
Codex Atlanticus 12
Collier, Elisha 21, 54
Collier-Steinschlossrevolver 54
Colonel George Hanger's Advice To All Sportsmen, and Particularly to Farmers and Gamekeepers 16
Colt 22–25, 44, 56, 80
    Colt 9 mm 234
    Colt-Browning Model 1895 239
    Colt Cobra 90
    Colt Defender 90
    Colt Double Action Army 66
    Colt Lawman Mk III 93
    Colt Little Dragoon 24
    Colt M1911 41, 60, 61
    Colt M1911A1 77
    Colt Modell 1849 24
    Colt Navy 1851 24, 56
    Colt Navy Model 1889 31
    Colt New Service 74
    Colt Paterson 22, 23
    Colt Python 71
    Colt SAA (Frontier/Peacemaker) 31, 64
    Colt Whitneyville Walker Dragoon 23
Colt, Samuel 22, 23, 56

CZ (Česká Zbrojovka)
    CZ 75 98
    CZ vz 61 Skorpion 228
    CZ 452 American Classic 191
    CZ 511 203
    CZ 550 194

D

Dafte, John 21
De Secretis Operibus Artis et Naturae et de Nullitate Magiae 7
Degtyarev, Vasily A. Alexeyewich 208
Deringer, Henry 57
Dey von Algier 53
Dey-von-Algier-Pistole 53
Dolep, Andrew 51
Dolep-Steinschlosspistole, Doppelläufige 51
Dolne 63
Doppelflinte 284
Double Action 24
DP 28 250
DP-Maschinengewehr 39
DPM 258
Drall 194–195
Drehverschluss 150–151
Dreyse
    Dreyse M1907/RM & M Dreyse 75
    Dreyse-Zündnadelgewehr 115
Dreyse, Johann Nikolaus von 27, 28
DSchK 1938 256

E

Egg, Joseph 20
EM2 145
Enfield
    Enfield No. 2 Mk I 70–71, 81
    Enfield Pattern 1853 115
    Enfield Snider 119
Erma-Werke 210
Erster Weltkrieg 39, 41

F

F1 228
FA MAS F1 168
Fabrique Nationale d'Armes de Guerre (FN) 72
    FN 303 294

FN Browning M 1903 41
FN CAL 157
FN FAL 44, 147
FN FNC 170
FN MAG 262
FN Minimi 45, 46, 268
FN P90 234
Fusil FN-Mauser mle 1889 125
Fallschirmjägergewehr FG 42 44, 140
Faustfeuerwaffen 48–105
Ferguson Rifle 18, 110
Ferguson, Patrick 18, 26, 110
Feuerstein 14
Flakonschloss 19
Flinten 272–297
    Bockflinte 284
    Doppelflinte 284
    Kipplaufwaffe 284
    Querflinte 284
    Vorderschaftrepetierflinte 285
Flobert, Louis 28
FMK-3 231
Forsyth, Alexander John 19, 54
Forsyth-Perkussionspistole 54
Fosbery, G. V. 72
FR-F1 172
Franchi, Luigi 283
Fucile Modello 91 125
Fusil Berthier mle 1907/15 133
Fusil FN-Mauser mle 1889 125
Fusil Lebel mle 1886 125
Fusil MAS 36 135
Fusil Mitrailleur Mle 1915 246
Fusil Mitrailleur Mle 1924/29 251
Fusil Mitrailleur mle 49 144

G

G 41 44
Gal, Uziel 224
Galil ARM 164
Garand, John C. 42, 43
Garand-Gewehr M1 42, 43, 135
Gardner-Kanone 35
Gasdrucklader 44, 46, 252–253
Gasser Montenegro 63
Gatling Gun 238
Gatling, Richard Jordan 33, 35, 238
Gatling-Kanone 32, 35
Georg III. 53
Georg VI. 37
Geradzugverschluss 33

Gewehre 15, 18–19, 106–203
    halbautomatische Gewehre 44
Gewehr 41 (W) 136
Gewehr 43 136
Gewehr Modell 38 133
Glisenti Modello 1910 77
Glock 60
    Glock 17 84, 103
    Glock 18 41
Gorjunow SG43/SGM 258
Griffin, Benjamin 275
Griffin, Josef 275
Griffin-Steinschlossflinte 275
Gurtzuführung 260–261
Guthrie, Samuel 20

H

Hadley-Doppelflinte 275
Hahnspannung 24
Hakenbüchse 10, 11
Handbüchse 9
Hanger, George 16
Hawker, Peter 20
Heckler & Koch 229, 230
    Heckler & Koch G11 179
    Heckler & Koch G3 44, 148
    Heckler & Koch G36 45, 181
    Heckler & Koch HK33 158
    Heckler & Koch HK53 165
    Heckler & Koch P7 101
    Heckler & Koch P9 94
    Heckler & Koch PSG-1 171, 173
    Heckler & Koch VP70 95
    HK21 A1 265
    MP5 43
Henry Rifle 119
Henry, B. Tyler 31, 119
Herzog von Guise 14
Heylin, Joseph 53
Heylin-Holsterpistole 53
Heym Express Magnum 186
Hime, H. W. L. 7
Hinterlader 25, 26
Hinterladergewehr 18
Hinterladerrevolver 28
Holub, Karl 121
Hotchkiss
    Hotchkiss-MG 36, 37
    Hotchkiss Mle 1909 242
    Hotchkiss Mle 1914 246

Howard, Edward Charles 19
Hunt, Walter 30

IMI Desert Eagle 97, 102
Ingram Model 10 229
INSAS-Sturmgewehr 186
Ithaca 37 277
Iver-Johnson-Revolver 67

J

Jatimatic 235
Jezail-Muskete 12
John Pearson 22
Johnson, Iver 67

K

Kalaschnikow, Michail T. 44, 144
Kanonen 7–8
Kapselschloss 20
Karabiner 98k 135
Karabiner De Lisle 141
Karakole 13
Kentucky Rifle 16, 113
Kipplaufwaffe 284
Knallquecksilber 19
Kniegelenkverschluss 244–245
Kollner, Gaspard 16
Krieghoff KX-5 292
Kutter, Augustus 16

L

L1A1 SLR 44, 45
L4 Bren 262
L42A1 116
L85 45
L85A1 160, 177
L86A1 (leichte Unterstützungswaffe) 270
L96A1 178
Laderahmen 32–33
Lahti L35 87
Lahti, Aimo 87
Lanber Deluxe Sporter 283
Lancaster, Charles 31
Lanchester 42, 214
Land-Warrior-Programm 47
Lauf 126–127, 194–195

Laughridge, Bill 90
Laumann, Joseph 41
Lebel 32
    Fusil Lebel mle 1886 125
    Lebel 1892 67
Lee-Enfield SMLE 200
Lee-Enfield-Verschluss 201
Lefaucheux, Casimir 27, 55
Lefaucheux-Stiftfeuerrevolver 55
Lehky
    Lehky Kulomet vz 59 263
    Lehky Kulomet ZB vz 26 250
    Lehky Kulomet ZB vz 30 250
Lewis, Isaac 243
Lewis-MG 39, 243, 252
Liberator M1942 89
Lidérung 7
Lorenzoni, Michele 109
LSW 45
Ludlow, Edmund 13
Luger P08 41
Luger, Georg 76
Lunte 10, 12
Luntenschloss, Italienisches 109
Luntenschloss-Revolver 21
Luntenschlossgewehr 10, 12
Luntenschnappschloss 10

M

M14 44, 147
M16 45, 184
M1891 Mosin-Nagant 33
M1903 Springfield 33
M1928 42
M249 46
M3 40, 42
M98 33
M-203-Granatwerfer 46
M1/M1A1 Thompson 217
M134 Minigun 270
M16A2-Gewehr 46
M1867 Werndl 121
M1917 Revolver 80
M1928 Thompson 206
M3/M3A1 216
M60 260, 263
MAB PA15 94
MAC M10 43
Madsen M/45 223
Madsen-MG 39, 241

Magazine 96–97
    Kastenmagazin 96
    Zickzackmagazin 96
Makarov 91
Manhurin MR73 95
Mannlicher 201
    Mannlicher-Carcano M 1891 33, 125
    Mannlicher Modell 1895 129
    Mannlicher-Repetiergewehr 25
Mannlicher, Ferdinand Ritter von 32, 129
Manton, Joseph 20
Marlin
    Marlin Modell 39A 129
    Marlin Modell 60 152
    Marlin Modell 70PSS 197
    Marlin XLR 197
Martini-Henry Rifle 32, 123
Martini-Henry-Repetiergewehr 25
MAS
    MAS 1950 91
    MAS 36 135
    MAS 49 144
    MAS FR-F1 159
    MAS Modell 1938 209
Maschinengewehr 236–271
Maschinenpistole 41–43, 204–235
Masseverschluss 212–213
MAT
    MAT 49 222
    MAT AAT-52 259
Mauser 30, 44, 125, 168
    Mauser 86 180
    Mauser 98 190
    Mauser C 96 Militärmodell 41, 69
    Mauser Gewehr 1898 131
    Mauser M/71 32
    Mauser M/89 33
    Mauser-Repetiergewehr 25
    Mauser SP66 168
    Mauser, spanische 33
Mauser, Peter Paul 31, 32, 200
Mauser, Wilhelm 31, 200
Maxim MG 08 242
Maxim, Hiram Stevens 35–36, 242
Maximilian I. 14
Merkel
    Merkel 2001EL Sporter 295
    Merkel KR1 126
Metal Storm 271
MG 08 36
MG 08/15 247
MG 08/18 247

MG 3 46, 264
MG 34 39, 41, 254
MG 4 46
MG 42 41, 46, 256, 260
Militär-Radschlosspistole, Deutsche 51
Millemete, Walter de 7
Minié, Claude 26
Minié-Projektil 26
Miquelet-Pistole, Türkische 50
Miquelet-Schloss 15
Mitrailleuse 34
Modell 81 268
Modell 96 255
Modell 99 257
Monlong-Holsterpistole 52
Montigny 34
Mosin, Sergej I. 129
Mosin-Nagant 1891 129
Mossberg
    Mossberg 500 279
    Mossberg 835 Ultimag 297
MP 18 41–42, 206
MP 28 206
MP 38 210
MP 40 42, 211, 212
MP 43 44
MP 44 44
MP5A2 229
MP5K 230
MPi 69 230
Muskete 12, 15–17, 106–203
Muskete Long Land Pattern 111

N

Nagant
    Mosin-Nagant 1891 129
    Nagant 1895 69
Nagant, Leon 129
Nagashino (Japan), Schlacht von 11
NATO-Standardmunition 44
Negev 271
New Haven Arms Company 31
Nordenfelt, Thorsten 240
Nordenfelt-Bündelgewehr 35, 240
Norinco 86 178

O

Objective Individual Combat Weapon (OICW) 46, 47, 203
Oda Nobunaga 11

Odkolek 36
Office of Strategic Services (OSS) 89
Owen Gun 215
Owen, Evelyn 215

P

Palmcrantz, Helge 240
Pancor Jackhammer 287
Parker-Hale 82 175
Patent Arms Manufacture Company 22
Patronen 25–28, 45
    Flaschenhalspatrone 32
    Papppatrone 27
    Randzünder 28–31
    Stiftfeuerpatrone 27
    Zentralzünder 31
Pattern Enfield 20
Pauly, Samuel Johannes 26
Pennsylvania-Büchse 113
Perazzi
    Perazzi MX 2005 296
    Perazzi MX 410 292
Perkussionsrevolver 20–25
Perkussionsschloss 15, 20
Pfefferbüchse 21
Pistolen 13–14
    94 Shiki Kenju 86
    Beretta 1934 86
    Beretta 1951 92
    Beretta 92 100
    Beretta 93R 103
    Beretta Modello 1915 79
    Borchardt-Selbstladepistole 68
    Browning HP 87
    Browning Modell 1900 72
    Browning Modell 1903 73
    Browning Modell 1910 76
    Colt Defender 90
    Colt M1911 60, 61
    Colt M1911A1 77
    CZ 75 98
    Derringer 57
    Deutsche Militär-Radschlosspistole 51
    Dey-von-Algier-Pistole 53
    Doppelläufige Dolep-Steinschlosspistole 51
    Dreyse M1907/RM & M Dreyse 75
    Englische Queen-Anne-Pistole mit Messinglauf 52
    Forsyth-Perkussionspistole 54
    Glisenti Modello 1910 77
    Glock 60
    Glock 17 103
    Heckler & Koch P7 101
    Heckler & Koch P9 94
    Heckler & Koch VP70 95
    Heylin-Holsterpistole 53
    IMI Desert Eagle 102
    Lahti L35 87
    Liberator M1942 89
    MAB PA15 94
    Makarov 91
    MAS 1950 91
    Mauser C 96 Militärmodell 69
    Monlong-Holsterpistole 52
    Pistole 08 (Parabellum-Pistole) 76
    Radom wz.35 88
    Remington Modell 51 81
    Roth-Steyr M1907 74
    Ruger P90 104
    Savage Model 1907 75
    Schnapphahn-Steinschlosspistole 50
    SIG Sauer P220 98
    SIG Sauer P226 102
    Smith & Wesson Sigma 105
    Stangenhahn-Pepperbox 56
    Star Modell B 82
    Steyr M1912 78
    Tokarev TT-33 83
    Türkische Miquelet-Pistole 50
    Walther P38 88
    Walther P5 99
    Walther P99 105
    Walther PP 82
    Walther PPK 83
    Webley-Selbstladepistole Mk 1 79
PK 264
PPD-34/38 208
PPS-42 218
PPS-43 218
PPSh-41 42, 96, 216
Präzision 194–195
Prélat 20
Pryse, Charles 65
PSM 101
Puckle Repeating Gun 34, 238
Puckle, James 34, 238
Purdey & Sons 274
Purdey, James 20
Purdey-Hahngewehr 274

Queen-Anne-Pistole mit Messinglauf, Englische 52
Querflinte 284

R

Radom wz.35 88
Radschloss 12–14
Reising Model 50/55 215
Remington 25, 57
    Remington 700 201
    Remington Modell 1875 65
    Remington Modell 51 81
    Remington Modell 597 183, 185
    Remington Modell 750 Woodsmaster 199
    Remington Modell 870 279
    Remington New Model Army 59
Repetiergewehr 27, 28, 31, 32–33
Restlichtverstärker 117
Revolver 70–71
    Adams-Selbstspannerrevolver 57
    Apache-Revolver 63
    Bentley-Revolver, fünfschüssig 58
    Bentley-Revolver, sechsschüssig 55
    Chamelot-Delvigne 1874 64
    Collier-Steinschlossrevolver 54
    Colt Cobra 90
    Colt Double Action Army 66
    Colt Lawman Mk III 93
    Colt Navy 1851 56
    Colt New Service 74
    Colt Python 71
    Colt SAA (Frontier/Peacemaker) 64
    Enfield No. 2 Mk I 81
    Gasser Montenegro 63
    Iver-Johnson-Revolver 67
    Lebel 1892 67
    Lefaucheux-Stiftfeuerrevolver 55
    M1917 Revolver 80
    Manhurin MR73 95
    Modell 26 68
    Nagant 1895 69
    Remington Modell 1875 65
    Remington New Model Army 59
    Ruger Redhawk 100
    Ruger-Six-Modelle 99
    Smith & Wesson .38 93
    Smith & Wesson .38/200 89
    Smith & Wesson 625 104
    Smith & Wesson Model 29 92
    Smith & Wesson No. 2 Army 59
    Smith & Wesson No. 3 62
    Webley & Scott Mk V 78
    Webley & Scott Revolver Mk VI 80
    Webley Bulldog 66
    Webley Mk 1 73
    Webley Mk IV 81
    Webley RIC 62
    Webley-Fosbery-Revolver 72
    Webley-Longspur-Revolver 58
    Webley-Pryse-Revolver 65
Ribaudequin 9
Rifle L42A1 163
Rifle M40A1 157
Rifle No. 4 Mk 1 137
Rifle No. 5 Mk 1 143
Riflemen 18–19
Röhrenmagazin 32
Ross, Sir Charles 131
Ross-Gewehre 131
Roth Steyr M1907 74
Royal Irish Constabulary (RIC) 62
RPK 45, 265
Rückstoßlader 36
Rückstoßverfahren 266–267
Ruger
    Ruger 10/22 155
    Ruger M77 Mk II 179
    Ruger Mini-14 166
    Ruger No.1 156
    Ruger P90 104
    Ruger Red Label 283
    Ruger Redhawk 100
    Ruger-Six-Modelle 99
Ruger, William B. 179

S

SA 23 223
SA 25 223
SA80A1 96
Saint-Étienne Mle 1907 241
Saive, Dieudonné 87
Sako Quad 199
Sako TRG 22 187
Samonabiject Puska vz 52 145
SAR 21 183
SAR 80 170
Savage
    Savage Model 1907 75
    Savage Modell 64G 155
    Savage Modell Mk 1 Youth 189
Scharfschützengewehr 172–173
Scharfschützengewehr M21 167
Schießpulver 6–7, 11
Schmeisser, Hugo 41, 214
Schmeisser, Louis 75
Schmidt-Rubin 201
Schnapphahn-Steinschlosspistole 50
Schnapphahnauslöser 14
Schnapphahnrevolver 21
Schnapphahnschloss 15
Schnappschloss, Skandinavisches 109
Schrotgarbenstreuung 285
Schwarzlose, Andreas 240
Schwarzlose-MG 240
Selbstladepistole 60–61
Serpentine 10
Sharps (Gewehr und Karabiner) 115
Sharps, Christian 28, 115
Sharps-Karabiner 28
Shaw, Joshua 20
Shiki Kenju (Nambu) 86
Short Magazine Lee-Enfield (SMLE) 33
SIG
    SIG 710-3 259
    SiG AK53 146
    SIG Sauer P220 98
    SIG Sauer P226 102
    SiG SG550 175
    SiG SG550-1 Sniper 181
    SiG SSG 3000 193
Simonow 143
Skoda-MG M1893 36
SKS 45 143
Smith & Wesson 25, 28, 30, 80
    Smith & Wesson .38 93
    Smith & Wesson .38/200 89
    Smith & Wesson 625 104
    Smith & Wesson Model No. 1 30
    Smith & Wesson Model 29 92
    Smith & Wesson No. 2 Army 59
    Smith & Wesson No. 3 31, 62
    Smith & Wesson Sigma 105
Smith, Horace 28
SMLE Rifle No. 1 Mk III 133
Snider, Jacob 119
Snider-Gewehr 25, 32
Spannabzug 24
SPAS 12 283
SPAS 15 288
Spectre M4 232
Spencer Rifle 121
Spencer, Christopher M. 121

Springfield
- Springfield Modell 1903 41, 131
- Springfield Trapdoor 123

Stangenhahn-Pepperbox 56
Star 232
- Star Modell B 82

Steinschloss 12, 15–16
Steinschloss-Drehling, Italienischer 109
Steinschlossflinte 16
Steinschlossmuskete 15
Sten
- Sten Mk II 40, 42, 218
- Sten Mk V 221

Sterling Armaments 214
Sterling L2 212, 224
Stewart, Gilbert H. 42
Steyr
- Steyr M1912 78
- Steyr AUG 160, 169
- Steyr Mannlicher SSG69 163
- Steyr-Solothurn S1-100 207

Steyr-Daimler-Puch 230
Stoner 63 153
Stoner, Eugene M. 44, 152, 156
Striker 289
Sturm, Alexander M. 179
Sturm, Ruger & Co. 179
Sturmgewehr 44 43, 44, 142
Sturmgewehr 43–44
Suomi M/1931 207
SVT 40 44
SWD Dragunow 155

T

Takeda Katsuyori 12
Thompson, John T. 42
Thompson-Maschinenpistole 40
Thumbhole Turkey 297
Tikka T3 191
Tokarev
- Tokarew SVT 38 44
- Tokarew SWT40 137
- Tokarev TT-33 83

Tokugawa Ieyasu 12
Tommy Gun 42, 206
Type 100 219

U

Überschlag 21
United Defense M42 219
Universalmaschinengewehr 39
Unterhebelwaffe 31, 32
Unterlaufgranatwerfer 46
Uzi 43, 224, 226

V

Valmet/Sako Rk.60 153
Vandenburgh-Geschütz 34
Vektor R4 174
Versailles, Friedensvertrag von 42
Vickers
- Vickers-Berthier 249
- Vickers-Maxim 239
- Vickers-MG 36, 243–244

Vielle, Paul 125
Vilar-Perosa 41
Vinci, Leonardo da 12
Visierung, offene 184–185
Volcanic Repeating Arms Company 31
Volcanic Rifle 30
Vollmer, Heinrich 210
Vorderlader 18, 25, 26
Vorderschaftrepetierflinte 285

W

Walker, Sam 23
Walther
- Walther G22 202
- Walther KK300 127, 189
- Walther P38 88
- Walther P5 99
- Walther P99 105
- Walther PP 82
- Walther PPK 83
- Walther WA2000 167

Wärmebildgerät 117
Weatherby Vanguard 164
Webley
- Webley & Scott Mk V 78
- Webley & Scott Revolver Mk VI 80
- Webley Bulldog 66
- Webley Mk 1 73
- Webley Mk IV 81
- Webley RIC 62
- Webley-Fosbery-Revolver 72
- Webley-Longspur-Revolver 58
- Webley-Pryse-Revolver 65
- Webley-Selbstladepistole Mk 1 79

Werndl, Josef 121
Wesson, Charles M. 42
Wesson, Daniel 28
Wheeler, Artemus 21
White, Rollin 59
Whitney, Eli 23
Whitworth Rifle 119
Whitworth, Joseph 119
Wilhelm III. 52
Winchester
- Winchester 1873 123
- Winchester Defender 289
- Winchester Modell 1300 281
- Winchester Modell 1885 192
- Winchester Super X 199
- Winchester Wildcat 22 193

Winchester, Oliver F. 31

Z

Z84 232
Zentralzünderpatrone 84–85
Zielfernrohr 116–117
Zielgerät, optisches 116–117
ZK383 210
Zündhütchen 20, 24
Zündkraut 19
Zündnadelgewehr 27–28
Zündpillenschloss 20
Zündröhrchenschloss 20
Zweiter Weltkrieg 39, 40
Zylinderverschluss 200–201